Delegierte Rechtsakte und Durchführungsrechtsakte im Europarecht

Kölner Schriften zu Recht und Staat

Herausgegeben von
Prof. Dr. Hartmut Schiedermair und
Prof. Dr. Bernhard Kempen

Band 57

PL ACADEMIC RESEARCH

Anna Eschbach

Delegierte Rechtsakte und Durchführungsrechtsakte im Europarecht

Eine Untersuchung anhand des Demokratie- und Rechtsstaatsprinzips unter besonderer Berücksichtigung des Urteils zur Rs. C-427/12 des Europäischen Gerichtshofs

PL ACADEMIC RESEARCH

Bibliografische Information der Deutschen Nationalbibliothek
Die Deutsche Nationalbibliothek verzeichnet diese Publikation in der Deutschen Nationalbibliografie; detaillierte bibliografische Daten sind im Internet über http://dnb.d-nb.de abrufbar.

Zugl.: Köln, Univ., Diss., 2015

Abbildung auf dem Umschlag:
Historisches Universitätssiegel
der Universität zu Köln.

D 38
ISSN 1433-0253
ISBN 978-3-631-66671-5 (Print)
E-ISBN 978-3-653-06129-1 (E-Book)
DOI 10.3726/978-3-653-06129-1

PL Academic Research ist ein Imprint der Peter Lang GmbH.

Peter Lang – Frankfurt am Main · Bern · Bruxelles · New York · Oxford · Warszawa · Wien

Diese Publikation wurde begutachtet.

www.peterlang.com

Meinen Eltern

Vorwort

Die vorliegende Arbeit wurde durch die Rechtswissenschaftliche Fakultät der Universität zu Köln im Wintersemester 2014/2015 als Dissertation angenommen. Inhaltlich befindet sich die Arbeit auf dem Stand von März 2015.

Herzlich bedanken möchte ich mich bei meinem Doktorvater Prof. Dr. Bernhard Kempen, der mich bei der Wahl des Themas unterstützte und mir bei der Bearbeitung stets mit zahlreichen wertvollen Anregungen beiseite stand. Ich danke ihm für das mir entgegengebrachte Vertrauen und die lehrreiche Zeit als Mitarbeiterin an seinem Institut. Dank gebührt auch Herrn Prof. Dr. Burkhard Schöbener für die zügige Erstellung des Zweitgutachtens und seine hilfreichen Anmerkungen.

Weiterer Dank gilt meinen Kollegen und Kolleginnen am Institut für Völkerrecht und ausländisches öffentliches Recht der Universität zu Köln, die stets ein offenes Ohr für meine Anliegen hatten und für jeden Gedankenaustausch zu haben waren.

Ich danke Marina Heinzel, Laura Schierbaum und Marleen Rheker, die immer die passenden Worte fanden mich zu motivieren. Darüberhinaus danke ich Julia Hennewig, Yao Li, Lisa Lambertz, Christina Nowak und Lotte Böttcher für ihre Kritik, ihre Impulse und ihre Zuversicht.

Besonders bedanken möchte ich mich bei Andreas Grözinger, der mich in der gesamten Zeit während der Entstehung dieser Arbeit vorbehaltslos unterstützte.

Schließlich danke ich meiner Familie. Ohne sie hätte diese Arbeit nicht entstehen können. Besonders dankbar bin ich meinen Eltern Heinz und Petra Eschbach, die mir zu jedem Zeitpunkt eine Stütze waren. Ihnen ist diese Arbeit gewidmet.

Köln, im Sommer 2015 — Anna Eschbach

Inhaltsübersicht

Inhaltsverzeichnis

6. Kapitel – Europäisches Rechtsschutzsystem im Allgemeinen

4. Teil - Zur Debatte um ein europäisches Verwaltungsverfahrensgesetz 229

9. Kapitel – Möglichkeiten für und Bedürfnis nach einem europäischen Verwaltungsverfahrensgesetz mit Blick auf die exekutive Rechtsetzung 231

Abkürzungsverzeichnis

ABl.	Amtsblatt der Europäischen Union
Abs.	Absatz
AEUV	Vertrag über die Arbeitsweise der Europäischen Union
allg.	allgemein
amtl.	amtlich
AöR	Archiv des öffentlichen Rechts
APuZ	Aus Politik und Zeitgeschichte
Art.	Artikel
AUR	Agrar- und Umweltrecht
Az.	Aktenzeichen
BayVBl.	Bayrische Verwaltungsblätter
BGBl.	Bundesgesetzblatt
bspw.	beispielsweise
BT	Bundestag
BVerfG	Bundesverfassungsgericht
BVerfGE	Entscheidungen des Bundesverfassungsgerichts
BVerwGE	Entscheidungen des Bundesverwaltungsgerichts
BzTWR	Beiträge zum Transnationalen Wirtschaftsrecht
bzw.	beziehungsweise
CEP	Centrum für europäische Politik
CMLR	Common Market Law Review
CONV	Fortlaufende Nummerierung der Konventsdokumente
ders.	derselbe
dies.	dieselbe/n
DÖV	Die Öffentliche Verwaltung
Drs.	Drucksache
DVBl.	Deutsches Verwaltungsblatt
Ebd.	Ebenda

EG	Europäische Gemeinschaft
EGV	Vertrag zur Gründung der Europäischen Gemeinschaft
EIoP	European Integration online Papers
EIPA	European Institute of Public Administration
ELJ	European Law Journal
ELR	European Law Review
endg.	endgültig
EP	Europäisches Parlament
EU	Europäische Union
EuG	Europäisches Gericht
EuGH	Europäischer Gerichtshof
EuGRZ	Europäische Grundrechte Zeitschrift
EuR	Europarecht
EUV	Vertrag über die Europäische Union
EuZW	Europäische Zeitschrift für Wirtschaftsrecht
EWS	Europäisches Wirtschafts- & Steuerrecht
EZB	Europäische Zentralbank
f.	folgende
ff.	fortfolgende
Fn.	Fußnote
GA	Generalanwalt
GAP	Gemeinsame Agrarpolitik
gem.	gemäß
GG	Grundgesetz
ggf.	gegebenenfalls
gr.	griechisch
GRCh	Grundrechtecharta
HDSTR	Handbuch des Staatsrechts
i.d.S.	im diesem Sinne
i.E.	im Ergebnis
i.S.d.	im Sinne des

i.S.v.	im Sinne von
i.V.m.	in Verbindung mit
JA	Juristische Arbeitsblätter
JuS	Juristische Schulung
JZ	Juristenzeitung
KOM	Kommission
Lit.	Littera
m.w.N.	mit weiteren Nachweisen
NJW	Neue Juristische Wochenschrift
NVwZ	Neue Zeitschrift für Verwaltungsrecht
o.g.	oben genannt
od.	oder
RIW	Recht der internationalen Wirtschaft
RJD	Reports of Judgment and Decisions
RL	Richtlinie
Rn.	Randnummer
Rs.	Rechtssache
Rsen.	Rechtssachen
S.	Satz
Slg.	Sammlung der Rechtsprechung des Gerichtshofes und des Gerichts Erster Instanz
sog.	sogenannter
SpStr.	Spiegelstrich
StWiss	Staatswissenschaften
UAbs.	Unterabsatz
u.a.	und andere
Urt.	Urteil
v.	vom/von
Var.	Variante
verb.	verbundene
VerwArch	Verwaltungsarchiv

vgl.	vergleiche
VO	Verordnung
VVDStRL	Veröffentlichungen der Vereinigung der Deutschen Staatsrechtslehrer
VVE	Vertrag über eine Verfassung für Europa
VwGO	Verwaltungsgerichtsordnung
VwVfG	Verwaltungsverfahrensgesetz
WRP	Wettbewerb in Recht und Praxis
z. B.	zum Beispiel
z. T.	zum Teil
ZaÖRV	Zeitschrift für ausländisches öffentliches Recht und Völkerrecht
ZEuS	Zeitschrift für Europarechtliche Studien
ZRP	Zeitschrift für Rechtspolitik
ZUR	Zeitschrift für Umweltrecht

Einleitung

Die Europäische Union als supranationale Organisation mit eigener Rechtspersönlichkeit und eigenem Rechtssystem, das Anwendungsvorrang vor den mitgliedstaatlichen Rechtsordnungen genießt, gründet mit ihren Handlungen und ihrem Aufbau auf Werten wie Demokratie und Rechtsstaatlichkeit. Ausdrücklich wurden diese Werte mit dem Vertrag von Lissabon in Art. 2 EUV[1] normiert.

Als Akteur sowohl innerhalb ihrer eigenen Strukturen und im Verhältnis zu den Mitgliedstaaten als auch im internationalen Kontext muss die Europäische Union politisch und rechtlich agieren, um somit in der Lage zu sein, sich immer wieder neuen politischen Gegebenheiten anzupassen. Um diesem Bedürfnis gerecht zu werden, wurde der Kommission in Art. 202 3. SpStr., 211 4. SpStr. EGV[2] erstmalig die Befugnis eingeräumt, eigene Rechtsakte zu erlassen. Aufgrund des langwierigen europäischen Gesetzgebungsverfahrens[3] sollte hierdurch zukünftig eine effektive und dynamische Rechtsetzung gewährleistet werden, die aufgrund ihrer mangelnden demokratischen Legitimation, des institutionellen Ungleichgewichts zwischen den Unionsorganen und des intransparenten Verfahrens immer wieder vehement kritisiert wurde.

Der Vertrag von Lissabon versucht mit seinen grundlegenden Veränderungen, die auch das institutionelle Gesamtgerüst der Europäischen Union betreffen, dieser Kritik mit der Schaffung der Art. 290 und Art. 291 AEUV[4] zu begegnen und mit den delegierten Rechtsakten eine neue Form der Rechtsetzungsmöglichkeit

1 Vertrag über die Europäische Union v. 7.2.1992 (BGBl. 1992 II S. 1251), zuletzt geändert durch den Vertrag von Lissabon v. 13.12.2007 (ABl. C 306/1 v. 17.12.2007) unter Berücksichtigung der Änderung durch das Protokoll über die Berichtigung des Vertrags von Lissabon (ABl. C 290/1 v. 30.11.2009).

2 Vertrag zur Gründung der Europäischen Gemeinschaft in der Fassung des Vertrages über die Europäische Union v. 7.2.1992 (BGBl. 1992 II S. 1253), zuletzt geändert durch den Vertrag über den Beitritt der Republik Bulgarien und Rumäniens zur Europäischen Union v. 25.4.2005 (BGBl. 2006 II S. 1146).

3 Mitteilung der KOM an das EP, den Rat, den EWS und den Ausschuss der Regionen, KOM (2013) 685 endg., S. 10.

4 Vertrag über die Arbeitsweise der Europäischen Union v. 7.2.1992 (BGBl. 1992 II S. 1253), zuletzt geändert durch den Vertrag von Lissabon v. 13.12.2007 (ABl. C 306/1 v. 17.12.2007) unter Berücksichtigung der Änderung durch das Protokoll über die Berichtigung des Vertrags von Lissabon (ABl. C 290/1 v. 30.11.2009).

in das bereits vorhandene System der Union zu integrieren.[5] Dass eine solche Reform notwendig war, wird insbesondere mit Blick auf die Anzahl der bereits vor dem Vertrag von Lissabon erlassenen Durchführungsrechtsakte deutlich. So erließ die Kommission seit den 1960er Jahren insgesamt 80.000 Durchführungsmaßnahmen.[6] Allein im Jahr 2005 waren es 2654 Durchführungsmaßnahmen.[7] Die Möglichkeit der exekutiven Rechtsetzung ist somit von ungemeiner Wichtigkeit für die Rechtsetzungspraxis der Europäischen Union.[8] Welche Bedeutung diese Art der Rechtsetzung für den Alltag des Unionsbürgers in Deutschland haben kann, wurde spätestens mit dem Verbot der Glühbirne deutlich.[9]

Der wachsende Bedarf an Rechtsakten dieser Art rührt nicht zuletzt von der immer weiter voranschreitenden europäischen Integration und der damit verbundenen Übertragung weiterer Kompetenzen der Mitgliedstaaten auf die Europäische Union her. Eine Reform der alten Regelung der Art. 202 3. SpStr., 211 4. SpStr. EGV war somit aus den unterschiedlichsten Gründen überfällig.

Daneben darf nicht aus dem Blickwinkel geraten, dass eine Rechtsordnung, die auf den Pfeilern der Demokratie und Rechtsstaatlichkeit beruht, für jegliche Art ihrer Rechtsetzungsmöglichkeiten gleichfalls auch Abwehrinstrumente für die Adressaten ihrer Rechtsetzungsakte bereitstellen muss. Auch diesbezüglich gibt es vor allem mit Blick auf den Individualrechtsschutz grundlegende Neuerungen im Vertrag von Lissabon. Am bedeutendsten ist jedoch die Frage, ob durch den Vertrag von Lissabon ein kohärentes System geschaffen wurde. Hiermit ist ein System gemeint, das demokratisch legitimiertes Recht setzen kann und gleichfalls adäquate Mittel zur Verfügung stellt, sich gegen diese Rechtsakte zu wehren.

I. Problemstellung

Bereits vor dem Inkrafttreten des Vertrags von Lissabon war die exekutive Rechtsetzung[10] in der Literatur ein häufig und umfangreich behandeltes Thema. Dies

---

5 Ähnlich *Gärditz*, DÖV 2010, 453 (453).

6 Bericht der KOM über die Tätigkeit der Ausschüsse im Jahr 2005 v. 9.8.2006, KOM (2006) 446 endg.

7 *Petersen/Heß*, ZUR 2007, 567 (568).

8 *Fabricius*, ZEuS 4/2011, 567 (568).

9 Hierzu genauer in 4. Kapitel II. 1. a.; so auch *Daiber*, EuR 2012, 240 (240).

10 In dieser Arbeit wurde bewusst der Ausdruck exekutive Rechtsetzung gewählt (anders *v. Bogandy*, Gubernative Rechtsetzung, S. 115, der im Zusammenhang mit der Rechtsetzung durch die Kommission von „Gubernativer Rechtsetzung" spricht). Der Begriff „Gubernative" wird häufig mit der klassischen Regierung verbunden. Die Kommission

ergab sich nicht zuletzt aus der Tatsache, dass in diesem Fall bindende Rechtsakte durch die Kommission, als Nichtlegislativorgan, erlassen wurden. Damit verbunden waren intransparente Verfahren, als unzulässig angesehene Kontrollverfahren und vor allem ein Defizit an demokratischer Legitimation. Hieraus folgte scharfe Kritik an den von der Union in Art. 6 Abs. 1 EUV-Nizza[11] vertretenen Grundsätzen der Demokratie und Rechtsstaatlichkeit.

Obwohl die Art. 290 und Art. 291 AEUV gerade dieser Kritik begegnen sollten, verlor das Thema auch nach deren Einführung im Vertrag von Lissabon nicht an Brisanz. Mit der Neueinführung der Art. 290 und Art. 291 AEUV ergaben sich weitere Problemstellungen, die es zu untersuchen galt.[12] Aufgrund der Abstraktheit des Themas und der Neuregelungen im Vertrag von Lissabon entstand zwischen den Institutionen Streit darüber, wie die Art. 290 und Art. 291 AEUV auszulegen und voneinander abzugrenzen seien. Die umstrittene Frage jedoch, war die, ob sich durch die Neueinführung der Art. 290 und Art. 291 AEUV tatsächlich die erhofften Verbesserungen in Bezug auf das Demokratieprinzip und der Rechtsstaatlichkeit für die exekutive Rechtsetzung in der Union einstellen würden. Um diese Frage einer systematisch überzeugenden Antwort zuzuführen, muss eine große Anzahl an Literatur und Abhandlungen, die mittlerweile zu den unterschiedlichsten Aspekten der exekutiven Rechtsetzung nach dem EGV-Nizza und dem Vertrag von Lissabon existiert, in einen schlüssigen Kontext gebracht werden.

In diesem Zusammenhang ist die Bedeutung der ersten Leitentscheidung des Europäischen Gerichtshofs[13] zu den Art. 290 und Art. 291 AEUV fraglich, in der der Gerichtshof über die umstrittene Problematik der Abgrenzung der beiden Artikel zueinander entschied. Unklar ist, welche Konsequenzen mit dem Urteil des Gerichtshofs verbunden sind und ob das Urteil als Rück- oder Fortschritt für das Demokratie- und Rechtsstaatsprinzip im Rahmen der exekutiven Rechtsetzung der Europäischen Union verstanden werden kann.

---

stellt aber eben keine klassische Regierung, wie sie im Rahmen der gubernativen Rechtsetzung gemeint ist dar. Die Verwendung des Begriffs „exekutive" lässt hier jedenfalls mehr Raum für eine Auslegung nach einem europarechtlichen Verständnis (siehe hierzu ausführlich unter 1. Kapitel III.). Durch den Ausdruck „exekutive Rechtsetzung" wird die Rolle der Kommission im institutionellen Gleichgewicht der Union berücksichtigt.

11 Vertrag zur Gründung der Europäischen Union (EU) v. 7.2.1992 (BGBl. 1992 II S. 1251), zuletzt geändert durch den Vertrag über den Beitritt der Republik Bulgarien und Rumäniens zur Europäischen Union v. 25.4.2005 (BGBl. 2006 II S. 1146).

12 Siehe hierzu auch *Craig*, ELR 5/2011, 671 (671 ff.).

13 EuGH, Rs. C-427/12 (KOM/EP & Rat), in amtl. Sammlung noch nicht veröffentlicht.

II. Ziel der Arbeit

Zweck des Vertrags von Lissabon war es, die Rechtsetzung durch die Kommission einfacher, schneller, effizienter und transparenter zu gestalten. Die vorliegende Arbeit beantwortet die Frage, ob diese Ziele durch die Art. 290 und Art. 291 AEUV erreicht wurden und ob die exekutive Rechtsetzung demokratischer und rechtsstaatlicher gestaltet wurde. Während *Bast* in einem Aufsatz aus dem Jahr 2012 noch davon ausgeht, dass es zu früh sei zu behaupten, die Art. 290 und 291 AEUV haben dem Defizit an Demokratie und Rechtsstaatlichkeit entgegengewirkt,[14] soll diese Frage unter den aktuellen Gegebenheiten erneut betrachtet werden. Die Arbeit untersucht, welche konkreten Verbesserungen hinsichtlich des Demokratie- und Rechtsstaatsprinzips für die Europäische Union eingetreten sind.

Ein besonderes Augenmerk wird auf die Abgrenzung der Art. 290 und Art. 291 AEUV zueinander gelegt. In diesem Zusammenhang wird vor allem die aktuelle Rechtsprechung berücksichtigt und kritisch beleuchtet, um so zu einem nachvollziehbaren Ergebnis zu gelangen.

Ferner betrachtet die Arbeit die vielumworbene Idee eines europäischen Verwaltungsverfahrensgesetzes mit Blick auf die exekutive Rechtsetzung und ihre Bedeutung für den europäischen Verwaltungsvollzug und beantwortet die Frage, ob ein Verwaltungsverfahrensgesetz in diesem Zusammenhang sinnvoll erscheint oder nicht.

Am Ende der Arbeit steht das Ergebnis zu der Frage, ob hinsichtlich der Art. 290 und Art. 291 AEUV tatsächlich Verbesserungen mit Blick auf das Demokratie- und Rechtsstaatsprinzip eingetreten sind. Es werden Defizite herausgearbeitet, die nach wie vor bestehen, und Lösungsansätze präsentiert.

Wurde zuerst noch kritisiert, dass es zur exekutiven Rechtsetzung nach dem Vertrag von Lissabon kaum wissenschaftliche Studien und Abhandlungen gab,[15] sieht sich die Thematik heute in zahlreichen Arbeiten vertreten. Die vorliegende Arbeit berücksichtigt die Fülle an Literatur, die bereits zu diesem Thema existiert und ordnet diese in einen einheitlichen Kontext ein.

III. Gang der Bearbeitung

Nachfolgend sollen zunächst die für das Verständnis der Arbeit relevanten Begrifflichkeiten nach ihrer europarechtlichen Beurteilung dargelegt werden.

---

14 *Bast*, CMLR 2012, 885 (914).

15 *Fabricius*, ZEuS 4/2011, 567 (568).

Darauf folgt der 1. Teil der Bearbeitung, der sich insbesondere mit dem ursprünglichen Verfahren zur exekutiven Rechtsetzung, den beteiligten Akteuren und den Defiziten, die mit den Verfahren nach Art. 202 3. SpStr., 211 4. SpStr. EGV verbunden waren, beschäftigt. Ein besonderes Augenmerk wird hierbei auf die unterschiedlichen Komitologieverfahren gelegt. Sodann wird die Rolle der Kommission im institutionellen Gefüge der Europäischen Union beleuchtet. Hierbei werden insbesondere ihre legislativen Kompetenzen beachtet und hinterfragt, inwiefern sich diese demokratisch legitimieren lassen. Hauptkritikpunkte, die im Zusammenhang mit der exekutiven Rechtsetzung immer wieder auftreten, sind die des Demokratiedefizits und der fehlenden Transparenz. Deshalb werden diese Aspekte im Kontext der Regelungen der Art. 202, 211 EGV gesondert untersucht. Darauf folgt eine Beschreibung der Verfahren der Art. 290 und Art. 291 AEUV. Danach werden in einem ersten Zwischenergebnis, die in den Verfahren nach Art. 202 3. SpStr., 211 4. SpStr. EGV geäußerten Kritikpunkte unter Berücksichtigung der Verfahren in Art. 290 und Art. 291 AEUV gesondert dargestellt.

Der 2. Teil der Arbeit beschäftigt sich mit der Einordnung der exekutiven Rechtsetzungsakte in die europäische Normenhierarchie, ihrem Verhältnis zum ermächtigenden Basisrechtsakt und der Abgrenzung zu anderen Rechtsetzungsinstituten der Union und ihren jeweiligen Besonderheiten. Im Anschluss soll der Versuch unternommen werden, die Art. 290 und Art. 291 AEUV voneinander abzugrenzen. Dies geschieht zunächst unter Analyse und Berücksichtigung der klassischen Auslegungsmethoden, bevor die praktische Verwendung von Delegations- und Durchführungsbefugnissen anhand besonderer Tätigkeitsschwerpunkte und Beispielen genauer betrachtet wird. Die zu der Abgrenzung gebildeten Ergebnisse werden im Hinblick darauf untersucht, was diese Erkenntnisse für die demokratische Legitimität und die Rechtsstaatlichkeit der exekutiven Rechtsetzungsverfahren bedeuten.

In einem gesonderten Fazit werden die Erkenntnisse aus dem 1. und 2. Teil zu den unterschiedlichen Gesichtspunkten des Demokratie- und Rechtsstaatsprinzips zusammengetragen.

Teil drei betrifft den Aspekt des Rechtsschutzes. Dessen Gewährleistung ist für die Erfüllung der Rechtsstaatlichkeit unentbehrlich. Im Rahmen dessen werden zunächst allgemein das europäische Rechtsschutzsystem und seine Bedeutung erläutert; sodann die Frage beantwortet, welche Rolle die Kommission in diesem spielt. Zudem werden die unterschiedlichen Klagearten mit Blick auf ihre Relevanz für den Rechtsschutz gegen exekutive Rechtsakte dargestellt. Außerdem werden diejenigen allgemeinen Rechtsgrundsätze erörtert, die für ein Vorgehen gegen exekutive Rechtsakte von Bedeutung sein könnten. Nach diesem allgemeinen Teil zum europäischen Rechtsschutz werden die Möglichkeiten, gegen die Befugnisübertragung innerhalb des Basisrechtsakts und/oder den delegierten Rechtsakt bzw. Durchführungsrechtsakt als solchen vorzugehen, untersucht. Unter Berücksichtigung der Ergebnisse aus dem 1. und 2. Teil wird herausgearbeitet, ob im europäischen Rechtsschutzsystem für diese Begehren entsprechende Klagearten vorhanden sind und es somit einen effektiven Rechtsschutz bieten kann. Ein besonderes Augenmerk wird dabei auf den Individualrechtsschutz und die hiermit im Vertrag von Lissabon verbundenen Veränderungen gelegt.

Auch der 3. Teil schließt mit einem Fazit in Bezug auf das Demokratie- und Rechtsstaatsprinzip. Hier spielt das Rechtsstaatsprinzip wegen der vorangestellten Untersuchung des Rechtsschutzes eine besondere Rolle.

Im 4. Teil untersucht die Arbeit die Möglichkeiten und das Bedürfnis nach einem europäischen Verwaltungsverfahrensgesetz mit Blick auf die exekutive Rechtsetzung. Hierfür wird zunächst die Stellung der Regelungen im europäischen Verwaltungsvollzug herausgearbeitet. Im Anschluss gleicht die Arbeit die anerkannten Grundsätze des europäischen Verwaltungsverfahrens mit den Gewährleistungen innerhalb der exekutiven Rechtsetzung ab und wirft die Frage der Notwendigkeit auf, die nach einer Abwägung der möglichen Vor- und Nachteile eines europäischen Verwaltungsverfahrensgesetzes beantwortet wird.

Es folgt ein Gesamtergebnis im 5. Teil. Hier werden die Ergebnisse hinsichtlich der Fortschritte mit Blick auf das Demokratieprinzip und das Rechtsstaatsprinzip zusammengefasst. Die Arbeit schließt mit einer allgemeinen Schlussbetrachtung.

IV. Begriffserläuterungen unter besonderer Berücksichtigung ihres europarechtlichen Verständnisses

Im Folgenden sollen die Begriffe „Demokratieprinzip“, „demokratische Legitimation“, „Rechtsstaatsprinzip“, „Transparenz“ und „Effektivität“ kurz inhaltlich erläutert werden. Es handelt sich um Bezeichnungen, die im Rahmen dieser Arbeit häufig verwendet werden und deren einheitliches Verständnis unerlässlich ist, da insbesondere Begriffe wie Demokratie, Legitimität und Rechtsstaatlichkeit in der Literatur häufig als Synonyme benutzt werden.[16]

---

16 *Rumler-Korinek*, EuR 2003, 327 (328).

Die Bedeutungen dieser Begriffe werden in ihrem europäischen Kontext für diese Arbeit allgemeingültig definiert, um so zu widerspruchsfreien Ergebnissen zu gelangen.

1. Demokratieprinzip

Das Demokratieprinzip gilt als Organisationsprinzip für das Innehaben und die Ausübung von Staatsgewalt.[17] In seiner ursprünglichen Bedeutung „*Demos*" (griechisch Staatsvolk) und „*-krateía*" (griechisch Herrschaft) meint der Begriff Demokratie die Herrschaft des Volkes. Das Volk ist somit Träger aller Staatsgewalt.[18] Demokratische, vom Volk ausgehende Wahlen sind deshalb Kernelement jeder Demokratie.[19] Hierdurch legt das Volk die Grundlagen für Organisation, Verfahren und inhaltliche Maßstäbe der staatlichen Herrschaft fest.[20] Weitere wichtige Strukturelemente innerhalb einer Demokratie sind das Mehrheitsprinzip, die Herrschaft auf Zeit, Minderheitenrechte und die Bildung einer Opposition.[21]

Das Demokratieprinzip sieht sich in der Regel im kompletten Aufbau eines Staates verwirklicht und umgesetzt. Konkretisieren lässt es sich erst mit Blick auf seinen institutionellen Rahmen.[22] Es kann also nicht allgemein und universell definiert werden. Hieraus folgt, dass das Demokratieprinzip grundsätzlich als relativ unscharfes politisches Ideal gesehen werden muss, das aufgrund seiner differierenden Vorgaben als Staatsziel niemals vollumfänglich erfüllbar ist.[23] Hieraus folgt aber auch, und diese Tatsache ist für die Union von besonderer Bedeutung, dass sich das Demokratieprinzip mit seinen Inhalten je nach institutionellem Gefüge den jeweiligen Gegebenheiten anpassen kann und für jedes institutionelle Gefüge individuell bestimmbar ist.[24]

---

17 *Böckenförde*, Demokratie als Verfassungsprinzip, in: HSTR II, 2004, S. 434 f. Rn. 9.

18 *Stern*, Staatsrecht I, §. 18 S. 593; *Degenhart*, Staatsrecht I, § 2 Rn. 24.

19 *Degenhart*, Staatsrecht I, § 2 Rn. 23.

20 *Starck*, Grundrechtliche und demokratische Freiheitsidee, in: HSTR III, 2005, S. 8 Rn. 8; *Volkmann*, in: Hofmann/Naumann, Europäische Demokratie in guter Verfassung?, S. 15 f.

21 *Dreier*, in: ders., GG, Art. 20 Rn. 73 ff.; *Stern*, Staatsrecht I, §. 18 S. 594 ff.

22 *Stern*, Staatsrecht I, §. 18 S. 589.

23 *Dreier*, in: ders., GG, Art. 20 Rn. 66.

24 Was dies konkret für die Union bedeutet wird im 1. Kapitel, II. genauer ausgeführt; hierzu auch *Volkmann*, in: Hofmann/Naumann, Europäische Demokratie in guter Verfassung?, S. 21 f.

2. Demokratische Legitimation

„Demokratische Legitimation“ meint die Zurückführbarkeit der Staatsherrschaft auf den Volkswillen.[25] Das Bundesverfassungsgericht verlangt hierfür eine ununterbrochene Legitimationskette, die im Volkswillen mündet.[26] Je länger eine vom Volkswillen ausgehende Legitimationskette ist, desto schwächer ist deren legitimierende Wirkung.[27] Der Gedanke der demokratischen Legitimation wird von dem der Demokratie, also der Volksherrschaft, getragen. Da das Volk selbst in der Regel nicht tätig werden kann, müssen staatliche Stellen für das Volk handeln. Um das Handeln staatlicher Organe und Funktionsträger zu rechtfertigen und auf die Grundsätze der Demokratie zurückzuführen, ist es notwendig, dass das Handeln durch den Volkswillen demokratisch legitimiert wird.[28]

Bei der Herleitung demokratischer Legitimation unterscheidet man die institutionelle, die personelle und die sachliche Legitimation.[29] Unter der institutionellen Legitimation wird die Konstituierung der Staatsorgane durch das Staatsvolk verstanden. Die Gewalten sind bei ihrer Ausübung von Staatsgewalt als demokratisch autorisiert anerkannt.[30] Die personell-inhaltliche Legitimation ist gegeben, wenn sich alle Amtswalter mittel- oder unmittelbar direkt auf das Staatsvolk zurückführen lassen. Einzige Voraussetzung ist auch hierbei eine lückenlose Zurückführbarkeit auf den Volkswillen.[31] Die sachlich-inhaltliche Legitimation liegt vor, wenn sich die Ausübung von Staatstätigkeiten auf den Willen des Volkes zurückführen lässt. Verwaltungshandeln ist dann insofern legitimiert, als dass es an die von der Volksvertretung beschlossenen Gesetze gebunden ist und eine Weisungshierarchie bis zum untersten Beamten besteht.[32] Damit lassen sich auf Seiten des Staates getroffene Entscheidungen mittelbar auf den Willen des Volkes zurückführen.[33]

---

25 BVerfGE 83, 60 (71 f.); *Komorowski*, Demokratieprinzip und Europäische Union, S. 60; *Böckenförde*, Demokratie als Verfassungsprinzip, in: HSTR II, 2004, S. 436 Rn. 11; *Bröhmer*, Transparenz als Verfassungsprinzip, S. 41; *Rumler-Korinek*, EuR 2003, 327 (334 f.).

26 BVerfGE 83, 60 (72); *Dreier*, in: ders., GG, Art. 20 Rn. 113 m.w.N.

27 *Bröhmer*, Transparenz als Verfassungsprinzip, S. 42.

28 *Böckenförde*, Demokratie als Verfassungsprinzip, in: HSTR II, 2004, S. 436 Rn. 12.

29 *Böckenförde*, Demokratie als Verfassungsprinzip, in: HSTR II, 2004, S. 437 Rn. 14 ff.

30 *Böckenförde*, Demokratie als Verfassungsprinzip, in: HSTR II, 2004, S. 438 Rn. 15.

31 *Böckenförde*, Demokratie als Verfassungsprinzip, in: HSTR II, 2004, S. 438 Rn. 16.

32 *Dreier*, in: ders., GG, Art. 20 Rn. 116; *Böckenförde*, Demokratie als Verfassungsprinzip, in: HSTR II, 2004, S. 441 Rn. 21.

33 *Brosius-Gersdorg*, EuR 1999, 133 (136).

Nur wenn in einer Demokratie die personell-inhaltliche und die sachlich-inhaltliche Legitimation vorliegen und zusammenwirken und damit ein gewisses Legitimationsniveau erreichen, ist effektives staatliches Handeln gewährleistet.[34]

Für die Europäische Union ergeben sich mit Blick auf das aufgezeigte Verständnis von demokratischer Legitimation einige Besonderheiten. Das folgt nicht zuletzt aus der Tatsache, dass es innerhalb der Union weder eine klassische Gewaltenteilung noch ein Staatsvolk im eigentlichen Sinne gibt.[35] Die genauen Besonderheiten werden im weiteren Verlauf der Arbeit noch ausgiebig erläutert.[36]

3. Rechtsstaatsprinzip

Im Gegensatz zum Demokratieprinzip, das auf die Legitimation der Staatsgewalt abzielt, ist es Aufgabe des Rechtsstaatsprinzips, die Staatsgewalt zu limitieren, um so den Schutz der persönlichen Freiheit des Einzelnen zu gewährleisten.[37] Das Rechtsstaatsprinzip dient damit dem Zweck, die Staatsgewalt zu mäßigen[38] und dem Miteinander innerhalb eines Staates einen rechtlichen Rahmen zu geben.[39] Um einen rechtlichen Rahmen gewährleisten zu können, muss ein Staat zuallererst sein geltendes Recht als oberstes Ordnungsprinzip akzeptieren und sich auch bei seinen Handlungen strikt an seine eigenen Vorgaben halten.[40]

Das Rechtsstaatsprinzip umfasst unter anderem die Gewaltenteilung, die Bindung der Gesetzgebung an die verfassungsmäßige Ordnung, den Grundsatz der Gesetzesmäßigkeit der Verwaltung, die Bindung der Rechtsprechung an Gesetz und Recht und die Staatshaftung und Entschädigung.[41] Neben allgemein anerkannten Rechtsgrundsätzen wie Rechtssicherheit, Verhältnismäßigkeit und Vertrauensschutz gehören auch Effizienz, Funktionsfähigkeit und Flexibilität als allgemeine Verfassungsgrundsätze zu den Inhalten des Rechtsstaatsprinzips.[42]

---

34 *Böckenförde*, Demokratie als Verfassungsprinzip, in: HSTR II, 2004, S. 442 f. Rn. 23; *Brosius-Gersdorf*, EuR 1999, 133 (136).

35 In diesem Sinne auch *Lenaerts/Verhoeven*, CMLR 2000, 645 (658).

36 1. Kapitel II.

37 *Schmidt-Jortzig*, NJW 1994, 2569 (2570); *Stern*, Staatsrecht I, §. 20 S. 766; *Karpen*, JA 1992, 70 (72).

38 *Degenhart*, Staatsrecht I, § 2 Rn. 133.

39 *Schmidt-Aßmann*, in: Isensee/ Kirchhof, HSTR II, S. 555 Rn. 21.

40 *Stern*, Staatsrecht I, §. 20 S. 784; *Schmidt-Jortzig*, NJW 1994, 2569 (2570).

41 *Badura*, Staatsrecht, S. 363 ff.; *Schulze-Fielitz*, in: Dreier, GG, Art. 20 Rn. 13; *Stern*, Staatsrecht I, §. 20 S. 784.

42 *Schmidt-Aßmann*, in: Isensee/ Kirchhof, HSTR II, §. 26 Rn. 20.

Nach Sinn und Zweck des Rechtsstaatsprinzips darf staatliche Gewalt nur ausgeübt werden, sofern rechtliche Vorgaben und eine Erlaubnis hierzu bestehen.[43] Dadurch soll der Bürger vor willkürlichen Handlungen des Staates geschützt und es soll ihm Rechtssicherheit gewährleistet werden.[44] Zur Erreichung effektiven Schutzes gegen staatliche Willkür und zur Gewährleistung von Rechtssicherheit müssen ihm verschiedene Abwehrinstrumente gegen staatliches Handeln zur Verfügung gestellt werden. So sind eine staatliche Justizgewährung in Form eines wirksamen Rechtsschutzes, Anforderungen an administrative Verfahren wie geregelte Verwaltungsverfahren und Organisationen und rechtsstaatliche Handlungsmaßstäbe für einen Rechtsstaat unerlässlich.[45]

Das Bundesverfassungsgericht hat das Rechtsstaatsprinzip wie folgt beschrieben:

> „Das Rechtsstaatsprinzip, das in der Verfassung nur zum Teil näher ausgeformt ist, enthält keine in allen Einzelheiten eindeutig bestimmten Gebote und Verbote; es bedarf der Konkretisierung je nach den sachlichen Gegebenheiten; dabei müssen allerdings fundamentale Elemente des Rechtsstaats und die Rechtsstaatlichkeit im Ganzen gewahrt bleiben."[46]

Das Bundesverfassungsgericht stellt hier klar, dass das Rechtsstaatsprinzip nicht als absolut definiert betrachtet werden kann, sondern sich sein Inhalt an den jeweiligen staatlichen Gegebenheiten orientiert. Die Beschreibung des Bundesverfassungsgerichts kann sinngemäß auf das Rechtsstaatsprinzip der Union übertragen werden. Um das Rechtsstaatsprinzip bzw. rechtsstaatliche Grundsätze der Union genauer bestimmen zu können, muss man sich an ihrem institutionellen Gefüge orientieren. Es ist deshalb davon auszugehen, dass die Union als supranationale Organisation nicht auf die gleiche Art und Weise rechtsstaatliche Elemente aufweisen und gewähren kann wie ein Staat.

Durch den fortwährenden Integrationsprozess und der damit verbundenen Übertragung immer weiterer Hoheitsbefugnisse von staatlicher Ebene auf die Union[47] wurde auch die Notwendigkeit der Bindung an Recht und Gesetz immer deutlicher. Erstmals fand das Rechtsstaatsprinzip somit in der Präambel des

---

43 *Degenhart*, Staatsrecht I, § 2 Rn. 134.

44 *Degenhart*, Staatsrecht I, § 2 Rn. 353; *Harbich*, in: Scholler, Die Sicherung des Rechtsstaatsgebotes, S. 99.

45 *Schmidt-Aßmann*, in: Isensee/ Kirchhof, HSTR II, §. 26 Rn. 70 ff.

46 BVerfGE 65, 283 (290); 7, 8 (92); 25, 269 (290); 52, 131 (144); 57, 250 (276); *Stern*, Staatsrecht I, §. 20 S. 780 f.

47 *Scheuing*, in: Scholler, Die Sicherung des Rechtsstaatsgebotes, S. 28.

Maastrichter Vertrags Erwähnung. Heute ist es in Art. 2 EUV normiert.[48] Von Art. 2 EUV ausgehend ist die Union eine Rechtsgemeinschaft, deren Rechtsstaatlichkeit ein wesentliches Element ihrer Integration und Legitimation ist.[49] Hoheitliche Befugnisse dürfen deshalb in der Union nur wegen einer rechtlichen Befugnis und innerhalb eines rechtlichen Rahmens ausgeübt werden.[50] Durch Art. 2 EUV wurde dem Gerichtshof weiterhin ein neuer Prüfungsmaßstab an die Hand gegeben.[51] Dem Gerichtshof ist es somit fortan möglich, die Handlungen der Unionsorgane auf ihren rechtsstaatlichen Gehalt hin zu untersuchen.

Trotz der Anerkennung der Rechtsstaatlichkeit als Leitprinzip der Union ist der Inhalt der Rechtsstaatlichkeit aufgrund ihrer institutionellen Besonderheiten um einiges weniger ausgeprägt als in den meisten Mitgliedstaaten.[52] Anders als im Grundgesetz wird die Rechtsstaatlichkeit der Union nicht durch einen Grundrechtskatalog abgesichert. Eine Manifestierung erfolgte vielmehr durch eine schrittweise Kodifizierung der Prinzipien, die sich im Rahmen der europäischen Integration für das existierende Unionsrecht als besonders bedeutsam herausgestellt haben.[53] Diese rechtsstaatlichen Garantien haben sich zuvor im Rahmen der Rechtsprechung des Europäischen Gerichtshofs entwickelt. Der Gerichtshof bezog sich seinerseits bei seiner Urteilsbegründung auf die in den Mitgliedstaaten gewährten rechtsstaatlichen Grundsätze.[54] Dadurch wurden rechtsstaatliche Gewährleistungen des deutschen Verfassungsrechts und der anderen Mitgliedstaaten vom Gerichtshof in seiner Rechtsprechung positiviert und haben somit in das Unionsrecht Einzug gefunden.[55] Mittlerweile sind Grundsätze wie der Gesetzesvorbehalt und -vorrang, das Bestimmtheitsgebot,

---

48 *Classen*, in: Müller-Graff/Scheuing, Gemeinschaftsgerichtbarkeit und Rechtsstaatlichkeit, S. 7; *Scheuing*, in: Scholler, Die Sicherung des Rechtsstaatsgebotes, S. 30.

49 *Schulze-Fielitz*, in: Dreier, GG, Art. 20 Rn. 22; *Schmidt-Aßmann*, Das allgemeine Verwaltungsrecht als Ordnungsidee, S. 390; *Frowein*, EuR 1995, 315 (321).

50 *Scheuing*, in: Scholler, Die Sicherung des Rechtsstaatsgebotes, S. 29.

51 *Scheuing*, in: Scholler, Die Sicherung des Rechtsstaatsgebotes, S. 30.

52 *Kraus*, in: in: Müller-Graff/Scheuing, Gemeinschaftsgerichtbarkeit und Rechtsstaatlichkeit, S. 111.

53 *Schulze-Fielitz*, in: Dreier, GG, Art. 20 Rn. 23; *Scheuing*, in: Scholler, Die Sicherung des Rechtsstaatsgebotes, S. 29.

54 *Classen*, in: Müller-Graff/Scheuing, Gemeinschaftsgerichtbarkeit und Rechtsstaatlichkeit, S. 11 ff.; *Scheuing*, in: Scholler, Die Sicherung des Rechtsstaatsgebotes, S. 29.

55 *Classen*, in: Müller-Graff/Scheuing, Gemeinschaftsgerichtbarkeit und Rechtsstaatlichkeit, S. 9; *Schulze-Fielitz*, in: Dreier, GG, Art. 20 Rn. 24; *Kraus*, in: Müller-Graff/Scheuing, Gemeinschaftsgerichtbarkeit und Rechtsstaatlichkeit, S. 109 (112).

das Rückwirkungsgebot oder der Vertrauensschutz durch den Gerichtshof in seiner langjährigen Rechtsprechung anerkannt.[56]

4. Transparenz

Ein transparenter Vorgang ist ein offener Vorgang, der nicht versteckt vonstattengeht, sondern für den Beobachter durchschaubar und nachvollziehbar ist.[57] Transparenz ist deshalb von Bedeutung für den demokratischen Rechtsstaat, weil das Volk in der Lage sein muss, seine gewählten Vertreter zu verstehen, und um so zu erkennen und nachzuvollziehen, ob dieser in seinem Interesse und Sinne handelt oder nicht.[58]

Da der Bürger in der Regel andere Interessen und Fähigkeiten besitzt als der Staat und seine Vertreter, kommt es bei der Transparenz vor allem auf ein verständliches Gestalten von Verfahren und der Klarheit und Bestimmbarkeit von Normen an, damit der Bürger den Staat und sein Handeln besser verstehen kann.[59] Die Forderung nach Transparenz ist dann umso größer, wenn der Bürger aus einem Sachverhalt unmittelbar berechtigt oder verpflichtet wird.[60]

Man unterscheidet verschiedene Arten der Transparenz. Die Ergebnistransparenz verlangt, dass ein bestimmtes Ergebnis eines gesonderten Verfahrens für die Öffentlichkeit zugänglich gemacht wird. Wie man zu diesem Ergebnis gelangt ist, wird hingegen nicht publik gemacht. Etwas anderes gilt im Fall der Verfahrenstransparenz, bei der auch der Weg zur Entscheidungsfindung dargelegt werden soll. Die inhaltliche Transparenz zielt darauf ab, staatliche Entscheidungen nachvollziehbar zu machen. Bei der Verantwortungstransparenz müssen Verantwortungsbereiche, Zustände und Handlungen klar zugeteilt werden.[61]

In der Europäischen Union hat sich das Transparenzgebot erst langsam entwickelt. Dabei beruhte seine Entstehung durchweg auf zweierlei Prinzipien und damit verbundenen Forderungen, die sich mit der Zeit unterschiedlich in den Verträgen ausgeprägt sahen. Zum einen ging es darum, der Öffentlichkeit die

---

56 *Scheuing*, in: Scholler, Die Sicherung des Rechtsstaatsgebotes, S. 31 m.w.N.

57 *Bröhmer*, Transparenz als Verfassungsprinzip, S. 18.

58 *Hofmann/Rowe/Türk*, Administrative Law and Policy of the European Union, S. 171; *Lamprecht*, NJW 1997, 505 (505).

59 *Bröhmer*, Transparenz als Verfassungsprinzip, S. 19, 26; *Degenhart*, Staatsrecht I, § 2 Rn. 355.

60 *Bröhmer*, Transparenz als Verfassungsprinzip, S. 27.

61 *Bröhmer*, Transparenz als Verfassungsprinzip, S. 19 ff.

Dokumente der Organe zugänglich zu machen, zum anderen die Gesetzgebungsverfahren zu vereinfachen und dem Publikum zu öffnen.[62]

Nachdem die Verträge zuvor nur rudimentäre Regelungen über das Transparenzgebot beinhalteten, wurde im Vertrag von Maastricht erstmalig ein Recht auf Zugang zu Informationen ausformuliert.[63] Trotzdem verstärkten sich die Forderungen nach mehr Transparenz innerhalb der Union.[64] Im Zuge dessen wurde im Vertrag von Amsterdam ein allgemeines Transparenzgebot in Art. 1 Abs. 2 EUV[65] normiert, das der Union die Pflicht auferlegte, ihre Entscheidungen „möglichst offen" zu treffen.[66] Darüber hinaus regelte Art. 255 EGV im Vertrag von Amsterdam den Zugang der Öffentlichkeit zu Dokumenten des Europäischen Parlaments, des Rates und der Kommission.[67] Obwohl klar war, dass Verfahren und Entscheidungsprozesse bei weitem noch nicht das mögliche Maß an Transparenz erreicht hatten, beinhaltete der Vertrag von Nizza 2003 keine weiteren Änderungen oder Ergänzungen hinsichtlich des Transparenzgebotes.[68]

Änderungen diesbezüglich ergaben sich erst wieder mit dem Vertrag von Lissabon,[69] dessen Aufgabe es war, die Union demokratischer zu gestalten.[70] Um diesem Ziel gerecht zu werden, spielte die Transparenz von Entscheidungsprozessen

---

62 *Bröhmer*, Transparenz als Verfassungsprinzip, S. 330.

63 *Bröhmer*, Transparenz als Verfassungsprinzip, S. 319 ff.; *Classen*, in: Gemeinschaftsgerichtbarkeit und Rechtsstaatlichkeit, S. 7; *Craig*, EU Administrative Law, S. 357.

64 *Bröhmer*, Transparenz als Verfassungsprinzip, S. 320 ff.

65 Vertrag von Amsterdam zur Änderung des Vertrags über die Europäische Union, der Verträge zur Gründung der Europäischen Gemeinschaften sowie einiger zusammenhängender Rechtsakte v. 2.10.1997 (BGBl. 1998 II S. 387).

66 *Bröhmer*, Transparenz als Verfassungsprinzip, S. 322; diese Forderung wird auch deutlich in *Lamprecht*, NJW 1997, 505 (505).

67 Verordnung (EG) Nr. 1049/2001 des EP und des Rates v. 30.5.2001 über den Zugang der Öffentlichkeit zu Dokumenten des Europäischen Parlaments, des Rates und der Kommission (ABl. L 145 v. 31.5.2011). In der VO wurde erstmalig der Zugang der Öffentlichkeit geregelt, bevor dieser Grundsatz im Vertrag von Amsterdam Berücksichtigung fand, *Craig*, EU Administrative Law, S. 358; *Bröhmer*, Transparenz als Verfassungsprinzip, S. 322 f.

68 *Bröhmer*, Transparenz als Verfassungsprinzip, S. 323.

69 Zu diesen ausführlich *Craig*, EU Administrative Law, S. 358 ff.; *Hofmann/Rowe/Türk*, Administrative Law and Policy of the European Union, S. 171.

70 Schlussfolgerungen des Vorsitzes des Europäischen Rates von Laeken am 14. und 15.12.2011 (DRs. SN 300/1/01 REV1), Anlage I- Erklärung von Laeken zur Zukunft der Europäischen Union; siehe auch Präambel im Vertrag über die Europäische Union in seiner Fassung v. 30.11.2009.

eine wichtige Rolle.[71] Die transparente Gestaltung von Entscheidungsprozessen dient dem Abbau demokratischer Defizite innerhalb der Union und erhöht die Akzeptanz für das Handeln der Organe bei den Unionsbürgern.[72] Dem Bürgern wird auf diese Weise vermittelt, am Handeln der Union beteiligt zu werden und somit innerhalb der Union der Souverän zu sein.[73]

5. Effizienz/Effektivität

Der Begriff der Effizienz kann unterschiedliche Bedeutungen haben. So kann man unter Effizienz „die wirksame Erreichung vorgegebener Ziele", das optimale „Zweck-Mittel-Verhältnis" oder auch die „zielunabhängige" Effizienz verstehen.[74] In der Regel wird vornehmlich in der Wirtschaft von Effizienz und Effektivität gesprochen, wenn mit begrenzten Ressourcen das maximale Ergebnis erreicht werden soll.[75] Geht man im Sinne des sogenannten Effizienzgebots (oder Effektivitätsgebots) davon aus, dass Mittel adäquat zur Erreichung eines vorgegebenen Zwecks eingesetzt werden, lässt sich das aus der Wirtschaft bekannte Prinzip sinngemäß auch auf die Staatslehre übertragen.[76] Für einen Rechtsstaat bedeutet dieser zentrale Grundsatz die optimale, rationale, rasche, allseitig durchgreifende und überzeugende Wahrnehmung der Staatsfunktionen, um die Wirksamkeit staatlichen Handelns und dessen Organisationen zu gewährleisten.[77]

Im Unionsrecht findet die Effizienz mit dem Grundsatz des *„effet utile"* besondere Berücksichtigung. Dieser Grundsatz fordert von den Mitgliedstaaten, dass sie mit ihren nationalen Rechtsordnungen dem Unionsrecht nicht entgegenwirken oder es beeinträchtigen.[78] Stattdessen sollen die Mitgliedstaaten dem Unionsrecht als eigene Rechtsordnung zur best- und schnellstmöglichen Wirksamkeit verhelfen.[79] Normiert ist das Effektivitätsgebot in Art. 197 AEUV. Effektivität im

71 *Heitsch*, EuR 2001, 809 (809).

72 *Bröhmer*, Transparenz als Verfassungsprinzip, S. 369 f.

73 *Bröhmer*, Transparenz als Verfassungsprinzip, S. 49.

74 *Leisner*, Effizienz als Rechtsprinzip, S. 7 f.

75 *Karpen*, JA 1992, 70 (71).

76 *Streinz*, in: ders., EUV, Art. 13 Rn. 10.

77 *Karpen*, JA 1992, 70 (71); *Leisner*, Effizienz als Rechtsprinzip, S. 9 f.; *Gärditz*, DÖV 2010, 453 (460).

78 EuGH, verb. Rsen. 205–215/82 (Deutsches Milchkontor), Slg. 1983, 2635, Rn. 22.

79 EuGH, Rs. C-231/96 (Edis), Slg. 1998 I-4951, Rn. 35; EuGH, Rs. C-343/96 (Dilexport/Administrazione delle Finanze dello Stato), Slg. 1999, I-579, Rn. 25 f.; *Streinz*, in: ders., AEUV, Art. 288 Rn. 90 f.; *Hofmann/Rowe/Türk*, Administrative Law and Policy of the European Union, S. 154.

Sinne des Unionsrechts liegt nach Art. 197 AEUV und dem Grundsatz des *„effet utile“* immer dann vor, wenn die Mitgliedstaaten Unionsrecht einheitlich, rechtlich fehlerfrei, möglichst schnell und sachlich sorgfältig durchführen.[80]

6. Zwischenergebnis

Festzuhalten ist, dass sowohl das Demokratieprinzip als auch das Rechtsstaatsprinzip als Staatsstrukturprinzipien durch eine Vielzahl von Geboten ausfüllungsbedürftig sind.

So lässt sich zum Beispiel Rechtssicherheit, als Bestandteil der Rechtsstaatlichkeit, nur durch eine bestimmte, klare und verlässliche Rechtsordnung gewährleisten. Diese Voraussetzungen sind wiederum Ausdruck des Transparenzgebots.[81] Überdies findet sich das Transparenzgebot auch im Demokratieprinzip wieder, indem der Staat so handeln soll, dass sein Handeln dem Bürger nachvollziehbar und im besten Fall auch plausibel erscheint.[82] Wichtig ist auch, dass Prinzipien wie das Demokratie- und Rechtsstaatsgebot nicht in einer ursprünglichen Form betrachtet werden sollten, sondern dass es vielmehr darum gehen muss, sie im Sinne der aktuellen rechtlichen Gegebenheiten innerhalb der Union dynamisch auszulegen und zu verstehen.[83]

Darüber hinaus lässt sich eine stabile Rechtsstaatlichkeit nur in einer Demokratie verwirklichen.[84] Mechanismen und Gebote der Rechtsstaatlichkeit lassen sich nur dort etablieren, wo ein Volk sich als Souverän von einem Repräsentanten des Staates vertreten sieht. Hieraus wird deutlich, dass ohne das Vorliegen einer funktionierenden Demokratie auch die Rechtsstaatlichkeit schwerlich umsetzbar ist. Es wird aber auch erkennbar, dass die unterschiedlichen Elemente und Grundsätze, mit denen sich Staatsstrukturprinzipien wie das Demokratie- und Rechtsstaatsprinzip ausfüllen lassen, in ihrer Gesamtschau betrachtet werden müssen, um so Zusammenhänge zwischen ihnen zu erkennen und zu bestimmen.

Mit Blick auf die Europäische Union zeigt sich, dass die dargestellten Begrifflichkeiten auch von der Union als anerkannte Ziele gelten, die sie bei ihren Handlungen jeglicher Form zu berücksichtigen hat. In diesem Zusammenhang

---

80 *Streinz*, in: ders., AEUV, Art. 197 Rn. 2.

81 *Stern*, Staatsrecht I, §. 20 S. 829.

82 *Bröhmer*, Transparenz als Verfassungsprinzip, S. 39; *Calliess*, in: Bauer/Huber/Sommermann, Demokratie in Europa, S. 307.

83 *Dreier*, in: ders., GG, Art. 20 Rn. 12.

84 *Stern*, Staatsrecht I, §. 18 S. 623; *Karpen*, JA 1992, 70 (75).

muss jedoch beachtet werden, dass verfassungsrechtliche Gebote eines unabhängigen Nationalstaats sich nicht ohne Kompromisse auf ein supranationales Gefüge wie die Union übertragen lassen.[85] Ziel sollte es deshalb sein, die dargestellten Gebote und Grundsätze als oberste Maxime zu betrachten und diese möglichst nahe und sachgerecht auf das europäische System zu übertragen. Eine hundertprozentige Deckungsgleichheit bei dieser Übertragung zu erwarten, wäre aufgrund der institutionellen Besonderheiten der Union nicht sachgerecht; ein hinreichender Standard muss aber dennoch gewahrt bleiben.

Für den weiteren Verlauf dieser Arbeit bedeutet dies, dass einzelne Elemente und Neuerungen innerhalb der exekutiven Rechtsetzung im Hinblick auf die oben genannten Begrifflichkeiten untersucht werden müssen. Dabei müssen die Bedeutungen der einzelnen Begriffe und ihr Verhältnis zueinander im europäischen Kontext berücksichtigt werden.

85 So auch *Fisahn/Viotto*, ZRP 2007, 198 (198).

1. Teil – Exekutive Rechtsetzung: Geschichte, Vorteile, Defizite und Akteure

Zur Begründung der Möglichkeit der exekutiven Rechtsetzung wird häufig vorgebracht, dass parlamentarische Verfahren zwar dafür geeignet seien, komplexe und anspruchsvolle Sachverhalte und Probleme zu regeln, es diesen Verfahren aufgrund mangelnder Ressourcen und Fachwissen jedoch häufig an der notwendigen Dynamik und Schnelligkeit fehle, um aktuelle Umstände oder technisch anspruchsvolle Themen entsprechend zu bearbeiten.[86] Deshalb soll sich der Gesetzgeber bei der Umsetzung seiner politischen Programme des technischen Wissens und des Leistungsvermögens der Exekutive bedienen dürfen.[87] Auch Deutschland und anderen europäischen Staaten sind „exekutive Vollzugsprogrammierungen" nicht fremd.[88] So ermöglichen Art. 80 Abs. 1[89], Art. 84 Abs. 2 und Art. 85 Abs. 2 GG[90] der Bundesregierung, den Vollzug von Bundesgesetzen durch die Landesbehörden zu vereinheitlichen.[91]

Im Laufe der Jahre ist im Unionsrecht durch die europäische Integration ein immer umfangreicherer Regelungsbedarf entstanden, der nicht allein durch

---

86 *Schmolke*, EuR 2006, 432 (448); *Haibach*, VerwArch 90/1999, 98 (110); *Harbich*, in: Scholler, Die Sicherung des Rechtsstaatsgebotes, S. 102 f.

87 *Möllers*, Die drei Gewalten, S. 126 ff.

88 *Groß*, DÖV 2004, 20 (20); *Haibach*, VerwArch 90/1999, 98 (99); *Kadelbach*, in: ders., Europäische Integration und parlamentarische Demokratie, S. 16.

89 In diesem Fall handelt es sich um Verordnungen, die mit Art. 290 AEUV gleichgesetzt werden können.

90 Die Möglichkeit, Verwaltungsvorschriften zu erlassen, kann mit der der Durchführung gem. Art. 291 AEUV verglichen werden.

91 *Gellermann*, in: Streinz, AEUV, Art. 290 Rn. 2; *Hetmeier*, in: Lenz/Borchardt, Art. 290 Rn. 2; *Weber*, EuZW 2008, 7 (13); *Harbich*, in: Scholler, Die Sicherung des Rechtsstaatsgebotes, S. 103; *Lenaerts/Verhoeven*, CMLR 2000, 645 (655); *Haselmann*, Delegation und Durchführung, S. 238 ff.; zum Begriff des *Vollzugsförderalismus* ausführlich *Schütze*, CMLR 2010, 1385 (1388 f.).

die in den Verträgen vorgesehenen Gesetzgebungsverfahren[92] bedient werden konnte und ein schnelles und effektives Handeln seitens der Union erforderte.[93] Um diesem Bedürfnis zu begegnen, bediente sich der Rat bereits zu Beginn der sechziger Jahre bei der Durchführung einer Agrarrechtsreform der Expertise der Kommission.[94]

Heutzutage kann die exekutive Rechtsetzung im Europarecht mit den Vorschriften der Art. 202 3. SpStr., 211 4. SpStr. EGV und den Art. 290 und Art. 291 AEUV auf einen langen und viel umstrittenen Werdegang zurückblicken. Einer der Hauptkritikpunkte an der exekutiven Rechtsetzung war deren unzureichende demokratische Legitimation und der Mangel an Transparenz im Normgebungsverfahren. Immer wieder versuchte man durch Änderungen und Reformen dieser Kritik zu begegnen und ein demokratischeres und transparenteres Verfahren für die exekutive Rechtsetzung zu entwickeln.

Der 1. Teil dieser Arbeit soll deshalb einen umfassenden Einblick in die exekutive Rechtsetzung vor und nach dem Vertrag von Lissabon geben. Es wird dargelegt, welche Defizite bestanden und inwiefern diese durch die Regelungen der Art. 290 und Art. 291 AEUV beseitigt werden konnten.

---

92 Neben dem ordentlichen Gesetzgebungsverfahren, das in Art. 294 AEUV geregelt ist, sieht der Vertrag von Lissabon noch besondere Gesetzgebungsverfahren in Art. 289 Abs. 2 AEUV vor. In einem solchem Fall (wie er z.B. in Art. 310 AEUV geregelt ist) erfolgt die Annahme eines Rechtsakts durch das Europäische Parlament unter Beteiligung des Rates oder durch den Rat unter Beteiligung des Europäischen Parlaments.

93 *Groß*, DÖV 2004, 20 (20).

94 *Hardacre/Kaeding*, EIPA-Leitfaden, S. 5; *Lenaerts/Verhoeven*, CMLR 2000, 645 (646); *Craig*, EU Administrative Law, S. 113.

1. Kapitel – Exekutive Rechtsetzung im Allgemeinen

Zunächst soll die jüngere Geschichte des exekutiven Rechtsetzungsverfahrens dargestellt werden, um anhand dessen zu untersuchen, woraus und warum sich die häufig getadelten Defizite ergaben. Sodann soll in einem zweiten Schritt aufgezeigt werden, wie exekutive Rechtsetzung mit Blick auf die Rolle der Kommission im institutionellen Gleichgewicht der Union überhaupt möglich sein kann.

I. Geschichte der exekutiven Rechtsetzungsverfahren

Schon seit der Gründung der Europäischen Gemeinschaft im Jahr 1957 gilt die Befugnis zur Durchführung des Gemeinschaftsrechts durch die Kommission als ein fester Bestandteil der gemeinschaftlich vorgesehenen Rechtsetzungsverfahren.[95] Bereits zu Beginn der sechziger Jahre sah der Rat zur Regelung des Agrarbereichs einen großen Bedarf, die Kommission mit entsprechenden Detailfragen zur Durchführung seiner Pläne zu konsultieren.[96] Um das Rechtsetzungsverfahren hierbei zu beschleunigen und dem Rat nach wie vor eine gewisse Kontrolle über den Erlass der Durchführungsmaßnahmen einzuräumen, wurden aus Vertretern der Mitgliedstaaten sogenannte Verwaltungsausschüsse eingerichtet, die der Kommission bei ihrer Aufgabe zur Seite stehen sollten.[97] Obwohl eine solche Befugnisübertragung ursprünglich nur vorübergehend im Bereich des Agrarrechts der Fall sein sollte, erließ der Rat schon kurze Zeit später eine Verordnung, mit der die dauerhafte Einrichtung der Verwaltungsausschüsse sichergestellt wurde.[98] Angetrieben wurde der Rat von seinen positiven Erfahrungen mit der Arbeit der Verwaltungsausschüsse, die sich durch ihr Expertenwissen und die Kontrolle der Kommission mehr als bewährten.[99]

---

95 *Riedel*, EuR 2006, 512 (512 f.).

96 *Demmke/Haibach*, DÖV 1997, 713.

97 *Fuhrmann*, DÖV 2007, 464 (464).

98 Verordnung (EWG) Nr. 2602/69 des Rates v. 18.12.1969 über die Beibehaltung des Verwaltungsausschussverfahrens (ABl. L 324 v. 27.12.1969).

99 *Fuhrmann*, DÖV 2007, 464 (464).

Aufgrund dessen wurden im Jahr 1987 in einem ersten Komitologiebeschluss[100] acht unterschiedliche Ausschussverfahren festgesetzt, mit denen die Arbeit der Kommission künftig im Rahmen der exekutiven Rechtsetzung unterstützt werden sollte. Bereits kurze Zeit später wurden die Ausschussverfahren mit der Argumentation mangelnder demokratischer Legitimation und Transparenz kritisiert. Im Jahre 1999 wurde daraufhin der zweite Komitologiebeschluss erlassen,[101] der entsprechende Verbesserungen bewirken sollte.[102]

Um eine geschichtliche Ausuferung zur exekutiven Rechtsetzung in dieser Arbeit zu vermeiden, soll im Folgenden lediglich auf den zweiten Komitologiebeschluss aus dem Jahr 1999 und die darauf folgenden Verordnungen eingegangen werden.

Vor dem Vertrag von Lissabon war die Möglichkeit, die Kommission zur exekutiven Rechtsetzung zu ermächtigen, in den Art. 202 3. SpStr., Art. 211 4. SpStr. EGV geregelt, die nachstehend genauer betrachtet werden sollen, um ein vollumfängliches Verständnis zu gewährleisten.

1. Art. 202 3. SpStr. EGV

In Art. 202 3. SpStr. EGV wurde dem Rat die Möglichkeit eingeräumt, die mitgliedschaftliche Durchführung des Gemeinschaftsrechts durch den Erlass legislativer Durchführungsmaßnahmen einzuleiten und zu steuern.[103] Sinn und Zweck der Einführung von Art. 202 3. SpStr. EGV durch die Einheitliche Europäische Akte war es primär, die Kommission in ihren legislativen Befugnissen und als Konsequenz hieraus den Binnenmarkt der europäischen Wirtschaftsgemeinschaft zu stärken.[104] Neben der Kommission war der Rat beim Vorliegen entsprechender Sonderfälle auch selbst befugt tätig zu werden. Ein solcher Sonderfall lag regelmäßig nur dann vor, wenn der Rat aufgrund seiner spezifischen Kenntnisse und Fähigkeiten kompetenter als die Kommission erschien, um entsprechende

---

100 Beschluss 87/373/EWG, Beschluss des Rates v. 13.7.1987 zur Festlegung der Modalitäten für die Ausübung der der Kommission übertragenen Durchführungsbefugnisse (ABl. L 197/33 v. 18.7.1987).

101 Beschluss 1999/468/EG, Beschluss des Rates v. 28.6.1999 zur Festlegung der Modalitäten für die Ausübung der der Kommission übertragenen Durchführungsbefugnisse (ABl. L 184/23 v. 17.7.1999).

102 Siehe hierzu *Lenaerts/Verhoeven*, CMLR 2000, 645 (666).

103 *Kotzur*, in: Geiger/Khan/Kotzur, AEUV, Art. 290 Rn. 3.

104 *Hix*, in: Schwarze, 2. Auflage, EGV, Art. 202 Rn. 10.

Durchführungsakte zu erlassen.[105] Den Regelfall stellte jedoch der Erlass exekutiver Rechtsakte durch die Kommission dar.[106]

a. Übertragung von Durchführungsbefugnissen auf die Kommission

Der Rat übertrug, in einem von ihm zuvor getroffenen Rechtsakt der Kommission die Befugnis, Durchführungsmaßnahmen zu erlassen. Dieser Rechtsakt stellte den Basisrechtsakt für die von der Kommission erlassenen Maßnahmen dar. Er wird daher auch im weiteren Verlauf der Arbeit als „Basisrechtsakt" bezeichnet.

Bereits zu diesem Zeitpunkt galt der Grundsatz, dass das Gemeinschaftsrecht durch die Mitgliedstaaten zu vollziehen war.[107] Erschien die einheitliche Durchführung des Gemeinschaftsrechts geboten, konnten entsprechende Befugnisse auf die Kommission bzw. den Rat übertragen werden.[108] Der allgemeine Grundsatz der Zuständigkeit der Mitgliedstaaten wurde hierdurch nicht berührt. Vielmehr sollte es auch ausnahmsweise zulässig sein, Durchführungsbestimmungen zur Abänderung von Gemeinschaftsrecht auf die Mitgliedstaaten zu übertragen.[109]

b. Grenzen der Übertragung gem. Art. 202 3. SpStr. EGV

Damit die Kommission die ihr übertragenen Kompetenzen nur im Rahmen des rechtlich Zulässigen ausübte, existierten materielle und verfahrensrechtliche Grenzen, mit denen die Befugnisausübung seitens der Kommission reglementiert wurde.[110] Diese Grenzen dienten insbesondere dazu, das institutionelle Gleichgewicht in der Gemeinschaft zu wahren und die exekutive Rechtsetzung zu legitimieren.[111] Ihre Nichtbeachtung führte zur Nichtigkeit der Durchführungsmaßnahme.

---

105 *Schoo*, in: Schwarze, 3. Auflage, AEUV, Art. 291 Rn. 4.

106 Beschluss 1999/468/EG, Beschluss des Rates v. 28.6.1999 zur Festlegung der Modalitäten für die Ausübung der der Kommission übertragenen Durchführungsbefugnisse (ABl. L 184/23 v. 17.7.1999).

107 Dieser Grundsatz ergab sich aus dem in Art. 10 EGV verankerten Loyalitätsgebot; so auch *Schroeder*, AöR 129/2004, 3 (14); *Haselmann*, Delegation und Durchführung, S. 41 f.

108 *Schusterschitz*, in: Hummer/Obwexer, Vertrag von Lissabon, S. 219.

109 EuGH, Rs. C-257/01 (KOM/Rat), Slg. 2005, I-345, Rn. 65 ff.

110 *Demmke/Haibach*, DÖV 1997, 710 (714).

111 *Wichard*, in: Calliess/Ruffert, 3. Auflage, EGV, Art. 202 Rn. 6.

aa. Materielle Grenzen

In der Regel wurden die Grenzen, die die Kommission bei der Ausübung ihrer Befugnisse zu berücksichtigen hatte, durch den Rat in dem ermächtigenden Basisrechtsakt festgelegt.[112] Der Gerichtshof entschied hierzu, dass eine allgemein gefasste Ermächtigungsgrundlage wegen der großzügigen Auslegung des Begriffs „Durchführung" ausreiche.[113] So sei von dem Begriff der „Durchführung" sowohl die Ausarbeitung von Durchführungsvorschriften als auch die Anwendung von Vorschriften auf den Einzelfall durch den Erlass individueller Rechtsakte umfasst.[114] Aufgrund dessen konnte die Kommission alle erforderlichen oder zweckmäßigen Maßnahmen ergreifen. Voraussetzung war jedoch, dass diese den Vorgaben im Basisrechtsakt entsprachen und keine wesentlichen Grundzüge antasteten.[115] Was genau unter wesentlichen Grundzügen zu verstehen war, musste im Vorfeld durch den Rat in dem ermächtigenden Basisrechtsakt festgelegt werden.[116] Hielt die Kommission sich nicht an die vom Rat bestimmten Grenzen, konnte der Rat ihr nur dann die Durchführungsbefugnisse wieder entziehen, wenn die im Ermächtigungsakt vorgesehenen Verfahrensvorschriften dies zuließen.[117]

bb. Verfahrensrechtliche Grenzen

Eine verfahrensrechtliche Grenze bestand unter anderem darin, dass der Rat in den Fällen, in denen er sich die Durchführungsbefugnis selbst vorbehielt, gegenüber der Kommission sein Vorgehen begründen musste.[118] Darüber hinaus war die Kommission verfahrensrechtlich gezwungen, einen Komitologie-Ausschuss zu konsultieren. Kam sie dieser Verpflichtung nicht nach, wurde die von ihr

---

112 *Jacqué*, in: v. d. Groeben/Schwarze, EGV, Art. 202 Rn. 14; *Hix*, in: Schwarze, 2. Auflage, EGV, Art. 202 Rn. 14.

113 EuGH, Rs. C-240/90 (Deutschland/KOM), Slg. 1992, I-5383, Rn. 11 f.; Rs. C-374/96 (Vorderbrueggen/Hauptzollamt Bielefeld), Slg. 1998, I-8385, Rn. 36; so auch *Siegel*, DÖV 2010, 1 (6); *Wichard*, in: Calliess/Ruffert, 3. Auflage, EGV, Art. 202 Rn. 7.

114 EuGH, Rs. C-122/04 (KOM/EP & Rat), Slg. I-2001, Rn. 1; außerdem *Demmke/Haibach*, DÖV 1997, 710 (713); *Petersen/Heß*, ZUR 2007, 567 (567); *Hix* in: Schwarze, 2. Auflage, EGV, Art. 202 Rn. 12; *Jacqué*, in: v. d. Groeben/Schwarze, EGV, Art. 202 Rn. 13.

115 *Wichard*, in: Calliess/Ruffert, 3. Auflage, EGV, Art. 202 Rn. 8 m.w.N.

116 EuGH, Rs. 25/70 (Köster), Slg. 1970, 1161, Rn. 6.

117 *Wichard*, in: Calliess/Ruffert, 3. Auflage, EGV, Art. 202 Rn. 10.

118 EuGH, Rs. 16/88 (KOM/Rat), Slg. 1989, 3457, Rn. 10; zudem *Wichard*, in: Calliess/Ruffert, 3. Auflage, EGV, Art. 202 Rn. 5.

erlassene Durchführungsmaßnahme für nichtig erklärt.[119] Auch die Nichtbeachtung wesentlicher Formvorschriften konnte zur Nichtigkeit führen, sofern es sich um einen offensichtlichen Irrtum oder Missbrauch von Befugnissen handelte.[120]

c. Komitologie

Unter Komitologie wurde die Ausübung der Durchführungsbefugnisse durch die Kommission verstanden, die hierbei von sogenannten Ausschüssen unterstützt wurde.[121]

Der Komitologie kam primär die Aufgabe zu, die Arbeit der Kommission im Rahmen der ihr übertragenen Durchführungsbefugnisse zu überbewachen und fachmännisch zu unterstützen. Die Beratungen in Fachausschüssen, die in verschiedenen Verfahren geregelt waren, sollten es der Kommission ermöglichen, flexibel und sachgerecht auf regelungsbedürftige Materien zu reagieren.[122] Die Ausschüsse waren weder Hilfsorgane des Rates noch als eigene Gemeinschaftsinstitutionen zu verstehen. Sie waren allein dem Organisations- und Verantwortungsbereich der Kommission zuzuordnen. Im Rahmen ihrer Tätigkeit und Zuständigkeit hatten die Ausschüsse keinerlei Regelungs-, Entscheidungs- oder Initiativkompetenz, sondern sollten dem Rat lediglich politische Streitpunkte aufzeigen, ihn gegebenenfalls zum Eingreifen animieren und die Kommission mit ihrem Sachverstand fachmännisch unterstützen und beraten.[123]

aa. Vorzüge und Streitpunkte

Eine weit vertretene Ansicht bewertete das Ausschusswesen als positiv, weil es aufgrund der Beteiligung der Fachleute aus den einzelnen Mitgliedstaaten zu einer Vertiefung des europäischen Integrationsgedankens beitrug,[124] und ein hohes Maß an Effektivität und Dynamik innerhalb der exekutiven Rechtsetzung gewährleistete. Allerdings wurde das Ausschusswesen auch von vielen Seiten kritisiert. Häufig wurde betont, dass der für einen Rechtsakt eingesetzte Ausschuss die unterschiedlichsten Funktionen besaß und in ihm gleich mehrere Rechtsakte

---

119 EuGH, Rs. C-221/91 (Anglopharm/Hamburg), Slg. 1994, I-171, Rn. 33.

120 EuGH, Rs. 278/84 (Deutschland/KOM), Slg. 1987, 1, Rn. 13.

121 *Schoo*, in: Schwarze, 3. Auflage, AEUV, Art. 290 Rn. 3.

122 *Petersen/Heß*, ZUR 2007, 567 (568).

123 *Wichard*, in: Calliess/Ruffert, 3. Auflage, EGV, Art. 202 Rn. 114.

124 *Joerges/Falke*, Das Ausschusswesen der EU, S. 51; *Demmke/Haibach*, DÖV 1997, 710 (716).

zeitgleich bearbeitet wurden.[125] Unter dieser Mehrfachbelastung konnte sowohl die Qualität der Arbeit der Ausschüsse leiden als auch deren fachliche Kompetenz verloren gehen. Des Weiteren wurde bemängelt, dass die Komplexität einzelner Themen dazu führe, dass die Fachleute häufig die einzigen seien, die überhaupt noch etwas von der Materie verstünden. Die Entscheidungsfindung liege deshalb de facto zumeist bei ihnen. Gesetz- und Initiativgeber blieben bei der Entscheidungsfindung außen vor.[126] Zudem wurde die Frage vorgebracht, inwiefern diese Rechtsakte, die auf einen Entschluss der Komitologieausschüsse zurückzuführen waren, überhaupt noch als demokratisch legitimiert betrachtet werden konnten.[127] Letztlich wurde beklagt, dass der ständige Erlass und die Änderung von Rechtsakten zu einer immer stärkeren Fragmentierung des Rechts führten.[128] Weder dem Europäischen Parlament noch dem Unionsbürger wurde deutlich, in welchen Bereichen und wie viele Durchführungsrechtsakte durch die Kommission ergangen waren.

bb. Ausschussverfahren

Für ein reibungsloses und effektives Funktionieren der Komitologie wurden im Laufe der Zeit unterschiedliche Ausschussverfahren entwickelt. Sie dienten dazu, das exekutive Rechtsetzungsverfahren zu beschleunigen und Demokratiedefizite auszugleichen.

Nach dem ersten Komitologiebeschluss von 1987[129] forderte die Regierungskonferenz die Kommission in der Schlussakte von Amsterdam in der Erklärung Nr. 31 dazu auf, dem Rat eine Änderung für diesen Komitologiebeschluss vorzuschlagen, um der lauter werdenden Kritik an den bestehenden Verfahren hinsichtlich deren Intransparenz und Komplexität entgegenzuwirken. Die Kommission folgte der Aufforderung, woraufhin der Rat kurze Zeit später den ersten Komitologiebeschluss durch einen zweiten ersetzte.[130]

---

125 *Demmke/Haibach,* DÖV 1997, 710 (716).

126 *Demmke/Haibach,* DÖV 1997, 710 (717).

127 *Petersen/Heß,* ZUR 2007, 567 (568).

128 *Demmke/Haibach,* DÖV 1997, 710 (716).

129 Beschluss 87/373/EWG, Beschluss des Rates v. 13.7.1987 zur Festlegung der Modalitäten für die Ausübung der der Kommission übertragenen Durchführungsbefugnisse (ABl. L 197/33 v. 18.7.1987).

130 Beschluss 1999/468/EG, Beschluss des Rates v. 28.6.1999 zur Festlegung der Modalitäten für die Ausübung der der Kommission übertragenen Durchführungsbefugnisse (ABl. L 184/23 v. 17.7.1999).

Der zweite Komitologiebeschluss sah statt der ursprünglichen fünf Verfahren nur noch drei Verfahren und ein Verfahren bei Schutzmaßnahmen vor.[131] Die Ausschüsse setzten sich auch fortan aus Vertretern und Fachleuten der Mitgliedstaaten zusammen, deren Vorstand ein Vertreter der Kommission war.[132] Jeder Ausschuss war verpflichtet, sich eine Geschäftsordnung zu geben, die auf einer Standardgeschäftsordnung basierte (Art. 7 Abs. 1 Komitologiebeschluss).[133]

Um „größere Kohärenz und Vorhersehbarkeit"[134] zu gewährleisten, wurden die Verfahren im zweiten Komitologiebeschluss detaillierter und ausführlicher beschrieben. Außerdem wurden unverbindliche Kriterien für das jeweils einschlägige Verfahren entwickelt.[135] Die Auswahl des Verfahrens lag grundsätzlich im Ermessen der gesetzgebenden Organe. Kam es jedoch zu einer gravierenden Abweichung von den im Komitologiebeschluss vorgesehenen Kriterien für ein Ausschussverfahren, musste diese Abweichung später in dem erlassenen Rechtsakt von der Kommission ausführlich begründet werden.[136]

Am 17.7.2006 erfuhr die Komitologie ihre letzte große Änderung, indem der zweite Komitologiebeschluss[137] durch den Rat erneut abgeändert und ein neues Verfahren, das sogenannte Regelungsverfahren mit Kontrolle, eingeführt wurde.[138] Im Gegensatz zu den anderen Ausschussverfahren beinhaltete das Regelungsverfahren mit Kontrolle nun erstmalig verbindliche Kriterien, bei deren Vorliegen eines der Verfahren zur Anwendung kommen musste.[139]

---

131 *Scheel*, ZEuS 9/2006, 521 (527); *Petersen/Heß*, ZUR 2007, 567 (569).

132 *Joerges/Falke*, Das Ausschusswesen der EU, S. 57.

133 Beschluss 87/373/EWG, Beschluss des Rates v. 13.7.1987 zur Festlegung der Modalitäten für die Ausübung der der Kommission übertragenen Durchführungsbefugnisse (ABl. L 197/33 v. 18.7.1987); so auch *Petersen/Heß*, ZUR 2007, 567 (567).

134 Beschluss 1999/468/EG, Beschluss des Rates v. 28.6.1999 zur Festlegung der Modalitäten für die Ausübung der der Kommission übertragenen Durchführungsbefugnisse (ABl. L 184/23 v. 17.7.1999) 5. Erwägungsgrund; so auch *Scharf*, BzTWR 2010, 5 (9).

135 *Fuhrmann*, DÖV 2007, 464 (464).

136 *Wichard*, in: Calliess/Ruffert, 3. Auflage, EGV, Art. 202 Rn. 13.

137 Beschluss 1999/468/EG, Beschluss des Rates v. 28.6.1999 zur Festlegung der Modalitäten für die Ausübung der der Kommission übertragenen Durchführungsbefugnisse (ABl. L 184/23 v. 17.7.1999).

138 Beschluss 2006/512/EG, Beschluss des Rates v. 17.7.2006 zur Änderung des Beschlusses 1999/468/EG zur Festlegung der Modalitäten für die Ausübung der der Kommission übertragenen Durchführungsbefugnisse (ABl. L 200 v. 22.7.2006); so auch *Hix*, in: Schwarze, 2. Auflage, EGV, Art. 202 Rn. 16.

139 *Hix*, in: Schwarze, 2. Auflage, EGV, Art. 202 Rn. 18.

Die konsolidierte Fassung des überarbeiteten Komitologiebeschlusses sah nunmehr neben dem Verfahren für Schutzmaßnahmen vier weitere Ausschussverfahren vor, die im Folgenden dargestellt werden.[140]

(1) Beratungsverfahren nach Art. 2 des Beschlusses 1999/468/EG

Das Beratungsverfahren galt als Grundmodell der verschiedenen Ausschussverfahren und war für solche Fälle vorgesehen, in denen es als „zweckmäßig“ erachtet wurde.[141]

Der Ausschuss gibt hierbei eine Stellungnahme zu dem von der Kommission unterbreiteten Entwürfen ab, die bei der Umsetzung so weit wie möglich Berücksichtigung finden soll.[142] Eine bindende Wirkung besaß die Stellungnahme des Ausschusses nicht, so dass die Kommission bei der Umsetzung ihrer Entwürfe weitestgehend frei blieb. Wurde ein Entwurf durch den Ausschuss komplett abgelehnt, war die Kommission jedoch verpflichtet, die Kritik der Ausschüsse in ihre Entwürfe einzubeziehen und diese über die vorgenommenen Veränderungen zu informieren.[143]

(2) Verwaltungsverfahren nach Art. 4 des Beschlusses 1999/468/EG

Das Verwaltungsverfahren sollte dem Erlass von „Verwaltungsmaßnahmen“ dienen.[144] Hiervon umfasst waren vor allem Maßnahmen zur Umsetzung der gemeinsamen Agrar- und Fischereipolitik oder Programme, deren Durchführung erhebliche Auswirkungen auf den Haushalt hatten.[145]

Der eingesetzte Verwaltungsausschuss konnte zum geplanten Entwurf der Kommission mit qualifizierter Mehrheit Stellung nehmen. Die Stellungnahme des Ausschusses hatte für die Kommission auch in diesem Verfahren keine

---

140 *Hix*, in: Schwarze, 2. Auflage, EGV, Art. 202 Rn. 17.

141 Beschluss 1999/468/EG, Beschluss des Rates v. 28.6.1999 zur Festlegung der Modalitäten für die Ausübung der der Kommission übertragenen Durchführungsbefugnisse (ABl. L 184/23 v. 17.7.1999) Art. 2 lit. c; so auch *Petersen/Heß*, ZUR 2007, 567 (570).

142 *Jacqué*, in: v. d. Groeben/Schwarze, EGV, Art. 202 Rn. 21; *Wichard*, in: Calliess/Ruffert, 3. Auflage, EGV, Art. 202 Rn. 15; *Fuhrmann*, DÖV 2007, 464 (464).

143 *Riedel*, EuR 2006, 512 (524).

144 Beschluss 1999/468/EG, Beschluss des Rates v. 28.6.1999 zur Festlegung der Modalitäten für die Ausübung der der Kommission übertragenen Durchführungsbefugnisse (ABl. L 184/23 v. 17.7.1999), Art. 4.

145 *Fuhrmann*, DÖV 2007, 464 (465); *Petersen/Heß*, ZUR 2007, 567 (570); *Jacqué*, in: v. d. Groeben/Schwarze, EGV, Art. 202 Rn. 34.

bindende Wirkung.[146] Die Kommission musste jedoch beachten, dass im Falle einer ablehnenden Stellungnahme sich für sie die Pflicht ergab, dem Rat ihre Entwürfe vorzulegen. Dieser konnte die für den Erlass des Durchführungsrechtsakts vorgesehene Frist für drei Monate aussetzen und die von der Kommission erlassene Durchführungsmaßnahme innerhalb derselben Frist mit qualifizierter Mehrheit durch eine andere Maßnahme ersetzen.[147]

(3) Regelungsverfahren nach Art. 5 des Beschlusses 1999/468/EG

Im Regelungsverfahren konnten Maßnahmen von allgemeiner Tragweite getroffen und nicht wesentliche Vorschriften des Basisrechtsakts abgeändert werden.[148] Als Maßnahmen von allgemeiner Tragweite galten zum Beispiel Maßnahmen zum Schutz der Gesundheit oder Sicherheit von Menschen, Tieren und Pflanzen.[149]

Um in diesen Bereichen Durchführungsmaßnahmen zu erlassen, musste der Regelungsausschuss den Entwürfen der Kommission zuvor mit qualifizierter Mehrheit zustimmen. Fehlte die Stellungnahme des Regelungsausschusses oder war sie ablehnend, legte die Kommission ihre Entwürfe dem Rat vor.[150] Der Rat hatte daraufhin die Möglichkeit, die von der Kommission angestrebten Maßnahmen innerhalb einer bestimmten Frist anzunehmen oder abzulehnen. Erfolgte seitens des Rates keinerlei Reaktion, konnte die Kommission die Maßnahme dennoch erlassen. Bei einer ablehnenden Stellungnahme des Rates war die Kommission lediglich befugt, dem Rat einen weiteren Vorschlag zu unterbreiten und

---

146 Beschluss 1999/468/EG, Beschluss des Rates v. 28.6.1999 zur Festlegung der Modalitäten für die Ausübung der der Kommission übertragenen Durchführungsbefugnisse (ABl. L 184/23 v. 17.7.1999), Art. 4 Abs. 3.

147 Beschluss 1999/468/EG, Beschluss des Rates v. 28.6.1999 zur Festlegung der Modalitäten für die Ausübung der der Kommission übertragenen Durchführungsbefugnisse (ABl. L 184/23 v. 17.7.1999), Art. 4 Abs. 4; siehe auch *Wichard*, in: Calliess/Ruffert, 3. Auflage, EGV, Art. 202 Rn. 16; *Ruffert*, in: Calliess/Ruffert, 4. Auflage, AEUV, Art. 291 Rn. 16; *Jacqué*, in: v. d. Groeben/Schwarze, EGV, Art. 202 Rn. 22.

148 Beschluss 1999/468/EG, Beschluss des Rates v. 28.6.1999 zur Festlegung der Modalitäten für die Ausübung der der Kommission übertragenen Durchführungsbefugnisse (ABl. L 184/23 v. 17.7.1999), Art. 5; siehe auch *Jacqué*, in: v. d. Groeben/Schwarze, EGV, Art. 202 Rn. 34.

149 *Fuhrmann*, DÖV 2007, 464 (465).

150 Beschluss 1999/468/EG, Beschluss des Rates v. 28.6.1999 zur Festlegung der Modalitäten für die Ausübung der der Kommission übertragenen Durchführungsbefugnisse (ABl. L 184/23 v. 17.7.1999), Art. 5 Abs. 3 und 4.

ein neues Verfahren anzustreben.[151] Des Weiteren musste die Kommission bei einer ausbleibenden oder ablehnenden Stellungnahme der Ausschüsse das Europäische Parlament in Kenntnis setzten. Das Europäische Parlament prüfte die vorgeschlagene Durchführungsmaßnahme daraufhin, ob die darin getroffenen Regelungen vom Basisrechtsakt gedeckt waren.[152]

(4) Verfahren bei Schutzmaßnahmen nach Art. 6 des Beschlusses 1999/468/EG

Das Verfahren bei Schutzmaßnahmen[153] war kein Ausschussverfahren im obigen Sinne. Es bestimmte lediglich, dass die Kommission den Rat und die Mitgliedstaaten über Beschlüsse, die Schutzmaßnahmen zum Inhalt hatten, zu unterrichten hatte. Der Rat konnte daraufhin einen abweichenden Beschluss fassen, sofern der zuvor erlassene Basisrechtsakt keine besonderen Bestimmungen hierzu enthielt.[154]

(5) Regelungsverfahren mit Kontrolle nach Art. 5a des Beschlusses 2006/512/EG

In die konsolidierte Fassung zum zweiten Komitologiebeschluss[155] wurde das Regelungsverfahren mit Kontrolle in Art. 5a eingeführt.[156] Durch dieses Verfahren war es dem Europäischen Parlament und dem Rat fortan möglich, die von

---

151 Beschluss 1999/468/EG, Beschluss des Rates v. 28.6.1999 zur Festlegung der Modalitäten für die Ausübung der der Kommission übertragenen Durchführungsbefugnisse (ABl. L 184/23 v. 17.7.1999), Art. 5 Abs. 6; siehe auch *Petersen/Heß*, ZUR 2007, 567 (570).

152 Beschluss 1999/468/EG, Beschluss des Rates v. 28.6.1999 zur Festlegung der Modalitäten für die Ausübung der der Kommission übertragenen Durchführungsbefugnisse (ABl. L 184/23 v. 17.7.1999), Art. 5 Abs. 5.

153 Beschluss 1999/468/EG, Beschluss des Rates v. 28.6.1999 zur Festlegung der Modalitäten für die Ausübung der der Kommission übertragenen Durchführungsbefugnisse (ABl. L 184/23 v. 17.7.1999), Art. 6.

154 *Hix*, in: Schwarze, 2. Auflage, EGV, Art. 202 Rn. 17; *Fuhrmann*, DÖV 2007, 464 (465).

155 Beschluss 2006/C 255/2, Beschluss des Rates v. 28.6.1999 zur Festlegung der Modalitäten für die Ausübung der der Kommission übertragenenn Durchführungsbefugnisse (1999/486/EG) (ABl. L 184/23 v. 17.7.1999) Beschluss geändert durch den Beschluss 2006/512/EG Beschluss des Rates v. 22.7.2006 (ABl. L 200/11 v. 22.7.2006) (Konsolidierte Fassung).

156 Beschluss 2006/512/EG, Beschluss des Rates v. 17.7.2006 zur Änderung des Beschlusses 1999/468/EG zur Festlegung der Modalitäten für die Ausübung der der Kommission übertragenen Durchführungsbefugnisse (ABl. L 200 v. 22.7.2006).

der Kommission vorgelegten Entwürfe abzulehnen.[157] Es wurde immer dann angewendet, wenn auf der Grundlage eines im Mitentscheidungsverfahren erlassenen Basisrechtsakts Maßnahmen von allgemeiner Tragweite angenommen wurden, die eine Änderung nicht wesentlicher Bestimmungen dieses Rechtsakts bewirkten.[158]

Eine Stellungnahme des Ausschusses zu dem von der Kommission vorgelegten Entwurf musste mit qualifizierter Mehrheit angenommen werden. Stimmte der Ausschuss dem Vorhaben zu, konnte die Maßnahme erlassen werden. Voraussetzung war jedoch, dass sich der Rat und das Europäisches Parlament nicht gegen diese Maßnahme aussprachen. Erfolgte eine solche Ablehnung, musste dies seitens des Rates mit qualifizierter bzw. seitens des Europäischen Parlaments mit einfacher Mehrheit erfolgen.[159] Das Parlament hatte zudem fortan das Recht, eine Maßnahme auch dann abzulehnen, wenn es die Ansicht vertrat, dass die vorgeschlagene Maßnahme mit Ziel und Inhalt des Basisrechtsakts unvereinbar sei und über diesen hinausgehe.[160]

2. Art. 211 EGV

Art. 211 4. SpStr. EGV korrespondierte mit Art. 202 3. SpStr. EGV. In dieser Vorschrift waren die originären Entscheidungsbefugnisse der Kommission verankert, die diese zuvor vom Rat auf der Grundlage von Art. 202 3. SpStr. EGV übertragen bekommen hatte.[161] Da der Kommission die Befugnisse zur Durchführung in Art. 211 4. SpStr. EGV als eigene zugewiesen wurden, handelte es sich hierbei nicht um delegierte Ratsbefugnisse.

3. Bewertung

Das Komitologiewesen diente als wesentliches Bindeglied zwischen der Gemeinschaft und ihren Mitgliedstaaten, die in Form von Ausschussmitgliedern einen

---

157 *Bast,* CMLR 2012, 885 (916); *Hix,* in: Schwarze, 2. Auflage, EGV, Art. 202 Rn. 17.

158 *Fuhrmann,* DÖV 2007, 464 (466); *Möllers/v. Achenbach,* EuR 2011, 39 (44).

159 *Fuhrmann,* DÖV 2007, 464 (466); *Petersen/Heß,* ZUR 2007, 567 (570).

160 *Petersen/Heß,* ZUR 2007, 567 (570).

161 *Wichard,* in: Calliess/Ruffert, 3. Auflage, EGV, Art. 211 Rn. 15; *Schütze,* CMLR 2010, 1385 (1393); siehe hierzu auch *Jacqué,* in: v. d. Groeben/Schwarze, EGV, Art. 202 Rn. 71 f., der außerdem auf die problematische Hierarchisierung von durch die Kommission erlassenen Rechtsakten eingeht.

zusätzlichen direkten Input zur europäischen Politik- und Rechtsgestaltung leisten konnten.[162]

Auch wenn die Kommission später jährlich über die Arbeit der Ausschüsse und über die Rechtsprechung des Gerichtshofes zur Komitologie Bericht erstattete, blieben die Hauptkritikpunkte weiterhin die Komplexität, Intransparenz und problematische demokratische Legitimation des Komitologiesystems.[163]

Es stellte sich die Frage, inwiefern diese Kritik begründet war und ob die Regelungen der Art. 290 und Art. 291 AEUV, die diese Defizite im europäischen Rechtsetzungssystem aufgriffen, tatsächlich Verbesserungen mit sich brachten.

II. Demokratiedefizit und fehlende Transparenz durch exekutive Rechtsetzung

Um feststellen zu können, woraus sich ein Demokratiedefizit und ein Mangel an Transparenz innerhalb der exekutiven Rechtsetzungsverfahren ergaben, soll zunächst kurz dargelegt werden, wie die demokratische Legitimation im institutionellen Kontext der Europäischen Union herzuleiten ist. Hierbei wird insbesondere die Organisationsstruktur der Europäischen Union als supranationales Organ berücksichtigt, weshalb auch das Demokratieprinzip inhaltlich angeglichen und modifiziert werden muss.[164]

Im Zusammenhang mit einem europäischen Demokratiedefizit wurde immer wieder die demokratische Legitimation der Komitologieausschüsse bezweifelt und die unzureichende Einbeziehung des Europäischen Parlaments kritisiert. Auch das Parlament selbst betrachtete die Komitologieausschüsse von Beginn an mit Skepsis.[165] Entscheidungen von beträchtlicher Bedeutung sollten zunächst ohne jegliche parlamentarische Kontrolle erlassen werden.[166] Das Parlament war der Ansicht, dass die Komitologieausschüsse das Gewaltenteilungsprinzip sowie

---

162 *Riedel*, EuR 2006, 512 (529); *Ohler*, JZ 2006, 358 (360).

163 *Möllers/v. Achenbach*, EuR 2011, 39 (39).

164 *Möllers*, Die drei Gewalten, S. 174; *Classen*, Demokratische Legitimation im offenen Rechtsstaat, S. 89; *Scheel*, ZEuS 9/2006, 521 (538); *Schmidt-Aßmann*, Das allgemeine Verwaltungsrecht als Ordnungsidee, S. 87; *Dreier*, in: ders., GG, Art. 20 Rn. 45; *Calliess*, in: Bauer/Huber/Sommermann, Demokratie in Europa, S. 283; siehe hierzu außerdem bereits Einleitung IV. 1. und 2.

165 Entschließung des Europäischen Parlaments v. 17.10.1967, Protokoll der Sitzung v. Dienstag, 17. Oktober 1967 (ABl. 1967 268/7 v. 6.11.1967); *Mensching*, EuZW 2000, 268 (269); *Lenaerts/Verhoeven*, CMLR 2000, 645 (646); in diesem Sinne auch *Bradley*, ELJ 3/1997, 230 (231); *Craig*, EU Administrative Law, S. 116.

166 *Haibach*, VerwArch 90/1999, 98 (108).

das Aufsichtsrecht des Europäischen Parlaments gegenüber der Kommission verletzten.[167] Des Weiteren hielt es die Ausschussverfahren für nicht transparent genug, um demokratischen Grundsätzen zu genügen.[168]

Im Folgenden soll zunächst das Demokratieverständnis der Europäischen Union prägnant herausgearbeitet werden. Hierbei kann nur eine oberflächliche Darstellung erfolgen. Eine vollumfassende Darstellung der Thematik, an deren Ende sogar eine eigene Demokratietheorie entwickelt wird, wäre zu ausufernd und ist für den restlichen Verlauf der Arbeit entbehrlich. Anschließend beleuchtet die Arbeit die demokratische Legitimation der Komitologieausschüsse und das Demokratiedefizit aufgrund der unzureichenden Einbeziehung des Europäischen Parlaments. Es folgt eine genaue Betrachtung des häufig betonten Mangels an Transparenz innerhalb der exekutiven Rechtsetzungsverfahren.

1. Demokratieverständnis der Europäischen Union

Zunächst soll veranschaulicht werden, woraus sich das Bedürfnis an demokratischer Legitimation ergibt. Danach wird dargestellt, wie sich demokratische Legitimation unter Berücksichtigung der institutionellen Besonderheiten der Union herleiten lässt, wo Defizite bestehen und welche Lösungsansätze verfolgt werden, um solche Defizite zu beseitigen.

a. Bedürfnis an demokratischer Legitimation der europäischen Handlungen

Als politisches Herrschaftssystem *sui generis* setzt die Union eigenes Recht, das gegenüber dem nationalen Recht der Mitgliedstaaten Vorrang genießt und in den Mitgliedstaaten unmittelbare Geltung beanspruchen kann. Das Unionsrecht kann sowohl die Mitgliedstaaten als auch die Unionsbürger unmittelbar berechtigen und verpflichten.[169] Da es sich bei der Union um ein politisches Organ handelt, das Herrschaftsgewalt ausübt, muss die Union ihre Handlungen auf eine demokratische Legitimation stützen können. Das gilt umso mehr, wenn man die

167 *Demmke/Haibach,* DÖV 1997, 710 (711); *Scheel,* ZEuS 9/2006, 521 (524); *Türk,* in: Kadelbach, Europäische Integration und parlamentarische Demokratie, S. 132; *Bradley,* ELJ 3/1997, 230 (232).

168 *Demmke/Haibach,* DÖV 1997, 710 (711).

169 BVerfGE 89, 155 (181 ff.); *Dreier,* in: ders., GG, Art. 20 Rn. 46; *Heitsch,* EuR 2001, 809 (810 f.); *Classen,* Demokratische Legitimation im offenen Rechtsstaat, S. 87; *Brosius-Gersdorf,* EuR 1999, 133 (133); *Kluth,* Die demokratische Legitimation der Europäischen Union, S. 45 ff.

umfangreichen Kompetenzen betrachtet, die der Union im Laufe der europäischen Integration von den Mitgliedstaaten übertragen worden sind.[170]

Teilweise wird dem Erfordernis der demokratischen Legitimation entgegengehalten, dass das institutionelle Gefüge der Europäischen Union nicht dem eines Staates entspreche und eine demokratische Legitimation des Unionhandelns deshalb nicht im gleichen Maße notwendig sei. Ferner übertrügen bereits die Mitgliedstaaten in ihren Verfassungen, wie Deutschland in Art. 23 Abs. 1 S. 1 GG, ihre Hoheitsrechte auf die Europäische Union.[171] Diese Absicherung über die Verfassungen der Mitgliedstaaten könne bereits legitimationsvermittelnd als ausreichend angesehen werden. Eine eigenständige demokratische Legitimation sei für das Handeln der Europäischen Union deshalb nicht notwendig.

Die Integrationsöffnungsklauseln der Mitgliedstaaten bereits als legitimationsvermittelnd für das gesamte Handeln der Union zu betrachten, erscheint zu weit gefasst, sollen sie doch vornehmlich den Mitgliedstaaten dazu dienen, die europäische Integration neben ihren eigenen Rechtsordnungen zu ermöglichen.[172] Aus den Integrationsöffnungsklauseln kann deshalb nicht die Legitimation jeder einzelnen Handlung einer mittlerweile vielschichtigen politischen und rechtlichen Ordnung wie die der Europäischen Union abgeleitet werden. Vielmehr sollte es darum gehen, im Lichte dieser eigenen, vielschichtigen politischen und rechtlichen Strukturen, die demokratische Legitimation der Union zu ermitteln und zu erkennen. Bei diesem Vorgehen dürfen jedoch keinerlei Abstufungen hinsichtlich des Legitimationsniveaus gemacht werden. Dass die Europäische Union kein Staat ist, darf bei den Anforderungen an die demokratische Legitimation ihres hoheitlichen Handelns keine Berücksichtigung finden. Grundsätzlich bestehen die gleichen Anforderungen an Staaten und Nichtstaaten bei der Herleitung demokratischer Legitimation. Lediglich ihr Aufbau und die diesbezüglichen Besonderheiten dürfen hierbei eine gesonderte Rolle spielen.[173]

Das zwingende Bedürfnis demokratischer Legitimation für das Handeln der Europäischen Union wurde bereits früh vom Bundesverfassungsgericht

---

170 Das sah auch das Bundesverfassungsgericht so und stellte deshalb in seiner „Maastricht-Entscheidung" (BVerfGE 89, 155, 184) heraus, dass das Hinzutreten eines Europäischen Parlaments von besonderer Wichtigkeit für die demokratische Legitimation des europäischen Handelns sei; *Steiger*, ZRP 2012, 13 (13 f.); *Komorowski*, Demokratieprinzip und Europäische Union, S. 51.

171 *Streinz*, Europarecht, Rn. 377.

172 So auch *Calliess*, in: Bauer/Huber/Sommermann, Demokratie in Europa, S. 286.

173 Etwas anderes muss für die Herleitung ihrer demokratischen Legitimation gelten. Hierbei muss auf die institutionellen Besonderheiten Rücksicht genommen werden.

herausgestellt und vom Gerichtshof als eines der grundlegenden Verfassungsprinzipien der Gemeinschaft erachtet. Wie diese konkret auszusehen hat, haben beide Gerichte bisweilen nicht abschließend beurteilt.[174]

Mit dem Maastrichter Vertrag im Jahr 1992 rückte das Demokratiegebot im Hinblick auf die institutionelle Gestaltung der Union stärker in den Fokus. Im Amsterdamer Vertrag fand es in Art. 6 EUV daraufhin erstmalig ausdrückliche Erwähnung.[175] Heute bestimmen die Art. 2 und Art. 10 Abs. 1 EUV die repräsentative Demokratie für die Europäische Union als Handlungsmaßstab. Durch die Kodifizierung des Demokratieprinzips akzeptiert die Union diesen Standard und setzt damit auch voraus, dass ihr Handeln demokratisch legitimiert sein muss.

b. Herleitung und Begründung der demokratischen Legitimation in der Union

Die Frage, die sich in diesem Zusammenhang deshalb unweigerlich stellt, ist, wie eine solche demokratische Legitimation unter Beachtung der institutionellen Strukturen der Europäischen Union hergeleitet und begründet werden kann.

aa. Dualer Ansatz

In Art. 10 Abs. 2 EUV wird beschrieben, aus welchen Quellen sich die demokratische Legitimation für die Union herleiten lässt. Hiernach ergibt sich demokratische Legitimation zum einen über das Europäische Parlament, das unmittelbar von den Bürgerinnen und Bürgern gewählt wird und zum anderen über den Rat, in dem die Mitgliedstaaten mit ihren nationalen Regierungen vertreten sind.[176]

---

174 EuGH, Rs. 138/79 (Roquette Frères), Slg. 1980, 3333, Rn. 33; EuGH, Rs. 139/79 (Maizena), Slg. 1980, 3393, Rn. 34; EuGH, Rs. C-300/89 (KOM/Rat), Slg. 1991, I-2867, Rn. 20; EuGH, Rs. C-65/93 (EP/Rat), Slg. 1995, I-643, Rn. 21; *Brosius-Gersdorf*, EuR, 1999, 133 (162).

175 *Dreier*, in: ders., GG, Art. 20 Rn. 35; *Brosius-Gersdorf*, EuR 1999, 133 (162).

176 Der hier vertretene duale Ansatz steht neben verschiedenen anderen Modellen zur Herleitung demokratischer Legitimation. Ausführlich hierzu *Komorowski*, Demokratieprinzip und Europäische Union, S. 170 ff., der den dualen Ansatz jedoch auch als „demokratierechtlich zukunftsfähig" für die Union erachtet. Hierzu auch *Schiffauer*, in: Brandt, Perspektiven der Unionsgrundordnung, S. 44; *Classen*, AöR 119/1994, 238 (260); *Kadelbach*, in: ders., Europäische Integration und parlamentarische Demokratie, S. 10; *Calliess*, in: Bauer/Huber/Sommermann, Demokratie in Europa, S. 282; *Kluth*, Die demokratische Legitimation der Europäischen Union, S. 87; *Hurrelmann*, APuZ B 32/2008, 3 (4 ff.).

Als demokratievermittelnde Rechtssubjekte gelten somit die Mitgliedstaaten und die Unionsbürger.[177]

Die Mitgliedstaaten gelten als Träger der verfassungsgebenden Gewalt im Europarecht, durch die als „Herren der Verträge“ das Primärrecht der Union bestimmt wird.[178] Änderungen im Primärrecht werden auf diese Art über die nationalen Regierungen der Mitgliedstaaten mittelbar legitimiert. Darüber hinaus sind Vertreter der Mitgliedstaaten auch in allen anderen Unionsorganen, mit Ausnahme des Europäischen Parlaments, vertreten, wodurch deren Handlungen mittelbar legitimiert werden und die Interessen der Unionsbürger auf europäischer Ebene berücksichtigt werden können.[179] Die Mitgliedstaaten nehmen somit eine entscheidende Rolle für die demokratische Legitimation europäischer Handlungen ein.

Bereits Anfang der sechziger Jahre hatte der Europäische Gerichtshof entschieden, dass nicht nur die Mitgliedstaaten als Rechtssubjekt der Gemeinschaftsordnung gelten, sondern auch die Unionsbürger.[180] Aufgrund der Durchgriffswirkung des Unionsrechts auf den Einzelnen erschien die unmittelbare demokratische Legitimation durch den rechtsunterworfenen Unionsbürger unentbehrlich.[181] Die unmittelbare demokratische Legitimation von Unionsorganen wird auch von Art. 23 Abs. 1 GG verlangt.[182] Diesen Anforderungen wird durch das unmittelbar von den Unionsbürgern gewählte Europäische Parlament entsprochen.

Der *Demos*, der als unverzichtbare Voraussetzung einer Demokratie gilt, ergibt sich innerhalb der Union demnach aus einem bürgerlichen und einem staatlichen Aspekt.[183] Man geht somit von einer doppelten demokratischen Legitimität aus und knüpft sowohl an den Bürger als auch an den von ihm gewählten Vertreter an.[184] Dieser überwiegend vertretene duale Ansatz weist jedoch verschiedene Defizite auf.

---

177 *Gärditz*, DÖV 2010, 453 (455).

178 Bereits hier liegt ein großer Unterschied zur klassischen Legitimationsherleitung eines Staates, in dem das Volk das Legitimationssubjekt ist, *Classen*, Demokratische Legitimation im offenen Rechtsstaat, S. 90 ff.

179 Art. 15 Abs. 2 und Art. 16 EUV; so auch *Haratsch*, in: Brandt, Perspektiven der Unionsgrundordnung, S. 27; *Degenhart*, Staatsrecht I, § 2 Rn. 118.

180 EuGH, Rs. 26/62 (Van Gend en Loos), Slg. 1963, 3, S. 25.

181 *Haratsch*, in: Brandt, Perspektiven der Unionsgrundordnung, S. 22.

182 *Classen*, Demokratische Legitimation im offenen Rechtsstaat, S. 99.

183 *Schiffauer*, in: Brandt, Perspektiven der Unionsgrundordnung, S. 52, 56.

184 *Classen*, Demokratische Legitimation im offenen Rechtsstaat, S. 92 f.

bb. Demokratiedefizit in der Europäischen Union

Vor allem das Europäische Parlament als unmittelbar legitimiertes Organ sieht sich verschiedenen Kritikpunkten ausgesetzt. Kritiker bemängeln unter anderem, dass das Europäische Parlament seine Legitimation nicht auf den Willen eines einheitlichen Staatsvolks stützen könne. Demokratie in seiner ursprünglichen Bedeutung meint Wahlen durch das Volk.[185] Mit Volk ist ein einheitliches Staatsvolk[186] gemeint und nicht irgendein beliebiges, wie es sich in der Europäischen Union aus den Völkern der Mitgliedstaaten zusammensetzt.[187] Anders als bei nationalen Wahlen kann bei den Unionsbürgern deshalb nicht von einem einheitlichen Volk ausgegangen werden.[188] Um von einem Volk sprechen zu können, muss dieses eine hinreichend „innere Homogenität" und Identität[189] aufweisen, um Mehrheitsentscheidungen auch gegenüber Minderheiten zu rechtfertigen.[190] Mit Blick auf die Europäische Union ergibt sich hier zum einen bereits aus der Bezeichnung der Unionsbürgerschaft gem. Art. 9 S. 3 EUV und Art. 20 Abs. 1 S. 3 AEUV ein Defizit.[191] Hieraus geht hervor, dass die Unionsbürgerschaft zur eigentlichen Staatsangehörigkeit hinzutritt, diese aber nicht ersetzt. Von einem Volk im eigentlichen Sinne kann hier folglich schon nach der Terminologie der Verträge nicht ausgegangen werden. Ein Volk liegt nur innerhalb der Mitgliedstaaten der Union vor. Darüber hinaus fehlt es an der vorausgesetzten „inneren Homogenität" und europäischen Identität.[192] In diesem

---

185 *Kluth,* Die demokratische Legitimation der Europäischen Union, S. 33.

186 Zu den Eigenschaften eines einheitlichen Staatsvolks, *Benz,* in: Bauer/Huber/Sommermann, Demokratie in Europa, S. 256.

187 *Classen,* AöR 119/1994, 238 (241).

188 *Classen,* Demokratische Legitimation im offenen Rechtsstaat, S. 91; *Komorowski,* Demokratieprinzip und Europäische Union, S. 62 f.; *Maurer,* in: Kadelbach, Europäische Integration und parlamentarische Demokratie, S. 35 f.; *Lamprecht,* NJW 1997, 505 (506).

189 Die nationale Identität lässt sich in zwei unterschiedliche Zweige trennen. Während der eine den Identitätsgehalt der Verfassung eines Staates und somit eine überwiegend objektive Komponente betrifft, zielt der subjektivistische Zweig vornehmlich auf die soziale Identität der Bürger mit dem Staat ab, siehe *v. Bogandy/Schill,* in: Grabitz/Hilf/Nettesheim, EUV, Art. 4 Rn. 11; *dies.,* ZaöRV 2010, 701 (712).

190 BVerfGE 89, 155 (186); siehe auch *Böckenförde,* in: Isensee/Kirchhof, HSTR II, §. 24 Rn. 14 ff.

191 *Haratsch,* in: Brandt, Perspektiven der Unionsgrundordnung, S. 24; siehe auch *Böckenförde,* in: Isensee/ Kirchhof, HSTR II, §. 24 Rn. 26.

192 *Hurrelmann,* APuZ B 32/2008, 3 (6); in diesem Sinn auch *Lamprecht,* NJW 1997, 505 (505).

Zusammenhang wird häufig auch die fehlende europäische Öffentlichkeit kritisiert, die zu einem mangelhaften Interesse der Bürger an Europa führe. Der öffentliche Diskurs zwischen Politik und Bürger gehört zum wichtigen Vorgehen einer Demokratie, um politische Entscheidungen auch während einer Legislaturperiode abzusichern und zu rechtfertigen.[193] Das Bundesverfassungsgericht betonte dies in seiner „Maastricht-Entscheidung“[194] und sah ein Defizit darin, dass weder europäische Parteien existierten[195] noch eine europäische Öffentlichkeit gegeben sei. Zwar ist mittlerweile eine europäische Parteienlandschaft entstanden, die politischen Ausrichtungen der Parteien gelten indes als äußerst eng umfasst. Außerdem erschwert das Fehlen einer gemeinschaftlichen Sprache die Herstellung einer gemeinsamen Öffentlichkeit.[196] Solange keine gemeinsame Öffentlichkeit, keine gemeinschaftliche Sprache und keine einheitliche Verbands-, Medien- und Pressestruktur existiert,[197] wird sich auch keine europäische Identität bilden können, die zu einer „inneren Homogenität“ und somit zu einem europäischen Volk führen könnte.[198]

Ein weiteres Defizit wird in den Wahlen und der Zusammensetzung des Europäischen Parlaments gesehen.[199] Anstelle von einheitlichen europäischen Wahlen wird das Europäische Parlament nach den jeweiligen mitgliedstaatlichen Verfahren und Regeln in „Nebenwahlen“ gewählt. In diesem Zusammenhang ist auch die äußerst geringe Wahlbeteiligung zu den Parlamentswahlen zu beachten. Diese spreche für ein grundsätzliches Desinteresse an der Unionspolitik und führe somit zu nicht repräsentativen Ergebnissen[200] und damit auch zu einem

193 *Benz,* in: Bauer/Huber/Sommermann, Demokratie in Europa, S. 256 f.; *Classen*, Demokratische Legitimation im offenen Rechtsstaat, S. 101.

194 BVerfGE 89, 155.

195 Zur Bedeutung europäischer Parteien, *Kluth,* Die demokratische Legitimation der Europäischen Union, S. 40 f.; ähnlich auch *Hurrelmann,* APuZ B 32/2008, 3 (4).

196 *Classen*, Demokratische Legitimation im offenen Rechtsstaat, S. 102; *Grunauer*, Demokratie und Legitimation, S. 141.

197 Zu dieser Problematik auch *Kluth,* Die demokratische Legitimation der Europäischen Union, S. 62.

198 *Dreier*, in: ders., GG, Art. 20 Rn. 47.

199 Hierzu bereits *Calliess,* in: Bauer/Huber/Sommermann, Demokratie in Europa, S. 299.

200 *Schiffauer*, in: Brandt, Perspektiven der Unionsgrundordnung, S. 50; *Wessels*, Das politische System der EU, S. 136; *Huber*, in: Hofmann/Naumann, Europäische Demokratie in guter Verfassung?, S. 33. Auch die Europawahlen im Mai 2014 unterstreichen mit ihrer geringen Wahlbeteiligung von 42,54 % diese Aussage (http://www.europarl.europa.eu/elections2014-results/de/election-results-2014.html; zuletzt aufgerufen am: 5.1.2015).

Defizit der Repräsentativfunktion des Europäischen Parlaments. Darüber hinaus steht der in Art. 14 Abs. 2 UAbs. 1 EUV festgelegte ponderierte Schlüssel, nach dem die Sitze im Europäischen Parlament vergeben werden, im Konflikt mit der an sich geforderten Wahlrechtsgleichheit, da Zähl- und Erfolgswert ungleich behandelt werden.[201] Des Weiteren wird kritisiert, dass dem Europäischen Parlament ein parlamentarisches Initiativrecht fehle.[202]

Auch die demokratische Legitimation über die Mitgliedstaaten wird in Frage gestellt. Der Rat, der sich aus den Regierungen der Mitgliedstaaten zusammensetzt, gilt neben dem Parlament als das Hauptgesetzgebungsorgan. Seine demokratische Legitimation ergibt sich mittelbar über die Mitgliedstaaten. Durch die temporär uneinheitlichen Wahlen in den Mitgliedstaaten finde ein kontinuierlicher Wechsel der Ratsmitglieder statt, wodurch effektive Politik nur schwerlich betrieben werden könne.[203]

cc. Lösungsansätze

Das Legitimationsniveau der Europäischen Union zu steigern, gilt als fort- und immerwährendes Ziel von Reformen und akademischen Debatten rund um den europäischen Integrationsprozess. Mit dem Vertrag von Lissabon fand dieses Ziel erstmalig innerhalb eines Vertragstextes Erwähnung.[204]

Einen der Hauptkritikpunkte denen sich die demokratische Legitimation in der Europäischen Union ausgesetzt sieht, besteht darin, dass das Europäische Parlament nicht von einem homogenen Staatsvolk gewählt wird. Ob ein homogenes Volk zur Bildung eines *Demos* überhaupt notwendig ist, wird in der Literatur nicht einheitlich beantwortet.

Eine von Föderalisten vertretene Ansicht sieht keinen Bedarf nach einem Staatsvolk. Ihrer Ansicht nach ist das Legitimationskonzept einer parlamentarischen Demokratie nicht an einen Nationalstaat und sein Staatsvolk gebunden, sondern auch in einer staatsübergreifenden Union anzuwenden.[205] Auch *Heitsch* ist der Ansicht, dass Demokratie auf Unionsebene nicht davon abhängt, dass

---

201 *Schiffauer*, in: Brandt, Perspektiven der Unionsgrundordnung, S. 49; *Haratsch*, in: Brandt, Perspektiven der Unionsgrundordnung, S. 23; *Huber*, in: Hofmann/Naumann, Europäische Demokratie in guter Verfassung?, S. 37; *Kluth*, Die demokratische Legitimation der Europäischen Union, S. 70.

202 *Degenhart*, Staatsrecht I, § 2 Rn. 119.

203 *Degenhart*, Staatsrecht I, § 2 Rn. 120 f.

204 Siehe Präambel zum Vertrag von Lissabon in seiner Fassung v. 30.11.2009; so auch *Rumler-Korinek*, EuR 2003, 327 (327).

205 *Corbett*, The European Parliament's role in closer EU integration, S. 588.

sich bereits ein homogenes europäisches Volk entwickelt habe. Viel bedeutender hierfür sei, dass sich homogene gesellschaftliche Strukturen, wie eine gemeinsame politische Praxis durch funktionierende gemeinsame Institutionen, entwickeln.[206] *Classen* schließt sich dieser Tendenz an, indem er behauptet, dass ein *Demos* auch dadurch gebildet werden könne, dass sich mehrere Völker, verbunden in dem Willen, gemeinsam Probleme zu lösen, zusammenschließen und eine „Schicksalsgemeinschaft" bilden. Länder wie Belgien, Luxemburg und Dänemark, in denen mehrere Sprachen gesprochen werden oder der in jedem Mitgliedstaat herrschende „regionale Gruppenegoismus", verdeutlichten, dass auch in den Mitgliedstaaten nicht immer von einem vollumfänglich homogenen Staatsvolk gesprochen werden könne.[207]

Unter den Realisten wird die Ansicht vertreten, dass das Europäische Parlament, gerade weil es kein einheitliches europäisches Volk vertritt, als ein Parlament *sui generis* gesehen werden müsse.[208] Sie sind der Meinung, dass Demokratie auf einem einheitlichen Staatsvolk beruhen müsse, weshalb es von besonderer Wichtigkeit sei, einen europäischen *Demos* herzustellen und eine transnationale politische Infrastruktur zu fördern.[209] Diese Theorie führt zu dem Schluss, dass es hier an der Identifikation und Interaktion mit dem Kollektiv, also der Europäischen Union scheitere, weshalb nicht davon ausgegangen werden könne, dass sich ein solcher *Demos* bereits entwickelt habe.

Die letzte Ansicht verkennt jedoch die institutionellen Besonderheiten der Europäischen Union, die es bei der Begründung des Demokratieprinzips nach überwiegender Meinung zu berücksichtigen gilt. Dass sich die Union noch weit von einem einheitlichen *Demos* befindet, wurde zuletzt durch das Scheitern des Verfassungsvertrags im Jahr 2005 unter Beweis gestellt. Hierfür spricht auch die in vielen Mitgliedstaaten immer größer werdende Missstimmung gegen die Europäische Union. Die Herausforderung besteht für die Union vielmehr darin, den Willen von 28 Völkern zusammenzuführen.[210] Dieses Ziel lässt sich nur dann erreichen, wenn man der Meinung der Föderalisten folgt und auf ein Staatsvolk -wie es nach der klassischen Definition verlangt wird- verzichtet und

206 *Heitsch*, EuR 2001, 809 (816).

207 *Classen*, AöR 119/1994, 238 (256); als besonderes Beispiel sei hier Spanien genannte, in dem sich der größte Teil der Bevölkerung eben nicht mit dem spanischen Nationalstaat identifizieren kann. Ähnlich auch *Benz*, in: Bauer/Huber/Sommermann, Demokratie in Europa, S. 258 f.

208 *Hallstein*, Der unvollendete Bundesstaat, S. 88.

209 *Kohler-Koch*, APuZ B 6/2000, 36 (39).

210 *Classen*, AöR 119/1994, 238 (254).

stattdessen auf eine „Schicksalsgemeinschaft" abstellt, die sich aus den verschiedenen mitgliedstaatlichen Völkern zusammensetzt.

Grundsätzlich ist die institutionelle Entwicklung der Union in den letzten Jahren mit Blick auf die Verbesserungen des Demokratieprinzips beachtlich. In den Verträgen von Amsterdam bis Lissabon wurden die demokratischen Institutionen und Verfahren schrittweise zu einem System ausgebaut, in dem die Zahl der beteiligten Ebenen größer und die Beratung und Kontrolle intensiver ist als in manchen Mitgliedstaaten.[211] So verfügt die Union nach dem Vertrag von Lissabon über ein System, in dem sämtliche Verfahren und Institutionen als demokratisch anerkannt gelten.[212] Darüber hinaus fordern sowohl die unionsrechtliche als auch die mitgliedstaatlichen Rechtsordnungen die Einhaltung demokratischer Grundsätze voneinander ein und fügen sich in ihren unterschiedlichen Ausgestaltungen zu einer Gesamtordnung mit einem Verbund von Legitimationssubjekten.[213]

c. *Bewertung*

Solange in der Praxis und Wissenschaft das existierende Maß an demokratischer Legitimation nicht akzeptiert wird, wird es wohl stetig darum gehen, Verbesserungen durch Reformen und neue Verfahren zu entwickeln. Dass man sich hierum bemüht, kann grundsätzlich kein Fehler sein. Die Frage, die sich vielmehr stellt, ist, wo die Grenzen solcher Bemühungen zu sehen sind, insbesondere, wenn man beachtet, dass die Europäische Union vermutlich niemals das Maß an demokratischer Legitimation erreichen wird, wie es in ihren Mitgliedstaaten vorherrscht.[214]

Da die Union nicht als klassische Demokratie zu verstehen ist, sollte es vielmehr darum gehen, einen Blick darauf zu werfen, was auf europäischer Ebene und aufgrund des institutionellen Gefüges der Union überhaupt möglich ist. Zudem muss man gewillt sein, den Begriff des Volkes im Zusammenhang mit der Union nicht mehr in seiner klassischen Bedeutung zu verstehen, sondern auch diesen im Hinblick auf die Besonderheiten der Europäischen Union auszulegen.[215] Dabei sollte berücksichtigt werden, dass staatliche Strukturelemente wie Legitimität, Effizienz und Gewaltenteilung der Funktion einer stabilen Demokratie zwar geschuldet sind, aber nicht zwangsläufig ihren Kerngehalt ausmachen.[216]

---

211 *Schiffauer*, in: Brandt, Perspektiven der Unionsgrundordnung, S. 57.

212 *Schiffauer*, in: Brandt, Perspektiven der Unionsgrundordnung, S. 50.

213 *Haratsch*, in: Brandt, Perspektiven der Unionsgrundordnung, S. 40 ff.

214 *Degenhart*, Staatsrecht I, § 2 Rn. 120.

215 *Bröhmer*, Transparenz als Verfassungsprinzip, S. 46.

216 *Rumler-Korinek*, EuR 2003, 327 (339).

Vor allem die fortschreitende gesellschaftliche, politische, ökonomische, finanzielle, aber auch kulturelle Globalisierung verlangen eine zunehmend vertiefte Integration und Zusammenarbeit, um die Befähigung der Mitgliedstaaten aufrechtzuerhalten, ihre Aufgaben gegenüber ihren Bürgern zu erfüllen.[217] Dass viele dieser Aufgaben in den Kompetenzbereich der Union fallen, macht sie zu einem nicht mehr hinwegzudenkenden Bestandteil des europäischen Staatenwesens und unentbehrlich für die Politikgestaltung der Mitgliedstaaten. Man muss sich an dieser Stelle also vielmehr um eine Kompromisslösung bemühen, um sowohl den Bedürfnissen der Bürger und Mitgliedstaaten als auch denen der Europäischen Union gerecht zu werden. In diesem Sinne ist es mit dem Bundesverfassungsgericht zu halten, das nicht die Form des staatlichen Handelns als entscheidend ansieht, sondern deren Effektivität, wobei ein „insgesamt hinreichendes Legitimationsniveau" gewährleistet sein muss.[218] Dieses sollte umso höher sein, je größer die Bedeutung und Reichweite der zu treffenden Entscheidung ist.[219]

Es geht also vielmehr darum, bei der Herleitung der demokratischen Legitimation der Union einen angemessenen Ausgleich zwischen beiden Legitimationssubjekten zu finden, um so, wie vom Bundesverfassungsgericht gefordert, ein gewisses Legitimationsniveau sicherzustellen.[220] Diese Herleitung der demokratischen Legitimation muss auch im weiteren Verlauf der Arbeit bei diesbezüglichen Aussagen berücksichtigt werden.

2. Demokratische Legitimation der Komitologieausschüsse

Seit dem erstmaligen Einberufen durch den Rat wurden die Komitologieausschüsse an den exekutiven Rechtsetzungsverfahren beteiligt. Fraglich ist deshalb zum einen, wie nicht gewählte Expertenausschüsse überhaupt an einer Form der Gesetzgebung beteiligt werden konnten und zum anderen, ob ihre Tätigkeit selbst als demokratievermittelnd angesehen werden konnte.

a. Expertokratische Elitenherrschaft

Teilweise war man der Ansicht, dass unabhängige Experten unerlässlich für die Bewältigung der Alltagsprobleme in der Europäischen Union seien. Die demokratische Legitimation dieser Expertenausschüsse finde dadurch statt, dass die Bürger

---

217 *Steiger*, ZRP 2012, 13 (15).

218 BVerfGE, 83, 60 (72; 81); 89, 155 (82); 93, 37 (66 f.); 107, 59 (87).

219 *Classen*, Demokratische Legitimation im offenen Rechtsstaat, S. 6.

220 BVerfGE 89, 11 (182); *Classen*, Demokratische Legitimation im offenen Rechtsstaat, S. 106; *Kluth*, Die demokratische Legitimation der Europäischen Union, S. 88.

aufgrund ihres fehlenden Expertenwissens in die Arbeit der Experten vertrauten und davon ausgingen, dass Entscheidungen in ihrem Sinne getroffen würden.[221] Heute ist man sich darüber einig, dass einzig der Bürger als Legitimationsressource dienen kann, sodass diese Ansicht keinerlei Beachtung mehr findet.[222]

b. Deliberative Demokratie

Die Vertreter der deliberativen Demokratie-Theorie sehen eine öffentliche Sphäre als unumgängliches Kriterium zur Vermittlung von Legitimation. Der Bürger und unabhängige Experten müssen insbesondere in den Diskurs bei politischen Themen einbezogen werden.[223] Die Einbeziehung soll einer besseren Identifikation des Bürgers mit der politischen Entscheidungsfindung dienen.[224] Die demokratische Legitimation der Komitologie auf diese Ansicht zu stützen, scheidet aber schon deshalb aus, weil innerhalb der Komitologie keine Form von Offenkundigkeit und Bürgerpartizipation stattfindet.[225]

c. Ansicht des Gerichtshofs

Der Gerichtshof hat der Kommission in seiner *Köster-Entscheidung* die Kompetenz übertragen, die Modalitäten für die Ausübung ihrer exekutiven Rechtsetzungsbefugnisse festzulegen. Dazu stellte er fest:

> „Nach Artikel 155 hat die Kommission die Befugnisse auszuüben, die ihr der Rat zur Durchführung der von ihm erlassenen Vorschriften überträgt. Diese Bestimmung, deren Anwendung dem Rat freigestellt ist, gestattet es diesem, die Modalitäten der Ausübung der der Kommission übertragenen Befugnisse zu regeln."[226]

Hierzu gehört nach Ansicht des Gerichtshofs auch die Festlegung der Komitologieverfahren. Ferner sah der Gerichtshof in der Beteiligung von Ausschüssen an der exekutiven Rechtsetzung keine Verfälschung der Gemeinschaftsstruktur und des institutionellen Gleichgewichts.[227]

Die Kommission könne ohne das in den Ausschüssen versammelte Expertenwissen nicht die erforderliche Qualität und Schnelligkeit beim Erlass der

221 *Scheel*, ZEuS 9/2006, 521 (540); *Töller*, Komitologie, S. 206.

222 *Scheel*, ZEuS 9/2006, 521 (540); *Rumler-Korinek*, EuR 2003, 327 (334).

223 *Benz*, in: Bauer/Huber/Sommermann, Demokratie in Europa, S. 265 f.

224 *Rumler-Korinek*, EuR 2003, 327 (337 f.).

225 *Scheel*, ZEuS 9/2006, 521 (541).

226 EuGH, Rs. 25/70 (Köster), Slg. 1970, 1161, Rn. 9.

227 EuGH, Rs. 25/70 (Köster), Slg. 1970, 1161, Rn. 10; *Demmke/Haibach*, DÖV 1997, 710 (714); hierzu ausführlich auch *Craig*, EU Administrative Law, S. 114.

Durchführungsmaßnahmen garantieren. Zudem bringe die Beteiligung von nationalen Beamten, die in den Komitologieausschüssen vertreten sind, ein Mehr an Demokratie beim Erlass von Durchführungsvorschriften und eine gesteigerte Akzeptanz in den Mitgliedstaaten durch diese Art der Rechtsetzung.[228] Diese Ansicht entspricht auch der von *Möllers*, der der Meinung ist, ein Verfahren sei dann demokratisch legitimiert, wenn dieses in der Lage sei, den Willen der Mitgliedstaaten als Legitimationssubjekt allgemein, gleich und zukunftsgerichtet zum Ausdruck zu bringen.[229]

d. Bewertung

Im Ergebnis ist dem Gerichtshof beizupflichten, wenn er die Komitologie über den Willen der Mitgliedstaaten als legitimiert betrachtet. Die Mitgliedstaaten befürworteten die Komitologie und bekamen hierdurch die Möglichkeit, sich in das Rechtsetzungsverfahren durch die Kommission einzubringen. Darüber hinaus entspricht diese Art der Herleitung der demokratischen Legitimation auch dem heutzutage vertretenen dualen Ansatz.[230] Erhebliche Defizite bestanden auch nach dem Urteil *Köster* hinsichtlich der Transparenz dieser Verfahren, deren Anwendung unklar definiert und nicht zwingend war.

3. Demokratiedefizit wegen unzureichender Einbeziehung des Europäischen Parlaments in die exekutive Rechtsetzung

Die Forderung des Europäischen Parlaments, verstärkt in das Verfahren der exekutiven Rechtsetzung eingebunden zu werden, wurde vor allem nach der Einführung des Mitentscheidungsverfahrens 1993 durch den Vertrag von Maastricht immer lauter und ausdrücklicher.[231] Nachdem ein unmittelbar nach der Einführung von Durchführungsmaßnahmen seitens des Europäischen Parlaments

---

228 *Fuhrmann*, DÖV 2007, 464 (467).

229 *Möllers*, Die drei Gewalten, S. 85.

230 Siehe hierzu unter 1. Kapitel II. 1. b.

231 Entschließung des Europäischen Parlaments v. 16.12.1993, Protokoll der Sitzung v., 16. 12 1993 (ABl. 1993, C 20/176 v. 24.1.1994); *Demmke/Haibach,* DÖV 1997, 710 (711 f.); siehe zum Widerstand des EPs seit dem Komitologiebeschluss 87/373/EWG, Beschluss des Rates v. 13.7.1987 zur Festlegung der Modalitäten für die Ausübung der der Kommission übertragenen Durchführungsbefugnisse (ABl. L 197/33 v. 18.7.1987); *Bradley,* ELJ 3/1997, 230 (235 ff.); in diesem Sinne auch *Craig,* EU Administrative Law, S. 116.

angestrebtes Nichtigkeits-Verfahren vor dem Gerichtshof erfolglos blieb,[232] machte das Parlament deutlich, dass es große Vorbehalte gegenüber der von der Kommission ausgeübten Praxis habe. Die Kommission erließ immer mehr „Maßnahmen von großer wirtschaftlicher und politischer Tragweite", ohne dass dem Europäischen Parlament dazu Gelegenheit gegeben wurde, seinen in den Verträgen vorgesehenen Kontrollpflichten nachkommen zu können.[233] Während der Rat in den verschiedenen Ausschussverfahren auch weiterhin seine dominierende Rolle wahrte, war der Einfluss des Europäischen Parlaments deutlich geringer, obwohl es im Verfahren der Mitentscheidung die Rechtsetzung gleichberechtigt mit dem Rat ausübte.[234]

Bereits kurz nach der Einführung des Mitentscheidungsverfahrens stellte das Parlament deshalb klar, dass hinsichtlich der Basisrechtsakte, die im Mitentscheidungsverfahren erlassen wurden, auch eine gemeinsame Zuständigkeit für die Übertragung und Überprüfung von Durchführungsbefugnissen bestehe.[235] Der Widerstand des Europäischen Parlaments, der in einer Blockadepolitik endete, nötigte die Gemeinschaft dazu, entsprechende Änderungen im Sinne des Parlaments vorzunehmen und dessen Stellung im Rahmen der exekutiven Rechtsetzung zu verbessern.[236] Dies geschah zunächst durch den sogenannten *modus vivendi*[237], auf den sich Europäisches Parlament und Kommission im Jahre 1994 einigten. In diesem wurde geregelt, dass das Europäische Parlament die von der Kommission ausgearbeiteten Entwürfe für angestrebte Durchführungsmaßnahmen vor deren Durchführung erhielt und hierzu Stellung beziehen konnte.[238]

---

232 Die Nichtigkeitsklage des EP wurde als unzulässig abgewiesen, EuGH, Rs. 302/87 (EP/Rat), Slg. 1988, 5615; hierzu auch *Bradley*, ELJ 3/1997, 230 (243).

233 *Demmke/Haibach*, DÖV 1997, 710 (717); *Haselmann*, Delegation und Durchführung, S. 35.

234 *Wichard*, in: Calliess/Ruffert, 3. Auflage, EGV, Art. 202 Rn. 12.

235 Protokoll der Sitzung v. Donnerstag, 16.12.1993 (ABl. C 20/176 v. 24.1.1994); *Demmke/Haibach*, DÖV 1997, 710 (712).

236 Vorschlag für eine Richtlinie des Rates zur Einführung des offenen Netzzuganges beim Sprachtelefondienst, von der KOM am 28.8.1992 vorgelegt (ABl. C 263/20 v. 12.10.1992); *Haibach*, VerwArch 90/1999, 98 (108); *Türk*, in: Kadelbach, Europäische Integration und parlamentarische Demokratie, S. 138 f.

237 *Modus vivendi* v. 20.12.1994 zwischen dem EP, dem Rat und der KOM (ABl. C 102/1 v. 4.4.1996).

238 *Joerges/Falke*, Das Ausschusswesen der EU, S. 98; *Scheel*, ZEuS 9/2006, 521 (526); *Mensching*, EuZW 2000, 268 (269 f.); *Haselmann*, Delegation und Durchführung, S. 37.

Obwohl diese Stellungnahmen für die Kommission unverbindlich waren, versuchte sie, ihnen weitestgehend nachzukommen.[239]

Eine weitere Besserstellung innerhalb des exekutiven Rechtsetzungsverfahrens erfuhr das Europäische Parlament durch den zweiten Komitologiebeschluss[240] und die darauf folgende Einführung des Regelungsverfahrens mit Kontrolle.[241]

a. Rolle des Europäischen Parlaments im institutionellen Gleichgewicht

Der Gerichtshof lehnte den Grundsatz der Gewaltenteilung im Gemeinschaftsrecht schon früh ab und prägte stattdessen den Begriff des institutionellen Gleichgewichts.[242] Er gilt als Umschreibung für die auf europäischer Ebene nicht vorhandene Gewaltenteilung. Unter dem institutionellen Gleichgewicht ist ein System der „checks and balances" zu verstehen,[243] von dem die „funktionale Gewaltenteilung" mitumfasst ist.[244] Seinen wichtigsten Bezugspunkt findet dieser Begriff seither im Zusammenhang mit den Rechten des Europäischen Parlaments.[245] Um die Rolle des Europäischen Parlaments innerhalb des institutionellen Gleichgewichts zu bestimmen, ist es deshalb unerlässlich, das gesamte institutionelle System zu betrachten, in das es einbezogen ist.[246]

Dem Europäischen Parlament, das unmittelbar von den Unionsbürgern gewählt wird, kommt als Vertretung der Völker Europas in erster Linie Repräsentationsfunktion zu.[247] Es nimmt nicht zuletzt deshalb die klassische Parlamentsfunktion als Forum für alle Angelegenheiten gemeinsamer Interessen wahr, um somit nicht nur „Arbeits-, sondern auch Redeparlament" zu sein.[248]

---

239 *Haibach,* VerwArch 90/1999, 98 (109); *Craig,* EU Administrative Law, S. 117 f.

240 Beschluss 1999/468/EG, Beschluss des Rates v. 28.6.1999 zur Festlegung der Modalitäten für die Ausübung der der Kommission übertragenen Durchführungsbefugnisse (ABl. L 184/23 v. 17.7.1999); ausführlich hierzu *Jacqué,* in: v. d. Groeben/Schwarze, EGV, Art. 202 Rn. 42.

241 *Joerges/Falke,* Das Ausschusswesen der EU, S. 100.

242 EuGH, verb. Rsen. 188 bis 190/80 (Französische Republik, Italienische Republik, Vereinigtes Königreich Großbritannien und Nordirland/KOM), Slg. 1982, 2546–2582.

243 *Huber,* EuR 2003, 574 (576).

244 *Haibach,* VerwArch 90/1999, 98 (101).

245 EuGH, Rs. C-70/88 (EP/Rat), Slg. 1990, I-2041, Rn. 25.

246 *Maurer/Wessels,* Das EP nach Amsterdam und Nizza, S. 44.

247 *Hurrelmann,* APuZ B 32/2008, 3 (3); *Huber,* EuR 2003, 574 (582).

248 *Kadelbach,* in: ders., Europäische Integration und parlamentarische Demokratie, S. 13.

Kreations- und Kontrollbefugnisse gelten als Ausdruck grundlegender demokratischer Prinzipien, die so auch dem Europäischen Parlament zustehen.[249] Gleichwohl war es immer das Europäische Parlament, das im Rahmen des europäischen Integrationsprozesses stets für neue Rechte und Kompetenzen eintreten musste.

Die ersten Direktwahlen zum Europäischen Parlament durch die Bürger der Mitgliedstaaten fanden 1979 statt. Die Einheitliche Europäische Akte bestätigte das Europäische Parlament erstmals als ein solches. Von dort an begann ein stetiger Kampf des Europäischen Parlaments um neue Rechte im institutionellen Gefüge der Union.

Im Vertrag von Maastricht 1992 wurden dem Europäischen Parlament zuerst seine parlamentarischen Kontrollrechte übertragen. Seine Rechte wurden sodann im Vertrag von Amsterdam 1999 in Form von Beteiligungsrechten im Mitentscheidungsverfahren ausgeweitet. Außerdem bekam das Parlament das Recht, sowohl den Präsidenten der Kommission als Regierungschef als auch die Kommissare zu bestätigen.[250] Gegenüber dem Rat besitzt es indessen nur geringe Informations- und Kontrollrechte, da diese weiterhin als Aufgaben der nationalen Parlamente angesehen werden.[251] Darüber hinaus verfügt das Europäische Parlament nach wie vor über kein Initiativrecht, sondern kann gem. Art. 255 AEUV lediglich die Kommission hierzu auffordern.[252]

Dennoch war es vor allem das Europäische Parlament, das aus dem Vertrag von Lissabon als großer Gewinner hervorgegangen ist. Seine Rechte als supranationales Organ werden durch den Vertrag von Lissabon deutlich gestärkt.[253] Als Garant von Öffentlichkeit und Kontrolle ist seine Rolle im institutionellen Gleichgewicht die Vermittlung von Demokratie an eine supranationale Organisation wie der Europäischen Union von herausragender Bedeutung.[254] Berücksichtigt man diese Vermittlerstellung des Europäischen Parlaments, so lässt sich gemeinhin sagen, dass zumindest jene Durchführungsrechtsakte, deren

---

249 EuGH, Rs. 138/79 (Roquette Frères), Slg. 1980, 3333; so auch *Rumler-Korinek*, EuR 2003, 327 (334).

250 *Classen*, Demokratische Legitimation im offenen Rechtsstaat, S. 103.

251 *Huber*, EuR 2003, 574 (582).

252 *Hurrelmann*, APuZ B 32/2008, 3 (4); *Fisahn/Viotto*, ZRP 2007, 198 (200).

253 *Isak*, in: Hummer/Obwexer, Vertrag von Lissabon, S. 168; *Weber*, EuZW 2008, 7 (9); *Hobe*, Europarecht, §. 8 Rn. 301; *Hurrelmann*, APuZ B 32/2008, 3 (3).

254 Art. 10 Abs. 2 UAbs. 1 EUV; *Böckenförde*, in: Isensee/ Kirchhof, HSTR II, §. 24 Rn. 16; *Rieckhoff*, Der Vorbehalt des Gesetzes im Europarecht, S. 87; *v. Achenbach*, Demokratische Gesetzgebung in der Europäischen Union, S. 455.

Basisrechtsakt nicht im Mitentscheidungsverfahren zustande gekommen ist, an einem Demokratiedefizit litten.[255] Die damaligen Forderungen des Europäischen Parlaments, vermehrt an der exekutiven Rechtsetzung beteiligt zu werden, waren mit Blick auf seine institutionelle Stellung begründet.

b. Aufwertung durch das Regelungsverfahren mit Kontrolle

Mit dem Regelungsverfahren mit Kontrolle hat das Europäische Parlament verstärkten Einfluss auf die exekutive Rechtsetzung erhalten.[256] Das Parlament hatte im Rahmen dieses Verfahrens die Möglichkeit, eine Kontrolle von Durchführungsmaßnahmen, deren Basisrechtsakt im Mitentscheidungsverfahren zustande gekommen ist, vorzunehmen und daraufhin eine Stellungnahme abzugeben, durch die die Kommission zu einer Überprüfung ihres Entwurfes verpflichtet wurde.[257] Den Erlass einer Durchführungsmaßnahme konnte das Europäische Parlament auch innerhalb des Regelungsverfahrens mit Kontrolle nach wie vor nicht verhindern.[258] Sein Kontrollrecht konnte das Europäische Parlament überdies nur bei Maßnahmen von allgemeiner Tragweite wahrnehmen.[259] Außerdem musste der Basisrechtsakt im Mitentscheidungsverfahren zustande gekommen sein.

Das Europäische Parlament wurde durch das Regelungsverfahren zwar weiterhin nicht inhaltlich an der exekutiven Rechtsetzung beteiligt, jedoch kamen ihm nun im gewissen Umfang parlamentarische Kontrollrechte zu.[260]

c. Bewertung

Dem Demokratiedefizit konnte durch die Einführung des Regelungsverfahrens mit Kontrolle teilweise entgegengewirkt werden. Schon wegen der herausragenden Stellung des Europäischen Parlaments und seiner im Rechtsetzungsverfahren demokratievermittelnden Tätigkeit, war es von besonderer Wichtigkeit für die demokratische Legitimation der exekutiven Rechtsetzung, die Rechte des

---

255 *Fuhrmann*, DÖV 2007, 464 (467 f.).

256 So auch *Haselmann*, Delegation und Durchführung, S. 39.

257 *Fuhrmann*, DÖV 2007, 464 (466); ausführlich zu der verbesserten Rechtsstellung des EP nach dem Regelungsverfahren mit Kontrolle *Türk*, in: Kadelbach, Europäische Integration und parlamentarische Demokratie, S. 145 ff.

258 *Wichard*, in: Calliess/Ruffert, 3. Auflage, EGV, Art. 202 Rn. 19.

259 *Fuhrmann*, DÖV 2007, 464 (467).

260 *Mensching*, EuZW 2000, 268 (270); ähnlich *Craig*, EU Administrative Law, S. 119.

Europäischen Parlaments innerhalb der exekutiven Rechtsetzung zu stärken.[261] Das Europäische Parlament musste im gleichen Maß beteiligt werden wie der Rat, da andernfalls die dem Parlament durch die Verträge zugewiesene Position ausgehöhlt wurde. Auch wenn gem. Art. 202 3. SpStr. EGV lediglich der Rat bei sämtlichen Rechtsakten zur Übertragung und Kontrolle von Durchführungsbefugnissen ermächtigt war, hat eine solche Interpretation nicht der Rolle des Europäischen Parlaments im institutionellen Gleichgewicht genügt.[262]

Durch die Einführung des Regelungsverfahrens mit Kontrolle wurden die Rechte des Europäischen Parlaments hinsichtlich der Kontrolle der zu erlassenden Maßnahmen somit gestärkt.[263] Ein Defizit bestand jedoch weiterhin bei den Maßnahmen, deren Basisrechtsakte nicht im Mitentscheidungsverfahren zustande kamen. Daneben bleibt zu beachten, dass das Europäische Parlament keine Möglichkeit besaß, die geplanten Maßnahmen zu verhindern. Unstreitig muss es allerdings in den Kompetenzbereich eines Parlaments fallen, im Rahmen seiner Kontrollrechte den Erlass von Rechtsakten verhindern zu können.

4. Bedürfnis an Transparenz und deren Mangel im Rahmen der exekutiven Rechtsetzung

Damit ein Rechtsakt ausreichend legitimiert ist, muss dieser in einem transparenten Verfahren zustande gekommen und für seinen Adressaten verständlich sein. Auch diesbezüglich sahen sich die exekutive Rechtsetzung und insbesondere die Komitologieverfahren häufiger Kritik ausgesetzt. So war es auch nach dem zweiten Komitologiebeschluss nicht eindeutig nachvollziehbar, wann welches Ausschussverfahren zur Anwendung kam und wann die Kommission tatsächlich exekutiv durch konkret-individuelle Rechtsetzung oder legislativ durch abstrakt-generelle Rechtsetzung tätig wurde. Deshalb war es nach dem zweiten Komitologiebeschluss weiterhin anerkanntes Ziel, die unterschiedlichen Ausschussverfahren transparenter zu gestalten.[264]

Bereits im zweiten Komitologiebeschluss wurde in Art. 7 eine im Amtsblatt zu veröffentlichende Standardgeschäftsordnung vorgesehen, die als Grundlage für die Geschäftsordnung der einzelnen Ausschüsse dienen sollte. Des

261 *Scheel*, ZEuS 9/2006, 521 (539).

262 *Wichard*, in: Calliess/Ruffert, 3. Auflage, EGV, Art. 202 Rn. 18.

263 *Scheel*, ZEuS 9/2006, 521 (528).

264 Beschluss 1999/468/EG, Beschluss des Rates v. 28.6.1999 zur Festlegung der Modalitäten für die Ausübung der der Kommission übertragenen Durchführungsbefugnisse (ABl. L 184/23 v. 17.7.1999), Erwägungsgrund 11; *Mensching*, EuZW 2000, 268 (271).

Weiteren wurde die Kommission gem. Art. 7 Abs. 3 verpflichtet, ein öffentliches Verzeichnis über alle Dokumente zu erstellen, die dem Europäischen Parlament übermittelt wurden. Außerdem musste die Kommission gem. Art. 5 Abs. 4 und Abs. 5 im Amtsblatt eine Liste über alle Ausschüsse und deren Arbeit veröffentlichen.[265] De facto wurde ein solches Register von der Kommission allerdings erst 2003 eingeführt.[266]

Diese Maßnahmen mochten vielleicht dazu dienen, die exekutive Rechtsetzung gegenüber den anderen Unionsorganen verständlicher und durchsichtiger zu gestalten; für den Bürger, als Rechtssubjekt, blieben sie aber auch weiterhin nicht erkennbar. Außerdem bestanden insbesondere noch dahingehend Ungenauigkeiten, wann die Kommission in welcher Funktion tätig wurde. So war nach wie vor undeutlich, wann die Kommission exekutiv und wann quasi-legislativ agierte.[267]

5. Zwischenergebnis

Hinsichtlich des Demokratiedefizits der Komitologieausschüsse ist festzuhalten, dass die fachliche Kompetenz der Komitologieausschüsse in demokratischen Entscheidungszusammenhängen nicht unumstritten war.[268] So kann dem Gerichtshof zumindest dahingehend gefolgt werden, dass die beratende Tätigkeit der Komitologie aus oben genannten Gründen durchaus legitim war, während weitere Beteiligungsrechte innerhalb des Entscheidungsfindungsprozesses ausgeschlossen waren.

Weiterhin ist zu vermerken, dass die Rolle des Europäischen Parlaments nach und nach insbesondere durch das Regelungsverfahren mit Kontrolle gestärkt, das Demokratiedefizit hierdurch jedoch nicht endgültig beseitigt werden konnte.[269] Es wird zwar teilweise argumentiert, dass es sich verbiete, eine Verbesserung des Demokratiedefizits allein nach der Rolle des Europäischen Parlaments zu beurteilen, da mit mehr Kompetenzen für das Europäische Parlament häufig ein Weniger an Kompetenzen für den Rat einhergehe, was eine Schwächung der nationalen Parlamente und der durch sie vermittelten Legitimation bedeute.[270] In

265 *Wichard*, in: Calliess/Ruffert, 3. Auflage, EGV, Art. 202 Rn. 20; *Hix*, in: Schwarze, 2. Auflage, EGV, Art. 202 Rn. 17.
266 *Scheel*, ZEuS 9/2006, 521 (528).
267 *Scharf*, BzTWR 2010, 5 (8).
268 *Möllers*, Die drei Gewalten, S. 109.
269 *Fuhrmann*, DÖV 2007, 464 (468).
270 *Huber*, EuR 2003, 574 (595).

diesem Fall handelt es sich jedoch um typische parlamentarische Kontrollrechte, die auch von den beiden Organen kumulativ hätten wahrgenommen werden können.

Zusammenfassend lässt sich deshalb sagen, dass es fehlerhaft ist, die „Gewalten“ allein auf der Grundlage des institutionellen Gleichgewichts im Rahmen der Rechtsetzung so miteinander zu vermischen, dass Defizite im Hinblick auf eine dem Demokratie- und Rechtsstaatsprinzip entsprechende Ordnung entstehen.[271] Vor diesem Hintergrund war es wünschenswert und geboten, dass das Verfahren der exekutiven Rechtsetzung im Vertrag von Lissabon neu geregelt und hierarchisiert wurde. Durch die Neuregelungen sollte die Effizienz und die demokratische Legitimation der Union erhöht und die Kohärenz ihres Handelns verbessert werden.[272]

III. Rolle der Kommission im institutionellen Gleichgewicht

Wie bereits dargestellt, gilt es in diesem Kontext zu berücksichtigen, dass der Begriff der „Gewaltenteilung“ nach seiner eigentlichen Bedeutung so nicht auf die Union angewendet werden kann, geht es hier doch um das institutionelle Gleichgewicht, das aufgrund der unterschiedlichen Organstrukturen innerhalb der Union gewahrt werden soll.[273] Auch wenn sich die Unionsorgane nicht auf ein klassisches Gewaltenteilungssystem übertragen lassen, wird die Kommission in aller Regel als Exekutivorgan verstanden.[274] Dieses Verständnis folgt nicht zuletzt wegen der ihr in Art. 17 Abs. 1 EUV allgemein übertragenen Zuständigkeiten. In Art. 17 Abs. 1 S. 5 EUV heißt es:

> „Sie übt nach Maßgabe der Verträge Koordinierungs-, Exekutiv- und Verwaltungsfunktionen aus.“

Im Gegensatz dazu soll dem Europäischen Parlament laut dem Europäischen Gerichtshof für Menschenrechte klassischerweise die Rolle des Legislativorgans in der Europäischen Union zukommen.[275] Sowohl das Europäische Parlament

---

271 *Ruffert*, in: Calliess/Ruffert, 4. Auflage, AEUV, Art. 290 Rn. 1; *Möllers*, EuR 2002, 483 (508 ff.).

272 Siehe Präambel zum Vertrag von Lissabon in seiner Fassung v. 30.11.2009.

273 CONV 424/02, Schlussbericht der Gruppe IX „Vereinfachung“ v. 29.11.2002, S. 8; *Schmidt-Aßmann*, in: Isensee/Kirchhof, HSTR II, §. 26 Rn. 106; *Herdegen*, Europarecht, § 7 Rn. 109;

274 *Groß*, DÖV 2004, 20 (20).

275 EGMR, Urt. v. 18.02.1999 (Matthews/United Kingdom), RJD 1999-I; *v. Bogandy/Bast/Arndt*, ZaÖRV 62/2002, 137.

als Legislativ- als auch die Kommission als Exekutivorgan müssen ihre spezielle Rolle innerhalb des institutionellen Gefüges der Union finden und einnehmen.[276]

Die Kommission besitzt neben ihren weitreichenden Verwaltungsbefugnissen und der Kontrollfunktion als „Hüterin der Verträge" auch weitreichende Befugnisse im Rahmen der europäischen Rechtsetzung[277].[278] Darüber hinaus gilt sie als Motor der Unionspolitik und Vertreterin der Interessen der Union.[279]

Insbesondere weil die exekutive Rechtsetzung als Schnittstelle zwischen der Legislative und der Exekutive verstanden werden kann,[280] gilt es zu untersuchen, inwiefern und auf welchen Grundlagen sich dieses klassische Verständnis der Kommission als Exekutivorgan mit ihren legislativen Zuständigkeiten verträgt und möglich sein kann.[281]

1. Vermittlung demokratischer Legitimation durch die Kommission

Damit die Kommission demokratisch legitimieren kann, muss sie ihrerseits demokratisch legitimiert sein. Der Gedanke, dass die Delegation von Rechtsetzungsbefugnissen auf die Kommission grundsätzlich auch einen Verzicht für die demokratische Legitimationsleistung von Rechtsetzungsakten bedeutet, ist naheliegend.[282] Dieser Gedanke ergibt sich daraus, dass schon die Legitimationskette zur Herleitung der demokratischen Legitimation der Kommission recht lang ist. Je länger eine solche Kette ist, desto geringer wird ihre legitimierende Wirkung.[283]

Die Legitimation der Kommission ist eine mittelbare bzw. eine doppelt mittelbare. Die Kommissare werden von den nationalen Regierungen eingesetzt, die Auswahl der Kommissare muss vom Europäischen Parlament gebilligt werden. Zum einen erfolgt die Legitimation der Kommission also über die Regierungsvertreter der Mitgliedstaaten im Rat, deren demokratische Legitimation

---

276 *Siegel*, DÖV 2010, 1 (2).

277 Siehe z.B. Art. 289 Abs. 1 S. 1 AEUV.

278 *Härtel*, Europäische Rechtsetzung, §. 5 Rn. 55.

279 *Borchardt*, in: Müller-Graff/Skouris, Europäisches Recht zwischen Bewährung und Wandel, Die Europäische Kommission nach Lissabon: Brüsseler Tiger oder Bettvorleger, S. 26.

280 BVerfGE 95, 1.

281 *Haibach*, VerwArch 90/1999, 98 (99).

282 *Möllers*, Die drei Gewalten, S. 124 ff.

283 *Fuhrmann*, DÖV 2007, 464 (467); *Bröhmer*, Transparenz als Verfassungsprinzip, S. 39.

regelmäßig über die nationalen Parlamente vermittelt wird, zum anderen erfolgt sie über das direkt gewählte Europäische Parlament.[284]

Defizite könnten sich dahingehend ergeben, dass die Kommission gem. Art. 17 Abs. 3 UAbs. 3 EUV ihre Tätigkeit in voller Unabhängigkeit ausübt. Diese Regelung wird jedoch durch die in Art. 17 Abs. 8 EUV geregelte Verantwortlichkeit gegenüber dem Europäischen Parlament wieder aufgehoben. Insgesamt ist der Verantwortungszusammenhang zwischen der Kommission und dem Europäischen Parlament jedoch schwächer ausgeprägt als der zwischen einer nationalen Regierung und einem nationalen Parlament. Im Vergleich zu einer nationalen Regierung ist die demokratische Legitimation der Kommission schon deshalb deutlich schwächer,[285] weshalb sie auch nicht in der Lage sein kann, eine politische Verantwortlichkeit zu übernehmen, wie sie bei legislativen Tätigkeiten gefordert wird.[286]

Mit Blick auf das zuvor Gesagte erscheint es deshalb nicht besonders naheliegend, dass Rechtsetzungsbefugnisse auf die Kommission übertragen werden.[287]

2. Exekutive Aufgaben

Die Kommission galt immer als das zentrale Verwaltungsorgan innerhalb der Europäischen Union.[288] Gemäß Art. 17 Abs. 1 S. 5 EUV übt die Kommission

> „nach Maßgabe der Verträge Koordinierungs-, Exekutiv- und Verwaltungsfunktionen“

im Rahmen eines Kollegialprinzips aus.[289] Dabei arbeiten die Kommissare eigenständig innerhalb der ihnen zugeteilten Ressorts.[290]

Der Vergleich mit anderen Sprachfassungen verdeutlicht, dass mit Verwaltungsfunktionen offenbar interne Geschäftsführungsaufgaben gemeint sind.[291]

---

284 *Rieckhoff*, Der Vorbehalt des Gesetzes im Europarecht, S. 91; *Haratsch*, in: Brandt, Perspektiven der Unionsgrundordnung, S. 28.

285 *Rieckhoff*, Der Vorbehalt des Gesetzes im Europarecht, S. 91; *Möllers*, Gewaltengliederung, S. 271 ff.

286 *Möllers*, Die drei Gewalten, S. 184 ff.

287 *Rieckhoff*, Der Vorbehalt des Gesetzes im Europarecht, S. 92.

288 *Schmidt-Aßmann*, in: Isensee/Kirchhof, HSTR II, §. 5 Rn. 22; *Petersen/Heß*, ZUR 2007, 567 (568).

289 Art. 17 Abs. 6 lit. b) EUV.

290 *Kment*, JuS 2011, 211 (212); ausführlich auch *Guckelberger/Geber*, Allgemeines Europäisches Verwaltungsverfahrensrecht vor seiner unionsrechtlichen Kodifizierung?, S. 23 f.

291 *Szczekalla*, in: Terhechte, Verwaltungsrecht der Europäischen Union, § 5 Rn. 21.

So heißt es zum Beispiel in der englischen Fassung *„management functions“* und im Französischen ist von *„fonctions de gestion“* die Rede. Hieraus lässt sich schlussfolgern, dass außenwirksame und administrative Aufgaben hingegen unter die Exekutivfunktion der Kommission fallen sollen.[292]

Im Rahmen der Ausweitung des Direktvollzugs des damaligen Gemeinschaftsrechts durch die Gemeinschaftsorgane kam der Kommission als zentrales Exekutivorgan eine zunehmend praktische Bedeutung zu.[293] Ihre Aufgaben wechselten ständig zwischen Gubernative[294] und traditioneller Verwaltung und blieben somit eher undeutlich und schwer zuzuordnen.[295] Dies lag nicht zuletzt daran, dass der Begriff „Durchführung“ im Sinne von Art. 202 3. SpStr. EGV in erster Linie konkret-individuelle Maßnahmen umfassen sollte.[296] Tatsächlich wurde aber der sekundärrechtliche Basisrechtsakt häufig durch abstrakt-generelle Durchführungsakte konkretisiert. Ein rein administrativer Vollzug konnte hierin also nicht gesehen werden.[297] Stattdessen kam es zu immer mehr Unklarheiten und Ungenauigkeiten, in welchen Fällen die Kommission ausschließlich exekutiv und wann sie quasi-legislativ tätig wurde.

3. Legislative Aufgaben

Obwohl es die Kommission als Exekutivorgan ist, die die meisten Rechtsakte in der Europäischen Union erließ und erlässt, wäre es verfälscht, die Kommission als Legislativorgan zu betrachten.[298] Art. 14 Abs. 1 S. 1 EUV und Art. 16 Abs. 1 S. 1 EUV betonen, dass das Europäische Parlament und der Rat „als Gesetzgeber“ tätig werden.[299] Vor allem wegen der Fülle von regelungsbedürftigen und aktuellen

---

292 *Gärditz*, DÖV 2010, 453 (454).

293 *Siegel*, DÖV 2010, 1 (2).

294 Beim gubernativen Gesetz ist von einer gesteigerten Legitimation durch verschiedene Verfahren auszugehen, diese sind an strenge Voraussetzungen geknüpft und an erhebliche Verfahrensvorschriften gebunden; es wird unter Beteiligung mehrerer Verfassungsorgane erlassen.

295 *Möllers*, Gewaltengliederung, S. 271 f.; *Gärditz*, DÖV 2010, 453 (454); in diesem Sinne auch *Glaser*, Die Entwicklung des Europäischen Verwaltungsrechts aus der Perspektive der Handlungsformlehre, S. 14.

296 EuGH, Rs. 16/88 (KOM/Rat), Slg. 1989, 3457, Rn. 11.

297 *Möllers*, in: Schmidt-Aßmann/Schöndorf-Haubold, Der Europäische Verwaltungsverbund, S. 293.

298 *v. Bogandy/Bast/Arndt*, ZaÖRV 62/2002, 78 (139 ff.); vgl. Gesamtbericht über die Tätigkeiten der EU 1994, 467 f.; *Rieckhoff*, Der Vorbehalt des Gesetzes im Europarecht, S. 93.

299 *Gärditz*, DÖV 2010, 453 (454).

Fragen besteht häufig ein großes und praktisches Bedürfnis, die Lösung konkreter Detailfragen aus Gründen der Effektivität und Dynamik der Exekutive zu übertragen.[300] Um diesem Bedürfnis gerecht zu werden, erhielt die Kommission ein Initiativrecht, das sich bis auf wenige Ausnahmen[301] auf alle Gesetzgebungsakte erstreckt.[302] Das Initiativmonopol der Kommission unterstreicht wiederum verstärkt ihre Regierungsfunktion, wie sie in einem parlamentarischen System für eine Regierung üblich ist, als eine Legislativfunktion.[303] Dennoch nimmt sie aufgrund des Initiativrechts eine entscheidende Rolle innerhalb des Rechtsetzungsverfahrens wahr.[304]

Auch wenn die Mitwirkungsbefugnisse der Kommission im Verfahren der Zusammenarbeit[305] noch recht stark ausgeprägt waren, wurde die Legislativfunktion der Kommission durch das Mitentscheidungsverfahren, das durch den Vertrag von Lissabon zum ordentlichen Gesetzgebungsverfahren ernannt wurde, drastisch geschwächt.[306] Legislative Befugnisse kommen der Kommission heute nur noch zu, wenn sie eigene Rechtsetzungsbefugnisse[307] aufgrund von europäischem Primär- oder, wie im Fall der exekutiven Rechtsetzung, aufgrund von Sekundärrecht innehat.[308]

John Locke stellte in einem Zitat aus dem Jahre 1690 fest:

> „...die Legislative kann die Rechtsetzungsbefugnis nicht in andere Hände übertragen, da es sich um eine vom Volk übertragene Befugnis handelt, können diejenigen, die sie erhalten haben, sie nicht an andere weitergeben."[309]

---

300 *v. Bogandy*, Gubernative Rechtssetzung, S. 107 ff.

301 Gemeint sind die Fälle, in denen das Initiativrecht beim Europäischen Parlament selbst liegt (Art. 223 Abs. 1 bzw. Abs. 2 AEUV).

302 Siehe Art. 17 Abs. 1 S. 1 AEUV; hierzu auch *Borchardt*, in: Müller-Graff/Skouris, Europäisches Recht zwischen Bewährung und Wandel, Die Europäische Kommission nach Lissabon: Brüsseler Tiger oder Bettvorleger, S. 27.

303 *Rieckhoff*, Der Vorbehalt des Gesetzes im Europarecht, S. 92; *Möllers*, EuR 2002, 483 (483); *ders.*, Gewaltengliederung, S. 271.

304 *Härtel*, Europäische Rechtsetzung, §. 5 Rn. 62.

305 Siehe Art. 252 EGV.

306 *Rieckhoff*, Der Vorbehalt des Gesetzes im Europarecht, S. 92.

307 Originäre Befugnisse zur Rechtsetzung erhält die KOM z.B. in Art. 105, 106 Abs. 3 und Art. 108 AEUV.

308 *Härtel* stellt fest, dass Rechtsetzung der Kommission aufgrund von Primärrecht eher die Ausnahme darstellt, *dies.*, Europäische Rechtsetzung, § 5 Rn. 62; *Rieckhoff*, Der Vorbehalt des Gesetzes im Europarecht, S. 92 f.

309 Übersetzung nach *J. Locke*, Second Treatise on Civil Government, 1690, §. 141.

Es sollte deshalb ein Blick darauf geworfen werden, wie die Rechtsetzung durch die Kommission legitimiert sein kann, obwohl ihr nach den Verträgen primär eine Exekutiv-, also Verwaltungsfunktion zukommt.

a. Legitimation der Rechtsetzung durch die Kommission aufgrund exekutiver Befugnisse

Die Kommission könnte schon allein wegen ihrer Stellung als Exekutivorgan der Union zur Rechtsetzung legitimiert sein.

Grundsätzlich erlangen die Kommission und ihr Verwaltungsunterbau personelle Legitimation über den Europäischen Rat und das Europäische Parlament.[310] Ihre sachlich-inhaltliche Legitimation erhält die Kommission durch das anzuwendende Primärrecht und das Sekundärrecht der Union, das auf die Legitimation der europäischen Rechtsetzung als solche verweisen kann.[311]

aa. Institutionelle Verwaltungslegitimation

Die Kommission als Verwaltungsorgan der Union ist mittelbar legitimiert.[312] Ist es dem Gesetzgeber zum Beispiel verwehrt, die Rechte einer einzelnen Person zu regeln, da dies andernfalls eine Diskriminierung darstellen würde, hat die Kommission die Möglichkeit, auch konkret-individuelle Regelungen zu treffen.[313] Bei Erlass konkret-individueller Regelungen besitzt sie jedoch nicht die gleichen Kompetenzen und Ermächtigungen wie die deutsche Verwaltung.[314] Eine im nationalen Recht bekannte Satzungsautonomie im Selbstverwaltungsbereich ist dem Unionsrecht fremd. Ihre Rechtsetzungsbefugnisse sind originärer Natur; die Rechtsetzungsbefugnisse wie in Art. 105 Abs. 2, 106 Abs. 3 oder 108 Abs. 4 AEUV müssen also ausdrücklich auf die Kommission übertragen werden und können nicht von der Legislative abgeleitet werden.[315]

Die Kommission nimmt bei der exekutiven Rechtsetzung vornehmlich eine vermittelnde Stellung ein. Als klassisches Exekutivorgan der Union ist ihre Aufgabe bei der exekutiven Rechtsetzung insbesondere darin zu sehen, durch „Regelungsreichweite, Zeitorientierung und Verrechtlichung" die Lücke zu schließen,

---

310 Hierzu bereits unter 1. Kapitel III. 1.

311 *Gärditz*, DÖV 2010, 453 (456).

312 *Gärditz*, DÖV 2010, 453 (454); zur Herleitung der demokratischen Legitimation in der KOM bereits 1. Kapitel III. 1.

313 *Möllers*, Die drei Gewalten, S. 126.

314 *Möllers*, Die drei Gewalten, S. 108.

315 *Möstl*, DVBl. 2011, 1076 (1079 ff.).

die zwischen Legislative und Judikative entsteht,[316] um das Unionsrecht anwendbar zu machen und ihm zu mehr Effektivität zu verhelfen.

bb. Zivilgesellschaftliche Partizipation als Legitimationsquelle

Ein weiterer Aspekt, der die Rechtsetzung durch die Kommission zusätzlich legitimiert, könnte die Einbeziehung der Zivilgesellschaft in die Prozesse der europäischen Entscheidungsfindung sein.[317]

Die Unionsbürger sollen laut Art. 10 AEUV mit in die Entscheidungsprozesse einbezogen werden. Ausdruck dessen ist zum Beispiel Art. 15 Abs. 3 AEUV, der die Dokumentenöffentlichkeit für die Unionsbürger regelt und bestimmt.[318] Grundsätzlich ist es richtig, dass durch Transparenz und Öffentlichkeit überhaupt erst eine politische Willensbildung ermöglicht wird, die als Ausdruck des Demokratieprinzips gesehen werden kann.[319] Allerdings leistet die Partizipation der Unionsbürger keinen Beitrag zur Normsetzung. Es kann deshalb nicht davon ausgegangen werden, dass die Unionsbürger für die Übertragung von Rechtsetzungsbefugnissen auf die Kommission als mittel- oder unmittelbar legitimationsvermittelnd zu betrachten sind.[320]

b. Legitimation der Rechtsetzung durch die Kommission wegen Vorbehalt des Gesetzes

Der unionsrechtliche Vorbehalt des Gesetzes soll der Verwirklichung der in Art. 2 EUV ausdrücklich niedergelegten Grundsätze der Demokratie und Rechtsstaatlichkeit dienen.[321] Zum einen soll die demokratische Legitimation der Rechtsetzung durch die Kommission durch ihn gestärkt werden. Zum andern dient er der Machtbegrenzung, indem er Missbrauch seitens der Kommission verhindert und somit ein gewisses Niveau an Rechtsstaatlichkeit gewährleistet.[322]

---

316 *Möllers*, Die drei Gewalten, S. 107.

317 Siehe hierzu *Schmidt-Aßmann*, Das allgemeine Verwaltungsrecht als Ordnungsidee, S. 104.

318 *Gärditz*, DÖV 2010, 453 (456).

319 *Depenheuer*, Der Staat 33/1994, 329 (329 ff.); *Gärditz*, DÖV 2010, 453 (457); zur Bedeutung der Transparenz bereits Einleitung, IV. 4.

320 *Gärditz*, DÖV 2010, 453 (457).

321 *Rieckhoff*, Der Vorbehalt des Gesetzes im Europarecht, S. 124 f.; *Schmidt-Aßmann*, Das allgemeine Verwaltungsrecht als Ordnungsidee, S. 90.

322 *Rieckhoff*, Der Vorbehalt des Gesetzes im Europarecht, S. 23 f.; *Borer*, Das Legalitätsprinzip und die auswärtigen Angelegenheiten, S. 79; *Gusy*, JA 2002, 610 (613).

Der Kommission kann lediglich in Gesetzgebungsakten die Befugnis zur Rechtsetzung übertragen werden.[323] Durch einen Gesetzesvorbehalt soll die Vorhersehbarkeit, Berechenbarkeit und Stabilität des Verwaltungshandelns seitens der Kommission optimiert werden. Des Weiteren gewährleistet der Gesetzesvorbehalt Transparenz, Rechtsklarheit und Rechtssicherheit.[324] Eine derartige Absicherung der legislativen Befugnisse der Kommission ist gerade mit Blick auf die immer umfangreicher werdenden Kompetenzen der Europäischen Union unerlässlich.[325]

4. Zwischenergebnis

Das Europäische Parlament, der Europäische Rat, der Rat, die Kommission, der Gerichtshof der Europäischen Union, die Europäische Zentralbank und der Rechnungshof bilden gem. Art. 13 Abs. 1 UAbs. 2 EUV die Organe der Union. Der Kommission kommt dabei die Rolle eines Exekutivorgans zu, das im begrenzten Umfang auch legislativ tätig werden darf.

Auch wenn die Kommission über das Europäische Parlament und den Rat als doppelt legitimiert gilt und in ihren Aufgaben nationalen Regierungen ähnelt, kann sie nach wie vor nicht mit nationalen Exekutivorganen gleichgesetzt werden. Ihre Handlungen haben zum Beispiel nicht das gleiche politische Gewicht wie die einer nationalen Regierung.

Exekutive Rechtsetzung ist auch in den Mitgliedstaaten keine Seltenheit. Die Vorteile, die diese mit sich bringt, auch für die Europäische Union zu nutzen und auf die europäische Ebene zu übertragen, ist insbesondere mit Blick auf die immer umfangreicheren und komplexeren Tätigkeitsbereiche der Europäischen Union konsequent und zweckmäßig.[326] Bei der Übertragung von Rechtsetzungsbefugnissen muss beachtet werden, dass eine Übertragung nur unter strengen Voraussetzungen und in einem vorgegebenen Umfang möglich sein darf, damit die exekutiven Rechtsakte den Kriterien von Demokratie und Rechtsstaatlichkeit genügen. Ein Gesetzesvorbehalt ist deshalb zwingend notwendig, um die legislative Tätigkeit der Kommission zu legitimieren. Die Kommission unterstützt

323 Art. 290 Abs. 1 UAbs.1 AEUV.

324 *Rieckhoff*, Der Vorbehalt des Gesetzes im Europarecht, S. 24, 77; *Borer*, Das Legalitätsprinzip und die auswärtigen Angelegenheiten, S. 219 ff.; *Schmidt-Aßmann*, Das allgemeine Verwaltungsrecht als Ordnungsidee, S. 81.

325 *Rieckhoff*, Der Vorbehalt des Gesetzes im Europarecht, S. 125; *Dreier*, in: ders., GG, Art. 20 Rn. 46; *Everling*, in: v. Bogandy/Bast, Europäisches Verfassungsrecht, S. 865.

326 *Möllers*, Die drei Gewalten, S. 125.

somit lediglich den Unionsgesetzgeber[327] und entzieht ihm keinerlei gesetzgeberische Kompetenzen. Typische Legislativ- und Justizaufgaben sind von den Befugnissen der Kommission ausgeschlossen, wodurch das institutionelle Gleichgewicht auch weiterhin gewahrt wird.[328] Es ist vielmehr Aufgabe der Kommission, zwischen der Legislative und einem individuellen Rechtssubjekt durch dynamische Konkretisierung des Rechts zu vermitteln.[329] Abstrakt-generelles Unionsrecht wird durch die Kommission im Rechtsanwendungsprozess konkretisiert und individualisiert.[330] Die Kommission kann sich somit als verselbstständigte Verwaltungseinheit betrachten.[331]

Die Rolle der Kommission als Exekutivorgan hin zum Legislativorgan wird durch die Befugnis zur Rechtsetzung also nicht verschoben. Das institutionelle Gleichgewicht bleibt weiterhin gewahrt.

IV. Fazit

Die Defizite der exekutiven Rechtsetzung wurden bereits früh erkannt. So machte sich bereits der zweite Komitologiebeschluss aus dem Jahre 1999 zur Aufgabe, eine größere Kohärenz und Vorhersehbarkeit bei der Wahl des Ausschusstyps zu schaffen.[332] Es sollten die Anforderungen für die Kommission zur Durchführung vereinfacht und das Parlament stärker einbezogen werden.[333] Es war vorgesehen, sowohl das Europäische Parlament als auch die europäische Öffentlichkeit besser über die Ausschussarbeit zu informieren.[334] *Haibach* sah dies als geglückt an, weshalb er 1999 noch prognostizierte, dass es zu keinen weiteren

---

327 *Rieckhoff*, Der Vorbehalt des Gesetzes im Europarecht, S. 126 f.; *Möllers*, Die drei Gewalten, S. 127.

328 *Möllers*, Gewaltengliederung, S. 264 ff.

329 *Möllers*, Gewaltengliederung, S. 112 ff.

330 *Gärditz*, DÖV 2010, 453 (453); *Möllers*, Die drei Gewalten, S. 108.

331 *Möllers*, Die drei Gewalten, S. 183.

332 Beschluss 1999/468/EG, Beschluss des Rates v. 28.6.1999 zur Festlegung der Modalitäten für die Ausübung der der Kommission übertragenen Durchführungsbefugnisse (ABl. L 184/23 v. 17.7.1999), 5. Erwägungsgrund.

333 Beschluss 1999/468/EG, Beschluss des Rates v. 28.6.1999 zur Festlegung der Modalitäten für die Ausübung der der Kommission übertragenen Durchführungsbefugnisse (ABl. L 184/23 v. 17.7.1999), 9. Erwägungsgrund.

334 Beschluss 1999/468/EG, Beschluss des Rates v. 28.6.1999 zur Festlegung der Modalitäten für die Ausübung der der Kommission übertragenen Durchführungsbefugnisse (ABl. L 184/23 v. 17.7.1999), 10. und 11. Erwägungsgrund.

Veränderungen im exekutiven Rechtsetzungsverfahren kommen werde.[335] Auch wenn zunächst eine Verbesserung im Hinblick auf das institutionelle Gleichgewicht und die Transparenz festzustellen war, so wurde relativ schnell deutlich, dass es weiterhin Lücken zu schließen galt.

Die Komitologie war zwar effizient und schnell, was die Reaktion auf die Fülle und den Regelungsbedarf europolitischer Fragen betraf. Überdies wurde durch die Stärkung des Europäischen Parlaments und die Reduzierung und Konkretisierung der Komitologieverfahren auch den Kritikpunkten des Demokratie- und Transparenzdefizits entgegengewirkt. Tatsächlich wurde das Europäische Parlament aber noch immer nicht der Rolle gerecht, die ihm laut der Verträge zustand. Die Komitologieverfahren waren oftmals nicht nachvollziehbar und undurchsichtig. Das institutionelle Gleichgewicht war bei näherer Betrachtung zwar gewahrt, aber nicht strikt normiert. Es fehlten Kenntlichmachungen dahingehend, wann eine legislative und wann eine exekutive Handlung seitens der Kommission vorlag.[336]

Aufgrund dieser weiterhin bestehenden Defizite betrachtete selbst die Kommission eine „Konsolidierung und Vereinfachung der einzelnen Formen des Tätigwerdens" als notwendig[337] und schloss sich damit dem Europäischen Rat an, der bereits ein Jahr zuvor in Laeken verdeutlichte, dass wegen der unkontrollierbaren und gefährlichen Vervielfältigung der Handlungsformen der Europäischen Union die Handlungsinstrumente anders definiert und verringert werden müssten.[338]

---

335 *Haibach*, VerwArch 90/1999, 98 (111).

336 *Mensching*, EuZW 2000, 268 (271).

337 Mitteilung der KOM v. 22.5.2002, Ein Projekt für die Europäische Union, KOM (2002) 247 endg.

338 Europäischer Rat (Laeken), Schlussfolgerungen des Vorsitzes v. 14./15.12.2001, Erklärung von Laeken zur Zukunft der Europäischen Union, Anlage I, Dok. SN 300/1/01 REV 1.

2. Kapitel – Exekutive Rechtsetzungsverfahren nach dem Vertrag von Lissabon

Der Europäische Rat von Laeken 2001 gab dem einzuberufenden Europäischen Konvent die Aufgabe, im Einklang mit der Erklärung Nr. 23 zum Vertrag von Nizza, eine „Vereinfachung der Instrumente der Union“ zu regeln. Die Instrumente sollten allgemein „besser definiert“ und „ihre Anzahl [...] verringert“ werden.[339] Das Ziel dieser Vorgabe war eine möglichst eindeutige Zuordnung von Kompetenzen und Handlungsformen.[340]

Nach Umsetzung dieser Aufgabe trifft der Vertrag von Lissabon nun erstmals eine Unterscheidung zwischen der Übertragung von Rechtsetzungs- und Durchführungsbefugnissen. Fand im Rahmen der Art. 202 3. SpStr., 211 4. SpStr. EGV zuvor nur eine allgemeine Übertragung von Durchführungsbefugnissen an die Kommission statt, besteht nun die Möglichkeit, die Kommission zum Erlass von delegierten Rechtsakten gem. Art. 290 AEUV oder zum Erlass von Durchführungsrechtsakten gem. Art. 291 AEUV zu ermächtigen.

In diesem Kapitel sollen die neuen Verfahren nach dem Vertrag von Lissabon dargestellt und anhand klarer Abgrenzungskriterien untersucht werden. Dies dient der Beantwortung der Frage, welche Verbesserungen mit Blick auf die Vorgängerregelungen für das Demokratie- und Rechtsstaatsprinzip in der Europäischen Union eingetreten sind.

I. Delegierte Rechtsakte nach Art. 290 AEUV

Art. 290 AEUV gilt als Ermächtigungsgrundlage, die die Grundsätze für eine Übertragung von Rechtsetzungsbefugnissen regeln soll.[341] In Art. 290 Abs. 1 AEUV heißt es:

> „In Gesetzgebungsakten kann der Kommission die Befugnis übertragen werden, Rechtsakte ohne Gesetzescharakter mit allgemeiner Geltung zur Ergänzung oder Änderung bestimmter nicht wesentlicher Vorschriften des betreffenden Gesetzgebungsaktes zu erlassen.“

339 Europäischer Rat (Laeken), Schlussfolgerungen des Vorsitzes v. 14./15.12.2001, Erklärung von Laeken zur Zukunft der Europäischen Union, Anlage I, Dok. SN 300/1/01 REV 1; so auch *Isak*, in: Hummer/Obwexer, Vertrag von Lissabon, S. 187.

340 *v. Bogandy/Bast /Arndt*, ZaÖRV 62/2002, 80.

341 *Kotzur*, in: Geiger/Khan/Kotzur, AEUV, Art. 290 Rn. 4.

Die hieraus resultierenden delegierten Rechtsakte gelten somit als Rechtsakte ohne Gesetzescharakter, mit denen die Kommission nicht wesentliche Vorschriften ergänzen und abändern kann.[342] Delegierte Rechtsakte begründen verbindliches Recht und werden daher als Akte materieller Gesetzgebung bezeichnet.[343] Die Regelung über delegierte Rechtsakte gem. Art. 290 AEUV übernimmt dabei ihrem Wortlaut nach im Wesentlichen die Regelung des ursprünglichen Art. 5a Abs. 2 des Komitologiebeschlusses.[344]

Im Folgenden sollen Inhalt und Verfahren des Art. 290 AEUV näher beschrieben werden. Daneben soll ein Blick darauf geworfen werden, ob durch Art. 290 AEUV mehr Transparenz und Effektivität innerhalb der europäischen Rechtsetzung geschaffen werden konnte und ob hiermit gleichzeitig eine Verbesserung der demokratischen Legitimation einhergeht.

1. Funktion delegierter Rechtsakte

Durch die delegierten Rechtsakte soll die Ergänzung oder Änderung bestimmter unwesentlicher Vorschriften eines Gesetzgebungsakts ermöglicht werden.[345] Die Befugnis beschränkt sich einzig auf eine Ergänzung bzw. Änderung des Basisrechtsakts.[346] Unzulässig wäre es demnach, eine vollständige Änderung des Rechtsakts oder eine bisher nicht vorgesehene Zielsetzung vorzunehmen.[347] Insoweit erfüllen die delegierten Rechtsakte die Funktion der bisherigen Durchführungsrechtsetzung gem. Art. 202 3. SpStr. und Art. 211 4. SpStr. EGV.[348]

Art. 290 AEUV dient vornehmlich dazu, eine Überfrachtung des Sekundärrechts mit technischen Regelungen zu vermeiden und somit den Unionsgesetzgeber zu entlasten.[349] Mit den delegierten Rechtsakten soll der Kritik am

---

342 *Ruffert*, in: Calliess/Ruffert, 4. Auflage, AEUV, Art. 290 Rn. 2.

343 *Gellermann*, in: Streinz, AEUV, Art. 290 Rn. 2.

344 Beschluss 1999/468/EG, Beschluss des Rates v. 28.6.1999 zur Festlegung der Modalitäten für die Ausübung der der Kommission übertragenen Durchführungsbefugnisse (ABl. L 184/23 v. 17.7.1999); *Hardacre/Kaeding*, EIPA-Leitfaden, S. 13.

345 *Ruffert*, in: Calliess/Ruffert, 4. Auflage, AEUV, Art. 290 Rn. 5.

346 *Gellermann*, in: Streinz, AEUV, Art. 290 Rn. 6; *Ruffert*, in: Calliess/Ruffert, 4. Auflage, AEUV, Art. 290 Rn. 5; *Biervert*, in: Schwarze, 2. Auflage, EGV, Art. 249 Rn. 42.

347 *Schoo*, in: Schwarze, 3. Auflage, AEUV, Art. 290 Rn. 10.

348 *Fischer*, Der Vertrag von Lissabon, S. 429 Komm. (2); *Ruffert*, in: Calliess/Ruffert, 4. Auflage, AEUV, Art. 290 Rn. 6; *Möllers*, EuR 2002, 483 (484 f.).

349 *Gellermann*, in: Streinz, AEUV, Art. 290 Rn. 2; *Biervert*, in: Schwarze, 2. Auflage, EGV, Art. 249 Rn. 41; *Hardacre/Kaeding*, EIPA-Leitfaden, S. 13.

Detailreichtum der europäischen Rechtsetzung begegnet und somit mehr Transparenz gewährleistet werden.[350]

a. Ergänzung

Im Rahmen der Delegation kann die Kommission den Basisrechtsakt durch weitere Gesetzgebungsakte ergänzen.[351] Ein ergänzender Rechtsakt dient in erster Linie der Vervollständigung und Konkretisierung des Basisrechtsakts. Hierunter fallen zum Beispiel technische Detailregelungen oder die Ausfüllung eines unbestimmten Rechtsbegriffes.[352] Besonders geboten erscheint eine solche Regelung, wenn es darum geht, schnell reagieren zu können, ohne zeitaufwendige Gesetzgebungsverfahren durchlaufen zu müssen.[353] Anders als in Art. 5a des Komitologiebeschlusses wird in Art. 290 aber nicht weiter klargestellt, was von der „Ergänzung" umfasst ist.

b. Änderung

Die Möglichkeit, einen Gesetzgebungsakt zu ändern. gibt der Kommission die Gelegenheit, seinen bisherigen Regelungsgehalt neuen Gegebenheiten anzupassen. Dies kann beispielsweise durch Streichung, Modifizierung, Ersetzung oder Hinzufügung im Rahmen der durch den Basisrechtsakt geschaffenen Rechte und Pflichten geschehen.[354] Die Kommission ist somit in der Lage, Gesetzgebungsakte stetig zu aktualisieren, ohne das aufwendige Gesetzgebungsverfahren durchlaufen zu müssen.[355]

---

350 *Gellermann*, in: Streinz, AEUV, Art. 290 Rn. 2; Denkschrift zum Vertrag von Lissabon v. 13.12.2007, S. 125, abrufbar unter: http://www.auswaertiges-amt.de/cae/servlet/contentblob/358382/publicationFile/3093/Denkschrift-lissabon.pdf. (zuletzt aufgerufen am: 26.1.2015).

351 *Ruffert*, in: Calliess/Ruffert, 4. Auflage, AEUV, Art. 290 Rn. 6; *v. Bogdandy*, Gubernative Rechtssetzung, S. 303.

352 *Gellermann*, in: Streinz, AEUV, Art. 290 Rn. 6.

353 *Schoo*, in: Schwarze, 3. Auflage, AEUV, Art. 290 Rn. 10.

354 *Petersen/Heß*, ZUR 2007, 567 (570); Mitteilung der KOM an das EP und den Rat v. 9.12.2009, Umsetzung von Art. 290 des Vertrages über die Arbeitsweise der Europäischen Union, KOM (2009) 673 endg., S. 4.

355 *Gellermann*, in: Streinz, AEUV, Art. 290 Rn. 6.

2. Bedingungen für die Befugnisübertragung

Das Europäische Parlament und der Rat sind die einzigen Organe, die nach der Funktionsordnung der Europäischen Union in Art. 14 Abs. 1 S. 1 und Art. 16 Abs. 1 S. 1 EUV dazu ermächtigt sind, legislative Gewalt auszuüben. Aus diesem Grund darf die Kommission nur in begrenztem Umfang und unter bestimmten festgesetzten Voraussetzungen legislativ tätig werden.[356]

Aus Art. 290 UAbs. 2 AEUV ergeben sich die Bedingungen für eine Befugnisübertragung auf die Kommission.

> „In den betreffenden Gesetzgebungsakten werden Ziele, Inhalt, Geltungsbereich und Dauer der Befugnisübertragung ausdrücklich festgelegt. Die wesentlichen Aspekte eines Bereichs sind dem Gesetzgebungsakt vorbehalten und eine Befugnisübertragung ist für sie deshalb ausgeschlossen."

Was dies konkret bedeutet, soll im Folgenden genauer betrachtet werden.

a. Gegenstand der Übertragung

Unter welchen Voraussetzungen ein Tätigwerden gestattet ist, muss ausdrücklich in dem ermächtigenden Gesetzgebungsakt, dem Basisrechtsakt, festgelegt werden.[357] Der Basisrechtsakt kann entweder im ordentlichen oder besonderen Gesetzgebungsverfahren zustande gekommen sein.[358] Durch ihr Zustandekommen im Gesetzgebungsverfahren soll sichergestellt werden, dass Subdelegationen[359], mit denen die Zuständigkeitsverteilung in den Verträgen umgangen werden können, ausgeschlossen werden und eine Parlamentsbeteiligung bei der Delegation gesichert wird, um so mehr demokratische Legitimation der abgeleiteten Rechtsakte zu sichern.[360]

---

356 *Schoo*, in: Schwarze, 3. Auflage, AEUV, Art. 290 Rn. 8.

357 *Kotzur*, in: Geiger/Khan/Kotzur, AEUV, Art. 290, Rn. 6; *Gellermann*, in: Streinz, AEUV, Art. 290 Rn. 5.

358 In Art. 289 Abs. 3 AEUV heißt es, dass „Rechtsakte, die gemäß einem Gesetzgebungsverfahren angenommen werden" Gesetzgebungsakte sind. Gem. Art. 290 Abs. 1 AEUV kann der KOM die Befugnis in einem Gesetzgebungsakt übertragen werden. Außerdem Mitteilung der KOM an das EP und den Rat v. 9.12.2009, Umsetzung von Art. 290 des Vertrages über die Arbeitsweise der Europäischen Union, KOM (2009) 673 endg., S. 3.

359 Mit „Subdelegation" ist die Übertragung von Kompetenzen und Zuständigkeiten von einem vertraglich zuständigen Organ auf andere Organe und Einrichtungen der Union gemeint.

360 *Ruffert*, in: Calliess/Ruffert, 4. Auflage, AEUV, Art. 290 Rn. 8.

b. *Inhaltliche Beschränkungen*

Im Basisrechtsakt müssen insbesondere die wesentlichen Kriterien wie Ziel, Inhalt, Geltungsbereich und Dauer vorgegeben werden. Eine Pauschalermächtigung scheidet schon deshalb kategorisch aus.[361] Durch seine Vorgaben ist es dem Unionsgesetzgeber möglich, die Delegation zu steuern und die Rechtsetzung der Kommission inhaltlich bis zu einem gewissen Grad zu leiten.[362] Ist der Basisrechtsakt nicht hinreichend bestimmt, so kann der Gerichtshof ihn gem. Art. 263 Abs. 1, Art. 264 UAbs. 1 AEUV für nichtig erklären. Die Entscheidung, unter welchen Voraussetzungen die Kommission Recht setzen darf, liegt somit allein in den Händen des Gesetzgebers.[363] Durch die Ermächtigung des Gesetzgebers werden die Handlungen der Kommission auch auf diese Art mittelbar demokratisch legitimiert.[364] Des Weiteren soll der Praxis vorgebeugt werden, dass sich der Rat, wie es nach der alten Regelung der Art. 202 3. SpStr., 211 4. SpStr. EGV möglich war, selbstständig abgeleitete Rechtsetzungsbefugnisse verschafft.[365] Der Rat soll, anders als bei den Durchführungsrechtsakten, im Rahmen der Delegation nicht mehr tätig werden.

Wenn der Unionsgesetzgeber der Kommission Vorgaben dahingehend macht, was sie innerhalb der ihr übertragenen Befugnisse regeln soll, hat er dabei zum Beispiel klarzustellen, welche Detailregelungen getroffen werden oder welche unbestimmten Rechtsbegriffe konkretisiert werden sollen.[366] Hierbei muss allerdings nicht auf den konkreten Inhalt der zu erlassenden Regelung eingegangen werden. So reicht es zum Beispiel aus, wenn der Gesetzgeber festlegt, *dass* es bestimmte Richtwerte zur Regelung eines Bereichs geben soll. *Wie* diese Richtwerte inhaltlich weiter ausgestaltet werden sollen, obliegt allein der Kommission. Die Kommission hat hierbei einen gewissen Gestaltungs- und Beurteilungsspielraumspielraum, der durch die Vorgaben im Basisrechtsakt eingeschränkt werden kann.[367] Eine weitreichendere Bindung der Kommission würde andernfalls ihrer

---

361 Art. 290 Abs. 1 UAbs. 2 AEUV; ebenso *Ruffert*, in: Calliess/Ruffert, 4. Auflage, AEUV, Art. 290 Rn. 8, 11.

362 *Schoo*, in: Schwarze, 3. Auflage, AEUV, Art. 290 Rn. 12.

363 *Gellermann*, in: Streinz, AEUV, Art. 290 Rn. 4.

364 EuGH, Rs. 291/86 (Central Import Münster), Slg. 1988, 3679; *Gellermann*, in: Streinz, AEUV, Art. 290 Rn. 7.

365 *Gellermann*, in: Streinz, AEUV, Art. 290 Rn. 5; EuGH, Rs. C-133/06 (EP/Rat), Slg. 2008, I-3189, Rn. 32.

366 *Ruffert*, in: Calliess/Ruffert, 4. Auflage, AEUV, Art. 290 Rn. 13.

367 *Gellermann*, in: Streinz, AEUV, Art. 290 Rn. 8.

Ergänzungs- und Änderungsbefugnis widersprechen.[368] Das, was die Kommission selber ergänzen und auch ändern darf, muss innerhalb des Basisrechtsakts festgelegt werden.[369]

Des Weiteren dürfen keine „wesentlichen Aspekte eines Bereichs" auf die Kommission übertragen werden. Hiermit soll in erster Linie sichergestellt werden, dass Regelungen von elementarer Wichtigkeit weiterhin durch den Gesetzgeber entschieden werden.[370] Was unter „wesentlichen Aspekten" zu verstehen ist und auf die grundlegende Bedeutung dieses Wesentlichkeits-Kriteriums, wird im Folgenden noch eingegangen.[371]

c. *Zeitliche Beschränkungen*

Der Unionsgesetzgeber wird in Art. 290 UAbs. 2 AEUV dazu aufgefordert, in seinem Gesetzgebungsakt die Dauer der Übertragung festzulegen (sog. sunset-clauses). Hierdurch wird dem Gesetzgeber eine weitere Möglichkeit zur Kontrolle eingeräumt.[372] Beschränkt er die Befugnisübertragung an die Kommission, kann er nach Zeitablauf überdenken, ob er die Befugnisübertragung an die Kommission verlängern möchte oder nicht. Für eine positive Entscheidung des Gesetzgebers ist maßgeblich, ob die Kommission zuvor im Sinne des Basisrechtsakts gehandelt hat oder nicht. Da der Regelung aber keine Verpflichtung zu entnehmen ist, ist es dem Gesetzgeber gleichfalls möglich, die Delegation auch unbefristet vorzusehen.[373] Wurden auf der Grundlage eines befristeten Basisrechtsakts delegierte Rechtsakte erlassen, verlieren auch diese nach Fristablauf *ex nunc* ihre Wirkung,[374] da der delegierte Rechtsakt mit Untergang des Basisrechtsakts seine rechtliche Grundlage und somit seine Daseinsberechtigung verliert.[375]

---

368 Beschluss 1999/468/EG, Beschluss des Rates v. 28.6.1999 zur Festlegung der Modalitäten für die Ausübung der der Kommission übertragenen Durchführungsbefugnisse (ABl. L 184/23 v. 17.7.1999).

369 Mitteilung der KOM an das EP und den Rat v. 9.12.2009, Umsetzung von Art. 290 des Vertrages über die Arbeitsweise der Europäischen Union, KOM (2009) 673 endg., S. 4.

370 *Hetmeier*, in: Lenz/Borchardt, AEUV, Art. 290 Rn. 5.

371 Siehe hierzu ausführlich 2. Kapitel I. 3. und 4. Kapitel I. 3. b. aa. (3).

372 *Ruffert*, in: Calliess/Ruffert, 4. Auflage, AEUV, Art. 290 Rn. 15.

373 Mitteilung der KOM an das EP und den Rat v. 9.12.2009, Umsetzung von Art. 290 des Vertrages über die Arbeitsweise der Europäischen Union, KOM (2009) 673 endg., S. 5; *Hetmeier*, in: Lenz/Borchardt, Art. 290 Rn. 14; *Ruffert*, in: Calliess/Ruffert, 4. Auflage, AEUV, Art. 290 Rn. 15.

374 A.A. ohne Begründung *Vedder*, in: ders./Heintschel v. Heinegg, Art. I-36 Rn. 4.

375 *Nettesheim*, in: Grabitz/Hilf/Nettesheim, AEUV, Art. 290 Rn. 57.

Das Ziel der Übertragung darf nicht in der einfachen Entlastung der Gesetzgebungsorgane liegen. Die Delegation von Rechtsetzungsbefugnissen auf die Kommission muss daher die Vorzüge einer dynamischen und unkomplizierten Gesetzgebung intendieren und bestenfalls auch erreichen.[376]

Darüber hinaus muss der Gesetzgeber in seinem Basisrechtsakt der Kommission aus Gründen der Rechtssicherheit Vorgaben über das ausdrücklich festgelegte Ziel, das durch die Delegation bezweckt wird, machen.[377] Hierfür muss der Gesetzgeber deutlich zum Ausdruck bringen, was er mit dem Erlass des Basisrechtsakts intendiert.

d. Zwischenergebnis

Der Unionsgesetzgeber muss in seinem Basisrechtsakt Ziel, Inhalt, Geltungsbereich und Dauer der Befugnisübertragung konkret bestimmen.[378] Die Kommission ist beim Erlass ihres Rechtsakts dazu angehalten, sich nach diesen Vorgaben zu richten. Hierdurch wird eine mittelbare Rückkopplung des abgeleiteten Rechtsakts an den vom Gesetzgeber erlassenen Basisrechtsakt sichergestellt.[379]

3. Begriff und Bedeutung der Wesentlichkeit

Das Kriterium der Wesentlichkeit soll die sachlich-inhaltliche demokratische Legitimation der europäischen Rechtsetzung garantieren, indem legislative Befugnisse beschränkt werden und dem Gesetzgeber vorbehalten bleiben.[380]

Der Wortlaut des Art. 290 Abs. 1 UAbs. 2 AEUV bringt zum Ausdruck, dass wichtige materielle Grundentscheidungen durch die Gesetzesorgane selbst zu treffen sind. Indem das Europäische Parlament und der Rat primär die Verantwortung für die Rechtsetzung haben, wird dem Demokratie- und Gewaltenteilungsprinzip Rechnung getragen. Auch politische Zielsetzungen sind durch den Wesentlichkeitsvorbehalt unmittelbar und mittelbar demokratisch über den Unionsbürger gesichert.[381]

---

376 *Hetmeier*, in: Lenz/Borchardt, AEUV, Art. 290 Rn. 13.

377 *Ruffert*, in: Calliess/Ruffert, 4. Auflage, AEUV, Art. 290 Rn. 12.

378 *Hetmeier*, in: Lenz/Borchardt, AEUV, Art. 290 Rn. 3.

379 So auch *v. Achenbach*, Demokratische Gesetzgebung in der Europäischen Union, S. 49.

380 *Möllers/v. Achenbach*, EuR 2011, 39 (47); *Jacqué*, in: v.d. Groeben/Schwarze, EGV, Art. 202 Rn. 15.

381 EuGH, Rs. C-240/90 (Deutschland/KOM), Slg. 1992, I-5383, Rn. 36 f.; Rs. C-356/97 (Molkereigenossenschaft Wiedergeltingen), Slg. 2000, I-5461, Rn. 21; *Kröll*, Art. 290

Nachfolgend soll ein Blick darauf geworfen werden, welche Anforderungen der Europäische Gerichtshof an das Wesentlichkeitskriterium stellt und welche Auswirkungen hiermit für die exekutive Rechtsetzung nach Art. 290 AEUV verbunden sind.

a. Anforderungen des Gerichtshofs an die Wesentlichkeit

Der Europäische Gerichtshof erkannte schon früh eine Art Wesentlichkeitsvorbehalt bei der Delegation der Rechtsetzung auf die Kommission an und stützte sich hierbei auf das bereits für die Europäische Gemeinschaft geltende Demokratieprinzip.[382] Danach konnten der Kommission „alle zur Durchführung erforderlichen Maßnahmen" übertragen werden.[383] Ausgeschlossen hiervon waren wesentliche Vorschriften. Nach Ansicht des Gerichtshofes galten solche Vorschriften als wesentlich, durch die die grundsätzliche Ausrichtung der Unionspolitik umgesetzt wurde.[384]

Im Gegensatz zur deutschen Wesentlichkeitstheorie ging es nicht um die Grundrechtsrelevanz der zu treffenden Regelung, sondern es kam allein auf die Natur der Frage als unionsrelevant an.[385] Im Kontrast zu Art. 80 Abs. 1 GG, nach dem die ermächtigende Norm nach Inhalt, Zweck und Ausmaß bestimmt sein muss, stellte der Gerichtshof nur geringe Anforderungen an die Bestimmtheit des zur Durchführung ermächtigenden Basisrechtsakt.[386] Der Beurteilung des Gerichtshofs lag somit anders als der des Bundesverfassungsgerichts keine „rechtsstaatlich-grundrechtsrelevante",[387] sondern eine „demokratisch-politische" zugrunde.[388] Ziel dieser Rechtsprechung durch den Gerichtshof war es,

---

und 291 AEUV, S. 200; *Hetmeier*, in: Lenz/Borchardt, Art. 290 Rn. 10; *Gellermann*, in: Streinz, AEUV, Art. 290 Rn. 6.

382 Ähnlich auch *Hetmeier*, in: Lenz/Borchardt, AEUV, Art. 290 Rn. 5; hierzu auch *Jacqué*, in: v.d. Groeben/Schwarze, EGV, Art. 202 Rn. 16.

383 EuGH, Rs. C-240/90 (Deutschland/KOM), Slg. 1992, I-5383.

384 EuGH, Rs. 25/70 (Köster), Slg. 1970, 1161, Rn. 6; Rs. C-240/90 (Deutschland/KOM), Slg. 1992, I-5383, Rn. 37; so auch *Ruffert*, in: Calliess/Ruffert, 4. Auflage, AEUV, Art. 290 Rn. 10; *Weiß*, EWS 2010, 257 (259).

385 *Ruffert*, in: Calliess/Ruffert, 4. Auflage, AEUV, Art. 290 Rn. 10; *Hofmann*, EIoP 9/2003, S. 10.

386 EuGH, verb. Rsen. 133–136/85 (Rau), Slg. 1987, 2289; Rs. C-240/90 (Deutschland/KOM), Slg. 1992, I-5383.

387 Hierzu auch *v. Bogandy*, Gubernative Rechtsetzung, S. 326.

388 *Siegel*, DÖV 2010, 1 (6); *Rieckhoff*, Der Vorbehalt des Gesetzes im Europarecht, S. 176 ff.

die vertraglich vorgesehenen Zuständigkeitsverteilungen nicht auszuhöhlen.[389] Auch in diesem Zusammenhang wird häufig auf die institutionellen Eigenheiten der Union verwiesen, indem betont wird, dass die Anforderungen, die ein hochausgebildeter Verfassungsstaat an sein Wesentlichkeitskriterium stellt, keinesfalls mit denen eines in der Entwicklung befindlichen „supranationalen Gebildes" verglichen werden dürften.[390]

Im Jahr 2005 weitete der Gerichtshof seine Anforderungen an das Wesentlichkeitskriterium dahingehend aus, dass der Gesetzgeber in Zukunft die wesentlichen Elemente eines Basisrechtsakts selbst festlegen und die Entscheidungsbefugnis der Kommission genau bestimmen und eingrenzen musste.[391] Mit diesen Anforderungen sollte die Sicherstellung des angestrebten Politikziels garantiert werden und die Monopolstellung des Gesetzgebers, als einziger die politische Orientierung der Union durch einen Gesetzgebungsakt vorgeben zu können.[392] Zuvor wurde seitens der Generalanwältin *Kokott* mit den Beteiligungsrechten des Europäischen Parlaments und einer andernfalls drohenden Umgehung des Rechtsetzungsverfahrens für ein Neuverständnis des Wesentlichkeitskriteriums argumentiert.[393] Die Tatsache, dass der Gerichtshof unter den wesentlichen Grundzügen nur die Ausrichtung der jeweiligen Gemeinschaftspolitik verstehe, ließe jegliches Gespür für rechtsstaatliche und grundrechtliche Dimensionen vermissen.[394] Neben Flexibilität und Schnelligkeit der exekutiven Rechtsetzung müsse es auch auf eine sorgfältige Erhebung und Bewertung aller einschlägigen Informationen durch den Gesetzgeber ankommen.[395]

Mit seinem Urteil *Raucharomen* ging der Gerichtshof deutlich über seine bisherige Rechtsprechung hinaus[396] und näherte sich den vom Bundesverfassungsgericht entwickelten Kriterien an. Die Rechtsprechung des Gerichtshofs findet nun Ausdruck in Art. 290 Abs. 1 UAbs. 2 S. 1 AEUV, der bestimmt, dass

---

389 EuGH Rs. 25/70 (Kösters), Slg. 1970, 1161, Rn. 5; in diesem Sinne auch *Haselmann*, Delegation und Durchführung, S. 78 f.

390 *Rieckhoff*, Der Vorbehalt des Gesetzes im Europarecht, S. 187.

391 EuGH, Rs. C-66/04 (Raucharomen), Slg. 2005, I-10553, Rn. 48 f.

392 EuGH, Rs. 25/70 (Köster), Slg. 1970, 1161, Rn. 6.

393 Schlussantrag der Generalanwältin *Kokott* v. 8.12.2005, Rs. C-66/04 (Raucharomen), Slg. 2005, I-10553, Rn. 56.

394 *Ohler*, JZ 2006, 358 (361).

395 Schlussantrag der Generalanwältin *Kokott* v. 8.12.2005, Rs. C-66/04 (Raucharomen), Slg. 2005, I-10553, Rn. 55.

396 *Ohler*, JZ 2006, 358 (361).

Ziele, Inhalt, Geltungsbereich und Dauer der Befugnisübertragung ausdrücklich im Basisrechtsakt festgelegt werden müssen.

Grundsätzlich sieht der Gerichtshof nach wie vor einen weiten Spielraum bei der Übertragung von Rechtsetzungsbefugnissen auf die Kommission.[397] Intention seiner Rechtsprechung bleibt damit auch weiterhin eine effektive Umsetzung des Unionrechts.[398] Nach Ansicht des Gerichtshofs umfasst die Regelungsbefugnis der Kommission auch weiterhin nicht solche Rechtsakte, die für einen bestimmten Bereich von richtungsweisender und grundlegender Bedeutung für die Ziele sind, die der Gesetzgebungsakt intendiert.[399] So obliegt es zum Beispiel nicht der Kommission zu entscheiden, wer durch Gesetzgebungsakt verpflichtet wird, welche Verhaltensweisen angebracht sind oder ob hierdurch in die Rechtspositionen anderer eingegriffen werden kann.[400] Hingegen kann die Kommission im Rahmen der Delegation Regelungen treffen, um ein verbessertes Schutzniveau zu gewährleisten, sich dem Stand der Technik anzupassen oder Änderungen in Anhängen des Gesetzgebungsakts vorzunehmen.[401]

Durch das Wesentlichkeitskriterium in Art. 290 Abs. 1 UAbs. 2 AEUV und die Konkretisierung durch den Gerichtshof wird das Gebot untermauert, dass grundlegende Entscheidungen durch den Unionsgesetzgeber selbst zu treffen sind und nicht durch ihn delegiert werden dürfen.[402] Außerdem muss der Gesetzgeber die Befugnisse, die er auf die Kommission überträgt, ausdrücklich nach Art und Umfang in seinem Gesetzgebungsakt festlegen.

b. Bewertung/Aussichten

Der Gerichtshof stellte in seinem Urteil *Raucharomen* zwar heraus, dass wichtige politische Fragen einer parlamentarischen Absicherung bedürfen, gibt hierbei aber nur konturlose Vorgaben, was unter diesen zu verstehen ist. Außerdem trifft er weder konkrete Aussagen hinsichtlich des Regelungsinhalts des Basisrechtsakts, noch was unstrittig als wesentlich zu erachten ist. Nach wie vor gibt es keinerlei einheitlich festumzeichnete Kriterien, an denen sich das Wesentlichkeitskriterium festmachen ließe.[403] Gleichzeitig betont der Gerichtshof,

397 *Rieckhoff*, Der Vorbehalt des Gesetzes im Europarecht, S. 195.

398 *Hofmann*, Normenhierarchien im europäischen Gemeinschaftsrecht, S. 151; *v. Danwitz*, Verwaltungsrechtliches System und Europäische Integration, S. 167 f.

399 *Gellermann*, in: Streinz, AEUV, Art. 290 Rn. 6 m.w.N.

400 *Hetmeier*, in: Lenz/Borchardt, AEUV, Art. 290 Rn. 3, 10.

401 *Schoo*, in: Schwarze, 3. Auflage, AEUV, Art. 290 Rn. 11.

402 *Kröll*, Art. 290 und 291 AEUV, S. 199.

403 *Weiß*, EWS 2010, 257 (258); *Kröll*, Art. 290 und 291 AEUV, S. 198.

dass der Unionsgesetzgeber weitestgehend frei bei der Übertragung von Gesetzgebungsbefugnissen sei und dass ihm hierbei ein großer Beurteilungsspielraum zukomme.[404] Alleinige Grenze hierzu kann nur das Prinzip der begrenzten Einzelermächtigung bilden.

Durch die nicht klar definierten Voraussetzungen des Wesentlichkeitskriteriums und die Zuerkennung eines großen Beurteilungsspielraums bei der Befugnisübertragung, besteht überdies die Gefahr, dass der Intention des Wesentlichkeitskriteriums nicht Rechnung getragen werden kann. Auch wenn der Aussage beizupflichten ist, dass die Wesentlichkeitstheorie des Unionsrechts nicht im Lichte einer rechtsstaatlich fundierten Gewaltenteilung gesehen werden darf, so ist eine Ausarbeitung und Konkretisierung des Wesentlichkeitsmerkmals unerlässlich, um die rechtsstaatliche und grundrechtliche Ausrichtung der Union zu fördern.[405]

Die Betrachtung des Begriffs und der Bedeutung der Wesentlichkeit hat gezeigt, dass der Einsatz und die Kodifizierung des Wesentlichkeitskriteriums im Ansatz richtig sind, um die Rechtsetzung durch die Kommission zu kontrollieren und zu legitimieren. Es bedarf allerdings ausdrücklicher Kriterien zur Feststellung des Wesentlichkeitskriteriums seitens der Rechtsprechung, um zu gewährleisten, dass die Union tatsächlich ihren Grundsätzen aus Art. 2 EUV genügt.

In Zukunft wird sich zeigen, ob der Gerichtshof bereit ist, einheitliche Standards festzulegen oder ob er auch weiterhin lediglich nach Politikbereichen und deren Bedeutung für die Union differenziert.[406]

4. Zustandekommen delegierter Rechtsakte

Im Folgenden soll das Zustandekommen und der Erlass delegierter Rechtsakte durch die Kommission betrachtet werden.

a. Autonomie der Kommission

Adressat der Delegation ist allein die Kommission, die im Rahmen ihrer Exekutivfunktion von der eingeräumten Befugnis Gebrauch machen kann, ohne dabei

404 EuGH, Rs. C-66/04 (Raucharmomen), Slg. 2005, I-10553, Rn. 45 f.; so auch *Fabricius*, ZEuS 4/2011, 567 (573), der hier von einem Ermessen des Gesetzgebers spricht.

405 *Ohler*, JZ 2006, 358 (361); *Riedel*, EuR 2006, 512 (519).

406 *Bueren*, EuZW 2012, 167 (170).

andere Institutionen zu beteiligen.[407] Auch die Beteiligung von Mitgliedstaaten scheidet nach Art. 290 AEUV aus.

b. Vorarbeiten zum Erlass delegierter Rechtsakte

Wegen der zuvor beschriebenen Autonomie der Kommission, ist es grundsätzlich nicht vorgesehen, die Mitgliedstaaten wie in Form der Komitologie an der delegierten Rechtsetzung zu beteiligen. Für die Kommission besteht aber auch weiterhin die Möglichkeit, mitgliedstaatliche Expertengruppen aus bestimmten Bereichen zu konsultieren, in denen Expertise und Sachverstand gefragt ist.[408] Durch die Konsultierung solcher Expertengruppen soll gewährleistet werden, dass die Rechtsetzung der Kommission in den verschiedensten Bereichen einen hohen fachlichen Standard aufweist. Dass die Kommission tatsächlich auch von dieser Möglichkeit Gebrauch machen möchte, wurde ihrerseits auch kundgetan.[409]

c. Erlass delegierter Rechtsakte

Art. 290 AEUV enthält keine Bestimmung, die sich konkret auf das Erlassverfahren für delegierte Rechtsakte bezieht.[410] Aus dem Wortlaut des Art. 290 AEUV lässt sich folgern, dass es der Kommission grundsätzlich frei steht, in welcher Form sie den delegierten Rechtsakt erlässt. Es ist nicht notwendig, dass auf einen Basisrechtsakt, der als Verordnung erlassen wird, der daraufhin erfolgte delegierte Rechtsakt auch als Verordnung ergeht. Es kann vom Gesetzgeber offengelassen werden, in welcher Form die Kommission den delegierten Rechtsakt zu erlassen hat. Sie muss einzig die im Basisrechtsakt aufgestellten Voraussetzungen für die Delegation beachten.[411] Hat sie einen Entwurf ausgearbeitet, muss sie diesen alsbald an das Europäische Parlament und den Rat weiterleiten, damit diese von ihren Rechten aus Art. 290 Abs. 2 UAbs. 1 AEUV Gebrauch machen können.

---

407 *Ruffert*, in: Calliess/Ruffert, 4. Auflage, AEUV, Art. 290 Rn. 4; *Möllers*, EuR 2002, 483 (492 ff.); *Gellermann*, in: Streinz, AEUV, Art. 290 Rn. 12; *Hetmeier*, in: Lenz/Borchardt, AEUV, Art. 290 Rn. 21.

408 *Schusterschitz*, in: Hummer/Obwexer, Vertrag von Lissabon, S. 231; *Hetmeier*, in: Lenz/Borchardt, AEUV, Art. 290 Rn. 21; *Ruffert*, in: Calliess/Ruffert, 4. Auflage, AEUV, Art. 290 Rn. 16; *Fischer*, Der Vertrag von Lissabon, S. 399 Komm. (6).

409 Mitteilung der KOM an das EP und den Rat v. 9.12.2009, Umsetzung von Art. 290 des Vertrages über die Arbeitsweise der Europäischen Union, KOM (2009) 673 endg.

410 *Gellermann*, in: Streinz, AEUV, Art. 290 Rn. 12.

411 *Ruffert*, in: Calliess/Ruffert, 4. Auflage, AEUV, Art. 290 Rn. 3; *v. Danwitz*, Europäisches Verwaltungsrecht, S. 271.

Nutzen beide bis zum Fristablauf ihr Einspruchsrecht aus Art. 290 Abs. 2 UAbs. 1 lit. b) nicht, tritt der delegierte Rechtsakt in Kraft.

5. Kontrolle delegierter Rechtsakte

Im Rahmen der delegierten Rechtsetzung sind in Art. 290 Abs. 2 AEUV zwei unterschiedliche Möglichkeiten der nachträglichen Kontrolle vorgesehen.[412] Zum einen kann die Befugnisübertragung an die Kommission als solche widerrufen werden und zum anderen kann der delegierte Rechtsakt nur in Kraft treten, sofern das Europäische Parlament oder der Rat innerhalb der zuvor im Basisrechtsakt festgesetzten Frist keine Einwände erheben.[413] Die beiden Kontrollmöglichkeiten können nur vorgenommen werden, wenn der Gesetzgeber sie entweder gemeinsam oder alleine ausdrücklich in seinem Basisrechtsakt vorsieht.[414] Innerhalb der beiden Varianten überprüfen beide Organe unabhängig voneinander, ob sich die Kommission an die im Basisrechtsakt gemachten Vorgaben gehalten hat.

Im Gegensatz zu der Vorgängerregelung der Art. 202 3. SpStr., 211 4. SpStr. EGV besteht für den Rat nun nicht mehr die Möglichkeit, Verfahrensweisen eigenständig festzulegen, sondern seine Kompetenzen beschränken sich ausschließlich auf ein Kontrollrecht, wie es dem Europäischen Parlament in gleichem Umfang zukommt.[415]

a. Allgemeine Überlegungen

Die Delegation von Rechtsetzungsbefugnissen an die Kommission kann gem. Art. 290 Abs. 2 AEUV unter Bedingungen erfolgen. Da es sich hierbei um eine abschließende Regelung handelt,[416] sind hiervon lediglich der Widerruf oder der Einspruch durch das Europäische Parlament und den Rat umfasst.[417] Das Widerspruchs- und das Einspruchsrecht müssen zuvor vom Gesetzgeber ausdrücklich im Basisrechtsakt vorgesehen werden.[418]

Dem Europäischen Parlament und dem Rat ist es möglich, unabhängig voneinander von ihren Kontrollrechten Gebrauch zu machen. Dabei müssen die

---

412 *Ruffert*, in: Calliess/Ruffert, 4. Auflage, AEUV, Art. 290 Rn. 16; *Hofmann*, EIoP 9/2003, S. 13.

413 *Schoo*, in: Schwarze, 3. Auflage, AEUV, Art. 290 Rn. 14.

414 *Bast*, CMLR 2012, 885 (914); *Schoo*, in: Schwarze, 3. Auflage, AEUV, Art. 290 Rn. 17.

415 *Möllers/v. Achenbach*, EuR 2011, (39) 41.

416 *Fabricius*, ZEuS 4/2011, 567 (585).

417 *Hetmeier*, in: Lenz/Borchardt, AEUV, Art. 290 Rn. 15.

418 *Fabricius*, ZEuS 4/2011, 567 (586).

in Art. 290 Abs. 2 UAbs. 2 AEUV festgelegten Mehrheitserfordernisse beachtet werden.[419] So ist das Europäische Parlament mit der Mehrheit der anwesenden Mitglieder, der Rat hingegen nur mit qualifizierter Mehrheit beschlussfähig.[420] Die Anforderungen an Mehrheitserfordernisse sollen dazu dienen, die Position der Kommission zu sichern und Willkür seitens des Europäischen Parlaments und des Rates zu vermeiden.

Andere Kontrollvarianten, wie die der Komitologie, sind durch den Unionsgesetzgeber im Rahmen der Delegation von Rechtsetzungsbefugnissen nicht mehr vorgesehen.[421]

b. Widerruf

Das Widerrufsrecht, das auch als Evokationsrecht bezeichnet wird, beinhaltet die Rückholung der Regelungskompetenz des Unionsgesetzgebers.[422] Der Widerruf soll vor allem dazu dienen, auf Kompetenzüberschreitungen der Kommission zu reagieren und somit das politische Gewicht über die delegierte Regelungsmaterie wieder zum Ausgleich zu bringen.[423] Daher ist der Widerruf jederzeit, also auch nach dem Inkrafttreten des delegierten Rechtsakts, möglich. Geht man vom Wortlaut des Art. 290 Abs. 2 AEUV aus, ist eine Kompetenzüberschreitung für die Ausübung des Widerrufsrechts nicht erforderlich. Einziges Erfordernis ist hiernach das Erreichen der Mehrheitsverhältnisse.[424]

Teilweise wird vertreten, dass sich der Widerruf allein auf die Rechtsetzungsbefugnis der Kommission beziehe. Ein bereits erlassener delegierter Rechtsakt müsse deshalb durch einen separaten Gesetzgebungsakt, der im ordentlichen Gesetzgebungsverfahren erlassen wird, aufgehoben werden.[425] Eine andere Auffassung vertritt, dass mit dem widerrufenen Basisrechtsakt auch der bereits erlassene delegierte Rechtsakt hinfällig werde.[426] Diese Ansicht berücksichtigt,

---

419 *Bast,* CMLR 2012, 885 (915).

420 *Möllers/v. Achenbach,* EuR 2011, 39 (42); *Hetmeier*, in: Lenz/Borchardt, AEUV, Art. 290 Rn. 19.

421 *Kotzur*, in: Geiger/Khan/Kotzur AEUV, Art. 290 Rn. 7.

422 *Kotzur*, in: Geiger/Khan/Kotzur AEUV, Art. 290 Rn. 6.

423 *Gellermann*, in: Streinz, AEUV, Art. 290 Rn. 10; *Ruffert*, in: Calliess/Ruffert, 4. Auflage, AEUV, Art. 290 Rn. 17; CONV 424/02, Schlussbericht der Gruppe IX „Vereinfachung" v. 29.11.2002, S. 11 (abrufbar unter: http://european-convention.europa.eu/pdf/reg/de/02/cv00/cv00424.de02.pdf; zuletzt aufgerufen am: 26.1.2015).

424 *Ruffert*, in: Calliess/Ruffert, 4. Auflage, AEUV, Art. 290 Rn. 17.

425 *Ruffert*, in: Calliess/Ruffert, 4. Auflage, AEUV, Art. 290 Rn. 18.

426 *Schoo*, in: Schwarze, 3. Auflage, AEUV, Art. 290 Rn. 15.

dass dem delegierten Rechtsakt nach Widerruf seine Rechtsgrundlage entzogen wird, er somit schon keine Daseinsberechtigung mehr hat. Die erste Ansicht führt zwar zu dem gleichen Ergebnis, indem der Basisrechtsakt durch einen Gesetzgebungsakt aufgehoben werden muss. Dieser Gesetzgebungsakt muss jedoch in dem aufwendigen ordentlichen Gesetzgebungsverfahren nach Art. 289 Abs. 1 AEUV erlassen werden. Hierdurch kann es zur Fragmentierung und Uneinheitlichkeit innerhalb der Unionsrechtsordnung kommen. Im Ergebnis ist deshalb der zweiten Auffassung zuzustimmen. Mit dem Widerruf des Basisrechtsakts wird auch ein bereits erlassener delegierter Rechtsakt hinfällig.

c. Einspruchsrecht

Der delegierte Rechtsakt kann nur dann in Kraft treten, wenn das Europäische Parlament oder der Rat innerhalb der im Basisrechtsakt festgelegten Frist keine Einwände erheben.[427] Die Wirksamkeit des delegierten Rechtsakts ist somit aufschiebend bedingt.[428] In der Konvents-Arbeitsgruppe zum Vertrag von Lissabon sprach man deshalb auch von einer „Schweigefrist".[429]

Die Kommission hält hierfür eine zweimonatige Frist für angemessen, die auf Initiative des Gesetzgebers automatisch um einen Monat verlängerbar ist. Die Erfahrungen mit dem Regelungsverfahren mit Kontrolle, in dem ein dreimonatiges Einspruchsrecht vorgesehen war, hätten gezeigt, dass es Europäischem Parlament und Rat schneller möglich sei festzustellen, „ob der betreffende Rechtsakt Schwierigkeit bereiten kann".[430] Des Weiteren argumentiert die Kommission, dass ein zweimonatiges Einspruchsrecht der Effektivität der Rechtsetzung diene.[431] Das Europäische Parlament vertritt hingegen die Ansicht, dass Fristen grundsätzlich für jeden Basisrechtsakt unterschiedlich angesetzt werden sollten, prinzipiell aber eine Mindesteinspruchsfrist von zwei Monaten gilt.[432]

---

427 *Kotzur*, in: Geiger/Khan/Kotzur AEUV, Art. 290 Rn. 6; *Gellermann*, in: Streinz, AEUV, Art. 290 Rn. 11; *Schoo*, in: Schwarze, 3. Auflage, AEUV, Art. 290 Rn. 14.

428 *Ruffert*, in: Calliess/Ruffert, 4. Auflage, AEUV, Art. 290 Rn. 19.

429 CONV 424/02, Schlussbericht der Gruppe IX „Vereinfachung" v. 29.11.2002, S. 11.

430 Mitteilung der KOM an das EP und den Rat v. 9.12.2009, Umsetzung von Art. 290 des Vertrages über die Arbeitsweise der Europäischen Union, KOM (2009) 673 endg., S. 9.

431 Mitteilung der KOM an das EP und den Rat v. 9.12.2009, Umsetzung von Art. 290 des Vertrages über die Arbeitsweise der Europäischen Union, KOM (2009) 673 endg., S. 10.

432 Entschließung des Europäischen Parlaments v. 7. Mai 2009 zu den Auswirkungen des Vertrages von Lissabon auf die Entwicklung des institutionellen Gleichgewichts der Europäischen Union (2008/2073 (INI)), Punkt 5 und Punkt 13.

Letztlich muss mit der Frist gewährleistet werden, dass es dem Europäischen Parlament und dem Rat möglich ist, sich inhaltlich und rechtlich innerhalb der vorgegebenen Zeitspanne mit dem delegierten Rechtsakt der Kommission auseinanderzusetzen. Die Dreimonatsfrist im Mitentscheidungsverfahren für die parlamentarische Beratung könnte hierfür als Anhaltspunkt dienen.[433] Sieht das Europäische Parlament sich hingegen von der Kommission als ausreichend informiert, sollte es ihm gleichfalls möglich sein, eine kürzere Frist zu wählen und somit der Dynamik der exekutiven Rechtsetzung nicht im Weg zu stehen.

d. Zwischenergebnis

Durch die Möglichkeiten des Widerrufs und des Einspruchs können Rat und Europäisches Parlament ihre Kontrollrechte auf zwei Weisen wahrnehmen. Zum einen kann durch den Widerruf die Befugnisübertragung als solche rückgängig gemacht werden, zum andern kann durch den Einspruch der Erlass des delegierten Rechtsakts verhindert werden.[434]

Nun ist es dem Europäischen Parlament auch im Alleingang möglich, von seinen Kontrollrechten Gebrauch zu machen. Die Möglichkeit der Wahrnehmung parlamentarischer Kontrollrechte gilt nicht nur als Indiz für Demokratie und Rechtsstaatlichkeit, sondern sie soll dem Parlament auch ermöglichen, Schlüsse für seine zukünftige Gesetzgebung zu ziehen.[435]

Zur Anwendung sollen die Kontrollmöglichkeiten in der Regel dann kommen, wenn seitens der Kommission eine Kompetenzüberschreitung vorliegt, sie also über den im Basisrechtsakt vorgegebenen Rahmen hinaus handelt. Grundsätzlich ist ein Kompetenzverstoß nicht zwingend erforderlich, damit Europäisches Parlament und Rat von ihren Kontrollmöglichkeiten Gebrauch machen dürfen. Eine Kontrolle ist zum Beispiel auch dann möglich, wenn begründete Zweifel bestehen, dass die Kommission mit ihrer Rechtsetzung nicht das mit der Übertragung angestrebte Ziel erreicht.

Um die Kommission vor eigenwilligen und willkürlichen Kontrollmaßnahmen durch das Parlament und den Rat zu schützen, ist eine Mehrheit zur Ausübung von Kontrollmaßnahmen erforderlich. Inwiefern ein solches Merheitserfordernis aber tatsächlich Schutz vor willkürlichen Maßnahmen bieten kann, ist fraglich. Hier weist das neue Kontrollsystem eine Lücke auf.[436] Denn

---

433 *Möllers/v. Achenbach,* EuR 2011, 39 (58); *Fabricius,* ZEuS 4/2011, 567 (588).

434 *Scharf,* BzTWR 2010, 5 (19).

435 *Möllers,* Die drei Gewalten, S. 129.

436 Ähnlich *Scharf,* BzTWR 2010, 5 (18).

willkürliche Kontrollmaßnahmen lassen sich zum Beispiel wegen politischer Diskrepanzen trotz der Mehrheitserfordernisse wahrnehmen. Gerade in den Fällen, in denen institutionelle Interessen im Konflikt miteinander stehen, sollte es kein Problem sein, eine solche Mehrheit zu erzielen. Für einen solchen Fall ist es naheliegend, dass sich leicht Mehrheiten innerhalb des Europäischen Parlaments oder des Rates erzielen lassen, um so die eigenen institutionellen Interessen durchsetzen zu können.

Des Weiteren ist es dem Europäischen Parlament und dem Rat möglich, unabhängig und jederzeit von ihrer Widerruf- und Einspruchsmöglichkeit Gebrauch zu machen. Widerruf und Einspruch können außerdem auch nebeneinander erhoben werden.

Die Kontrollmöglichkeiten in Art. 290 Abs. 2 AEUV unterstreichen erneut die Dynamik der exekutiven Rechtsetzung. Ein zusätzlicher Grund für dieses Kontrollsystem war, dass durch die Delegation keine endgültige Zuständigkeitsverteilung auf die Kommission stattfinden sollte. Somit dient auch Art. 290 Abs. 2 AEUV einer Absicherung des Demokratie- und Rechtsstaatsprinzips.

Abschließend lässt sich sagen, dass der demokratische Standard im Hinblick auf die Kontrolle von delegierten Rechtsakten gewahrt wurde und Verbesserungen zu vermerken sind.

6. Delegierte Rechtsakte im Unterschied zum Regelungsverfahren mit Kontrolle

Art. 290 AEUV wird aufgrund seines Wortlauts häufig mit der Vorschrift über das Regelungsverfahren mit Kontrolle gleichgesetzt. Daher soll im Folgenden dargestellt werden, worin die Unterschiede und die potentiellen Gemeinsamkeiten dieser beiden Verfahren liegen.

Wie bei den delegierten Rechtsakten fand das Regelungsverfahren mit Kontrolle nach Art. 5a des Komitologiebeschlusses[437] in den Fällen Anwendung, in denen der Basisrechtsakt, der eine Maßnahme von allgemeiner Tragweite regelt, im Mitentscheidungsverfahren zustande gekommen ist und eine Änderung von nicht wesentlichen Bestimmungen des Basisrechtsakts bewirkte.

---

437 Beschluss 2006/512/EG, Beschluss des Rates v. 17.7.2006 zur Änderung des Beschlusses 1999/468/EG zur Festlegung der Modalitäten für die Ausübung der der Kommission übertragenen Durchführungsbefugnisse (ABl. L 200 v. 22.7.2006).

Mithin ist zunächst von einem identischen sachlichen Anwendungsbereich auszugehen.[438]

Mit Blick auf die ausgeübte Kontrolle innerhalb der beiden Verfahren, besteht der Unterschied darin, dass für den Erlass von delegierten Rechtsakten keine beratenden Ausschüsse in Form der Komitologie mehr vorgesehen sind. Die Kommission hat jedoch weiterhin die Möglichkeit, sich der Expertise nationaler Fachleute zu bedienen. Als zusätzliche Kontrollinstanz im Rahmen von Art. 290 AEUV entfällt die Komitologie. Anders als im Regelungsverfahren mit Kontrolle sind Europäisches Parlament und Rat nun bei der Kontrolle von delegierten Rechtsakten gleichberechtigt.[439] Hierbei können sie ihre Kontrollrechte autonom und unabhängig voneinander ausüben. In Art. 5a Abs. 3 Komitologiebeschluss musste das Europäische Parlament seine Bedenken hinsichtlich des zu erlassenden Rechtsakts noch weiter begründen.[440] Eine Begründung ist im Rahmen von Art. 290 Abs. 2 AEUV nicht mehr erforderlich.

Problematisch ist hingegen die Verwendung des Begriffs „Ergänzung“ in Art. 290 Abs. 1 AEUV. Im Gegensatz zu Art. 2 Abs. 2 Komitologiebeschluss wird der Begriff in Art. 290 AEUV nicht weiter qualifiziert. Im Rahmen des Regelungsverfahrens mit Kontrolle war von „Ergänzung“ nicht allein jede textliche Ergänzung des Basisrechtsakts umfasst. Vielmehr kam es auf eine inhaltliche Veränderung des Basisrechtsakts an. Als Konsequenz hieraus ergab sich ein gewisser Ermessensspielraum für die Kommission, der nicht nur exekutive Ergänzungen umfasste. Der Wortlaut von Art. 290 Abs. 1 lässt hingegen offen, ob hiermit auch eine einfache offene exekutive Ergänzung gemeint ist.[441]

Hieraus folgt, dass trotz des einheitlichen sachlichen Anwendungsbereichs noch nicht auf eine identische Anwendung der Verfahren geschlossen werden kann. Stattdessen sollten das Regelungsverfahren mit Kontrolle und das Verfahren des Art. 290 AEUV unabhängig voneinander in ihrem institutionellen Kontext betrachtet werden.[442]

---

438 *Schoo*, in: Schwarze, 3. Auflage, AEUV, Art. 290 Rn. 19; *Schusterschitz*, in: Hummer/Obwexer, Vertrag von Lissabon, S. 229; *Sydow*, JZ 2012, 157 (163).

439 Hierzu auch *Haselmann*, Delegation und Durchführung, S. 55.

440 *Schoo*, in: Schwarze, 3. Auflage, AEUV, Art. 290 Rn. 20 f.

441 *Schusterschitz*, in: Hummer/Obwexer, Vertrag von Lissabon, S. 229.

442 Mitteilung der KOM an das EP und den Rat v. 9.12.2009, Umsetzung von Art. 290 des Vertrages über die Arbeitsweise der Europäischen Union, KOM (2009) 673 endg., S. 3.

7. Fazit zu Art. 290 AEUV

Die Fragen, die sich zu Beginn stellten, waren, ob durch die Regelung des Art. 290 AEUV der Kritik am Detailreichtum der europäischen Regelungen begegnet werden kann, ob mehr Transparenz und Effektivität geschaffen wird und ob mit der Regelung eine Verbesserung der demokratischen Legitimation einhergeht.

In Art. 290 Abs. 1 AEUV wurden die Voraussetzungen, unter denen eine Übertragung von Rechtsetzungsbefugnissen an die Kommission stattfinden kann, doppelt umzeichnet. Es darf sich nur um nichtwesentliche Ergänzungen oder Änderungen handeln und der übertragende Basisrechtsakt muss konkrete inhaltliche Vorgaben machen. Durch den Art. 290 AEUV sollte nicht nur der Gesetzgeber entlastet werden, sondern es wird auch weiterhin eine gewisse Dynamik bei der Rechtsetzung gewährleistet, die es ermöglicht, auf aktuelle Fortschritte und Gegebenheiten zu reagieren. Eine Befugnisübertragung an die Kommission muss allerdings die Ausnahme darstellen, möchte man das institutionelle Gleichgewicht zwischen Legislative und Exekutive bewahren.[443]

Problematisch könnte die Verwendung des Begriffs „Ergänzung" sein. Anders als in Art. 5a des Komitologiebeschlusses wird in Art. 290 nicht weiter klargestellt, was hiervon umfasst ist. Außerdem kommt erschwerend hinzu, dass der Vertrag von Lissabon in seinen unterschiedlichen sprachlichen Versionen sinngemäß an dieser Stelle nicht immer von Ergänzungen und Änderungen ausgeht. Einheitlichkeit und Kohärenz sind aber insbesondere im Hinblick auf die Rechtmäßigkeit des delegierten Rechtsakts von besonderer Wichtigkeit.[444] Aufgrund dessen wird im nächsten Teil der Arbeit ein Augenmerk auf die Bestimmung der Begrifflichkeiten und ihre Abgrenzungen zueinander gelegt.[445]

Die Tatsache, dass sich die Kommission auch weiterhin des Expertenwissens aus den Mitgliedstaaten bedienen kann, bringt keine Verbesserung hinsichtlich der demokratischen Legitimation, da es sich hierbei nicht um gewählte Abgeordnete aus den Mitgliedstaaten handelt. Der Vorteil einer solchen Konsultation besteht nach wie vor darin, dass eine gewisse Expertise der Entscheidungen der Kommission gesichert ist und die Mitgliedstaaten mittelbar ihre Interessen in die exekutive Rechtsetzung einbringen können.

Mitgliedstaatliche Interessen können darüber hinaus durch die Beteiligung im Rat eingebracht werden, der zusammen mit dem Europäischen Parlament den ermächtigenden Basisrechtsakt erlassen muss. Die exekutive Rechtsetzung

443 *Siegel*, DÖV 2010, 1 (7).

444 *Hofmann*, ELJ 15/2009, 482 (490).

445 4. Kapitel I. 3. b.

wird auch hierdurch mittelbar demokratisch legitimiert. Außerdem sorgt die Tatsache, dass dem Europäischen Parlament die gleichen Kontrollrechte wie dem Rat zustehen, für ein Mehr an Demokratie.

Des Weiteren sollte durch das Kriterium der Wesentlichkeit eine Verbesserung der demokratischen Legitimation bewirkt werden. In diesem Zusammenhang sind durch die weiterentwickelte Rechtsprechung des Europäischen Gerichtshofs gute Ansätze zu vermerken. Entscheidend ist nun nicht mehr die Unionsrelevanz der zu regelnden Thematik, sondern das, was der Gesetzgeber in diesem Zusammenhang als wesentlich erachtet. Jedoch gibt es hier noch keine expliziten Vorgaben, die für Einheitlichkeit sorgen und einen eventuellen Missbrauch seitens des Uniongesetzgebers vermeiden könnten.

Die Vorgaben des Art. 290 AEUV bleiben teilweise ausfüllungsbedürftig. Um die nach wie vor offenen Fragen zu klären und anerkannte Ziele wie Effektivität und Transparenz zu gewährleisten, bedarf es weiterer verfahrenstechnisch ausgestalteter interinstitutioneller Vereinbarungen und Konkretisierungen in der Rechtsprechung.[446] Bis dahin unterliegt die Übertragung von quasi-legislativen Befugnissen auf die Kommission noch einigen Defiziten.

II. Durchführungsrechtsakte nach Art. 291 AEUV

Die Vorschrift des Art. 291 AEUV basiert im Wesentlichem auf der Vorgängerregelung des Art. 202 3. SpStr. EGV.[447] Wie bereits dargelegt, konnte der Rat gem. Art. 202 3. SpStr., 211 4. SpStr. EGV die Kommission zur Durchführung seiner Vorschriften ermächtigen. Der Begriff der Durchführung wurde in diesem Zusammenhang weit verstanden. So umfasste er neben abstrakt-generellen Rechtsetzungsakten auch die rein administrative Anwendung.[448]

Seine heutige Funktion besteht hingegen ausschließlich darin, die im verbindlichen Basisrechtsakt vorgesehenen Regelungen zu konkretisieren und dadurch für die mitgliedstaatlichen Verwaltungen zu vereinheitlichen, damit identische Bedingungen für die Durchführung des Unionsrechts bestehen und dieses seine volle Wirksamkeit entfalten kann.[449] Durchführungsbefugnisse können nur durch

---

446 *Schusterschitz*, in: Hummer/Obwexer, Vertrag von Lissabon, S. 233; *Möllers/v. Achenbach*, EuR 2011, 39 (40).

447 *Bast*, CMLR 2012, 885 (908); *Kotzur*, in: Geiger/Khan/Kotzur AEUV, Art. 290 Rn. 1; *Schusterschitz*, in: Hummer/Obwexer, Vertrag von Lissabon, S. 219.

448 *Hix*, in: Schwarze, 2. Auflage, EGV, Art. 202 Rn. 12; *Möllers*, EuR 2002, 483 (483).

449 *Möllers/v. Achenbach*, EuR 2011, 39 (42); *Gellermann*, in: Streinz, AEUV, Art. 291 Rn. 2; *Schoo*, in: Schwarze, 3. Auflage, AEUV, Art. 291 Rn. 3; *Bast*, CMLR 2012, 885 (910).

verbindliche Rechtsakte, also nicht durch Empfehlungen oder Stellungnahmen, übertragen werden.[450]

1. Durchführungsverpflichtung der Mitgliedstaaten

Die Mitgliedstaaten sind gem. Art. 291 Abs. 1 AEUV, abweichend zur vorherigen Regelung,[451] dazu verpflichtet, das Unionsrecht auszuführen.[452] Hiernach ergreifen sie

> „[…] alle zur Durchführung der verbindlichen Rechtsakte der Union erforderlichen Maßnahmen nach innerstaatlichem Recht".

Ausnahmen regelt das Primärrecht explizit im Bereich der Gemeinsamen Außen- und Sicherheitspolitik, der Wettbewerbs- und Agrarpolitik sowie der Durchführung des Haushaltsplans. Durch diese primärrechtlichen Vorschriften wird die Zuständigkeit der Mitgliedstaaten verdrängt.[453]

Die Union ist nur noch in Ausnahmefällen berechtigt, Gesetzgebungsakte durchzuführen. Durch Art. 291 Abs. 1 AEUV wird das Subsidiaritätsprinzip aus Art. 5 Abs. 3 EUV hinreichend beachtet. Außerdem kann eine Kontrolle durch die Mitgliedstaaten in Form der Komitologie für solche Fälle gewährleistet werden, in denen sie die Zuständigkeit aberkannt bekommen haben.[454]

Der Europäische Gerichtshof versteht unter der Durchführung sowohl den administrativen Vollzug als auch die normative Umsetzung von Unionsrecht.[455] Hiervon soll nicht nur der exekutiv-administrative, sondern auch der legislative und judikative Vollzug umfasst sein.[456]

---

450 *Hetmeier*, in: Lenz/Borchardt, AEUV, Art. 291 Rn. 5.

451 Siehe hierzu ausführlich *Haselmann*, Delegation und Durchführung, S. 164 ff., die darlegt, dass unter dem Begriff „Durchführung" nach Art. 202 3. SpStr. EGV nur die Durchführung durch die Union gemeint war.

452 *Bast*, CMLR 2012, 885 (908); *Hetmeier*, in: Lenz/Borchardt, Art. 291 Rn. 1; *Kotzur*, in: Geiger/Khan/Kotzur AEUV, Art. 291 Rn. 1.

453 *Hetmeier*, in: Lenz/Borchardt, AEUV, Art. 291 Rn. 3; *Schoo*, in: Schwarze, 3. Auflage, AEUV, Art. 291 Rn. 2.

454 *Hetmeier*, in: Lenz/Borchardt, AEUV, Art. 291 Rn. 8; *Ruffert*, in: Calliess/Ruffert, 4. Auflage, AEUV, Art. 291 Rn. 2.

455 EuGH Rs. C-122/04 (KOM/EP und Rat), Slg. I-2001, Rn. 37.

456 *Kotzur*, in: Geiger/Khan/Kotzur AEUV, Art. 291 Rn. 2.

a. Grundsatz: Durchführung durch die Mitgliedstaaten

Die Verpflichtung der Mitgliedstaaten zur Durchführung des sekundären Gemeinschaftsrechts ließ sich aus dem Grundsatz der allgemeinen Loyalitätspflicht aus Art. 10 EGV ableiten.[457] Die Mitgliedstaaten werden nun ausdrücklich in Art. 291 Abs. 1 AEUV dazu verpflichtet,[458] nach innerstaatlichem Recht alle Maßnahmen zu treffen, die für die Durchführung der verbindlichen Rechtsakte der Union erforderlich sind. Der Art. 4 Abs. 3 EUV, der heute den Grundsatz der loyalen Zusammenarbeit regelt, ist gegenüber dieser Regelung nun subsidiär.[459] Ausdrücklich angesprochen werden in Art. 291 Abs. 1 AEUV zwar nur die Mitgliedstaaten, nach Sinn und Zweck umfasst die Vorschrift jedoch alle Träger öffentlicher Gewalt, sofern die Durchführung von Unionsrecht nach der innerstaatlichen Zuständigkeitsordnung in ihren Aufgabenbereich fällt.[460]

b. Durchführungsmaßnahmen der Mitgliedstaaten

Um ihrer Verpflichtung aus Art. 291 Abs. 1 AEUV gerecht zu werden, können die Mitgliedstaaten alle nach innerstaatlichem Recht zulässigen Maßnahmen ergreifen, derer es zur Durchführung verbindlicher Unionsrechtsakte bedarf.[461] Zwar hat der Begriff der Durchführung keine Definition erhalten, jedoch ist im Zusammenhang mit Art. 202 4. SpStr. EGV anerkannt, dass der Begriff der Durchführung weit auszulegen ist.[462] Mit Blick auf die effektive Umsetzung des Unionsrechts kann nur Gleiches für die Mitgliedstaaten bei ihrer Durchführung gelten.

aa. Legislative Maßnahmen

Im Rahmen der Durchführung sind die Mitgliedstaaten verpflichtet, notwendige legislative Maßnahmen zu treffen, wie zum Beispiel die Umsetzung von Richtli-

---

457 *Gellermann*, in: Streinz, AEUV, Art. 291 Rn. 5; *Haselmann,* Delegation und Durchführung, S. 159.

458 So auch *Schütze,* CMLR 2010, 1385 (1396).

459 *Ruffert*, in: Calliess/Ruffert, 4. Auflage, AEUV, Art. 291 Rn. 3.

460 *Gellermann*, in: Streinz, AEUV, Art. 291 Rn. 5; *Kahl*, in: Calliess/Ruffert, 3. Auflage, EGV, Art. 10 Rn. 18.

461 *Gellermann*, in: Streinz, AEUV, Art. 291 Rn. 5; *Haselmann,* Delegation und Durchführung, S. 159.

462 EuGH, Rs. 23/75 (Rey Soda), Slg. 1975, 1302, Rn. 10, 14; Rs. C-478/93 (Niederlande/KOM), Slg. 1995, I-3081, Rn. 30; Rs. C-122/04 (KOM/EP & Rat), Slg. I-2001, Rn. 1; hierzu auch schon unter 1. Kapitel I. 1. a.

nien in ihre nationalen Rechtsordnungen.[463] Daneben können die Mitgliedstaaten auch dazu verpflichtet werden, lückenhafte sekundärrechtliche Regelungen durch ihr innerstaatliches Recht zu ergänzen.[464]

bb. Administrative Maßnahmen

Die administrative Durchführung von Unionsrecht obliegt im Regelfall den Mitgliedstaaten (sog. indirekter Vollzug des Unionsrechts).[465] Die Union erlässt einen Rechtsakt, dessen weiterer Vollzug in die Zuständigkeit der Mitgliedstaaten fällt. Bei der verwaltungsmäßigen Durchführung ist grundsätzlich von der Wahrung beider Interessen auszugehen.[466] So wird der mitgliedstaatliche Vollzug durch unionsrechtliche Vorgaben modifiziert und das Subsidiaritätsprinzip weiterhin gewahrt.[467]

Aus Art. 291 Abs. 1 AEUV lässt sich ableiten, dass Mitgliedstaaten alle Maßnahmen ergreifen können, derer es für eine komplette und gründliche Vollziehung des Unionsrechts bedarf.[468]

cc. Judikativer Vollzug

Auch der judikative Vollzug ist von dem Begriff der Durchführung umfasst.[469] Der judikative Vollzug in den Mitgliedstaaten zeigt sich darin, dass die mitgliedstaatlichen Gerichte dazu angehalten sind, in ihrer Rechtsprechung das Unionsrecht zu berücksichtigen. Die Mitgliedstaaten verhelfen dem Unionsrecht somit auch auf diesem Wege zur innerstaatlichen Wirkung.[470]

---

463 *Ruffert*, in: Calliess/Ruffert, 4. Auflage, AEUV, Art. 291 Rn. 4; *Gellermann*, in: Streinz, AEUV, Art. 291 Rn. 7.

464 *Gellermann*, in: Streinz, AEUV, Art. 291 Rn. 7.

465 *Ruffert*, in: Calliess/Ruffert, 4. Auflage, AEUV, Art. 291 Rn. 5; zum Vollzug des Unionsrechts und der Rolle der exekutiven Rechtsakte siehe 9. Kapitel II.

466 Siehe Art. 197 Abs. 1 AEUV.

467 *Ruffert*, in: Calliess/Ruffert, 4. Auflage, AEUV, Art. 291 Rn. 5.

468 *Gellermann*, in: Streinz, AEUV, Art. 291 Rn. 8; *Hatje*, in: Schwarze, 2. Auflage, EGV, Art. 10 Rn. 17; in diesem Sinne auch *Schroeder*, AöR 129/2004, 3 (12, 22); hierzu weiter unter 4. Kapitel I. 3. b. bb. (2).

469 *Kotzur*, in: Geiger/Khan/Kotzur, AEUV, Art. 291 Rn. 2.

470 *Gellermann*, in: Streinz, AEUV, Art. 291 Rn. 9.

2. Durchführungsbefugnisse der Union

Der Erlass von Durchführungsrechtsakten durch die Union soll gem. Art. 291 AEUV die Ausnahme darstellen.[471] Die Kommission ist hierzu gem. Art. 291 Abs. 2 AEUV nur ermächtigt, sofern Bedarf zur unionseinheitlichen Durchführung besteht. Ferner können gem. Art. 291 Abs. 2 AEUV in begründeten Sonderfällen auch dem Rat Durchführungsbefugnisse übertragen werden.[472]

> „Bedarf es einheitlicher Bedingungen für die Durchführung der verbindlichen Rechtsakte der Union, so werden mit diesen Rechtsakten der Kommission oder, in entsprechend begründeten Sonderfällen und in den in den Artikeln 25 und 26 des Vertrags über die Europäische Union vorgesehenen Fällen, dem Rat Durchführungsbefugnisse übertragen."

a. Voraussetzung des Bedarfs der unionseinheitlichen Durchführung

Damit Kommission oder Rat tätig werden dürfen, muss ein Bedarf der unionseinheitlichen Durchführung vom Unionsgesetzgeber festgestellt werden.[473] Ein Bedarf ist immer dann anzunehmen, wenn die Maßnahme durch die Mitgliedstaaten nicht einheitlich und effektiv umgesetzt werden kann oder sich durch die Union besser verwirklichen lässt. Das Bedarfskriterium kann somit dem Subsidiaritätsprinzip in Art. 5 Abs. 3 EUV gleichgesetzt werden.[474] Dies ist zum Beispiel im Wettbewerbsrecht (Art. 105, Art. 106 Abs. 3 AEUV), bei der Beihilfenkontrolle (Art. 108 AEUV) oder bei der Verwaltung der Fonds für Förderprogramme (Art. 163 AEUV) der Fall.

Wie auch beim Subsidiaritätsprinzip muss dem Unionsgesetzgeber auch hier ein gewisser Einschätzungs- und Beurteilungsspielraum zukommen.[475]

b. Erlassendes Organ

Besteht ein Bedarf der einheitlichen Durchführung, kann sowohl die Kommission als auch der Rat gem. Art. 291 Abs. 2 AEUV zum Erlass von Durchführungsrechtsakten ermächtigt werden.

---

471 *Gellermann*, in: Streinz, AEUV, Art. 291 Rn. 3.

472 *Schoo*, in: Schwarze, 3. Auflage, AEUV, Art. 291 Rn. 4.

473 *Ruffert*, in: Calliess/Ruffert, 4. Auflage, AEUV, Art. 291 Rn. 2.

474 *Ruffert*, in: Calliess/Ruffert, 4. Auflage, AEUV, Art. 291 Rn. 6; *Gellermann*, in: Streinz, AEUV, Art. 291 Rn. 11.

475 *Gellermann*, in: Streinz, AEUV, Art. 291 Rn. 11.

aa. Kommission

Sobald ein Bedarf zur einheitlichen Durchführung besteht, soll in erster Linie gem. Art. 291 Abs. 2 AEUV die Kommission zuständig sein. Durch diese Bestimmung wird die Tradition der Art. 202 3. SpStr., 211 4. SpStr. EGV deutlich und die Kommission wird der ihr nach den Verträgen zukommenden Rolle als Exekutivorgan gerecht.[476]

Bekommt die Kommission das Recht übertragen, Durchführungsrechtsakte zu erlassen, ist sie berechtigt, alle erforderlichen und zweckmäßigen Maßnahmen zu ergreifen.[477] Grenzen ergeben sich aus dem im Basisrechtsakt festgelegten Hauptzielen. Durch den Durchführungsrechtsakt der Kommission dürfen die im Basisrechtsakt festgelegten Hauptziele nicht angetastet und ihr Anwendungsbereich nicht verändert werden.[478]

bb. Rat

Grundsätzlich gilt, dass die Kommission für den Erlass von Durchführungsrechtsakten zuständig ist. Der Rat soll im Gegensatz zur Kommission gem. Art. 291 Abs. 2 AEUV nur in entsprechend begründeten Sonderfällen oder im Rahmen der Gemeinsamen Außen- und Sicherheitspolitik (Art. 24, 26 EUV) für die Durchführung des Unionsrechts zuständig sein.[479] Eine konkrete Regelung, wann ein solcher Sonderfall vorliegt, besteht im Vertrag von Lissabon nicht. Die Beurteilung hierüber fällt allein in das Ermessen des Unionsgesetzgebers.[480] Hierbei ist ihm aufgrund des Regel-Ausnahme-Charakters des Art. 291 Abs. 2 AEUV eine restriktive Handhabung geboten. Stellt der Unionsgesetzgeber einen Sonderfall fest, muss er diesen ausführlich in seinem Basisrechtsakt begründen.[481]

---

476 *Ruffert*, in: Calliess/Ruffert, 4. Auflage, AEUV, Art. 291 Rn. 7; *Klösters*, Kompetenzen der EG-Kommission im innerstaatlichen Vollzug von Gemeinschaftsrecht, S. 20 ff.; *Gellermann*, in: Streinz, AEUV, Art. 291 Rn. 12.

477 EuGH, Rs. C-478/93 (Niederlande/KOM), Slg. 1995, I-3081, Rn. 30 f.; Rs. C-159/96 (Portugal/KOM), Slg. 1998, I-7379, Rn. 40.

478 EuGH, Rs. 22/88 (Vereugdenhil u.a.), Slg. 1989, 2049, Rn. 16; Rs. C-9/95, C-23/95 und C-156/95 (Belgien & Deutschland/KOM), Slg. 1997, I-645, Rn. 36.

479 *Ruffert*, in: Calliess/Ruffert, 4. Auflage, AEUV, Art. 291 Rn. 8; *Gellermann*, in: Streinz, AEUV, Art. 291 Rn. 13.

480 *Ruffert*, in: Calliess/Ruffert, 4. Auflage, AEUV, Art. 291 Rn. 9; *Gellermann*, in: Streinz, AEUV, Art. 291 Rn. 13; *Hix*, in: Schwarze, 2. Auflage, EGV, Art. 202 Rn. 20.

481 EuGH, Rs. 16/88 (KOM/Rat), Slg. 1989, 3457, Rn. 10; Rs. C-257/01, (KOM/Rat), Slg. 2005, I-345, Rn. 50.

3. Kontrolle der Kommission

In Art. 291 Abs. 3 AEUV werden das Europäische Parlament und der Rat dazu ermächtigt, im ordentlichen Gesetzgebungsverfahren allgemeine Regeln und Grundsätze für die Kontrolle der Kommission zu erlassen.[482] Art. 291 Abs. 3 AEUV stellt außerdem klar, dass die Kontrolle der Kommission durch die Mitgliedstaaten geschieht und nicht wie bei den delegierten Rechtsakten durch Europäisches Parlament und Rat.[483] Diese Kontrollrechte wurden auch nach der Einführung von Art. 291 AEUV von den Mitgliedstaaten in Ausschussverfahren wahrgenommen. Das Europäische Parlament und der Rat haben sich jedoch auch im Rahmen der Durchführung das Recht vorbehalten, im Bedarfsfall die Kommission auf eine Überschreitung ihrer Befugnisse hinzuweisen. Geht die Kommission auf einen solchen Hinweis nicht ein, obwohl sie sich in Erklärung Nr. 4 im Anhang zur Verordnung 182/2011 dazu verpflichtet hat, besteht für das Europäische Parlament und den Rat weiterhin die Möglichkeit, ihre Belange mit der Nichtigkeitsklage gem. Art. 263 AEUV geltend zu machen.[484]

a. Verordnungen über Regeln und Grundsätze gem. Art. 291 Abs. 3 AEUV

Bereits vor Erlass des Durchführungsrechtsakts sollen gem. Art. 291 Abs. 3 AEUV allgemeine Regeln und Grundsätze zur Kontrolle durch Verordnung festgesetzt werden.[485]

> „Für die Zwecke des Absatzes 2 legen das Europäische Parlament und der Rat gemäß dem ordentlichen Gesetzgebungsverfahren durch Verordnungen im Voraus allgemeine Regeln und Grundsätze fest, nach denen die Mitgliedstaaten die Wahrnehmung der Durchführungsbefugnisse durch die Kommission kontrollieren."

War das Kontrollverfahren vor der Einführung des Art. 291 AEUV hauptsächlich als dialogische Prozedur zwischen Rat und Kommission unter Beteiligung des Europäischen Parlaments zu sehen, verlagert Art. 291 Abs. 3 AEUV die

---

482 CONV 424/02, Schlussbericht der Gruppe IX „Vereinfachung" v. 29.11.2002, S. 12.

483 *Schoo*, in: Schwarze, 3. Auflage, AEUV, Art. 291 Rn. 5.

484 Erklärungen des Europäischen Parlaments, des Rates und der Kommission zur Verordnung (EU) Nr. 182/2011 des Europäischen Parlaments und des Rates v. 16.2.2011 zur Festlegung der allgemeinen Regeln und Grundsätze, nach denen die Mitgliedstaaten die Wahrnehmung der Durchführungsbefugnisse durch die Kommission kontrollieren (ABl. L 55/19 v. 28.2.2011); *Schoo*, in: Schwarze, 3. Auflage, AEUV, Art. 291 Rn. 10; *Gellermann*, in: Streinz, AEUV, Art. 291 Rn. 19.

485 CONV 424/02, Schlussbericht der Gruppe IX „Vereinfachung" v. 29.11.2002, S. 12.

Kontrollbefugnisse nunmehr ausdrücklich auf die Mitgliedstaaten.[486] Eine separate parlamentarische Kontrolle durch das Europäische Parlament findet nicht statt. Zum Teil wird vertreten, dass das Parlament im Rahmen von Art. 291 Abs. 2 AEUV gewisse „certain supervisory powers" besäße.[487] Diese Ansicht verkennt jedoch, dass die Verträge eine ausschließliche Zuständigkeitsverteilung und -zuordnung vornehmen, deren Anliegen es ist, das institutionelle Gleichgewicht in der Union zu wahren.[488] Es kann nicht davon ausgegangen werden, dass bei der Gestaltung der Verträge eine solch einschneidende Kontrollbefugnis des Parlaments schlichtweg vergessen wurde.

b. Komitologie nach dem Vertrag von Lissabon

Gem. Art. 291 Abs. 3 AEUV sind Europäisches Parlament und Rat verpflichtet, allgemeine Regeln und Grundsätze für die Kontrolle der Kommission festzulegen. Tatsächlich orientierten sich die Gesetzgebungsorgane hierbei an den zuvor geltenden Komitologieverfahren, wie sie nach der konsolidierten Fassung des Komitologiebeschlusses 2006 vorlagen.[489]

Dass die Komitologie in ihren Grundzügen übernommen wurde, ergibt sich nicht zwingend aus Art. 291 AEUV. Die Übernahme war jedoch aufgrund der Vorteile der Komitologie für das exekutive Rechtsetzungsverfahren naheliegend,[490] weshalb sich das Europäische Parlament und der Rat nach Art. 291 Abs. 3 AEUV dazu entschieden, die alte Komitologie in ihren Grundzügen beizubehalten. So verspricht man sich durch die Komitologie auch weiterhin Schnelligkeit, Flexibilität, Fachwissen, Kontrolle und Effizienz beim Erlass von Durchführungsrechtsakten.[491]

Die neue Komitologie-Verordnung[492] vom 16.12.2011 räumte dem Europäischen Parlament und dem Rat selbst keine Mitwirkungsrechte mehr ein und führte somit zu wesentlichen Veränderungen. Das auf der Grundlage des

---

486 *Ruffert*, in: Calliess/Ruffert, 4. Auflage, AEUV, Art. 291 Rn. 12; *Daiber*, EuR 2012, 240 (243).

487 *Hofmann*, ELJ 15/2009, 482 (500).

488 EuGH, Rs. 138/79 (Roquette Frères), Slg. 1980, 3333; Rs. 139/79 (Maizena/Rat), Slg. 1980, 3393; Rs. 70/88 (EP/Rat), Slg. 1990, 2041, Rn. 21–23.

489 *Craig*, ELR 5/2011, 671 (677); *Hetmeier*, in: Lenz/Borchardt, AEUV, Art. 291 Rn. 9.

490 *Möllers/v. Achenbach*, EuR 2011, 39 (43); *Hardacre/Kaeding*, EIPA-Leitfaden, S. 14.

491 *Hardacre/Kaeding*, EIPA-Leitfaden, S. 7; zu den Vorteilen der Komitologie bereits unter 1. Kapitel I. 1. c.

492 Verordnung (EU) Nr. 182/2011 des Europäischen Parlaments und des Rates v. 16.2.2011 zur Festlegung der allgemeinen Regeln und Grundsätze, nach denen

Art. 202 3. SpStr., 211 4. SpStr. EGV entwickelte neue Ausschusswesen bleibt dabei in seinen Grundzügen beibehalten. Mit dem Beratungs- und Prüfungsverfahren sind jedoch nur noch zwei Ausschussverfahren vorgesehen.[493] Welches Verfahren letztlich zur Kontrolle einer Durchführungsmaßnahme angewendet wird, liegt im Ermessen des Gesetzgebers.[494] Fest steht bereits, dass das neue Prüfungsverfahren bei Durchführungsakten von allgemeiner Tragweite, bei Programmen mit substanzieller Haushaltswirkung, bei Maßnahmen, die sich auf die gemeinsame Agrarpolitik und Fischerei, auf Besteuerungen sowie die gemeinsame Handelspolitik beziehen, verwendet wird.[495]

An den Stellen, an denen nach dem alten Komitologieverfahren Europäisches Parlament und Rat tätig werden sollten, tritt nun ein Berufungsausschuss, der aus Vertretern der Mitgliedstaaten besteht. Hiermit soll vor allem dem Umstand Rechnung getragen werden, dass eine Kontrolle gem. Art. 291 Abs. 3 AEUV nur noch seitens der Mitgliedstaaten erfolgen darf.[496]

Die neue Komitologie-Verordnung enthält ferner Bestimmungen darüber, welches der neuen Ausschussverfahren zur Anwendung kommt, wenn der Basisrechtsakt vor Inkrafttreten der neuen Komitologie-Verordnung erlassen wurde.[497]

aa. Beratungsverfahren nach Art. 4 VO 182/2011

Das Beratungsverfahren nach Art. 4 der VO 182/2011 entspricht in seinen Grundzügen dem bisherigen Beratungsverfahren nach dem Komitologiebeschluss von 1999.[498] Es soll auch im neuen Regelungsgefüge weiterhin als Regelverfahren gelten. Der Ausschuss gibt seine Stellungnahme mit einfacher

---

die Mitgliedstaaten die Wahrnehmung der Durchführungsbefugnisse durch die Kommission kontrollieren (ABl. L 55/13 v. 28.2.2011).

493 *Gellermann*, in: Streinz, AEUV, Art. 291 Rn. 18; *Schoo*, in: Schwarze, 3. Auflage, AEUV, Art. 291 Rn. 6; Schlussantrag des Generalanwalts *Villalón* v. 19.12.2013 zur Rs. C-427/12, S. 19 (abrufbar unter: http://curia.europa.eu/juris/document/document.jsf?text=&docid=145883&pageIndex=0&doclang=DE&mode=lst&dir=&occ=first&part=1&cid=315772; zuletzt aufgerufen am: 26.1.2015).

494 *Ruffert*, in: Calliess/Ruffert, 4. Auflage, AEUV, Art. 291 Rn. 14; *Fabricius*, ZEuS 4/2011, 567 (597).

495 *Hardacre/Kaeding*, EIPA-Leitfaden, S. 18.

496 *Hetmeier*, in: Lenz/Borchardt, AEUV, Art. 291 Rn. 8.

497 *Gellermann*, in: Streinz, AEUV, Art. 291 Rn. 22.

498 Beschluss 1999/468/EG, Beschluss des Rates v. 28.6.1999 zur Festlegung der Modalitäten für die Ausübung der der Kommission übertragenen Durchführungsbefugnisse (ABl. L 184/23 v. 17.7.1999), Art. 3.

Mehrheit ab, die von der Kommission bei ihren Durchführungsrechtsakten zu berücksichtigen ist.[499] Das Verfahren findet in den Bereichen Anwendung, die als politisch weniger gewichtig gelten.[500]

bb. Prüfverfahren nach Art. 5 VO 182/2011

Das Prüfverfahren ist an die Stelle des bisherigen Verwaltungs- und Regelungsverfahren getreten. Die Mitglieder des Ausschusses stimmen mit qualifizierter Mehrheit ab. Bei positiver Stellungnahme erlässt die Kommission den Rechtsakt. Bleibt eine Stellungnahme aus, so kann die Kommission den Rechtsakt erlassen.[501] Entscheidet sich die Kommission dazu, den Rechtsakt nicht zu erlassen, kann sie dem Ausschuss eine geänderte Fassung des Entwurfs für den Durchführungsrechtsakt vorlegen. Bei einer ablehnenden Stellungnahme erlässt die Kommission keinen Rechtsakt. Sie hat jedoch die Möglichkeit, dem Ausschuss innerhalb von zwei Monaten einen geänderten Entwurf zu unterbreiten oder einem Berufungsausschuss innerhalb eines Monats den alten Entwurf zur Abstimmung vorzulegen. Der Berufungsausschuss kann den Erlass des Durchführungsrechtsakts verhindern, indem er mit qualifizierter Mehrheit eine ablehnende Stellungnahme abgibt.[502]

c. Weitere Kontrollmöglichkeiten nach Art. 7 und 8 der VO 182/2011

Neben dem Beratungs- und Prüfverfahren sieht die VO 182/2011 in Art. 7 und Art. 8 zwei weitere Sonderverfahren vor.

So kann die Union gem. Art. 7 VO 182/2011 in Ausnahmefällen einen Durchführungsrechtsakt unverzüglich und ohne weitere Prüfung erlassen. Ein solcher Ausnahmefall liegt zum Beispiel dann vor, wenn erhebliche Störungen

---

499 *Craig*, ELR 5/2011, 671 (679).

500 *Schoo*, in: Schwarze, 3. Auflage, AEUV, Art. 291 Rn. 7; *Daiber*, EuR 2012, 240 (244); *Ruffert*, in: Calliess/Ruffert, 4. Auflage, AEUV, Art. 291 Rn. 15; *Gellermann*, in: Streinz, AEUV, Art. 291 Rn. 20.

501 Gem. Art. 5 Abs. 4 UAbs. 2 der VO 182/2011 ist ein Erlass in den Fällen unmöglich, in denen der Rechtsakt a) die Besteuerung, Finanzleistungen, den Schutz der Gesundheit oder der Sicherheit von Menschen, Tieren oder Pflanzen oder endgültig multilaterale Schutzmaßnahmen betrifft, b) wenn im Basisrechtakt vorgesehen ist, dass der im Entwurf vorgesehene Durchführungsrechtsakt ohne Stellungnahme nicht erlassen werden darf oder c) wenn die Mitglieder des Ausschusses ihn mit einfacher Mehrheit ablehnen.

502 *Craig*, ELR 5/2011, 671 (680); *Schoo*, in: Schwarze, 3. Auflage, AEUV, Art. 291 Rn. 8 ff.; *Daiber*, EuR 2012, 240 (245 ff.).

der Agrarmärkte drohen oder eine Gefährdung der finanziellen Interessen der Union im Sinne des Art. 325 AEUV abgewendet werden soll. Nach Erlass ist dieser Durchführungsrechtsakt gem. Art. 7 UAbs. 2 dem Berufungsausschuss vorzulegen, der darüber entscheidet, ob er in Kraft bleibt oder nicht.[503] Bei einer ablehnenden Stellungnahme hat die Kommission den Durchführungsrechtsakt unverzüglich zurückzunehmen. Bei einer positiven Stellungnahme bleibt der Durchführungsrechtsakt weiterhin bestehen.

Des Weiteren kann gem. Art. 8 VO 182/2011 bereits in einem Basisrechtsakt festgelegt werden, ob die Kommission sofort geltende Durchführungsrechtsakte erlassen darf. Ein auf diese Weise zustande gekommener Durchführungsrechtsakt, darf jedoch höchstens sechs Monate in Kraft bleiben. Nach 14 Tagen ist der erlassene Durchführungsrechtsakt dem zuständigen Ausschuss vorzulegen, der über seinen Fortbestand entscheidet.[504] Bei einer ablehnenden Stellungnahme des Ausschusses hat die Kommission den Durchführungsrechtsakt unverzüglich aufzuheben.

d. Bewertung

Das Europäische Parlament hat bei der Durchführung nach Art. 291 AEUV anders als bei den delegierten Rechtsakten nach Art. 290 AEUV keine normierten Kontrollrechte.[505] Obwohl die Vorgängerregelung beim Regelungsverfahren mit Kontrolle im Rahmen der Komitologie eine „dialogische Prozedur zwischen Rat und Kommission unter Beteiligung des Europäischen Parlaments" vorsah,[506] wird diese Veränderung vornehmlich der mit den Art. 290 und Art. 291 AEUV intendierten Trennung zwischen den exekutiven und legislativen Maßnahmen der Kommission zugeschrieben.[507] Das Europäische Parlament ist deshalb nur noch befugt, neben dem Rat im ordentlichen Gesetzgebungsverfahren die Kontrollverfahren für die Mitgliedstaaten festzulegen.[508] Die Kontrolle selbst fällt gem. Art. 291 Abs. 3 AEUV in die ausschließliche Zuständigkeit der Mitgliedstaaten.

Durch die Festlegung der Kontrollverfahren der Komitologie im ordentlichen Gesetzgebungsverfahren von Europäischen Parlament und Rat findet eine doppelte demokratische Legitimation durch Unionsgesetzgeber und

---

503 *Schoo*, in: Schwarze, 3. Auflage, AEUV, Art. 291 Rn. 11; *Daiber*, EuR 2012, 240 (247).
504 *Schoo*, in: Schwarze, 3. Auflage, AEUV, Art. 291 Rn. 11.
505 *Scharf*, BzTWR 2010, 5 (32).
506 Siehe hierzu 1. Kapitel I. 1. c. bb. (5).
507 *Hetmeier*, in: Lenz/Borchardt, AEUV, Art. 291 Rn. 8.
508 *Scharf*, BzTWR 2010, 5 (20).

Mitgliedstaaten im Rahmen des Kontrollverfahrens statt. Dies geschieht zum einen über den Unionsgesetzgeber, indem er die Kontrollverfahren bestimmt und festlegt. Zum anderen wird über die Mitgliedstaaten die Kontrolle selbst mittelbar legitimiert.

Außerdem muss beachtet werden, dass es sich gem. Art. 291 Abs. 1 AEUV bei Durchführungsrechtsakten in der Regel um Maßnahmen handelt, die von den Mitgliedstaaten nach innerstaatlichem Recht ergriffen werden. Diese Maßnahmen müssen natürlich primär mit dem Europarecht im Einklang stehen. Verkannt werden darf allerdings nicht, dass bei der Umsetzung auch die Vereinbarkeit zur restlichen Rechtsordnung des Mitgliedstaats hergestellt werden muss. Es ist nachvollziehbar, dass die Mitgliedstaaten ein Interesse daran haben, dass eine solche Übereinstimmung auch für die Rechtsakte gilt, die von der Kommission als Durchführungsrechtsakte erlassen werden. Die Kontrolle von Durchführungsmaßnahmen europäischen Institutionen zu überlassen und vorzubehalten, wäre nicht sachgerecht.

Der häufig an der Komitologie geübten Kritik im Hinblick auf deren Komplexität, Intransparenz und unzureichende demokratische Legitimation konnte teilweise durch die Änderung im neuen Komitologiebeschluss entgegengewirkt werden. Die Reduzierung der Ausschussverfahren von fünf auf zwei gestaltet die Komitologie in großen Teilen transparenter. Überdies wird auch die Effektivität der Entscheidungsfindung in den Komitologieverfahren verbessert, indem der Prüfungsausschuss anstelle einer einfachen nun einer qualifizierten Mehrheit bedarf, um einen Durchführungsrechtsakt zu verhindern.[509]

4. Fazit zu Art. 291 AEUV

Während in Art. 202 3. SpStr. S. 3 EGV nur von „spezifischen Fällen" die Rede war, verdeutlicht Art. 291 AEUV den Ausnahmecharakter einer Übertragung von Durchführungsbefugnissen auf die Kommission und den Rat.[510] Darüber hinaus wird die grundsätzliche Zuständigkeit der Mitgliedstaaten für den Vollzug des Unionsrechts anerkannt.[511] Wird ausnahmsweise die Kommission für zuständig erklärt, so übt sie allein die vollziehende Funktion aus.[512] Eine weitere Ausnahme stellt die Möglichkeit dar, den Rat mit dem Erlass von Durchführungsbefugnissen zu betrauen. In einem solchen Fall würde der Rat als Gesetzgeber und

509 *Scharf*, BzTWR 2010, 5 (31).

510 EuGH, Rs. C-133/06 (EP/Rat), Slg. 2008, I-3189.

511 So auch *Sydow*, JZ 2012, 157 (159).

512 *Kröll*, Art. 290 und 291 AEUV, S. 201.

Durchführungsorgan fungieren. Die hieraus resultierenden Defizite im institutionellen Gleichgewicht können in einigen bedeutenden Politikbereichen wie der Gemeinsamen Außen- und Sicherheitspolitik nach einer Interessenabwägung durchaus geboten sein. Insbesondere Fälle, die eine politische Brisanz aufweisen, können ein Tätigwerden des Rates, in dem die Regierungsvertreter der Mitgliedstaaten versammelt sind, notwendig machen.

Des Weiteren trägt die neue und stark vereinfachte Komitologiestruktur dazu bei, das Verfahren der Durchführungsrechtsetzung transparenter zu gestalten.

Daneben muss für eine Befugnisübertragung auf die Kommission ein Bedarf für einheitliche Bedingungen festgestellt werden. Die Befugnisübertragung auf den Rat fordert einen begründeten Sonderfall. Vornehmlich sollen durch diese Regelung die Rechte der Mitgliedstaaten beim Vollzug des Unionsrechts abgesichert werden. Ob dies praktisch durch die Verwendung von Begriffen wie „Bedarf" und „Sonderfall" tatsächlich gelingt, bleibt fraglich. Die Verwendung unbestimmter Rechtsbegriffe ist im Zusammenhang mit Zuständigkeitsverteilungen, die getroffen werden sollen, undeutlich und intransparent. Indem diese Begriffe gesetzlich nicht legaldefiniert sind, kann ihre Verwendung nicht einheitlich und nachvollziehbar gewährleistet werden.

Im Ergebnis ist deshalb festzustellen, dass durch die Einführung des Art. 291 AEUV Defizite, die es im Rahmen von Art. 202 3. SpStr., 211 4. SpStr. EGV gab, behoben werden konnten, während sich dafür an anderer Stelle neue Defizite aufgrund der Verwendung unbestimmter Rechtsbegriffe ergeben.

III. Umstellung auf das neue System der abgeleiteten Rechtsetzung

Nachdem der Vertrag von Lissabon und somit auch die Art. 290 und Art. 291 AEUV im Dezember 2009 in Kraft traten, existierten weiterhin Basisrechtsakte, die gem. Art. 202 3. SpStr., 211 4. SpStr. EGV die Kommission zum Erlass von Durchführungsrechtsakten ermächtigten. Aufgrund dessen stellt sich die Frage, wie mit diesen Basisrechtsakten heute im neuen Regelungsgefüge umgegangen wird und welches Verfahren Anwendung findet.

Grundsätzlich galt, dass für Basisrechtsakte, die vor dem Inkrafttreten des Vertrags von Lissabon erlassen wurden, das Komitologieverfahren des Ratsbeschlusses 1999/468/EG in seiner konsolidierten Fassung vom 17.6.2006 fort gilt. Das ergibt sich aus Art. 9 des Protokolls Nr. 36 zum Lissabonner Vertrag über die Übergangsbestimmungen, das besagt, dass vor dem Vertragsabschluss angenommene Rechtsakte so lange wirksam bleiben, bis sie aufgehoben oder für nichtig erklärt werden.[513]

Diese Rechtslage änderte sich mit Inkrafttreten der Verordnung Nr. 182/2011 des Europäischen Parlaments und des Rates vom 16.2.2011 zur Festlegung der allgemeinen Regeln und Grundsätze, nach denen die Mitgliedstaaten die Wahrnehmung der Durchführungsbefugnisse kontrollieren.[514] Durch die am 1.3.2011 in Kraft getretene Verordnung wurde der Komitologiebeschluss 1999/468/EG aufgehoben und ersetzt. Die Verfahren des aufgehobenen Komitologiebeschlusses sollen nach Art. 13 der Durchführungsrechtsaktverordnung (EU) 182/2011 in die in der neuen Verordnung vorgesehenen Verfahren, das Beratungs- und Prüfverfahren, automatisch überführt und dem Vertrag von Lissabon angepasst werden.[515]

Eine Ausnahme gilt für das Regelungsverfahren mit Kontrolle, für das es keine automatische Anpassung an delegierte Rechtsakte gab, sondern das auch weiterhin seine Wirkung für die Basisrechtsakte entfaltet, die auf dieses Verfahren verweisen.[516] Allein im Jahr 2013, also bereits lange nach dem Inkrafttreten des Vertrags von Lissabon, wurden noch 25 Rechtsakte auf der Grundlage des Regelungsverfahrens mit Kontrolle erlassen.[517]

Aufgrund der Ähnlichkeit des Regelungsverfahrens mit Kontrolle zu den delegierten Rechtsakten hat die Kommission sich im Anhang der Verordnung 182/2011 dazu verpflichtet, alle die Basisrechtsakte, die das Regelungsverfahren mit Kontrolle betreffen, schrittweise daraufhin zu überprüfen, ob auf sie die

---

513 Konsolidierte Fassungen des Vertrages über die Europäische Union und des Vertrages über die Arbeitsweise der Europäischen Union, Protokoll Nr. 36 (ABl. C 83/325 v. 30.3.2010); hierzu auch *Möllers/v. Achenbach*, EuR 2011, 39 (45); *Schoo*, in: Schwarze, 3. Auflage, AEUV, Art. 291 Rn. 12.

514 Verordnung (EU) Nr. 182/2011 des Europäischen Parlaments und des Rates v. 16.2.2011 zur Festlegung der allgemeinen Regeln und Grundsätze, nach denen die Mitgliedstaaten die Wahrnehmung der Durchführungsbefugnisse durch die Kommission kontrollieren (ABl. L 55/13 v. 28.2.2011).

515 Hierzu auch *Hardacre/Kaeding*, EIPA-Leitfaden, S. 20; *Möllers/v. Achenbach*, EuR 2011, 39 (45); *Daiber*, EuR 2012, 240 (240); *Fabricius*, ZEuS 4/2011, 567 (597 f.); auch die KOM sah eine automatische Anpassung des Systems in diesen Fällen vor, KOM (2010) 83 endg., S. 6.

516 *Schoo*, in: Schwarze, 3. Auflage, AEUV, Art. 290 Rn. 13, 22; *Daiber*, EuR 2012, 240 (253).

517 Bericht der KOM über die Tätigkeit der Ausschüsse im Jahr 2013 v. 16.9.2014, KOM (2014) 572 endg., S. 7.

delegierte Rechtsetzung nach Art. 290 AEUV anwendbar ist.[518] Die Kommission änderte die Basisrechtsakte jedoch nur schleppend und passte sie den neuen Gegebenheiten des Vertrags von Lissabon nur langsam an.[519] Deshalb sollten für die Rechtsakte, die das Regelungsverfahren mit Kontrolle und nicht die delegierte Rechtsetzung betreffen, von der Kommission bis Juli 2014 neue Übergangsregelungen vorgestellt werden, um diese dem Vertrag von Lissabon anzupassen. Mit einem Vorschlag vom 26.6.2013 kam die Kommission dieser Aufforderung nach.[520] Ein Nebeneinander von Basisrechtsakten, die das Regelungsverfahren mit Kontrolle vorsehen, und delegierten Rechtsakten ist nach dem Vorschlag der Kommission nicht mehr möglich. Obwohl der Vorschlag der Kommission zunächst auf einige Vorbehalte stieß,[521] befindet er sich derzeit im ordentlichen Gesetzgebungsverfahren.[522]

IV. Zwischenergebnisse

Nachdem das alte exekutive Rechtsetzungsverfahren nach Art. 202 3. SpStr., 211 4. SpStr. EGV mit seinen Defiziten und die neuen Regelungen der Art. 290 und Art. 291 AEUV betrachtet wurden, lassen sich bereits einige Aussagen hinsichtlich potentieller Verbesserungen und noch bestehender Defizite treffen. Bei den hier getroffenen Schlussfolgerungen geht es darum, weiterhin bestehende

518 Erklärungen des Europäischen Parlaments, des Rates und der Kommission zur Verordnung (EU) Nr. 182/2011 des Europäischen Parlaments und des Rates v. 16.2.2011 zur Festlegung der allgemeinen Regeln und Grundsätze, nach denen die Mitgliedstaaten die Wahrnehmung der Durchführungsbefugnisse durch die Kommission kontrollieren (ABl. L 55/19 v. 28.2.2011); *Schoo*, in: Schwarze, 3. Auflage, AEUV, Art. 290 Rn. 14, 23; ähnlich *Gärditz*, DÖV 2010, 453 (454); *Hardacre/Kaeding*, EIPA-Leitfaden, S. 16.

519 Bericht der KOM über die Tätigkeit der Ausschüsse im Jahr 2008, KOM (2009) 335 endg., S. 8 ff.; *Möllers/v. Achenbach*, EuR 2011, 39 (45).

520 Vorschlag für eine Verordnung des Europäischen Parlaments und des Rates zur Anpassung von Rechtsakten im Bereich Justiz, in denen auf das Regelungsverfahren mit Kontrolle Bezug genommen wird, an Artikel 290 des Vertrags über die Arbeitsweise der Europäischen Union, KOM(2013) 452 endg.

521 Siehe hierzu Beschluss des Bundesrats v. 19.12.2013 (DRs. 768/13); Stellungnahme des Europäischen Wirtschafts- und Sozialausschusses zu dem Vorschlag für eine Verordnung des Europäischen Parlaments und des Rates zur Anpassung von Rechtsakten, in denen auf das Regelungsverfahren mit Kontrolle Bezug genommen wird, an Artikel 290 und 291 des Vertrags über die Arbeitsweise der Europäischen Union (ABl. C 177/48 v. 11.6.2014).

522 Mit Stand v. 23.1.2015.

Defizite und eingetretene Verbesserungen in ihrem europäischen Kontext zu betrachten.

Im Folgenden soll ein Zwischenergebnis zu den im Rahmen der exekutiven Rechtsetzung immer wieder hervorgebrachten Kritikpunkten unter Berücksichtigung der Änderungen im Vertrag von Lissabon gefällt werden.

1. Bedürfnis zur exekutiven Rechtsetzung

Grundsätzlich gilt die exekutive Rechtsetzung als unentbehrliches Instrument der Union, um so in ihrer Rolle als Staatenverbund dynamisch und effektiv Recht zu setzen. Das Regelungsinstrument der exekutiven Rechtsetzung ist ein gängiges Verfahren und ist deshalb auch der mitgliedstaatlichen Vollzugsoptimierung nicht fremd. Problematisch war und ist in diesem Zusammenhang das besondere und einzigartige institutionelle Gefüge der Europäischen Union, das es verbietet, mitgliedstaatliche Anforderungen an die exekutive Rechtsetzung auf die Union zu übertragen. Mit Blick auf die neuen Regelungen lässt sich zunächst feststellen, dass die intendierte dynamische und effektive Rechtsetzung durch die Regelungen der Art. 290 und Art. 291 AEUV auch weiterhin gegeben ist.

2. Institutionelles Gleichgewicht

Kritisiert wurde immer wieder, dass nicht ersichtlich sei, wann die Kommission exekutiv und wann sie quasi-legislativ tätig werde. Es gab keine klare Regelung, die hierzu Aussagen machte. Dieses intransparente Tätigwerden der Kommission führte zu Defiziten im institutionellen Gleichgewicht, die mit den Regelungen der Art. 290 und Art. 291 AEUV behoben werden sollten.

Die neue Normenhierarchie im Vertrag von Lissabon trägt dazu bei, zwischen dem legislativen und exekutiven Tätigwerden der Kommission zu unterscheiden.[523] Dabei dient Art. 290 AEUV dem Erlass quasi-legislativer Rechtsakte und Art. 291 AEUV dem Erlass exekutiver Rechtsakte. Hinzutreten muss noch die Entscheidung des Gesetzgebers, wann die Kommission legislativ und wann sie exekutiv tätig werden darf, wann sie also einen delegierten Rechtsakt und wann einen Durchführungsrechtsakt erlassen soll.

Grundsätzlich sollte die Differenzierung dieser zwei Regelungsinstrumente der Entlastung des Gesetzgebers dienen und ist mit Blick auf das institutionelle Gleichgewicht für die unterschiedlichen Beteiligungsformen von Europäischem

---

523 So auch *Siegel*, DÖV 2010, 1 (7).

Parlament, Rat und den Mitgliedstaaten von Bedeutung.[524] Da Zuständigkeiten durch die Art. 290 und Art. 291 AEUV nun deutlicher definiert sind, ist hinsichtlich des institutionellen Gleichgewichts von einer Verbesserung auszugehen.

3. Komitologie

Durch die Komitologie konnte bereits im Rahmen der alten Verfahren ein hohes Maß an Sachverstand in die Rechtsetzung eingebracht werden, weshalb sie besonders zweckmäßig für die exekutive Rechtsetzung war. Durch die Zusammenarbeit von Fachleuten aus allen Mitgliedstaaten in den Komitologieausschüssen konnte zudem die europäische Integration gefördert werden. Außerdem war sie Kontrollinstanz innerhalb des Rechtsetzungsverfahrens. Sie sah sich jedoch vor allem einem Defizit in ihrer demokratischen Legitimation und der mangelnden Transparenz in den Komitologieverfahren ausgesetzt.

Die Komitologie als fachliche Unterstützung[525] und als Kontrollinstanz für Durchführungsmaßnahmen der Kommission beizubehalten, war mit Blick auf die Regelung des Art. 291 AEUV sinnvoll und rechtmäßig, da mit der Komitologie nur noch die Ausübung exekutiver Befugnisse der Kommission kontrolliert werden. Befugnisse, die in die originäre Zuständigkeit der Mitgliedstaaten fallen, werden durch den Unionsgesetzgeber auf die Kommission als Unionsorgan übertragen.[526] Folglich wird durch die Beteiligung der Mitgliedstaaten in Form der Komitologie fachliche Kompetenz beim Erlass von Durchführungsmaßnahmen gewährleistet. Außerdem wird sichergestellt, dass die Mitgliedstaaten, die grundsätzlich für die Durchführung des Unionsrechts zuständig und von den Durchführungsmaßnahmen der Kommission direkt betroffen sind, an dem Erlassverfahren durch ihre beratende Tätigkeit und ihre Kontrollrechte beteiligt werden.

Gegenwärtig werden sämtliche Komitologieausschüsse mit der Anzahl ihrer Verfahren und behandelten Themengebiete auf einer eigens hierfür eingerichteten Internetseite der Kommission dargestellt.[527] Außerdem veröffentlicht die Kommission einen jährlichen Bericht über Komitologieausschüsse. Durch diese

---

524 *Kotzur*, in: Geiger/Khan/Kotzur, AEUV, Art. 290 Rn. 2.

525 Zur Notwendigkeit der Expertise in der Verwaltung ausführlich *Voßkuhle*, in: Trute/Gross u.a., Allgemeines Verwaltungsrecht – zur Tragfähigkeit eines Konzepts, S. 640 ff.

526 So auch *Glaser*, Die Entwicklung des Europäischen Verwaltungsrechts aus der Perspektive der Handlungsformlehre, S. 36.

527 http://ec.europa.eu/transparency/regcomitology/index.cfm?do=implementing.home.

Maßnahmen wird es der Öffentlichkeit leicht gemacht, die Tätigkeiten der Komitologie nachzuverfolgen.[528]

Des Weiteren wurde die Komitologie auch durch die Reduzierung der Ausschussverfahren und die Vereinfachung der Entscheidungsfindung transparenter und übersichtlicher.[529] Allerdings fehlen klare Vorgaben, wann welches Verfahren Anwendung findet. Die Entscheidung, welches Ausschussverfahren für welche Durchführungsmaßnahme vorgesehen wird, liegt allein im Ermessen des Unionsgesetzgebers, der das Verfahren nach der Art und den Auswirkungen des zu erlassenden Durchführungsrechtsakts beschließt.[530]

4. Unzureichende Beteiligung des Europäischen Parlaments

Das Europäische Parlament ist das einzige Unionsorgan, das unmittelbar demokratisch legitimiert ist und deshalb die meiste demokratische Legitimation vermitteln kann. Innerhalb der alten Verfahren zur exekutiven Rechtsetzung wurde diese Stellung nicht ausreichend gewürdigt und berücksichtigt, um die exekutive Rechtsetzung demokratischer zu gestalten. Darüber hinaus fehlten dem Europäischen Parlament innerhalb des exekutiven Rechtsetzungsverfahrens typische parlamentarische Rechte, wie zum Beispiel Kontrollrechte und der damit verbundenen Möglichkeit, den Erlass von Rechtsakten zu verhindern.

Durch die Einführung der Art. 290 und Art. 291 AEUV werden die Rechte des Europäischen Parlaments gestärkt. Das Parlament ist neben dem Rat nun gleichberechtigte Kontrollinstanz im Rahmen des Verfahrens nach Art. 290 AEUV. Hierbei hat es nunmehr die Möglichkeit den Erlass des Rechtsakts zu verhindern und nicht mehr nur seine Bedenken diesbezüglich mitzuteilen. Eine weitere Stärkung seiner Beteiligungsrechte findet dadurch statt, dass die Verordnungen zur Errichtung der Kontrollmechanismen für die Durchführungsrechtsetzung im ordentlichen Gesetzgebungsverfahren unter seiner Beteiligung erlassen werden. Eigene Kontrollrechte hat das Europäische Parlament in Rahmen von Art. 291 AEUV hingegen nicht, was mit Blick auf die bezweckte Trennung von Exekutive und Legislative sachgerecht ist.

528 Art. 10 der neuen Komitologie-Verordnung, Beschluss 2006/512/EG, Beschluss des Rates v. 17.7.2006 zur Änderung des Beschlusses 1999/468/EG zur Festlegung der Modalitäten für die Ausübung der der Kommission übertragenen Durchführungsbefugnisse (ABl. L 200 v. 22.7.2006) verpflichtet die Kommission hierzu; siehe *Craig,* ELR 5/2011, 671 (682).

529 Vgl. *Craig,* ELR 5/2011, 671 (684 f.).

530 *Gellermann,* in: Streinz, AEUV, Art. 291 Rn. 18.

5. Regelung des Art. 290 AEUV

Durch die Neueinführung des Art. 290 AEUV konnten, wie dargelegt, bereits zahlreiche Defizite behoben werden. Gerade wegen dieser Neuerung gilt es die altbekannten Defizite der mangelnden demokratischen Legitimation und der Rechtsstaatlichkeit gesondert zu betrachten. Um diese Defizite zu entkräften, macht Art. 290 AEUV klare Vorgaben, unter welchen Voraussetzungen die Kommission tätig werden darf. Konkretisiert werden diese Vorgaben durch den Basisrechtsakt, der im ordentlichen Gesetzgebungsverfahren zustande kommt. Die Voraussetzungen für ein Tätigwerden der Kommission werden also zum einen durch das Primärrecht und zum anderen durch den Gesetzgeber im Basisrechtsakt legitimiert. Zwar macht Art. 290 AEUV dahingehend Vorgaben, dass die Kommission nur zur „Ergänzung und Änderung" befugt ist, jedoch ergeben sich dort Probleme, wo es um die Konkretisierung des Begriffs „Ergänzung" geht.

Darüber hinaus garantiert das nun auch normierte Wesentlichkeitskriterium, dass Vorgaben in der Unionspolitik weiter durch den Unionsgesetzgeber getroffen werden und somit eine demokratische und rechtsstaatliche Absicherung stattfindet. Problematisch ist weiterhin, dass der Europäische Gerichtshof nur unklare Merkmale vorgibt, die es erschweren, das Wesentlichkeitskriterium zu konkretisieren.

Des Weiteren gilt die Kontrolle des Gesetzgebers, die er auf zwei Weisen ausüben kann, als weiteres Kriterium für ein demokratisches und transparentes Verfahren.

6. Regelung des Art. 291 AEUV

Art. 291 AEUV stellt die Ausnahme zum grundsätzlichen Vollzug durch die Mitgliedstaaten dar. Wenn die Kommission tätig wird, nimmt sie dabei eine vollziehende Funktion wahr. Um der Kommission Durchführungsbefugnisse übertragen zu können, muss der Bedarf der unionseinheitlichen Durchführung als Voraussetzung erfüllt sein. Wann dies der Fall ist, obliegt in letzter Konsequenz dem Ermessens- und Beurteilungsspielraum des Gesetzgebers. Des Weiteren hat der Gesetzgeber ein Ermessen darüber, zu entscheiden, ob die Kommission oder der Rat für den Erlass von Durchführungsmaßnahmen zuständig sein sollen. Für eine transparente und einheitliche Zuständigkeitsverteilung können sich hier durchaus Probleme ergeben.

7. Fazit

Insgesamt ist mit der Einführung der Art. 290 und Art. 291 AEUV an vielen Stellen eine Verbesserung hinsichtlich der zuvor geübten Kritik zu vermerken.

Europäisches Parlament und der Rat werden als Legitimationssubjekte nun ausreichend in den neuen Regelungen berücksichtigt. Diesbezüglich ist von einer Steigerung der demokratischen Legitimation der exekutiven Rechtsetzung auszugehen. Darüber hinaus wird das institutionelle Gleichgewicht gewahrt und sogar deutlicher umzeichnet. Insgesamt bleibt die Rolle der Kommission als die eines Exekutivorgans gewahrt.

Auffällig ist jedoch, dass sich aufgrund der Neuregelungen den Art. 290 und Art. 291 AEUV vermehrt Ermessens- und Beurteilungsspielräume des Gesetzgebers ergeben.[531] Einzelne Tatbestandsmerkmale innerhalb der Normen bleiben größtenteils unklar und ausfüllungsbedürftig. Da sich hier zwei Normen gegenüberstehen, deren Inhalte ursprünglich einheitlich geregelt wurden, ist es bedeutsam, klare Kriterien für ihre jeweilige Anwendung zu finden.

Probleme ergeben sich deshalb gegenwärtig aus der Klassifizierung und Typisierung der Art. 290 und Art. 291 AEUV. Aus diesem Grund soll im nächsten Teil der Arbeit die Einordnung der delegierten Rechtsakte und Durchführungsrechtsakte in die neue europäische Normenhierarchie, ihre Abgrenzbarkeit zu anderen Rechtsetzungsinstituten der Union und die der beiden Normen selbst zueinander untersucht werden.

---

531 Hierzu ausführlich auch *Augsberg*, in: Terhechte, Verwaltungsrecht der Europäischen Union, § 4 Rn. 19.

2. Teil – Einordnung, Gegenüberstellung, Abgrenzung

3. Kapitel – Einordnung der delegierten Rechtsakte und der Durchführungsrechtsakte in die Europäische Normenhierarchie

Der Vertrag von Lissabon enthält verschiedene Änderungen in Bezug auf die Typologie der Rechtsakte der Europäischen Union. Ziel war es, die bestehenden Instrumente zu vereinfachen und durch eine verbesserte Normenhierarchie klarer auszugestalten.[532]

Im Folgenden soll dargelegt werden, wie sich delegierte Rechtsakte und Durchführungsrechtsakte in die neue Normenhierarchie des Unionsrechts einordnen lassen und ob hierdurch Verbesserungen für das Demokratie- und Rechtsstaatsprinzip der Union eingetreten sind.

I. Typologie der Rechtsakte

Die vom Gesetzgeber ursprünglich vorgesehenen Europäischen Gesetze und Europäischen Rahmengesetze wurden mit dem Scheitern des Verfassungsvertrages wieder aufgehoben.[533] Stattdessen findet sich im Vertrag von Lissabon nun eine Mischung aus den alten Regelungen im Vertrag über die Europäische Gemeinschaft und dem Verfassungsvertrag.[534] Im Vertrag von Lissabon stehen sich nun rechtlich bindende Rechtsakte und rechtlich nichtbindende Rechtsakte gegenüber.

Der Begriff des Rechtsakts wird im Unionsrecht sowohl für rechtsverbindliche als auch für unverbindliche Handlungen von Unionsorganen sowie sonstiger Institutionen der Union verwendet.[535] Im Folgenden sollen die unterschiedlichen Typen kurz dargestellt und die delegierten Rechtsakte und Durchführungsrechtsakte diesen zugeordnet werden.

532 *Streinz/Ohler/Herrmann*, Vertrag von Lissabon, S. 92; *Cremer*, DÖV 2010, 58 (60).

533 *Weber*, EuZW 2008, 7 (12).

534 *Hofmann*, ELJ 15/2009, 482 (486).

535 *Möstl*, DVBl. 2011, 1076 (1077); *Bast*, Grundbegriffe der Handlungsformen der EU, S. 21 ff.

1. Rechtlich bindende Rechtsakte

Die rechtlich bindenden Rechtsakte lassen sich in Rechtsakte mit Gesetzescharakter und Rechtsakte ohne Gesetzescharakter unterteilen.[536] Sie sind sowohl für die Unionsorgane als auch für die Mitgliedstaaten bindend.

a. Rechtsakte mit Gesetzescharakter gem. Art. 289 UAbs. 3 AEUV

Unter Rechtsakten mit Gesetzescharakter versteht man klassischerweise Verordnungen, Richtlinien und Beschlüsse.[537] Da diese allerdings auch als Rechtsakte ohne Gesetzescharakter ergehen können, ist danach zu unterscheiden, in welchem Verfahren der Rechtsakt erlassen worden ist.[538] Wenn ein Rechtsakt in einem Gesetzgebungsverfahren zustande gekommen ist, handelt es sich gem. Art. 289 Abs. 3 AEUV um einen Gesetzgebungsakt. Irrelevant ist, ob der Rechtsakt im ordentlichen oder im besonderen Gesetzgebungsverfahren erlassen wurde.[539]

Aus dem Erfordernis des Gesetzgebungsverfahrens folgt, dass die Kommission nicht zum Erlass von Rechtsakten mit Gesetzescharakter befugt sein kann.[540] Aufgrund dessen kann es sich bei delegierten Rechtsakten und Durchführungsmaßnahmen nicht um Rechtsakte mit Gesetzescharakter handeln.

b. Rechtsakte ohne Gesetzescharakter

Mit Rechtsakten ohne Gesetzescharakter sind alle Rechtsakte gemeint, die nicht in einem Gesetzgebungsverfahren zustande gekommen sind. Der Rat, die Kommission und unter Umständen die EZB können dabei die in Art. 288 AEUV vorgesehenen Handlungsformen in Anspruch nehmen.[541] In den Fällen, in denen

536 *Scharf*, BzTWR 2010, 5 (15 f.).

537 *Schusterschitz*, in: Hummer/Obwexer, Vertrag von Lissabon, S. 215; *Cremer*, DÖV 2010, 58 (61).

538 *Schusterschitz*, in: Hummer/Obwexer, Vertrag von Lissabon, S. 226.

539 *Biervert*, in: Schwarze, 3. Auflage, AEUV, Art. 289 Rn. 11; *Cremer*, DÖV 2010, 58 (61); *Hofmann*, ELJ 15/2009, 482 (487); *Streinz/Ohler/Herrmann*, Vertrag von Lissabon, S. 94; *Bueren*, EuZW 2012, 167 (168); *Scharf*, BzTWR 2010, 5 (15); *Gellermann*, in: Streinz, AEUV, Art. 289 Rn. 16; *Herdegen*, Europarecht, §. 8 Rn. 34; *Glaser*, Die Entwicklung des Europäischen Verwaltungsrechts aus der Perspektive der Handlungsformlehre, S. 18.

540 *Scharf*, BzTWR 2010, 5 (15); *Streinz/Ohler/Herrmann*, Vertrag von Lissabon, S. 94.

541 *Streinz/Ohler/Herrmann*, Vertrag von Lissabon, S. 97; *Cremer*, DÖV 2010, 58 (61); *Scharf*, BzTWR 2010, 5 (16); da sie ohne Parlaments- aber durch Kommissions- und Ratsbeteiligung zustande kommen, werden sie als exekutive Rechtsetzung bezeichnet.

ein Rechtsakt ohne Gesetzescharakter erlassen wird, handelt es sich um delegierte Rechtsakte und Durchführungsrechtsakte.[542]

Hinzu kommt die Möglichkeit zum Erlass von Rechtsakten ohne Gesetzescharakter, die der Durchführung bestimmter Einzelbestimmungen der Verträge dienen.[543] Durchführungsrechtsakte können also sowohl auf der Grundlage von primärem als auch sekundärem Unionsrecht erlassen werden.[544]

Rechtsakten ohne Gesetzescharakter fehlt es grundsätzlich nicht an dem materiellen Gesetzescharakter im Sinne einer abstrakt-generellen Regelung. Sie sind gleichermaßen verbindlich wie Rechtsakte mit Gesetzescharakter, sie können unmittelbare Geltung beanspruchen und unmittelbare innerstaatliche Wirkung entfalten.[545] Der Unterschied zu den Rechtakten mit Gesetzescharakter besteht damit allein im Verfahren, in dem sie zustande kommen. Hieraus ergibt sich zugleich die unterschiedliche demokratische Legitimation von Rechtsakten mit und ohne Gesetzescharakter. Rechtsakte mit Gesetzescharakter werden vom Gesetzgeber selbst erlassen, während Rechtsakte ohne Gesetzescharakter im Auftrag des Gesetzgebers von der Kommission als Exekutivorgan erlassen werden.[546]

aa. Delegierte Rechtsakte gem. Art. 290 AEUV

Durch die delegierten Rechtsakte wurde im Vertrag von Lissabon eine neue dritte Kategorie von Rechtsakten geschaffen, die es in dieser Form zuvor nicht gab.[547]

Nach der Intention des Gesetzgebers, der für die Kategorisierung an das Verfahren anknüpft, in dem der Gesetzgebungsakt zustande gekommen ist, handelt es sich bei delegierten Rechtsakten um Rechtsakte ohne Gesetzescharakter. Irritierend ist die Beschreibung des Art. 290 Abs. 1 AEUV, der von einem „Rechtsakt mit allgemeiner Geltung" spricht, da gerade diese Bezeichnung die abstrakt-generelle Wirkung des Rechtsakts untermauert. Naheliegender wäre es gewesen, hier von einem „Rechtsakt ohne Gesetzescharakter" zu sprechen, um Irritationen zu vermeiden.[548]

---

542 *Cremer*, DÖV 2010, 58 (61 f.).

543 Ebenda.

544 Hierzu genauer unter 3. Kapitel I. 1. c.

545 *Gellermann*, in: Streinz, AEUV, Art. 289 Rn. 16.

546 Hierzu und zu dem Verhältnis von Basisrechtsakt und exekutivem Rechtsakt ausführlich unter 3. Kapitel IV.

547 *Hofmann*, ELJ 15/2009, 482 (494).

548 *Sydow*, JZ 2012, 157 (158).

bb. Durchführungsrechtsakte gem. Art. 291 AEUV

Auch Durchführungsrechtsakte gelten als Rechtsakte ohne Gesetzescharakter. Mit Durchführung kann zum einen die nationale Umsetzung des Unionsrechts durch die Mitgliedstaaten gemeint sein und zum anderen die hier beschriebene eigene Kategorie von Gemeinschaftsrechtsakten.[549] In beiden Fällen handelt es sich bei Durchführungsrechtsakten um Rechtsnormen, die die Umsetzung des Unionsrechts betreffen.[550]

Bis zum Vertrag von Nizza waren Durchführungsrechtsakte nicht auf das Primärrecht gestützt und somit lediglich als *Soft Law* der Union einzustufen.[551] Vor allem deshalb soll im weiteren Verlauf der Arbeit auf die Frage eingegangen werden, welche Bedeutung das *Soft Law* heute noch für die Durchführung hat und wie das Verhältnis von *Soft Law* zu Durchführungsrechtsakten beurteilt werden kann.[552]

c. Sonderfall: Durchführungsrechtsakte aufgrund expliziter Ermächtigungsgrundlage im Primärrecht

Daneben gibt es explizite Ermächtigungsgrundlagen im Primärrecht, die der Kommission Rechtsetzungsbefugnisse übertragen.[553] Auch diese Rechtsakte haben keinen Gesetzescharakter, weil sie nicht in einem Gesetzgebungsverfahren zustande gekommen sind. Sie können jedoch nicht als Durchführungsrechtsakte im Sinne des Art. 291 Abs. 1 AEUV verstanden werden, da hier von der „Durchführung der verbindlichen Rechtsakte der Union" die Rede ist. Eine primärrechtliche Ermächtigungsgrundlage stellt keinen „verbindlichen Rechtsakt der Union" dar.[554]

2. Rechtlich nicht bindende Rechtsakte

Unter rechtlich nicht bindenden Rechtsakten versteht man Entschließungen, Empfehlungen, Stellungnahmen, Informationen und Bekanntmachungen.[555] Die

---

549 *Riedel*, EuR 2006, 512 (514).

550 *Möllers*, in: Schmidt-Aßmann/Schöndorf-Haubold, Der Europäische Verwaltungsverbund, S. 296.

551 *Weiß*, EWS 2010, 257 (261).

552 Ausführlich hierzu unter 3. Kapitel II.

553 Z.B. Art. 103 AEUV im Wettbewerbsrecht.

554 *Ruffert*, in: Calliess/Ruffert, 4. Auflage, AEUV, Art. 288 Rn. 12; *Streinz/Ohler/Herrmann*, Vertrag von Lissabon, S. 98.

555 Z.B. Art. 292 AEUV; siehe *Streinz/Ohler/Herrmann*, Vertrag von Lissabon, S. 99.

nicht bindenden Rechtsakte dienen lediglich der Meinungskundgabe und der Unterstützung. Sie verpflichten und binden weder die Unionsorgane und Institutionen noch die Mitgliedstaaten.

Hierunter versteht man auch das sogenannte *Soft Law* im Europarecht. Wegen der bereits dargestellten Ähnlichkeit zu den Durchführungsrechtsakten, soll als nächstes untersucht werden, wie das Verhältnis von *Soft Law* und Durchführungsrechtsakten nach dem Vertrag von Lissabon zu bewerten ist. Ziel der Untersuchung ist es festzustellen, ob es hier zu Überschneidungen kommt oder ob diese beiden Institute eine eigenständige Funktion innerhalb der Verträge erfüllen.

II. Abgrenzung der Durchführungsrechtsakte zum Soft Law der Kommission

Auch dem Europarecht ist das *Soft Law* nicht fremd. Hier tritt es regelmäßig in den sogenannten Grün- und Weißbüchern, in Schlussfolgerungen, gemeinsamen Erklärungen, Verhaltenskodizes, Mitteilungen, Empfehlungen und Leitlinien auf, die im Regelfall von der Kommission oder dem Rat erlassen werden.[556] Ziel des Vertrags von Lissabon war es, das vorhandene *Soft Law* nicht weiter einzugrenzen, sondern seine Konturen schärfer zu umzeichnen.[557]

Das *Soft Law* wird grundsätzlich dadurch gekennzeichnet, dass ihm zwar keine unmittelbare rechtliche Wirkung zukommt, seine Aussagen aber auch nicht gänzlich unberücksichtigt bleiben können.[558] Wann eine Aussage nicht unberücksichtigt bleiben kann, hängt häufig vom Wortlaut des jeweiligen *Soft Law* und dem Zusammenhang, in dem es erlassen worden ist, ab.[559] In vielen Fällen ist eine große Ähnlichkeit des *Soft Law* zu Sekundärrechtstexten festzustellen, weshalb zumindest die äußere Form auf eine gewisse intendierte Verbindlichkeit schließen lassen könnte.[560]

---

556 *Schwarze*, EuR 2011, 3 (4 f.).

557 *Schwarze*, EuR 2011, 3 (14).

558 *Schwarze*, EuR 2011, 3 (3); schon das Gebot der Rechtssicherheit verbietet eine unmittelbare rechtliche Wirkung, da andernfalls die Kompetenzen der Kommission unberechtigt ergänzt würden, siehe hierzu *Frenz*, WRP 2010, 224 (225); zur Tatsache, dass dem *Soft Law* Rechtswirkung zukommen muss, *Bleckmann*, RIW 1991, 218 (220).

559 *v. Graevenitz*, EuZW 2013, 163 (170).

560 *Knauf*, EuR 2011, 735 (740).

Durch das *Soft Law* von Rat und Kommission werden in der Regel bestimmte Verhaltenspflichten oder Erwartungen festgelegt, die für sich keine Bindung entfalten, aufgrund der Sachkenntnis der Kommission häufig jedoch als äußerst hilfreich erachtet werden.[561] Das europäische *Soft Law* kann dazu beitragen, bei Meinungsverschiedenheiten einen politischen Konsens zu bilden. Ein weiteres Ziel ist die Rechtssicherheit für den Gesetzesadressaten.[562]

Grundsätzlich wird zwischen exekutiv motiviertem und dem von den Legislativorganen ausgehenden *Soft Law* unterschieden.[563] Mit Blick auf die Abgrenzung von delegierten Rechtsakten und Durchführungsrechtsakten ist vornehmlich ersteres von Relevanz.

Die Kommission ist gem. Art. 288 Abs. 5, Art. 292 S. 4 AEUV befugt, Empfehlungen und Stellungnahmen abzugeben. Eine ausdrückliche Ermächtigung zum Erlass von Leitlinien geht aus dem Vertrag nicht hervor, wird aber anerkanntermaßen aus Art. 292 S. 4 AEUV abgeleitet.[564] Die Leitlinien weisen zur exekutiven Rechtsetzung die größten Parallelen auf. Wird von der Kommission eine Leitlinie erlassen, begründet diese noch keine rechtliche Wirkung. Etwas anderes gilt, wenn aufgrund des Vertrauensschutzprinzips und des Gleichheitsgrundsatzes die Selbstbindung der Verwaltung eintritt. In diesem Fall muss die Verwaltung, also die Kommission, zwingend tätig werden.[565]

Genau wie die exekutive Rechtsetzung wird das *Soft Law,* insbesondere der Erlass von Leitlinien häufig von der Kommission dazu verwendet, das Unionsrecht eigenständig zu konkretisieren und zu erläutern.[566] Leitlinien stehen meistens am Ende eines Meinungsbildungsprozesses. Durch sie ist es der Kommission möglich, das Unionsrecht zu steuern und ihm rechtspolitische Akzente zu verleihen. Mit Leitlinien beantwortet die Kommission gewisse Auslegungsfragen des Unionsrechts und informiert Mitgliedstaaten und deren Behörden

---

561 *Bleckmann*, RIW 1991, 218 (220).

562 So kann sich der Einzelne u.a. auch vor nationalen Gerichten auf Empfehlungen berufen, an die sich die nationalen Gerichte halten müssen, EuGH, verb. Rsen. 317–320/08 (Multiservice), Slg. nicht verfügbar, Rn. 40; Rs. C-55/06 (Arcor/Deutschland), Slg. 2008, I-2931, Rn. 94; *Schwarze*, EuR 2011, 3 (5 f.).

563 *Schwarze*, EuR 2011, 3 (7).

564 *v. Graevenitz*, EuZW 2013, 163 (170).

565 EuG, Rs. T-73/04 (Carbone-Lorraine/KOM), Slg. 2008, II-2661, Rn. 70; EuGH, verb. Rsen. C-189/02 P, C-202/02 P, C-205–208/02 P und C-213/02 P (Dansk RØrindustri u.a./KOM), Slg. 2005, I-5425, Rn. 209 m. w. N.; *v. Danwitz*, Europäisches Verwaltungsrecht, S. 252.

566 *Schwarze*, EuR 2011, 3 (7); *v. Graevenitz*, EuZW 2013, 163 (169); *Weiß*, EWS 2010, 257 (258).

darüber, wie das Unionsrecht im Sinne der Verträge durchzuführen ist und welche Rechte und Pflichten sich aus dem Unionsrecht für sie ergeben. Mit Leitlinien wird von der Kommission somit auf eine einheitliche Rechtsanwendung hingearbeitet und dem unionsrechtlichen Leitgedanken des *effet utile* Rechnung getragen.[567] Genau wie exekutive Rechtsakte werden auch Leitlinien häufig als tertiäres Regelwerk bezeichnet, weil diese auf das geltende Primär- und Sekundärrecht Bezug nehmen.[568]

Der wohl entscheidende Unterschied zwischen Durchführungsrechtsakten und dem *Soft Law* liegt darin, dass das *Soft Law* anders als Durchführungsrechtsakte keine neuen Rechte und Pflichten begründet. Es darf keinen eigenen Gehalt aufweisen, sondern muss sich stets an primär- und sekundärrechtliche Vorgaben halten. Andernfalls könnten die Verfahrensvorschriften für die in Art. 288 Abs. 2–4 AEUV geregelten verbindlichen Rechtsakte umgangen werden.[569]

Für die Mitgliedstaaten ist das *Soft Law*, anders als das im exekutiven Rechtsetzungsverfahren zustande gekommene Recht, nicht bindend.[570] Lediglich die Unionsorgane müssen exekutiv motiviertes *Soft Law* zur Kenntnis nehmen und in ihren Entscheidungsprozess mit einbeziehen.[571]

Für die Kommission mag es zunächst durchaus vorteilhaft erscheinen, *Soft Law* zu erlassen, um das aufwendige Verfahren der Art. 290 und Art. 291 AEUV zu umgehen. Genauer betrachtet zeigt sich jedoch, dass sie sich hiervon bis auf die Umgehung des Verfahrens keine weiteren Vorteile versprechen kann. Durch Konkretisierungen und Erläuterungen im *Soft Law* kann sie dem Unionsrecht und der Unionspolitik lediglich einen gewissen Input geben. Außerdem steht das *Soft Law* im elementaren Unterschied zur exekutiven Rechtsetzung, mit der bindende Rechtsakte erlassen werden können. Diese bindenden Rechtsakte sind notwendig, um dem Sinn und Zweck der Art. 290 und Art. 291 AEUV gerecht zu werden. Denn hier kommt es auf die Bindungswirkung und Verbindlichkeit für die Unionsorgane und vor allem für die Mitgliedstaaten an, um dem Europarecht zur größtmöglichen Wirksamkeit zu verhelfen.

Folglich kann die exekutive Rechtsetzung nicht durch die unionsrechtlichen Möglichkeiten der Schaffung von *Soft Law* unterlaufen werden.

---

567 *Frenz*, WRP 2010, 224 (224).

568 *v. Graevenitz*, EuZW 2013, 163 (169 f.); zum Begriff des Tertiärrechts noch ausführlich im 3. Kapitel, V.

569 *Frenz*, WRP 2010, 224 (225).

570 Vgl. *Stelkens*, EuR 2012, 511 (540).

571 *Frenz*, WRP 2010, 224 (229 f.).

III. Durchführungsrechtsakte im Vergleich zur Harmonisierungsvorschrift des Art. 114 AEUV

Abgrenzungsprobleme können sich auch bei den Durchführungsrechtsakten im Vergleich zu Harmonisierungsmaßnahmen ergeben. Deshalb soll an dieser Stelle untersucht werden, inwiefern es hier zu Überschneidungen kommt und ob die beiden Institute einen eigenständigen Zweck innerhalb der Verträge erfüllen.

Seiner Überschrift zu Folge, dient der Art. 114 AEUV der Rechtsangleichung im Binnenmarkt.[572] Die Art. 114–118 AEUV sehen eine Rechtsangleichung deshalb ausschließlich im Bereich des Binnenmarktes vor. Die ursprüngliche Idee hierzu stammt aus dem Weißbuch der Kommission, das Vorschläge zur Schaffung eines echten Binnenmarktes durch die Beseitigung aller materiellen, technischen und steuerlichen Schranken zwischen den Mitgliedstaaten enthält.[573] Auch heute liegt der Zweck des Art. 114 AEUV darin, der Union eine Kompetenznorm an die Hand zu geben,[574] um die Hemmnisse, die für den Binnenmarkt aufgrund unterschiedlicher nationaler Vorschriften bestehen, auszuräumen[575] und der Verfolgung weiterer Ziele aus dem Vertrag von Lissabon zu dienen.[576]

Von den vorhandenen unterschiedlichen Regelungen der Mitgliedstaaten muss eine abstrakte Gefahr für die Verwirklichung des Binnenmarktes ausgehen, damit die Union gem. Art. 114 Abs. 1 AEUV zur Angleichung der Rechts- und Verwaltungsvorschriften der Mitgliedstaaten befugt ist.[577] Eine Rechtsangleichung durch die Union darf also immer dann vorgenommen werden, wenn Unterschiede zwischen nationalen Regelungen geeignet sind, die Grundfreiheiten zu beeinträchtigen oder Wettbewerbsverzerrungen zu verursachen und sich diese Regelungen unmittelbar auf das Funktionieren des Binnenmarktes auswirken.[578]

---

572 *Fischer*, in: Lenz/Borchardt, AEUV, Art. 114 Rn. 1.

573 *Leible/Schröder*, in: Streinz, AEUV, Art. 114 Rn. 1; *Herrnfeld*, in: Schwarze, 3. Auflage, AEUV, Art. 114 Rn. 3.

574 *Fischer*, in: Lenz/Borchardt, AEUV, Art. 114 Rn. 1, spricht hier von einer generellen Ermächtigung.

575 *Leible/Schröder*, in: Streinz, AEUV, Art. 114 Rn. 6; *Herrnfeld*, in: Schwarze, 3. Auflage, AEUV, Art. 114 Rn. 8, 30.

576 *Leible/Schröder*, in: Streinz, AEUV, Art. 114 Rn. 18.

577 *Leible/Schröder*, in: Streinz, AEUV, Art. 114 Rn. 21, 54; *Frenz/Ehlenz*, EuZW 2011, 623 (624).

578 EuGH, Rs. C-301/06 (Irland/EP und Rat), Slg. 2009, I-593, Rn. 63; Rs. C-380/03 (Deutschland/EP und Rat), Slg. 2006, I-11573, Rn. 37.

Um die Erreichung des Binnenmarktes sicherzustellen, erteilt Art. 26 AEUV der Union einen Gesetzgebungsauftrag.[579] Eine explizite Aufgabenzuweisung, wie sie noch in Art. 3 Abs. 1 lit. h EGV enthalten war, gibt es nach dem Vertrag von Lissabon nicht mehr. Dies erscheint konsequent in Anbetracht der Tatsache, dass die Rechtsangleichung als solche kein Ziel der Union darstellt, sondern vielmehr eine „funktionell-dienende Funktion" hat.[580]

Die Union wird durch Art. 114 AEUV dazu ermächtigt, alle Maßnahmen zu ergreifen, die der Errichtung und dem Funktionieren des Binnenmarktes dienen.[581] Die Funktion des Binnenmarktes als finales Ziel vorangestellt, gibt es keine Begrenzungen auf bestimmte Politikbereiche oder Regelungsgebiete, die den Erlass von Harmonisierungsvorschriften beschränken könnten.[582] Lediglich die allgemeinen Zuständigkeitsschranken in Art. 5 EUV können die Zuständigkeit der Union limitieren. Sie sind maßgeblich für ein Tätigwerden der Union. Bei ihrer Prüfung ist insbesondere der Grundsatz der begrenzten Einzelermächtigung zu berücksichtigen.[583] Aus diesem Grund ist aus der Vorschrift des Art. 114 AEUV keine allgemeine Kompetenz zur Regelung des Binnenmarktes abzuleiten.[584]

Mit dem Inkrafttreten des Vertrags von Lissabon gehört die Rechtsangleichung als geteilte Zuständigkeit zu den Binnenmarktkompetenzen der Union nach Art. 4 Abs. 2 lit. a) EUV.[585] Macht die Union von ihrer Befugnis Gebrauch, verkleinert sich der Bereich, in dem die Mitgliedstaaten aktiv werden können. Die Mitgliedstaaten können nur tätig werden, soweit die Union ihre Zuständigkeit nicht (mehr) ausübt.[586] Darüber hinaus findet für die vollziehenden Organe[587] gleichzeitig eine Ermessensreduzierung auf Null dahingehend statt, dass die

---

579 *Leible/Schröder*, in: Streinz, AEUV, Art. 114 Rn. 4.

580 *Leible/Schröder*, in: Streinz, AEUV, Art. 114 Rn. 5; *Khan*, in: Geiger/Khan/Kotzur, AEUV, Art. 114 Rn. 1.

581 Mit Maßnahmen sind deshalb alle Handlungsformen i.S.d. Art. 288 AEUV gemeint; siehe hierzu auch Rs. C-380/03 (Deutschland/EP und Rat), Slg. 2006, I-11573, Rn. 21; *Leible/Schröder*, in: Streinz, AEUV, Art. 114 Rn. 58.

582 *Fischer*, in: Lenz/Borchardt, AEUV, Art. 114 Rn. 9; *Leible/Schröder*, in: Streinz, AEUV, Art. 114 Rn. 6.

583 *Frenz/Ehlenz*, EuZW 2011, 623 (623).

584 EuGH, Rs. C-376/98 (Deutschland/EP & Rat), Slg. 200, I-8419.

585 *Fischer*, in: Lenz/Borchardt, AEUV, Art. 114 Rn. 1; *Herrnfeld*, in: Schwarze, 3. Auflage, AEUV, Art. 114 Rn. 1.

586 *Frenz/Ehlenz*, EuZW 2011, 623 (623).

587 Hier kommen sowohl europäische Organe als auch die Mitgliedstaaten in Betracht. Entscheidend ist, ob es sich um direkten oder indirekten Vollzug des Unionsrechts handelt.

Harmonisierungsvorschrift einheitlich umgesetzt werden muss. Außerdem lassen sich die möglichen Zuständigkeiten der Union bereits thematisch eingrenzen, weil sich die Kompetenzübertragung auf die Verwirklichung des Binnenmarkts beziehen muss.[588]

Die wohl größte Parallele zwischen Durchführungsrechtsakten nach Art. 291 AEUV und Harmonisierungsmaßnahmen nach Art. 114 AEUV liegt im Sinn und Zweck der Vorschriften. Beide Vorschriften bezwecken die Vereinheitlichung des Unionsrechts und somit gleichzeitig dessen Effektivität. In beiden Fällen handelt es sich somit um eine Art der Rechtsangleichung, bei der eine Form der Rechtsvereinheitlichung angestrebt wird. Maßnahmen werden erlassen, um ein verfolgtes Ziel einheitlich zu erreichen. Die erlassene Unionsmaßnahme muss regelmäßig daraufhin in nationales Recht transformiert werden.

Daneben sind einige Unterschiede von Durchführungsrechtsakten im Vergleich zu Harmonisierungsmaßnahmen zu vermerken. Während sich Art. 114 AEUV lediglich auf die Harmonisierung des Binnenmarktes beschränkt, sind nach dem Wortlaut des Art. 291 AEUV dem Gesetzgeber bei der Übertragung von Durchführungsbefugnissen inhaltlich keine Grenzen gesetzt. Bei der Übertragung im Basisrechtsakt muss er sich lediglich an die ihm zustehenden Kompetenzen halten. Auch mit Blick auf die Art des Rechtsakts und der damit verbundenen Wirkung sind Unterschiede zu vermerken. Während ein harmonisierender Rechtsakt im ordentlichen Gesetzgebungsverfahren zu Stande kommt und somit als Rechtsakt mit Gesetzescharakter zu klassifizieren ist, werden die Durchführungsrechtsakte als Rechtsakte ohne Gesetzescharakter von der Kommission erlassen. Hieraus folgt, dass die harmonisierende Maßnahme im Sinne von Art. 114 Abs. 1 AEUV als Basisrechtsakt fungieren kann, in dem der Kommission Durchführungsbefugnisse übertragen werden.

Wie sich aus Art. 114 Abs. 4 und 5 AEUV ergibt, kommt auch die Kommission als Urheberin einer Harmonisierungsmaßnahme in Betracht. Da Maßnahmen nach Art. 114 Abs. 1 AEUV aber nur im ordentlichen Gesetzgebungsverfahren von Europäischem Parlament und Rat erlassen werden können, ist hierin eine Verweis auf die im Rahmen der Harmonisierung stets zulässigen Durchführungsmaßnahmen im Sinne von Art. 291 Abs. 2 AEUV zu sehen, deren Erlass der Kommission übertragen werden kann. Eine solche Übertragung kommt insbesondere dann in Betracht, wenn das Verfahren nach Art. 114 AEUV zu

588 Siehe hierzu *Herrnfeld*, in: Schwarze, 3. Auflage, AEUV, Art. 114 Rn. 8 ff., der aufzählt, in welchen Gebieten die Union Harmonisierungsmaßnahmen erlassen kann.

langwierig wäre.[589] Neben der Durchführung kann der Gesetzgeber die Kommission auch zur Delegation ermächtigen.[590] Voraussetzung für eine Übertragung ist, dass der so geschaffene Mechanismus im Ergebnis zu einer Harmonisierung im Sinne des Art. 114 AEUV führt, indem die Entscheidungsmodalitäten im Einzelnen festgelegt und die Befugnisse der Kommission genau bestimmt und eingegrenzt werden.[591]

Eines der bekanntesten Beispiele für diese Art der Harmonisierung ist die Ökodesign-Richtlinie RL 2005/32/EG.[592] Als Basisrechtsakt macht sie Vorgaben für Mindestanforderungen an die umweltgerechte Gestaltung energiebetriebener Produkte. Die daraufhin erlassene Haushaltslampenverordnung stützte sich nicht auf die Kompetenz der Gemeinschaft für Umweltschutzmaßnahmen aus Art. 175 Abs. 1 EGV, sondern beruhte, wie die Rahmenrichtlinie selbst, auf der Binnenmarktkompetenz des Art. 95 Abs. 1 EGV (jetzt Art. 114 AEUV).[593] Damals bestanden, insbesondere wegen der präventiven Funktion der Maßnahme, erhebliche Zweifel daran, ob die Glühlampenverordnung tatsächlich den Binnenmarkt verbessert und mit Art. 96 EGV (jetzt Art. 116 AEUV) vereinbar sei.

Während Art. 114 AEUV somit als Kompetenzvorschrift für das gesetzgeberische Tätigwerden der Union zu sehen ist, handelt es sich bei Art. 291 AEUV um ein Instrument zur Erreichung der Einheitlichkeit und Effektivität des Unionsrechts. Die beiden gesetzgeberischen Institute erfüllen somit einen eigenständigen Sinn und Zweck innerhalb der Verträge.

---

589 EuGH, Rs. C-314/99 (Niederlande/KOM), Slg. 2002, I-5521, Rn. 25 ff.; Rs. C-66/04 (Raucharomen), Slg. 2005, I-10553, Rn. 47 ff.; *Kahl*, in: Calliess/Ruffert, 3. Auflage, EGV, Art. 95 Rn. 9; *Herrnfeld*, in: Schwarze, 3. Auflage, AEUV, Art. 114 Rn. 55.

590 Verordnung (EU) Nr. 182/2011 des Europäischen Parlaments und des Rates v. 16.2.2011 zur Festlegung der allgemeinen Regeln und Grundsätze, nach denen die Mitgliedstaaten die Wahrnehmung der Durchführungsbefugnisse durch die Kommission kontrollieren (ABl. L 55/13 v. 28.2.2011).

591 EuGH, Rs. C-66/04 (Raucharomen), Slg. 2005, I-10553, Rn. 48 ff.

592 Siehe hierzu ausführlich unter 4. Kapitel II. 1. a.

593 Richtlinie 2009/125/EG des Europäischen Parlaments und des Rates v. 21.10.2009 zur Schaffung eines Rahmens für die Festlegung von Anforderungen an die umweltgerechte Gestaltung energieverbrauchsrelevanter Produkte (ABl. L 285 v. 31.10.2009), Art. 16 Abs. 2, 15 Abs. 1, Art. 19 Abs. 2; *Brenncke*, EuZW 2009, 247 (247).

IV. Verhältnis von Basisrechtsakten zu den abgeleiteten Rechtsakten

Die Frage nach dem Verhältnis vom Basisrechtsakt zu den abgeleiteten Rechtsakten ist bislang ungeklärt.[594] So ist man sich nicht darüber einig, ob eine Abstufung zwischen Basisrechtsakt und abgeleitetem Rechtsakt stattfindet oder ob die beiden Rechtsakte als gleichrangig anzusehen sind.[595]

Teilweise wird im Schrifttum vertreten, dass innerhalb des europäischen Rechtsetzungssystems von einer eigenständigen Funktion der delegierten Rechtsakte und Durchführungsrechtsakte auszugehen sei, die so nirgendwo Entsprechung finde. Hieraus folge, dass die delegierten Rechtsakte und Durchführungsrechtsakte unabhängig von ihrem Basisrechtsakt zu betrachten seien.[596] Darüber hinaus wird einem Vorrang des Basisrechtsakts entgegen gehalten, dass sich dieser nicht zwangsläufig aus der Praxis des Unionsrechts ergebe.[597] Es könne nämlich auch sein, dass der abgeleitete Rechtsakt nicht unter dem Basisrechtsakt, sondern unter das ganze Sekundärrecht unterzuordnen sei.[598] Wäre dies der Fall, würde der abgeleitete Rechtsakt seine Daseinsberechtigung nicht aus dem Basisrechtsakt, sondern aus den Art. 290 und Art. 291 AEUV ableiten. Außerdem wird angeführt, dass es in diesem Zusammenhang mit Blick auf das Verfahren sowie Sinn und Zweck der Regelungen zunächst nachvollziehbar sei, eine Parallele zur mitgliedstaatlichen Vollzugsoptimierung und dem Verhältnis von Gesetzen und Verordnungen zu ziehen. Allerdings sei es nicht angebracht, aus mitgliedstaatlichen Normenhierarchien entsprechende Konsequenzen für die Hierarchisierung europäischer Rechtsakte zu schließen. Auch hier müssten die Besonderheiten im Europarecht beachtet werden.[599] Des Weiteren müsse unter dem Wort „Basis" nicht zwangsläufig eine Grundlage verstanden werden. Das Wort „Basis" könnte gleichzeitig auch Nähe und Verbindung der beiden Rechtsakte zueinander suggerieren, da es sich vor allem mit Blick auf Art. 290 AEUV vielmehr um eine Konkretisierung des ursprünglichen Basisrechtsakts handele.

---

594 Schlussantrag des Generalanwalts *Villalón* v. 19.12.2013, Rs. C-427/12, S. 10, der darauf hinweist, dass die Frage ungeklärt und für die Abgrenzung der Art. 290 und Art. 291 AEUV nicht von Bedeutung sei.

595 *Ruffert*, in: Calliess/Ruffert, 4. Auflage, AEUV, Art. 288 Rn. 10.

596 *Riedel*, EuR 2006, 512 (522); *Bast*, CMLR 2012, 885 (920); *Bueren*, EuZW 2012, 167 (168).

597 *Riedel*, EuR 2006, 512 (522); *Bast*, CMLR 2012, 885 (921).

598 *Bueren*, EuZW 2012, 167 (168).

599 I.d.S. auch *Edenharter*, DÖV 2011, 645 (649).

Die Gleichrangigkeit von Basisrechtsakt und abgeleitetem Rechtsakt ergibt sich dann aufgrund der Ähnlichkeit der Regelungen zueinander.[600]

Auch der Europäische Gerichtshof äußerte sich schon früh zu diesem Punkt und machte deutlich, dass der abgeleitete Rechtsakt zumindest in seinen wesentlichen Elementen auch weiterhin auf dem Basisrechtsakt „basiert".

> „Der Gemeinschaftsgesetzgeber ist erstens verpflichtet, in dem Basisrechtsakt die wesentlichen Elemente der betreffenden Harmonisierungsmaßnahme festzulegen."[601]

Der delegierte Rechtsakt und der Durchführungsrechtsakt stehen seiner Ansicht nach in einem klaren Verhältnis zu ihrem jeweiligen Basisrechtsakt.[602] Aus dem Basisrechtsakt lassen sich nach Ansicht des Gerichtshofs daher Daseinsberechtigung und Inhalt des abgeleiteten Rechtsakts herleiten. Hieraus ergibt sich ein Vorrang des Basisrechtsakts gegenüber delegierten Rechtsakten und Durchführungsrechtsakten.

Dieser Ansicht schließt sich der überwiegende Teil im Schrifttum an und erkennt einen Vorrang des Basisrechtsakts zu delegierten Rechtsakten und Durchführungsrechtsakten an, wie dies auch im deutschen Recht bei Gesetz und Rechtsverordnung der Fall sei.[603] Hier findet die Einordnung des Rechtsakts nach seiner rechtlichen Bedingtheit statt.[604] Dies ergebe sich schon aus dem Begriff „Basis", unter dem eine Art Fundament zu verstehen sei.[605] Aus einem solchem Verständnis als Fundament für Folgeregelungen, sei außerdem ein allgemeiner Vorrang des Basisrechtsakts herzuleiten. Des Weiteren wird zur Begründung eines Vorranges des Basisrechtsakts teilweise auf den eindeutigen Wortlaut der Regelungen abgestellt, wonach Gesetzgebungsakte delegierten Rechtsakten und Durchführungsrechtsakten vorgehen sollen.[606] Überdies beruft man sich auf die ursprüngliche Rechtsgrundlage des entstandenen Rechtsakts. So basiere der Basisrechtsakt auf Primär-, der delegierte Rechtsakt oder Durchführungsrechtsakt hingegen „nur" auf Sekundärrecht.[607] Ein Rechtsakt, der aufgrund eines Sekundärrechtsakts erlassen wird, müsse deshalb unterhalb von diesem

---

600 I.d.S. zunächst auch *Bast*, CMLR 2012, 885 (921).

601 EuGH, Rs. C-66/04 (Raucharmomen), Slg. 2005, I-10553, Rn. 48.

602 So auch *Ohler*, JZ 2006, 358 (359).

603 *Biervert*, in: Schwarze, 4. Auflage, AEUV, Art. 288 Rn. 12; *Glaser*, Die Entwicklung des Europäischen Verwaltungsrechts aus der Perspektive der Handlungsformlehre, S. 328 f.; *Riedel*, EuR 2006, 512 (522).

604 *Bast*, CMLR 2012, 885 (921).

605 Schlussantrag des Generalanwalts *Villalón* v. 19.12.2013, Rs. C-427/12, S. 8.

606 *Ruffert*, in: Calliess/Ruffert, 4. Auflage, AEUV, Art. 288 Rn. 11.

607 *Gundel*, JA 2008, 910 (910); *Streinz/Ohler/Herrmann*, Vertrag von Lissabon, S. 99.

als „Tertiärrechtsakt“[608] zu verstehen sein. Hierfür spreche auch die Hierarchisierung in „Rechtsakte mit Gesetzescharakter“ und „Rechtsakte ohne Gesetzescharakter“, als die der Basisrechtsakt und der administrative Rechtsakt jeweils anzusehen seien.[609] Für dieses Argument wird also an das Zustandekommen des Rechtsakts angeknüpft. Der Basisrechtsakt als Gesetzesakt müsse aufgrund seiner demokratischen Legitimation höher in der Normenhierarchie anzusiedeln sein, während die administrativen Rechtsakte als Rechtsakte ohne Gesetzescharakter ein erhöhtes Defizit aufwiesen.[610]

Untermauert wird die Ansicht, dass zwischen dem Basisrechtsakt und den abgeleiteten Rechtsakten durch die Systematik der Verträge eine Hierarchie besteht. Im Vertrag von Lissabon sind die Gesetzgebungsakte in Art. 289 Abs. 3 AEUV vor den delegierten Rechtsakten in Art. 290 AEUV und den Durchführungsrechtsakten in Art. 291 AEUV geregelt. Durch den Vertrag von Lissabon wurde somit eine dem deutschen Recht vergleichbare Hierarchie[611] von Rechtsakten bezweckt und auch umgesetzt. Deshalb ist es nicht angemessen, die abgeleiteten Rechtsakte unabhängig von ihrem Basisrechtsakt zu betrachten. Stattdessen sprechen der Wortlaut der Art. 290 und Art. 291 AEUV und die Systematik der Verträge dafür, den Basisrechtsakt, den delegierten Rechtsakten und Durchführungsrechtsakten als vorrangig anzusehen, um somit dem gesetzgeberischen Willen gerecht zu werden.

---

608 Auf den Begriff des „Tertiärrechts“ wird im Folgenden unter V. noch konkret eingegangen.

609 Siehe hierzu unter 3. Kapitel I. 1. b. aa. und bb.

610 *Schmolke*, EuR 2006, 432 (443); in diesem Sinne auch bereits unter 3. Kapitel I. 1. B.; a.A. *Streinz/Ohler/Herrmann*, Vertrag von Lissabon, S. 99, die Rechtsakte mit und ohne Gesetzescharakter als gleichrangig einstufen. Eine Hierarchie zwischen Rechtsakten mit Gesetzescharakter, delegierten Rechtsakten und Durchführungsrechtsakten ergibt sich hier vielmehr aufgrund deren Bedingtheit.

611 CONV 423/02, Beitrag des Mitglieds des Konvents Herrn Andrew Duff: „Legislative und Exekutive in der Europäischen Union: eine Neuregelung“ v. 22.11.2001, S. 2; CONV 424/02, Schlussbericht der Gruppe IX „Vereinfachung“ v. 29.11.2002, S. 8 f., verdeutlichen die gewollte Hierarchie im Unionsrecht von Gesetzgebungsakten, delegierten Rechtsakten und Durchführungsrechtsakten.

V. Zum Begriff des Tertiärrechts

Die in den exekutiven Rechtsetzungsverfahren ergangenen Rechtsakte werden in der Literatur häufig als Tertiärrecht bezeichnet.[612]

Dieser Begriff erscheint mit Blick auf das Zustandekommen der Regelungen und deren Stellung innerhalb der Verträge zunächst nachvollziehbar. Das Vertragsrecht als Primärrecht wird von den Mitgliedstaaten erlassen, das darauf basierende Sekundärrecht nach Art. 289 AEUV hingegen vom Unionsgesetzgeber. Es erscheint deshalb konsequent, das Recht, das aufgrund eines sekundärrechtlichen Basisrechtsakts erlassen wird, als Tertiärrecht zu bezeichnen.[613]

Im Gegensatz zu den Bezeichnungen des Primär- und Sekundärrechts findet der Begriff des Tertiärrechts in den europarechtlichen Quellen so keine Erwähnung. Diese Nichtexistenz kann als Indiz dafür gewertet werden, dass die Schaffung des Begriffs „Tertiärrecht", anders als die des Primär- und Sekundärrechts, so nicht vorgesehen war. Überdies muss berücksichtigt werden, dass es auch Durchführungsrechtsakte geben kann, die auf primärrechtlichen Regelungen und nicht auf einem Basisrechtsakt beruhten.[614] Des Weiteren erscheint der Begriff „Tertiärrechtsakt" mit Blick auf die bereits dargestellte Abgrenzungsproblematik wenig transparent. Vielmehr sollte sich die Begrifflichkeit für diese Form der Rechtsakte an denen des Vertragstextes orientieren, um somit die vom Gesetzgeber bezweckte Trennung von vornherein zu verdeutlichen.[615] Vor diesem Hintergrund sind die Art. 290 Abs. 3 AEUV und Art. 291 Abs. 4 AEUV zu beachten, die sich auch für eine eindeutige Bezeichnung des jeweiligen Rechtsakts aussprechen. Stattdessen sollte also entweder von delegierten Rechtsakten und Durchführungsrechtsakten oder zusammenfassend von abgeleiteter oder exekutiver Rechtsetzung gesprochen werden. Durch diese Bezeichnungen wird

---

612 *Groß*, DÖV 2004, 20 (20); *Huber*, Recht der europäischen Integration, §. 8 Rn. 117; *Streinz*, Europarecht, Rn. 425; *Fuhrmann*, 2007 DÖV, 464 (466); *Dörr/Lenz*, Europäischer Verwaltungsrechtsschutz, Rn. 10; anders *Craig*, EU Administrative Law, S. 111 ff., der delegierte Rechtsakte und Durchführungsrechtsakte als Sekundärrechtsakte bezeichnet.

613 *Biervert*, in: *Schwarze*, 4. Auflage, AEUV, Art. 288 Rn. 11.

614 Siehe hierzu bereits unter 3. Kapitel I. 1. c.; siehe auch *v. Achenbach*, Demokratische Gesetzgebung in der Europäischen Union, S. 46, die darauf verweist, dass delegierte Rechtsakte und Durchführungsrechtsakte im Verhältnis zu Basisrechtsakten keine „tertiäre Rechtsschicht" bilden.

615 *Ruffert*, in: Calliess/Ruffert, 4. Auflage, AEUV, Art. 288 Rn. 11; siehe auch *Härtel*, Europäische Rechtsetzung, § 15 Rn. 8.

vermieden, dass Inhalte von delegierten Rechtsakten und Durchführungsrechtsakten miteinander vermischt werden.

Zusammenfassend lässt sich deshalb sagen, dass der Begriff des „Tertiärrechts“ im Unionsrecht und in Anbetracht der Intransparenz der Art. 290 und Art. 291 AEUV[616] nicht geglückt ist. Der Begriff wurde deshalb in dieser Arbeit bewusst außen vor gelassen.

VI. Fazit

Delegierte Rechtsakte und Durchführungsrechtsakte sind als „Rechtsakte ohne Gesetzescharakter“ zu klassifizieren. Dabei sind sie dem Basisrechtsakt nach der Normenhierarchie der Verträge untergeordnet. Durch die Unterteilung in Rechtsakte mit und ohne Gesetzescharakter und deren Normierung in den Vorschriften Art. 289 ff. AEUV unter der Überschrift „Rechtsakte der Union“ wurde eine eindeutige Normenhierarchie im Unionsrecht geschaffen, die zukünftig für mehr Transparenz bei der europäischen Rechtsetzung sorgt.

Abgrenzungsprobleme ergeben sich zu anderen in den Verträgen vorgesehenen Instituten wie dem *Soft Law* und der Harmonisierung. Hierzu konnte festgestellt werden, dass das Verfahren in Art. 291 AEUV nicht mit dem Erlass von *Soft Law* durch die Kommission umgangen werden kann. Dennoch besteht eine Ähnlichkeit zwischen dem *Soft Law* der Kommission und Durchführungsrechtsakten, die eine Abgrenzung ohne genaue Bezeichnung des Rechtsakts erschwert. Des Weiteren konnten, vor allem mit Blick auf die Regelungsintention, gewisse Ähnlichkeiten zwischen den Durchführungsrechtsakten und den Harmonisierungsvorschriften der Art. 114 ff. AEUV ausgemacht werden. Die Untersuchung hat gezeigt, dass auch diesen beiden Instituten jeweils eine eigenständige und unterschiedliche Funktion in den Verträgen zukommt und sie deutlich voneinander zu trennen sind.

Mit der Normierung von Art. 290 und 291 AEUV hat der Unionsgesetzgeber somit zwei Gesetzgebungsinstitute geschaffen, die keine Entsprechung in den Verträgen finden. Die Art. 290 und Art. 291 AEUV erfüllen in der Systematik der Verträge eine eigenständige Funktion, die weder mit dem Erlass von *Soft Law* noch mit dem Erlass von Harmonisierungsvorschriften gem. Art. 114 ff. AEUV umgangen werden kann. Außerdem wird mit der Normierung der Art. 290 und Art. 291 AEUV ein logisches, transparentes und kohärentes System für die Gesetzgebungsmöglichkeiten innerhalb der Union geschaffen.

---

616 Hierzu ausführlich 4. Kapitel.

4. Kapitel – Gegenüberstellung und Abgrenzung der exekutiven Rechtsetzungsverfahren

Häufig diskutiert wird das Problem der Unterscheidung und Abgrenzung der Anwendungsbereiche von Delegation und Durchführung. Insbesondere mit Blick auf die hohe Relevanz der exekutiven Rechtsetzung für die Normgebung innerhalb der Union und ihre Bedeutung ist eine formale Abgrenzung anhand konkreter Unterscheidungsparameter unerlässlich.

Rund 20% der Sekundärrechtsakte sehen zurzeit eine Konkretisierung durch administrative Rechtsetzung vor.[617] Allein die Tatsache, dass mit Art. 290 AEUV eine neue Form von Rechtsakten geschaffen wurde, lässt zunächst darauf schließen, dass die Delegation etwas anderes intendiert als die aus der alten Rechtslage bekannten Durchführungsrechtsakte.[618]

Der Wortlaut der Art. 290 und Art. 291 AEUV macht bereits Vorgaben hinsichtlich der Anwendungsbereiche der Normen.[619] Bezeichnungen wie „Ergänzung“ und „Durchführungsbefugnisse“ lassen sich jedoch nicht deutlich zueinander abgrenzen.[620] Des Weiteren steht noch nicht fest, in welchen Fällen es sinnvoll erscheint, im Basisrechtsakt eine Delegation und ab wann eine Durchführungsmaßnahme vorzusehen. Die Frage, die sich unweigerlich stellt, ist, nach welchen formalen und inhaltlichen Abgrenzungskriterien eine solche Entscheidung vorgenommen wird. Der Vertrag von Lissabon lässt hierzu weitere Erläuterungen und Ausführungen vermissen.[621]

Aufgrund der unterschiedlichen Beteiligung der Institutionen in den Rechtsetzungserfahren der Art. 290 und Art. 291 AEUV ist das neue System der Austragungsort für zahlreiche Auseinandersetzungen politischer und institutioneller Art. Das Parlament sieht sich im Rahmen der Delegation aufgrund seiner Kontrollrechte besser aufgestellt, während die Kommission im Durchführungsverfahren wesentlich mehr Möglichkeiten hat ihre Interessen umzusetzen, ohne dabei auf Widerstand anderer europäischer Institutionen zu stoßen. Ein weiterer

617 *Sydow*, JZ 2012, 157 (157).

618 So auch Schlussantrag des Generalanwalts *Villalón* v. 19.12.2013, Rs. C-427/12, S. 14.

619 *Schoo*, in: Schwarze, 3. Auflage, AEUV, Art. 290 Rn. 2; *Kröll*, Art. 290 und 291 AEUV, S. 197.

620 *Gellermann*, in: Streinz, AEUV, Art. 291 Rn. 2.

621 *Hardacre/Kaeding*, EIPA-Leitfaden, S. 5.

Streit zwischen den Organen dreht sich um die Frage, ob es sich bei den Art. 290 und Art. 291 AEUV um eine Grauzone des Gesetzgebers oder um objektive Abgrenzungssätze handelt. Die Art. 290 und Art. 291 AEUV dürfen jedenfalls nicht dazu führen, dass hierdurch neue dauerhafte und arbeitsintensive Streitigkeiten zwischen den Institutionen entstehen, die das institutionelle Gleichgewicht in Frage stellen oder gar gefährden können.

Eine Abgrenzung und Gegenüberstellung der Art. 290 und Art. 291 AEUV ist schon vor der Maßgabe unerlässlich, dass die Gewährleistungen von Normenklarheit und Anwendungsklarheit unbedingte Voraussetzungen für Transparenz und Rechtssicherheit sind und somit für eine intakte und gegebenenfalls verbesserte Rechtsstaatlichkeit der Union. Auch das institutionelle Gleichgewicht kann nur unter der Voraussetzung gewahrt werden, dass die unterschiedlichen Akteure innerhalb der ihnen eindeutig zugeteilten Zuständigkeiten agieren und handeln. Zwei unterschiedliche Rechtsregime können auch nur dann zur Legitimation der Rechtsetzung beitragen, wenn diese anhand zwingender Kriterien voneinander unterschieden werden können.

Aufgrund dessen soll im weiteren Verlauf dieses Kapitels versucht werden unter Herausarbeitung verschiedener Kriterien, eine klare Abgrenzung der Art. 290 und Art. 291 AEUV vorzunehmen. Hierfür wird sich der klassischen juristischen Auslegungsmethoden bedient (I.) und ein Blick auf den praktischen Einsatz von delegierten Rechtsakten und Durchführungsrechtsakten geworfen (II.).

I. Auslegung der Art. 290 und Art. 291 AEUV unter besonderer Berücksichtigung des Urteils zur Rechtssache C-427/12

Der Streit über den Anwendungsbereich und die objektiven Abgrenzungskriterien von delegierten Rechtsakten und Durchführungsrechtsakten ist in der Literatur ein intensiv behandeltes Thema, welches jedoch noch nicht klar konturiert werden konnte. Teilweise gehen die Meinungen hierzu diametral auseinander, zum Teil überschneiden sie sich. Die Verträge als solche machen keine konkreten Angaben.[622]

---

622 *Edenharter*, DÖV 2011, 645 (649).

1. Notwendigkeit einer Abgrenzung

Für den Bürger ist es auf den ersten Blick nicht nachvollziehbar, warum deutlich zwischen Delegation und Durchführung unterschieden werden muss;[623] klingen doch die Normeninhalte in Art. 290 und Art. 291 AEUV so ähnlich und nichtssagend, dass nicht deutlich wird, was der Unionsgesetzgeber überhaupt mit diesen zwei unterschiedlichen Regelungen bezweckt.

Juristisch betrachtet genügt bereits die Möglichkeit, diese beiden Normen voneinander zu trennen, um den Anforderungen demokratischer und rechtsstaatlicher Prozesse gerecht zu werden. Grundsätzlich muss die Übertragung von Rechtsetzungsbefugnissen auf objektiven Gesichtspunkten und Verfahren beruhen, um somit dem Gesetzgeber eine stärkere Orientierung hinsichtlich seiner Wahlmöglichkeit zu geben und um die gerichtliche Kontrolle zu optimieren.[624]

Als der Konvent 2003 eine Unterscheidung der Rechtsakte ohne Gesetzescharakter in „delegierte Verordnungen" und „Durchführungsrechtsakte" anregte, wurde bereits kritisiert, dass eine Abgrenzung zwischen diesen beiden unklar sei.[625] Dennoch wurden die Vorschriften nach dem Scheitern des Verfassungsvertrages im Vertrag von Lissabon übernommen; die Abgrenzungsproblematik blieb bestehen. Während eine nachträgliche Abgrenzung aufgrund der Zusätze „delegiert" und „Durchführungs-„[626] einfach vorzunehmen ist,[627] ergeben sich im Vorfeld Probleme bezüglich der Abgrenzung aus den unterschiedlichsten Aspekten. Wie bereits dargelegt, wird der Wortlaut nicht weiter durch das Primärrecht konkretisiert. Schon deshalb ist es dem Rechtsanwender erschwert festzustellen, ob die beiden Normen sich tatsächlich ausschließen.[628] Für Irritation sorgt außerdem, dass zu der Durchführungsrechtsetzung weiterhin das Komitologieverfahren gehört, das bei der Delegation keine Anwendung findet.[629] Der Wortlaut des Art. 290 AEUV ist wiederum stark an das Regelungsverfahren mit Kontrolle

---

623 So auch Mitteilung der KOM an das EP und den Rat v. 9.12.2009, Umsetzung von Art. 290 des Vertrages über die Arbeitsweise der Europäischen Union, KOM (2009) 673 endg., S. 2.

624 Schlussantrag des Generalanwalts *Villalón* v. 19.12.2013, Rs. C-427/12, S. 2; EuGH, Rs. C-427/12 (KOM/EP & Rat), in amtl. Sammlung noch nicht veröffentlicht, Rn. 23.

625 CONV 850/03, Entwurf eines Vertrags über eine Verfassung für Europa v. 18.7.2003, Art. 35 und 36; *Schusterschitz*, in: Hummer/Obwexer, Vertrag von Lissabon, S. 229.

626 Siehe Art. 290 Abs. 3 und Art. 291 Abs. 4 AEUV.

627 *Glaser*, Die Entwicklung des Europäischen Verwaltungsrechts aus der Perspektive der Handlungsformlehre, S. 36.

628 *Wolfram*, CEP, S. 17.

629 Warum dies aber dennoch zweckmäßig ist, siehe bereits unter 2. Kapitel IV. 3.

angelehnt und wird aufgrund dessen häufig mit diesem gleichgestellt.[630] Art. 291 AEUV ähnelt indessen sehr stark dem Wortlaut des Art. 202 3. SpStr. EGV, insbesondere wegen der Verwendung des Begriffs „Durchführung". Da Art. 202 3. SpStr. EGV als Rechtsgrundlage für das Regelungsverfahren mit Kontrolle diente, könnte hieraus gefolgert werden, dass Art. 290 AEUV lediglich einen Unterfall von Art. 291 AEUV darstellt.[631]

Deutlich wird das Bedürfnis zur Abgrenzung. Der undeutliche Wortlaut und die Zusammenhänge zu der damaligen Regelung des Art. 202 3. SpStr. EGV erschweren diese Abgrenzung erheblich.

2. Abgrenzung des Gerichtshofs in der Rechtssache C-427/12 (Biozidprodukte-Entscheidung)

In seiner jüngsten Rechtsprechung setzte sich nunmehr der Europäische Gerichtshof in der Rechtssache C-427/12 erstmals mit der Problematik der Abgrenzung von Art. 290 zu Art. 291 AEUV auseinander. Anlass hierfür gab eine Klage der Kommission gegen Art. 80 Abs. 1 der Verordnung über die Bereitstellung auf dem Markt und die Verwendung von Biozid-Produkten.[632] Die Kommission wollte die Verordnung für nichtig erklärt wissen, da sie der Ansicht war, dass die zu entrichtenden Gebühren durch einen delegierten Rechtsakt und nicht durch einen Durchführungsrechtsakt festgelegt werden sollten. Sie sah hierin eine Vertragsverletzung, die insbesondere durch einen Verstoß gegen das System der Zuweisung der Regelungsbefugnisse nach Art. 290 und Art. 291 AEUV erfolgt sein sollte. Begründet sah die Kommission die Klage darin, dass ihr in der Verordnung Nr. 528/2012 die Befugnis eingeräumt wurde, den gesetzlichen Rahmen der Verordnung an verschiedenen Stellen durch nicht wesentliche Vorschriften zu ergänzen.[633] Das Europäische Parlament und der Rat machten

---

630 CONV 424/02, Schlussbericht der Gruppe IX „Vereinfachung" v. 29.11.2002, S. 9; *Ruffert*, in: Calliess/Ruffert, 4. Auflage, AEUV, Art. 290 Rn. 2; *Daiber*, EuR 2012, 240 (241); *Möllers*, EuR 2002, 483 (492 ff.); zur Abgrenzung dieser beiden Verfahren, siehe bereits unter 2. Kapitel I. 6.

631 *Schusterschitz*, in: Hummer/Obwexer, Vertrag von Lissabon, S. 232 f.

632 Verordnung (EU) Nr. 528/2012 des Europäischen Parlaments und des Rates v. 22.5.2012 über die Bereitstellung auf dem Markt und die Verwendung von Biozidprodukten Text von Bedeutung für den EWR (ABl. L 167 v. 27.6.2012); im weiteren Verlauf der Arbeit wird das Urteil des Gerichtshofs zur Rs. C-427/12 deshalb als *Biozid-Entscheidung* bezeichnet.

633 EuGH, Rs. C-427/12 (KOM/EP & Rat), in amtl. Sammlung noch nicht veröffentlicht, Rn. 26 ff.

hingegen geltend, dass die Regelung der Gebühren auf der Ebene der Gesetzgebung hinreichend detailliert und bestimmt genug sei, weshalb Art. 291 AEUV hier berechtigterweise vom Gesetzgeber vorgesehen worden sei.[634]

Die im September 2012 von der Kommission eingelegte Nichtigkeitsklage zur Frage der Abgrenzung von Art. 290 und Art. 291 AEUV wurde im März 2014 vom Europäischen Gerichtshof entschieden.[635] In seinem Urteil gibt der Gerichtshof im Wesentlichen den Wortlaut der Normen wieder und erläutert diesen kurz.[636] Hinsichtlich Art. 291 AEUV kommt er dabei zu dem Ergebnis, dass Voraussetzung für dessen Anwendung der Bedarf für einheitliche Bedingungen sei. Diese Voraussetzung müsse objektiv vorliegen.[637] Mit der übertragenen Durchführungsbefugnis solle der Basisrechtsakt präzisiert werden, um so seine Umsetzung in allen Mitgliedstaaten sicherzustellen.[638]

Bezüglich der delegierten Rechtsakte nach Art. 290 AEUV hält der Gerichtshof fest, dass das Erfordernis, konkrete Vorgaben über den Regelungsgegenstand bereits im Basisrechtsakt zu machen, darauf schließen lasse, dass

> „die Übertragung einer delegierten Befugnis dem Erlass von Vorschriften dient, die sich in seinen rechtlichen Rahmen einfügen, wie er durch den Basisrechtsakt definiert ist".[639]

Am Ende dieser recht knappen und oberflächlichen Untersuchung gelangt der Gerichtshof zu dem Ergebnis, dass der Gesetzgeber über ein Ermessen verfügt, ob er die Kommission zum Erlass von delegierten Rechtsakten ermächtigt oder ihr Durchführungsbefugnisse überträgt. Der Gerichtshof stellt fest, dass sich die gerichtliche Überprüfbarkeit einer solchen Ermessensentscheidung folglich nur auf offensichtliche Beurteilungsfehler beschränken kann.[640] Im weiteren Verlauf seiner Würdigung beschäftigt er sich mit der Frage, ob der Gesetzgeber im

---

634 EuGH, Rs. C-427/12 (KOM/EP & Rat), in amtl. Sammlung noch nicht veröffentlicht, Rn. 31.

635 EuGH, Rs. C-427/12 (KOM/EP & Rat), in amtl. Sammlung noch nicht veröffentlicht.

636 EuGH, Rs. C-427/12 (KOM/EP & Rat), in amtl. Sammlung noch nicht veröffentlicht, Rn. 34, 37.

637 EuGH, Rs. C-427/12 (KOM/EP & Rat), in amtl. Sammlung noch nicht veröffentlicht, Rn. 33, 34.

638 EuGH, Rs. C-427/12 (KOM/EP & Rat), in amtl. Sammlung noch nicht veröffentlicht, Rn. 39.

639 EuGH, Rs. C-427/12 (KOM/EP & Rat), in amtl. Sammlung noch nicht veröffentlicht, Rn. 38.

640 EuGH, Rs. C-427/12 (KOM/EP & Rat), in amtl. Sammlung noch nicht veröffentlicht, Rn. 40.

konkreten Fall zurecht von der Übertragung von Durchführungsbefugnissen ausgehen durfte[641] und bejaht dies abschließend.[642]

Bereits im Vorfeld hatte der Generalanwalt des Verfahrens *Villalón* deutlich gemacht, dass dies nicht das letzte Verfahren zu der Frage der Abgrenzung gewesen sei und dass seiner Meinung nach mit dem anstehenden Urteil des Gerichtshofs noch nicht alle problematischen Fragen zur Delegation und Durchführung geklärt werden könnten.[643]

Nachstehend sollen die Regelungen der Art. 290 und Art. 291 AEUV anhand der klassischen Auslegungsmethoden unter kritischer Berücksichtigung der *Biozidprodukte-Entscheidung* des Gerichtshofs untersucht werden. Ziel ist es, die verschiedenen Ansätze zu bewerten und möglichst eindeutige Abgrenzungskriterien zu entwickeln.

3. Abgrenzungskriterien

Im Folgenden soll der Versuch unternommen werden die Art. 290 und Art. 291 AEUV anhand der klassischen Auslegungsmethoden (a., b., c., d.) voneinander abzugrenzen und ihren Anwendungsbereich klar zu umzeichnen.

a. Auslegung des Wortlauts

Zuerst soll der Wortlaut der Normen untersucht werden.[644] Dazu wird sowohl bei Art. 290 AEUV (aa.) als auch bei Art. 291 AEUV (bb.) ein besonderes Augenmerk auf bestimmte Termini der Normen gelegt. Zuletzt sollen die verschiedenen Wortlaute der Normen gegenübergestellt werden (cc.).

aa. Delegierte Rechtsakte nach Art. 290 AEUV

Dem Wortlaut von Art. 290 Abs. 1 AEUV nach handelt es sich bei delegierten Rechtsakten um „Rechtsakte ohne Gesetzescharakter mit allgemeiner Geltung zur Ergänzung oder Änderung bestimmter nicht wesentlicher Vorschriften des

---

641 EuGH, Rs. C-427/12 (KOM/EP & Rat), in amtl. Sammlung noch nicht veröffentlicht, Rn. 41 ff.

642 EuGH, Rs. C-427/12 (KOM/EP & Rat), in amtl. Sammlung noch nicht veröffentlicht, Rn. 48, 52.

643 Schlussantrag des Generalanwalts *Villalón* v. 19.12.2013, Rs. C-427/12, S. 1 f.

644 Auch die KOM nahm bei ihrer Abgrenzung überwiegend auf den Wortlaut der Normen Bezug, EuGH, Rs. C-427/12 (KOM/EP & Rat), in amtl. Sammlung noch nicht veröffentlicht, Rn. 23.

betreffenden Gesetzgebungsakts". Außerdem sind die „wesentlichen Aspekte" eines Bereichs dem Gesetzgebungsakt vorbehalten.

(1) Bedeutung der Phrase „Rechtsakte ohne Gesetzescharakter mit allgemeiner Geltung"

Wie bereits dargelegt handelt es sich bei einem Rechtsakt ohne Gesetzescharakter um einen Rechtsakt, der nicht in einem Gesetzgebungsverfahren zustande gekommen, aber dennoch rechtlich bindend ist. Er kann genau wie ein Rechtsakt mit Gesetzescharakter abstrakt-generell erlassen werden und unmittelbare Geltung beanspruchen. Der einzige Unterschied zwischen einem Rechtsakt mit oder ohne Gesetzescharakter liegt im Zustandekommen des Akts.[645]

Fraglich ist aber, was der Gesetzgeber mit dem Zusatz „allgemeine Geltung" zum Ausdruck bringen wollte. Denn dieses Kriterium wird bereits durch die abstrakt-generelle Bedeutung eines Rechtsakts ohne Gesetzescharakter mitumfasst.[646] Eine Absicht könnte gewesen sein, hierdurch abermals explizit hervorzuheben, dass der Erlass von individuellen Rechtsakten im Rahmen der Delegation ausgeschlossen werden sollte.[647] Denkbar ist auch, dass der Gesetzgeber beabsichtigte, mittels der Bezeichnung „mit allgemeiner Geltung" zu verdeutlichen, dass die Kommission im Rahmen der Delegation keine eigenen gesetzgeberischen Entscheidungen treffen kann. Die Kommission ist also nur zur Regelung von „Allgemeinem" befugt.[648] Hiermit wird eine willkürliche Diskriminierung oder Privilegierung Einzelner vermieden und gleichzeitig ein Beitrag zum rechtsstaatlichen Gleichheitsgebot geleistet.[649]

(2) Bedeutung der Phrase „Ergänzung oder Änderung"

Durch das Rechtsinstitut der Delegation wird die Kommission zur Ergänzung oder Änderung nicht wesentlicher Vorschriften des Basisrechtsakts ermächtigt. Die Ermächtigung bezieht sich somit immer auf den Basisrechtsakt, der ergänzt

645 Siehe 3. Kapitel I. 1. b.

646 Siehe 3. Kapitel. I. 1. b. aa.

647 Mitteilung der KOM an das EP und den Rat v. 9.12.2009, Umsetzung von Art. 290 des Vertrages über die Arbeitsweise der Europäischen Union, KOM (2009) 673 endg., S. 4; *Kröll*, Art. 290 und 291 AEUV, S. 198; *Schoo*, in: Schwarze, 3. Auflage, AEUV, Art. 290 Rn. 18; EuGH, Rs. C-263/02 (Jégo-Quéré), Slg. 2004, I-3425.

648 *Hofmann*, ELJ 15/2009, 482 (491).

649 *Rieckhoff*, Der Vorbehalt des Gesetzes im Europarecht, S. 24 f.; *Borer*, Das Legalitätsprinzip und die auswärtigen Angelegenheiten, S. 223 ff.; *Triantafyllou*, Vom Vertrags- zum Gesetzesvorbehalt, S. 309.

oder geändert werden muss, um vollzugsfähig zu werden oder zu bleiben.[650] Es ist deshalb notwendig, einen ausführlichen Blick auf die Begriffe „Ergänzung" und „Änderung" zu werfen.

Bei der klassischen lexikalischen Bedeutung des Begriffs „ergänzen" finden sich folgende Ausführungen:

> [1] vervollständigen, ergänzen, komplettieren, abrunden, auffrischen, auffüllen, hinzufügen, vervollständigen.[651]

Ausgehend von dieser Bedeutung, dient die Ergänzung im Kontext des Art. 290 AEUV der Vervollständigung und weiteren Konkretisierung des Basisrechtsakts.[652] Der Basisrechtsakt bleibt dabei in seiner ursprünglichen Form erhalten; es treten jedoch weitere Regelungen hinzu. Probleme ergeben sich im Hinblick darauf, dass auch im Rahmen der Durchführung die Kommission ergänzende Rechtsakte erlässt, mit denen die einheitliche Durchführung des Unionsrechts sichergestellt werden soll. Insofern kann der Begriff „ergänzen" nicht zu einer Abgrenzung beitragen, sondern vereinheitlicht vielmehr die Rechtsfolgenseite der Art. 290 und Art. 291 AEUV. Zusammenfassend ist dieses Begriffsmerkmal als Abgrenzungskriterium somit nicht geeignet.

Für den Begriff der Änderung findet sich folgende Definition:

> [1] abwandeln, anders machen, neu gestalten, überarbeiten, überführen, umarbeiten, umbilden, umformen, umfunktionieren, umgestalten, ummodeln, umstellen, verändern, verwandeln.[653]

Eine Änderung fügt dem Basisrechtsakt keine Regelung hinzu, sondern der Basisrechtsakt wird selbst in seiner Gestalt verändert, um neuen Gegebenheiten zu entsprechen.[654]

Bereits diese kurzen Ausführungen verdeutlichen, dass es sich um zwei unterschiedliche Einwirkungsmethoden auf den Basisrechtsakt handelt. Die Ermächtigung zur Delegation kann von der Regelung von Detailfragen, durch die der Basisrechtsakt konkretisiert wird, bis hin zur späteren Änderung bestimmter Teilaspekte des ursprünglichen Basisrechtsakts geschehen.[655]

---

650 *Stelkens*, EuR 2012, 511 (537).

651 Abrufbar unter: http://www.duden.de/suchen/dudenonline/erg%C3%A4nzen (zuletzt aufgerufen am: 26.1.2015).

652 Siehe 2. Kapitel I. 1. a.

653 Abrufbar unter: http://www.duden.de/suchen/dudenonline/%C3%A4ndern (zuletzt aufgerufen am: 26.1.2015).

654 Siehe 2. Kapitel. I. 1. b.

655 CONV 424/02, Schlussbericht der Gruppe IX „Vereinfachung" v. 29.11.2002, S. 11.

(3) Bedeutung der Phrase „Bestimmter nicht wesentlicher Vorschriften"

Auch das Wesentlichkeitskriterium als materieller Vorbehalt für die Übertragung quasi-legislativer Befugnisse wurde bereits ausgiebig beleuchtet.

Danach gelten solche Vorschriften als wesentlich, mit denen die grundsätzliche Ausrichtung der Unionspolitik umgesetzt wird. Wesentlich ist also immer das, was als Ziel für die Unionspolitik relevant ist.[656] Einheitliche Kriterien, an denen sich festmachen ließe, was als wesentlich zu betrachten ist, existieren nicht. Das Prinzip der begrenzten Einzelermächtigung gilt bei der Beurteilung des Wesentlichkeitsmerkmals als einziger Anhaltspunkt, währenddessen alles Weitere in den Beurteilungsspielraum des Gesetzgebers fällt, der Ziel, Inhalt und Dauer in seinem Basisrechtsakt festlegen muss.[657]

Fraglich ist, inwiefern der Wesentlichkeitsvorbehalt als Abgrenzungskriterium zwischen Delegation und Durchführung gesehen werden kann oder ob ein solcher Vorbehalt dem Art. 291 AEUV entgegen seines Wortlauts inhärent ist.[658]

(4) Zwischenergebnis

Die vorstehenden Betrachtungen verdeutlichen, dass die Kommission im Rahmen der Delegation dazu angehalten ist, bindende Rechtsakte in abstrakt-genereller Form zu erlassen. Individuelle Rechtsakte sind von dieser Befugnis ausgeschlossen.

Dennoch ist die Kommission nicht befugt, eigene gesetzgeberische Entscheidungen zu treffen. Rechtsstaatlich wird dies durch den Wesentlichkeitsvorbehalt und die zu treffenden Vorgaben des Basisrechtsakts[659] sichergestellt, der gleichzeitig das quasi-legislative Tätigwerden der Kommission in diesen Fällen unterstreicht. Mithin ist von einer Regelung in Form der horizontalen Gewaltenteilung zwischen den Unionsorganen auszugehen.

Anders als Generalanwalt *Villalón*, der in seinem Schlussantrag darauf hinweist, dass bei einer Befugnisübertragung nicht zwangsläufig von einer Delegation von Gesetzgebungskompetenzen auf die Kommission ausgegangen werden kann,[660] ist festzustellen, dass der Unionsgesetzgeber als Legislativorgan der Kommission als Exekutivorgan unter bestimmten Voraussetzungen

---

656 Siehe 2. Kapitel I. 3. a.

657 Siehe 2. Kapitel. I. 3. b.

658 Siehe hierzu noch im 4. Kapitel. I. 2. b. bb. (4).

659 EuGH, Rs. C-427/12 (KOM/EP & Rat), in amtl. Sammlung noch nicht veröffentlicht, Rn. 38.

660 Schlussantrag des Generalanwalts *Villalón* v. 19.12.2013, Rs. C-427/12, S. 6.

quasi-legislative Befugnisse überträgt. Verdeutlicht wird dies weiterhin durch den Wortlaut der Überschrift des Art. 290 AEUV, der von „Übertragene Gesetzgebungsbefugnisse“ spricht.[661]

bb. Durchführungsrechtsakte nach Art. 291 AEUV

Als nächstes soll der Wortlaut des Art. 291 AEUV genauer betrachtet werden. Auch hier soll zunächst ein Augenmerk auf die einzelnen Satzelemente der Vorschrift gelegt werden, bevor diese bewertet werden können.

(1) Bedeutung der Phrase „Verbindliche Rechtsakte der Union“

Nach Art. 288 AEUV sind mit verbindlichen Rechtsakten Verordnungen, Richtlinien und Beschlüsse gemeint. Diese sollen nach Art. 291 Abs. 2 AEUV ausnahmsweise von der Kommission durchgeführt werden, sobald ein Bedarf hierzu besteht.

Verbindliche Rechtsakte der Union sind sowohl Rechtsakte mit als auch ohne Gesetzescharakter. Da Rechtsakte mit Gesetzescharakter nur solche sind, die in einem Gesetzgebungsverfahren zustande gekommen sind, fallen unter die Rechtsakte ohne Gesetzescharakter die delegierten Rechtsakte und die Durchführungsrechtsakte.[662]

Daraus folgt, dass delegierte Rechtsakte als verbindliche Rechtsakte im Sinne von Art. 291 Abs. 2 AEUV einen Basisrechtsakt darstellen können, der zum Erlass von Durchführungsbefugnissen ermächtigt. Gleichfalls lässt sich hieraus aber auch folgern, dass die Kommission sich innerhalb der Delegation selbst Durchführungsbefugnisse einräumen oder sich innerhalb eines Durchführungsrechtsakts weitere Befugnisse zur Durchführung übertragen könnte.

Diese Möglichkeiten erscheinen mit Blick auf die Recht- und Zweckmäßigkeit der exekutiven Rechtsetzung zunächst problematisch.[663] Es gilt diesbezüglich jedoch Verschiedenes zu beachten. Grundsätzlich macht der Gesetzgeber der Kommission im Basisrechtsakt Vorgaben darüber, welche Befugnisse sie innerhalb der Delegation wahrnehmen kann und darf. Ermöglichen die Vorgaben eines jeweiligen Basisrechtsakts, dass sich die Kommission im Rahmen der Delegation selbst zum Erlass von Durchführungsrechtsakten ermächtigt, so muss berücksichtigt werden, dass die Kommission mit ihrer Expertise vom Gesetzgeber mit dieser Aufgabe betraut wurde. Eine Rückbindung des delegierten

---

661 *Schwartmann*, Textbuch Deutsches Recht, Der Vertrag von Lissabon, Art. 290.

662 Siehe hierzu 3. Kapitel I. 1.; außerdem *Kröll*, Art. 290 und 291 AEUV, S. 206.

663 So auch *Bast*, CMLR 2012, 885 (923).

Rechtsakts, mit dem Durchführungsbefugnisse übertragen werden, an den gesetzgeberischen Willen ist somit gegeben. Weiterhin ist bis dato kein Beispiel dafür bekannt, dass die Kommission sich selber mit weiteren Durchführungsbefugnissen durch einen Durchführungsakt ausgestattet hat. Darüber hinaus wäre ein solches Vorgehen der Kommission nicht zweckmäßig oder notwendig. Die Durchführungsbefugnisse der Kommission beziehen sich bei der Übertragung im Basisrechtsakt immer nur auf den Rechtsakt für dessen Vollzug die Kommission im Rahmen der Durchführung einheitliche Bedingungen schaffen soll. Wie viele Rechtsakte von der Kommission hierfür erlassen werden dürfen, ist nicht festgelegt. Verbindlich ist also einzig das „Vollzugsziel", während der Weg, der hierfür von der Kommission gewählt wird, freigestellt ist. Die Gefahr, dass die Kommission sich innerhalb eines Durchführungsrechtsakts selber zum Erlass von Durchführungsrechtsakten ermächtigen könnte, besteht somit nicht.

Es ist davon auszugehen, dass der Gesetzgeber in Art. 291 Abs. 2 AEUV bewusst die Bezeichnung „verbindliche Rechtsakte" gewählt und sich nicht nur auf Rechtsakte mit Gesetzescharakter beschränkt hat. Damit wird gewährleistet, dass ein delegierter Rechtsakt bei Bedarf effektiv durchgeführt wird.

(2) Bedeutung der Begriffe „Erforderliche Maßnahmen" und „Durchführungsbefugnisse"

Art. 291 Abs. 1 AEUV spricht von erforderlichen Maßnahmen, die von den Mitgliedstaaten ergriffen werden können, um verbindliche Rechtsakte der Union durchzuführen. Hiervon sind alle Maßnahmen umfasst, die einem Mitgliedstaat aufgrund seiner innerstaatlichen Rechtsordnung zur Verfügung stehen, also der legislative, der administrative und der judikative Vollzug.[664]

In Art. 291 Abs. 2 AEUV findet eine Kompetenzverlagerung dahingehend statt, dass die Kommission oder der Rat anstelle der Mitgliedstaaten ermächtigt wird, die erforderlichen Maßnahmen zu erlassen.[665] Statt von erforderlichen Maßnahmen ist hier synonym von „Durchführungsbefugnissen" die Rede. Aus der Bedeutungsgleichheit der beiden Bezeichnungen folgt, dass die Kommission und unter Umständen der Rat, wie die Mitgliedstaaten die Möglichkeit haben müssen, sämtliche Maßnahmen zu ergreifen, die ihnen nach dem Unionsrecht zur Verfügung stehen.[666] Es stellen sich deshalb die Fragen, welche Maßnahmen

664 Siehe bereits 2. Kapitel III. 1.
665 *Stelkens*, EuR 2012, 511 (512).
666 Hierzu bereits unter 2. Kapitel II. 1. b. bb.

nach dem Unionsrecht hiervon umfasst sein könnten und wann die Ergreifung einer solchen Maßnahme erforderlich ist.

Unter Maßnahmen im Sinne von Art. 291 Abs. 2 AEUV können nach dem Unionsrecht unter anderen die im Art. 288 AEUV festgelegten Handlungsformen zu verstehen sein. Problematischer ist aber die Frage, ob diese nur abstrakt-generelle, nur konkret-individuelle Regelungen oder beide Arten betreffen können. Wird von der Annahme ausgegangen, dass mit Maßnahmen nur abstrakt-generelle Regelungen gemeint sein sollen, würden die Durchführungsrechtsakte neben die delegierten Rechtsakte treten.[667] Die Absicht, dass nur in Form von abstrakt-generellen Vorschriften geregelt werden soll, beschreibt der Vertrag in Art. 290 Abs. 1 AEUV mit „Rechtsakte ohne Gesetzescharakter mit allgemeiner Geltung".[668] Indem in Art. 291 AEUV nicht dieser Wortlaut verwendet wird, sondern von „erforderlichen Maßnahmen" die Rede ist, wird verdeutlicht, dass hiermit etwas anderes umfasst werden sollte. Der Art. 291 AEUV kann aufgrund der Formulierung „erforderliche Maßnahmen" also nicht nur den Erlass abstrakt-genereller Regelungen umfassen. Überdies könnten mit dem Begriff Maßnahmen auch nur solche Regelungen des administrativen, einzelfallbezogenen Vollzugs, also konkret-individuelle Maßnahmen, gemeint sein. In diesem Zusammenhang ist wiederum auf Art. 291 Abs. 1 AEUV zu verweisen, der die Mitgliedstaaten dazu ermächtigt, jede denkbare Maßnahme nach innerstaatlichem Recht zu ergreifen. Von einzelfallbezogenem Vollzug ist hier nicht die Rede, weshalb nach dem zuvor Gesagten der ausschließliche Erlass konkret-individueller Maßnahmen nicht für die Kommission gelten kann.[669]

Vorzugwürdig erscheint daher die Annahme, dass mit Maßnahmen im Sinne von Art. 291 Abs. 2 AEUV sowohl abstrakt-generelle Regelungen, in Form von Durchführungsrechtsetzung, als auch konkret-individuelle Regelungen, als administrative Einzelfallvollzugsakte, ergehen können.[670] Hierfür spricht vor allem, dass es der Kommission und dem Rat bereits im Rahmen von Art. 202 3. SpStr., 211 4. SpStr. EGV möglich war, ihre Durchführungsbefugnisse in Form von konkret-individuellen Regelungen wahrzunehmen und dieser heute in Art. 291

667 *Stelkens*, EuR 2012, 511 (514).

668 Siehe hierzu bereits 4. Kapitel I. 3. b. aa. (1).

669 *Stelkens*, EuR 2012, 511 (516).

670 Ausführlich hierzu auch *Krönke*, Die Verfahrensautonomie der Mitgliedstaaten der Europäischen Union, S. 59 f.; *Glaser*, Die Entwicklung des Europäischen Verwaltungsrechts aus der Perspektive der Handlungsformlehre, S. 31 f.

AEUV seine Entsprechung findet.[671] Auch die Auslegung des Wortlauts von Art. 290 AEUV legt diese Vermutung nahe.[672] Absicht der Verträge war es, eine schärfere Trennung zwischen quasi-legislativen und exekutiven Befugnissen der Kommission zu bewirken, indem die Handlungslehre der Union vereinfacht werden sollte.[673] Auch wenn der Gewaltenteilungsbegriff in einer europäischen Dimension betrachtet werden muss,[674] wird hiermit nur zusätzlich dem Gedanken der Rechtsstaatlichkeit der Union Rechnung getragen. Denn sowohl die Durchführungsrechtsetzung als auch administrative Einzelvollzugsregelungen müssen auf einer gesetzlichen Regelung begründet werden.[675] Der Begriff der Durchführungsbefugnisse umfasst daher abstrakt-generelle und konkret-individuelle Regelungen.[676]

Die Erforderlichkeit zum Erlass einer Maßnahme im Sinne von Art. 291 Abs. 1 AEUV ergibt sich aus der Verpflichtung der Mitgliedstaaten, verbindliche Rechtsakte der Union umzusetzen und den Vollzug des Unionsrechts durch ihre innerstaatlichen Vollzugsapparate zu garantieren. Für die Kommission und den Rat muss hier etwas anderes gelten, da sie keine primäre Pflicht zum Tätigwerden trifft. Eine Maßnahme ist in diesem Fall erforderlich, wenn durch den Vollzug der Mitgliedstaaten keine einheitlichen Bedingungen hergestellt werden können.[677] Die Erforderlichkeit für den Erlass von Maßnahmen seitens der Union ist daher an den objektiven Bedingungseintritt des Bedarfs an einheitlichen Bedingungen geknüpft. Hierauf wird im Folgenden weiter eingegangen.

(3) Bedeutung der Phrase „Bedarf einheitlicher Bedingungen“

Art. 291 Abs. 2 AEUV spricht vom „Bedarf einheitlicher Bedingungen“. Dieser Bedarf muss als objektives Kriterium vorliegen, damit eine Übertragung von Durchführungsbefugnissen auf die Kommission und den Rat möglich ist.[678]

---

671 Vgl. *Stelkens*, EuR 2012, 511 (517 f.), mit der Begründung, dass das was seinerzeit für Art. 202 EGV galt, nicht so auf die heutigen Regelungen übertragen werden kann.

672 4. Kapitel I. 2. a. und b. aa. (1).

673 Siehe 4. Kapitel I. 3. a.

674 Siehe 1. Kapitel III.

675 *Stelkens*, EuR 2012, 511 (519 f.).

676 So i.E. auch die Mitteilung der KOM an das EP und den Rat v. 9.12.2009, Umsetzung von Art. 290 des Vertrages über die Arbeitsweise der Europäischen Union, KOM (2009) 673 endg., S. 4.

677 CONV 424/02, Schlussbericht der Gruppe IX „Vereinfachung“ v. 29.11.2002, S. 12.

678 EuGH, Rs. C-427/12 (KOM/EP & Rat), in amtl. Sammlung noch nicht veröffentlicht, Rn. 34; *Daiber*, EuR 2012, 240 (242).

Wie bereits ausgeführt,[679] liegt ein „Bedarf einheitlich Bedingungen" regelmäßig dann vor, wenn sich die Durchführung durch die Union nach dem Subsidiaritätsprinzip als erforderlich erweist.[680] Das heißt, dass die Union immer dann tätig werden darf, wenn das angestrebte Ziel nicht besser durch die Mitgliedstaaten erreicht werden kann.[681] Das angestrebte Ziel ist hier regelmäßig die effektive Umsetzung des Unionsrechts[682] und somit das politische Ziel, das der Unionsgesetzgeber zuvor im Basisrechtsakt festgesetzt hat. Der „Bedarf einheitlicher Bedingungen" ist ein objektives Merkmal des Art. 291 Abs. 2 AEUV. Jedoch muss er zuvor durch den Unionsgesetzgeber festgestellt und beurteilt werden.

Es stellt sich deshalb die Frage, ob sich der „Bedarf" anhand weiterer Kriterien oder spezieller Handlungsbereiche konkretisieren lassen kann, um so ein höheres Maß an Rechtssicherheit zu gewährleisten. Hierfür gilt es erneut einen Blick auf Art. 5 Abs. 3 EUV zu werfen.

> „Nach dem Subsidiaritätsprinzip wird die Union in den Bereichen, die nicht in ihre ausschließliche Zuständigkeit fallen, nur tätig, sofern und soweit die Ziele der in Betracht gezogenen Maßnahmen von den Mitgliedstaaten weder auf zentraler noch auf regionaler oder lokaler Ebene ausreichend verwirklicht werden können, sondern vielmehr wegen ihres Umfangs oder ihrer Wirkungen auf Unionsebene besser zu verwirklichen sind."

Hieraus ließe sich schließen, dass die Union, sobald einer der Bereiche des Art. 3 AEUV, der die ausschließlichen Zuständigkeiten der Union normiert, vorliegt, vom Subsidiaritätsprinzip mit Blick auf den Bedarf von einheitlichen Bedingungen freigesprochen ist und somit immer primär auch für die Durchführung der Bereiche aus Art. 3 AEUV zuständig ist.

Eine solche Vorgehensweise würde jedoch dem allgemeinen Grundsatz aus Art. 291 Abs. 1 AEUV zuwiderlaufen, wonach die Mitgliedstaaten immer vorrangig für die Durchführung des Unionsrechts verantwortlich sind. Die Durchführung des Unionsrechts ist den Mitgliedstaaten aufgrund ihrer innerstaatlichen Rechts- und vor allem Verwaltungsapparate im Regelfall effektiver möglich als der Union selbst. Art. 291 Abs. 2 AEUV soll demnach lediglich die Ausnahme zum Vollzug durch die Mitgliedstaaten darstellen, sofern eine effektive Durchführung durch die Mitgliedstaaten nicht gewährleistet werden kann.

---

679 Siehe 2. Kapitel II. 2. a.

680 So auch Schlussantrag des Generalanwalts *Villalón* v. 19.12.2013, Rs. C-427/12, S. 9.

681 Siehe Art. 5 Abs. 3 EUV; außerdem *Schütze*, CMLR 2010, 1385 (1410), der in diesem Zusammenhanf von "exekutiver Subsidiarität" spricht.

682 *Schroeder*, AöR 129/2004, 3 (17 f.).

Diese Annahme wird auch von Art. 2 Abs. 1 Halbsatz 2 EUV untermauert, der klarstellt, dass im Rahmen der ausschließlichen Zuständigkeiten die Mitgliedstaaten für die Durchführung des Unionsrechts zuständig sind. Im Handlungsbereich der ausschließlichen Zuständigkeit muss also, trotz des 1. Halbsatzes in Art. 5 Abs. 3 EUV, die Voraussetzung des einheitlichen Bedarfs weiterhin erfüllt sein.

Ob sich die Anwendung des Subsidiaritätsprinzips für die Feststellung eines einheitlichen Bedarfs durch weitere Merkmale konkretisieren lässt, ist den Verträgen nicht zu entnehmen. Lediglich der Gerichtshof könnte dieses Merkmal konkretisieren. Es ist jedoch nicht ersichtlich, welche ergänzenden Merkmale sich neben dem Subsidiaritätsprinzip für die Feststellung des Bedarfs einheitlicher Bedingungen als zweckmäßig erweisen könnten.

(4) Vorhandensein eines ungeschriebenen Merkmals der Wesentlichkeit

Noch nicht abschließend geklärt ist die Frage, welche Folgen der Wesentlichkeitsvorbehalt des Art. 290 Abs. 1 AEUV für die Auslegung und damit auch hinsichtlich der Bedingungen und Grenzen des Erlasses von Durchführungsrechtsakten hat.[683]

Obwohl ein Wesentlichkeitsvorbehalt in Art. 291 Abs. 2 AEUV nicht ausdrücklich normiert ist, wird teilweise angenommen, dass auch die Übertragung von Durchführungsbefugnissen dem Wesentlichkeitsvorbehalt unterliegen müsse und somit als weitere Voraussetzung für eine Befugnisübertragung gelte.[684] Begründet wird diese Ansicht überwiegend damit, dass die bis zum Inkrafttreten des Vertrags von Lissabon ergangene Rechtsprechung in die Regelungen der Art. 290 und Art. 291 AEUV Eingang gefunden habe. Da sich die damalige Rechtsprechung des Europäischen Gerichtshofs zum Wesentlichkeitskriterium ausschließlich auf die Durchführungsbefugnisse in Art. 202 3. SpStr., 211 4. SpStr. EGV bezog, müsse Gleiches auch für die heutige Übertragung von Durchführungsbefugnissen in Art. 291 Abs. 2 AEUV gelten.[685] Hiergegen spricht indes der Wortlaut des Art. 291 Abs. 2 AEUV, der ausdrücklich auf eine zusätzliche Schranke verzichtet.[686] Des Weiteren hat sich die damalige Rechtsprechung

---

683 *Hofmann*, ELJ 15/2009, 482 (496); dies müsste umso mehr gelten, wenn berücksichtigt wird, dass Art. 202 EGV in Art. 291 AEUV Eingang gefunden hat.

684 *Gellermann*, in: Streinz, AEUV, Art. 291 Rn. 14; *Hofmann/Rowe/Türk*, Administrative Law and Policy of the European Union, S. 95.

685 *Mehde*, VVDStRL 71/2012, 418.

686 *Bueren*, EuZW 2012, 167 (170).

zum Wesentlichkeitskriterium[687] weitestgehend den Änderungen und Anforderungen des Vertrags von Lissabon angenähert und angepasst.[688]

Darüber hinaus sind die Grenzen dieser beider Artikel –wie dargelegt– vielmehr in den rechtsstaatlichen Vorgaben des Primärrechts zu sehen.[689] Da sich die Übertragung von Durchführungsakten allein auf exekutive Befugnisse beschränkt, scheint aus rechtsstaatlicher Sicht schon keine Notwendigkeit für eine Übertragung des Wesentlichkeitsvorbehalts auf Art. 291 Abs. 2 AEUV zu bestehen. Hierfür spricht auch ein Erst-Recht-Schluss. Sind wesentliche Regelungen bereits in delegierten Rechtsakten, die der Kommission quasilegislative Befugnisse übertragen, nicht zulässig, dann dürfen sie erst recht nicht im Rahmen der Durchführung getroffen werden.[690]

Die Ausweitung des Wesentlichkeitskriteriums auf den Art. 291 Abs. 2 AEUV erscheint somit weder vom Gesetzgeber gewollt, noch ist eine Ausweitung des Wesentlichkeitskriteriums bzgl. der Regelungsintention des Art. 291 AEUV zwingend notwendig.

(5) Zwischenergebnis

Der Wortlaut des Art. 291 AEUV umfasst, anders als zuvor Art. 202 3. SpStr., 211 4. SpStr. EGV, nur noch einen ganz bestimmten Unterfall der exekutiven Rechtsetzung.[691]

Auslöser für die Anwendung der Durchführungsrechtsetzung ist das Vorliegen eines objektiven Grundes. Es muss die Notwendigkeit bestehen, dass die verbindlichen Rechtsakte der Union einheitlich durchgeführt werden.[692] Wann ein solcher Bedarf für einheitliche Bedingungen vorliegt, wird weder durch das Gesetz noch nach der bisherigen Rechtsprechung definiert oder konkretisiert. Dem Gesetzgeber kommt daher bei seiner Beurteilung und Feststellung ein gewisser Spielraum zu.

Zu Unstimmigkeiten könnte es im Hinblick auf das Erfordernis der Verbindlichkeit der Rechtsakte kommen. Problematisch ist, dass die Kommission sich selbst durch den Erlass exekutiver Rechtsakte weitere Durchführungsbefugnisse übertragen kann. Wie dargelegt, wird dieses Vorgehen der Kommission durch

---

687 Siehe hierzu bereits unter 2. Kapitel I. 3. a.

688 *Möllers/v. Achenbach,* EuR 2011, 39 (48).

689 *Möstl,* DVBl. 2011, 1076 (1081).

690 *Hofmann,* ELJ 15/2009, 482 (488).

691 *Möstl,* DVBl. 2011, 1076 (1081).

692 Schlussantrag des Generalanwalts *Villalón* v. 19.12.2013, Rs. C-427/12, S. 9.

den Vertrag von Lissabon zwar nicht ausdrücklich, aber jedenfalls inzident ausgeschlossen. Daher hat das Problem keine praktischen Auswirkungen.

Der Begriff der erforderlichen Maßnahmen in Art. 291 Abs. 1 AEUV ist mit dem der Durchführungsbefugnisse in Art. 291 Abs. 2 AEUV gleichzustellen. Hieraus folgt, dass diese beiden Begriffe für die Mitgliedstaaten und die Kommission sowie den Rat die gleichen Möglichkeiten umfassen müssen. Gemeint sind alle möglichen Maßnahmen, die ihnen ihre jeweiligen Rechtssysteme zur Verfügung stellen. Auch die Überschrift des Art. 291 AEUV verdeutlicht, dass sich die „erforderlichen Maßnahmen" nach dem Willen des Gesetzgebers sowohl auf Abs. 1 als auch auf Abs. 2 beziehen sollten. Unter Maßnahmen sind deshalb sowohl abstrakt-generelle als auch konkret-individuelle Handlungen der Union zu verstehen.

Bei Art. 291 AEUV handelt es sich um eine Vorschrift der exekutiven Vollzugsoptimierung für das Unionsrecht. Die Mitgliedstaaten, die das Unionsrecht grundsätzlich durchführen, verlieren diese Befugnis, sobald das objektive Kriterium des Bedarfs von einheitlichen Bedingungen eintritt.[693] Art. 291 AEUV ist mithin als Regelung der vertikalen Gewaltenteilung[694] zwischen der Union und den Mitgliedstaaten zu verstehen. Er dient dazu, die Zuständigkeiten zwischen der Union und den Mitgliedstaaten deutlicher herauszustellen.[695]

cc. Gegenüberstellung des Wortlauts der Art. 290 und Art. 291 AEUV

Im Folgenden soll aufgezeigt werden, dass sich anhand des Wortlauts Abgrenzungskriterien von Delegation zur Durchführung festmachen lassen.

(1) Gewaltenteilungsprinzip

Anhand der Untersuchung des Wortlautes lässt sich zunächst feststellen, dass die Art. 290 und Art. 291 AEUV das institutionelle Gleichgewicht in der Union unterstreichen sollen.

Indem Art. 290 AEUV materielle und prozedurale Kriterien für eine Übertragung legislativer Rechtsetzungsbefugnisse durch den Unionsgesetzgeber auf die

---

693 Neben Art. 291 Abs. 1 AEUV steht Art. 197 Abs. 2 S. 4 AEUV, der die mitgliedstaatliche Organisations- und Verfahrensautonomie durch einen Harmonisierungsausschluss bestätigt, siehe *v. Danwitz*, Europäisches Verwaltungsrecht, S. 303.

694 Zum Begriff im europäischen Kontext *Hofmann/Rowe/Türk*, Administrative Law and Policy of the European Union, S. 6 f.

695 *Wolfram*, CEP, S. 17.

Kommission festlegt, handelt es sich folglich um einen Aspekt der horizontalen Gewaltenteilung[696] zwischen den Unionsorganen.[697]

Im Rahmen von Art. 291 AEUV findet hingegen eine Übertragung von Durchführungsbefugnissen, die originär in die Zuständigkeit der Mitgliedstaaten fallen, durch den Unionsgesetzgeber auf Kommission und Rat statt. Voraussetzung dafür ist das Vorliegen eines objektiven Grundes. Es handelt sich damit um einen Fall der vertikalen Gewaltenteilung.[698]

Untermauert wird diese Aussage durch die Tatsache, dass der Wesentlichkeitsvorbehalt allein in Art. 290 Abs. 1 AEUV Berücksichtigung findet; in Art. 291 Abs. 2 AEUV hingegen unberücksichtigt bleibt.

(2) Ergänzung und Durchführungsbefugnisse

Nach dem Wortlaut der beiden Normen ist davon auszugehen, dass für den Fall, dass der Basisrechtsakt einen Bereich bereits abschließend regelt, kein weiterer Bedarf für Ergänzungen und Änderungen im Sinne von Art. 290 Abs. 1 AEUV bleibt. In einem solchen Fall kann ausschließlich Art. 291 AEUV zur Anwendung kommen. Ist der Basisrechtsakt hingegen vom Gesetzgeber noch nicht abschließend geregelt, sodass der Kommission ein gewisser Spielraum zur weiteren Ausgestaltung überlassen wird, ist von einer Ermächtigung nach Art. 291 AEUV auszugehen.[699]

Problematisch im Hinblick auf die Abgrenzung der beiden Normen zueinander ist weiterhin die Bedeutung der Begriffe „Ergänzung“ und „Durchführungsbefugnisse“. Da im Rahmen der Durchführung der Basisrechtsakt notwendigerweise um weitere Rechtsakte ergänzt wird, kann es hier zu Überschneidungen und Irritationen hinsichtlich der Anwendung von delegierten Rechtsakten und Durchführungsakten kommen.[700] Ist die Kommission zum Beispiel durch den Gesetzgeber beauftragt worden innerhalb eines Basisrechtsakts bestimmte Richtlinienwerte zu erlassen, kann es sich hierbei sowohl um eine Ergänzung des Basisrechtsakts als auch um den Erlass eines

---

696 Zum Begriff im europäischen Kontext *Hofmann/Rowe/Türk*, Administrative Law and Policy of the European Union, S. 7 f.

697 So auch *Bast*, CMLR 2012, 885 (917).

698 *Möstl*, DVBl. 2011, 1076 (1081).

699 *Glaser*, Die Entwicklung des Europäischen Verwaltungsrechts aus der Perspektive der Handlungsformlehre, S. 38 f.

700 *Edenharter*, DÖV 2011, 645 (649); *Stelkens/Mehde*, VVDStRL 71/2012, 369 (467); *Craig*, The Lisbon Treaty, S. 276 f.; *Craig*, ELR 5/2011, 671 (672 f.); *Bast*, CMLR 2012, 885 (920).

Durchführungsrechtsaktes handeln, der dazu dient, einheitliche Bedingungen in den Mitgliedstaaten zu bewirken.

Weil der Wortlaut der Normen an dieser Stelle nicht exklusiv ist, ist es sinnvoll den Blick auf eine Abgrenzung auf der Rechtsfolgenseite der beiden Vorschriften zu richten. Für die Anwendung der in Art. 290 und Art. 291 AEUV festgelegten Verfahren ist es essentiell, bereits im Vorfeld festzulegen, ob die Kommission zur Delegation oder Durchführung ermächtigt werden soll. Aufgrund dieser Grauzone zwischen Art. 290 und Art. 291 AEUV müsste dem Gesetzgeber bereits im Vorfeld eine Art von Entscheidungskompetenz eingeräumt werden, ob er zur Delegation oder Durchführung ermächtigen will.[701]

Eine mögliche Lösung ist, dass der Gesetzgeber bei Überschneidungen der Anwendungsbereiche eine Prognose- oder Ermessensentscheidung hinsichtlich der Frage trifft, ob er delegierte Rechtsakte oder Durchführungsrechtsakte in seinem Basisrechtsakt vorsieht. Auf diese Möglichkeit wird im weiteren Verlauf der Arbeit noch ausführlich eingegangen.[702]

Daneben bietet sich noch eine weitere Lösung an, die gleichwohl auch als die radikalste bezeichnet werden kann. In diesem Fall müsste in einem Vertragsveränderungsverfahren der Wortlaut der Normen geändert werden. Hier liegt es nahe, bei dem Begriff „Ergänzung“ und somit dem Wortlaut des Art. 290 AEUV anzusetzen. Es wäre wenig sinnvoll, den Begriff „Durchführungsbefugnisse“ aus den Verträgen zu eliminieren, da der Begriff der Durchführung ein seit jeher im Europarecht integrierter Begriff ist.

Zwar lassen sich für den Begriff „Ergänzung“ verschiedene Synonyme wie „Zusatz“ oder „Anhang“ finden, die alternativ verwendet werden können. Die Bedeutungen dieser Synonyme überschneiden sich jedoch auch weiterhin mit der Bedeutung des Begriffs „Durchführungsbefugnisse“. Lediglich eine explizite Erläuterung zu dem Begriff „Ergänzung“, der eine Abgrenzung zu den „Durchführungsbefugnissen“ schon normintern vornimmt, könnte Abhilfe schaffen. Hierdurch wird deutlich, dass es bei der Abgrenzung viel weniger auf die Begriffe „Ergänzung“ und „Durchführungsbefugnisse“ selbst ankommt, als auf das mit dem Normzweck und der Befugnisübertragung verfolgte Ziel. Es muss davon ausgegangen werden, dass die Begriffe „Ergänzung“ und „Durchführungsbefugnisse“ in ihrer Bedeutung bewusst in den jeweiligen Normkontexten gewählt wurde. Hieraus ist jedoch nicht zu schlussfolgern, dass sich der Gesetzgeber über

---

701 *Stelkens/Mehde*, VVDStRL 71/2012, 369 (467 f.); so jetzt auch EuGH, Rs. C-427/12 (KOM/EP & Rat), in amtl. Sammlung noch nicht veröffentlicht, Rn. 40.

702 4. Kapitel III. 1. b. und c.

die potentielle Überschneidung der Begriffe auch bewusst war. Im Gegenteil! Der Gesetzgeber wollte mit ihnen zwei unterschiedliche Fälle geregelt wissen. Deshalb müssen die Begriffe stets in ihrem jeweiligen Normenkontext betrachtet werden.

dd. Auslegung des Wortlauts durch den Gerichtshof

Der Gerichtshof setzt sich in seiner *Biozidprodukte-Entscheidung* nicht weiter mit der eingehenden Auslegung des Wortlauts der Normen auseinander. Obwohl er die elementaren Ideen der Normen herausstellt,[703] beschäftigt er sich nicht ausgiebig genug mit deren Bedeutung für die Abgrenzung von Art. 290 und Art. 291 AEUV. Vor allem geht er nicht vertieft auf die problematischen Begriffe der „Ergänzung“ und „Durchführung“ ein. Insbesondere zu diesen Begriffen wäre wegen ihrer Ungenauigkeit und Überschneidung, wenn schon keine klarstellenden, so doch wenigstens erläuternde Worte wünschenswert.

b. Systematik der Normen innerhalb der Verträge

Im nächsten Schritt wird ein Blick auf die Systematik der Normen innerhalb der Verträge geworfen, um zu untersuchen, ob hieraus gegebenenfalls Rückschlüsse hinsichtlich der Abgrenzung von Art. 290 und Art. 291 AEUV zu ziehen sind. Dieser Aspekt blieb bisweilen in der Literatur sowie in der *Biozidprodukte-Entscheidung* des Europäischen Gerichtshofs unbeachtet.

Die Vorschriften über delegierte Rechtsakte und Durchführungsrechtsakte finden sich im 6. Teil des Vertrags von Lissabon über die institutionellen Bestimmungen und Finanzvorschriften, dort in Titel I bezüglich der Vorschriften über die Organe. Die Titel sind wiederum in verschiedene Kapitel unterteilt. Kapitel zwei handelt von den Rechtsakten der Union, Aufnahmeverfahren und sonstigen Vorschriften, unter dessen Abschnitt 1 man die Rechtsakte der Union findet. Unter diesen Abschnitt fallen die Handlungsformen der Union, das ordentliche Gesetzgebungsverfahren, die delegierten Rechtsakte, die erforderlichen Maßnahmen (Durchführungsrechtsakte) und die Empfehlungen des Rates.

Im Vertrag über die Europäische Gemeinschaft nach Nizza waren die einschlägigen Bestimmungen über die exekutive Rechtsetzung noch unter dem 1. Kapitel über die Organe im 2. und 3. Abschnitt in den jeweiligen Vorschriften über die Aufgaben von Rat (Art. 202 3. SpStr. EGV) und Kommission (Art. 211 4. SpStr. EGV) zu finden.

---

703 EuGH, Rs. C-427/12 (KOM/EP & Rat), in amtl. Sammlung noch nicht veröffentlicht, Rn. 34, 37.

Auf den ersten Blick lässt sich somit bereits feststellen, dass die neue Systematik des Vertrags von Lissabon wesentlich transparenter und differenzierter ist und somit der Logik der Verträge gerechter wird. Die exekutive Rechtsetzung gilt nicht mehr nur als einfache Aufgabe von Kommission und Rat, sondern bekommt als eigene Art der Rechtsetzung eine selbstständige Bedeutung innerhalb der Verträge zugewiesen.[704]

Überdies lassen sich aus der Reihenfolge der Aufzählung der Rechtsakte im 1. Abschnitt weitere Schlussfolgerungen ziehen. Zuerst werden hier in Art. 288 AEUV die allgemeinen Handlungsformen der Union dargestellt. Es folgen die Gesetzgebungsakte, die delegierten Rechtsakte, die Durchführungsakte und die Empfehlungen. Aus dieser Aufzählung lässt sich eine Hierarchie der delegierten Rechtsakte und Durchführungsrechtsakte, wie sie bereits für den Verfassungsvertrag vorgesehen war, ableiten. Unterstrichen wird diese Aussage von der Tatsache, dass die Delegation nur durch einen Gesetzgebungsakt gemäß Art. 289 AEUV erfolgen kann. Die Übertragung von Durchführungsbefugnissen hingegen kann auch durch einen delegierten Rechtsakt im Sinne von Art. 291 AEUV geschehen, sofern der Gesetzgeber die Kommission hierzu ermächtigt.

Besonders deutlich wird durch die Systematik erneut die Trennung zwischen legislativen und exekutiven Befugnissen. Während Gesetzgebungsakte nur durch ein Gesetzgebungsverfahren durch den Gesetzgeber zustande kommen können, nehmen die delegierten Rechtsakte eine Zwischenstellung ein. Sie bedürfen einer legislativen Ermächtigung, die ihre Kompetenzen und Befugnisse detailliert beschreibt und vorgibt, bevor die Kommission im Sinne eines Exekutivorgans quasi-legislativ tätig werden darf. Bei Durchführungsrechtsakten ist dies anders. Hier kann die Ermächtigung zur Rechtsetzung in einem Gesetzgebungsakt erfolgen. In diesem Fall kommt es auf die Verbindlichkeit des Rechtsakts an, weshalb eine Übertragung von Durchführungsbefugnissen auch im Rahmen eines delegierten Rechtsakts stattfinden kann.

c. *Historische Auslegung*

Für die historische Auslegung gilt es, zum einen dogmengeschichtlich die Vorläuferregelung der Art. 290 und Art. 291 AEUV und zum anderen, im Rahmen der genetischen Auslegung, die weiteren Materialien und Dokumente, die zu der Entstehung der Art. 290 und Art. 291 AEUV in ihrer heutigen Form beigetragen haben, zu berücksichtigen.

---

704 Hierzu bereits unter 3. Kapitel II. und III.

Wie dargelegt, wurde an dem Verfahren nach Art. 202 3. SpStr., 211 4. SpStr. EGV häufig Kritik geübt, die vor allem auf mangelnder Transparenz, einem erheblichen Demokratiedefizit und unzureichender Gewaltenteilung beruhte.[705] Um dieser Kritik zu begegnen, machten es sich die Mitgliedstaaten als „Herren der Verträge“ bereits in ihren Verhandlungen über eine Verfassung für Europa zur Aufgabe, ein transparenteres, demokratischeres und rechtsstaatlicheres Werk zu gestalten. Dies sollte unter anderem durch eine generelle Vereinfachung der Rechtsakte und Entscheidungsverfahren erreicht werden.[706]

Die Spaltung der exekutiven Rechtsetzung in delegierte Rechtsakte und Durchführungsrechtsakte basiert auf dem gescheiterten Verfassungsvertrag und den Bemühungen des Konvents, die Rechtsetzung der Union zu vereinfachen. In den Verhandlungen bezog man sich auf Art. 202 EGV, wenn es darum ging, in dem neuen Vertrag die Legislative deutlicher von der Exekutive zu trennen, die Rechtsakte der Union zu verringern und somit für mehr Demokratie und Transparenz innerhalb der Normenhierarchie der Union zu sorgen.[707] Diesen Zielen sollten die mögliche Flexibilität und Effizienz der exekutiven Rechtsetzung nach Art. 202 3. SpStr., 211 4. SpStr. EGV aber nicht zum Nachteil gereichen.[708]

In den Materialien zum Verfassungsvertrag für Europa werden die Durchführungsakte als Exekutivakte bezeichnet.[709] Um eine Abgrenzung zur Legislative einfacher zu gestalten, wurden die delegierten Rechtsakte als neue Kategorie von Rechtsakten eingeführt, mit denen die Kommission die Möglichkeit bekommt, quasi-legislative Rechtsakte zu erlassen.[710] Beide sollten als normative Akte nicht der Gesetzgebung der Union zuzuordnen sein.[711]

---

705 Siehe hierzu 1. Kapitel II.

706 Europäischer Rat (Laeken), Schlussfolgerungen des Vorsitzes (14./15.12.2001), Erklärung von Laeken zur Zukunft der Europäischen Union, Anlage I, Dok. SN 300/1/01 REV 1.

707 CONV 423/02, Beitrag des Mitglieds des Konvents Herrn Andrew Duff: „Legislative und Exekutive in der Europäischen Union: eine Neuregelung“ v. 22.11.2001, S. 2; CONV 424/02, Schlussbericht der Gruppe IX „Vereinfachung“ v. 29.11.2002, S. 1 f.

708 CONV 424/02, Schlussbericht der Gruppe IX „Vereinfachung“ v. 29.11.2002, S. 2.

709 CONV 423/02, Beitrag des Mitglieds des Konvents Herrn Andrew Duff: „Legislative und Exekutive in der Europäischen Union: eine Neuregelung“ v. 22.11.2001, S. 2.

710 So auch Mitteilung der KOM an das EP und den Rat v. 9.12.2009, Umsetzung von Art. 290 des Vertrages über die Arbeitsweise der Europäischen Union, KOM (2009) 673 endg., S. 3 f.; EuGH, Rs. C-427/12 (KOM/EP & Rat), in amtl. Sammlung noch nicht veröffentlicht, Rn. 22.

711 CONV 424/02, Schlussbericht der Gruppe IX „Vereinfachung“ v. 29.11.2002, S. 6.

Mit Blick auf die Aussagen des verfassungsgebenden Konvents kommt man zu dem Ergebnis, dass die Hauptabsicht darin lag, die Trennung zwischen Legislative und Exekutive weiter zu verdeutlichen und das rechtsetzende System der Union demokratischer und transparenter zu gestalten.[712]

Der Rat vertrat die These, dass die Regelung des Art. 290 AEUV materiellrechtlich keine neue sei. Vielmehr sei darin eine Neuerung in den im Vertrag von Lissabon vorgesehenen Durchführungsmodalitäten zu sehen. Grundsätzlich handele es sich bei den delegierten Rechtsakten um nichts anderes als das, was zuvor in Art. 202 3. SpStr. EGV zusammengefasst war.[713] Diese Ansicht widerspricht jedoch der historischen Auslegung der Art. 290 und Art. 291 AEUV. Überträgt der Gesetzgeber der Kommission durch Art. 290 AEUV wie gewollt quasi-legislative Befugnisse, geht hiermit zwangsläufig der Erlass abstrakt-genereller Normen einher. Wenn mit Art. 291 AEUV exekutive Befugnisse übertragen werden, müssen hiervon sowohl abstrakt-generelle als auch konkret-individuelle Maßnahmen gemeint sein.[714] Diese beiden Möglichkeiten hatte die Kommission auch im Rahmen der Vorgängerregelung des Art. 202 3. SpStr. EGV. Deshalb erscheint es konsequenter, aufgrund historischer Auslegung den Art. 290 als die eigentliche Neuerung innerhalb der europäischen Gesetzgebung zu verstehen.[715]

Von nur untergeordneter Bedeutung ist diese Feststellung zunächst dahingehend, dass sie keine weiteren Erkenntnisse über die Abgrenzung der beiden Artikel zueinander bringt. Auch die Vertragsunterlagen zum Vertrag von Lissabon lassen Aussagen bezüglich der Abgrenzungskriterien von Art. 290 und Art. 291 AEUV vermissen.[716] Selbst wenn anhand der historischen Auslegung die verfolgte Absicht der „Herren der Verträge“ herausgestellt werden konnte, ist entscheidend, ob diese Absicht letzten Endes auch im Gesetz selbst Ausdruck gefunden hat.

d. Intention des Gesetzgebers/Teleologische Auslegung

Darüber hinaus gilt es zu berücksichtigen, welchen Sinn und Zweck die Mitgliedstaaten als „Herren der Verträge“ damit verfolgten, die „Durchführungsbefugnisse“, wie sie damals in Art. 202 3. SpStr., 211 4. SpStr. EGV geregelt

712 So auch *Craig*, ELR 5/2011, 671 (672).

713 *Fischer*, Der Vertrag von Lissabon, S. 429 Komm. 2.

714 Vgl. *Stelkens*, EuR 2012, 511 (543), der unter Durchführungsmaßnahmen nur den Erlass abstrakt-genereller Regelungen versteht.

715 Schlussantrag des Generalanwalts *Villalón* v. 19.12.2013, Rs. C-427/12, S. 7.

716 So auch *Stelkens*, EuR 2012, 511 (515); auch der EuGH bediente sich in seinem Urteil nicht der historischen Auslegung, siehe EuGH, Rs. C-427/12 (KOM/EP & Rat), in amtl. Sammlung noch nicht veröffentlicht.

waren, in Delegation und Durchführung zu trennen. Dabei sollen zunächst der Sinn und Zweck der Delegation (aa.) und der Sinn und Zweck der Durchführung (bb.) getrennt voneinander zu betrachtet werden, bevor diese gegenübergestellt werden (cc.).

aa. Intention des Gesetzgebers hinsichtlich der delegierten Rechtsakte

Die Hauptabsicht, die der Vertrag von Lissabon mit der Schaffung von delegierten Rechtsakten verfolgte, war es, den Gesetzgeber mit der Regelung von Detailfragen zu entlasten[717] und die Gesetzgebung dadurch effektiver und dynamischer zu gestalten.[718] Damit sollte vor allem der viel geübten Kritik an dem Detailreichtum und der Unübersichtlichkeit der europäischen Gesetzgebung entgegengewirkt werden.[719] Grundsätzlich kann der Basisrechtsakt als Gesetzgebungsakt immer auch in seiner ursprünglichen Fassung angewendet werden. Der Gesetzgeber selbst sieht jedoch die endgültige Normierung als noch nicht hinreichend erfüllt an und überlässt es daher der Kommission, im Falle sich plötzlich ändernder Umstände den Basisrechtsakt durch eine Ergänzung oder Änderung anzupassen.[720]

bb. Intention des Gesetzgebers hinsichtlich der Durchführungsrechtsakte

Durchführungsrechtsakte geben der Kommission eine Möglichkeit zu intervenieren, sollten sich die Vollzugspraktiken der Mitgliedstaaten auseinanderentwickeln. Ziel ist, eine einheitliche Vollzugspraxis durch die Modifizierung des Basisrechtsakts sicherzustellen.[721] Hierdurch wird die Effektivität des Unionsrechts garantiert.[722] Außerdem soll Unionsrecht von der Kommission durchgeführt werden, wenn die Mitgliedstaaten hierzu nicht gleich effektiv in der Lage

---

717 Zur Überlastung des Gesetzgebers, *Craig*, EU Administrative Law, S. 109.

718 Mitteilung der KOM an das EP und den Rat v. 9.12.2009, Umsetzung von Art. 290 des Vertrages über die Arbeitsweise der Europäischen Union, KOM (2009) 673 endg., S. 4; *Stelkens*, EuR 2012, 511 (537); *Stelkens*, VVDStRL 71 (2012), 369 (400); diesbezüglich ist auch auf die Ausführungen zur historischen Auslegung unter a. zu verweisen.

719 CONV 424/02, Schlussbericht der Gruppe IX „Vereinfachung" v. 29.11.2002, S. 8.

720 *Daiber*, EuR 2012, 240 (241).

721 Schlussantrag des Generalanwalts *Villalón* v. 19.12.2013, Rs. C-427/12, S. 10; der EuGH folgte dieser Ansicht in EuGH, Rs. C-427/12 (KOM/EP & Rat), in amtl. Sammlung noch nicht veröffentlicht, Rn. 39; *Stelkens*, EuR 2012, 511 (538); *Daiber*, EuR 2012, 240 (242).

722 Schlussantrag des Generalanwalts *Villalón* v. 19.12.2013, Rs. C-427/12, S. 9.

sind. Liegt der Bedarf zur einheitlichen Durchführung vor, muss der Gesetzgeber die Befugnisse auf die Kommission übertragen.

In den Durchführungsrechtsakten können insbesondere „technische Aspekte und die Klarstellung von Rechtsvorschriften" geregelt werden.[723]

Insgesamt dienen die Durchführungsrechtsakte der Effektivität des Unionsrechts.

cc. Gegenüberstellung von delegierten Rechtsakten und Durchführungsrechtsakten nach ihrem Sinn und Zweck

Vergleicht man die Ergebnisse der teleologischen Auslegung von Delegation und Durchführung, lässt sich feststellen, dass die beiden Vorschriften sich gegenseitig ausschließen müssen.[724] So kann die Klarstellung eines unbestimmten Rechtsbegriffes oder die Konkretisierung eines Basisrechtsakts, zum Beispiel wenn sich äußere Bedingungen ändern, nicht durch einen Durchführungsrechtsakt geschehen. Dies sind Aspekte, die im Rahmen der Delegation die Rechtsetzung und -anwendung dynamisch unterstützen sollen.[725] Für die Anwendung der Durchführung im Sinne des Art. 291 AEUV bedarf es nach dem Wortlaut der Norm des objektiven Kriteriums der einheitlichen Bedingungen. Es müssen also zunächst Zustände festgestellt werden, wonach die einheitliche Anwendung des Unionsrechts und somit der Grundsatz des *effet utile* objektiv gefährdet ist. Es muss erkennbar sein, dass einheitliche Regelungen für den Vollzug des Unionsrechts geboten sind. Sodann ist der Gesetzgeber angehalten, dem Normzweck entsprechend der Kommission Durchführungsbefugnisse zu übertragen. Eine Regelung im Rahmen der Delegation ist ihm nicht möglich.

Vor dem Vertrag von Lissabon war der Gesetzgeber gezwungen, die von ihm erlassenen Normen in allen Einzelheiten zu regeln oder die Regelung technischer Aspekte der Kommission zu übertragen, obwohl es sich hierbei nicht um Durchführungsakte im Sinne von Art. 202 3. SpStr., 211 4. SpStr. EGV handelte. Diesem Bedürfnis einer Alternative wurde durch Schaffung des Art. 290 AEUV entsprochen. Der Gesetzgeber kann nun seiner Regelungsintention entsprechend auf Art. 290 AEUV zurückgreifen, wenn es ihm darum geht, eine Vorschrift noch nicht komplett „in der Länge" zu regeln. Diese Intention wird auch vom Gerichtshof in seiner *Biozidprodukte-Entscheidung* angesprochen,

---

723 CONV 424/02, Schlussbericht der Gruppe IX „Vereinfachung" v. 29.11.2002, S. 8; *Bast*, CMLR 2012, 885 (910).

724 Schlussantrag des Generalanwalts *Villalón* v. 19.12.2013, Rs. C-427/12, S. 10.

725 *Stelkens*, EuR 2012, 511 (539).

indem er –wenn auch nur knapp– auf die Rechtslage vor dem Vertrag von Lissabon eingeht.[726]

4. Zwischenergebnis und Bewertung

Nach Auslegung der beiden Normen lassen sich resümierend folgende Aussagen treffen:

Aus dem Wortlaut der Normen lässt sich schlussfolgern, dass es sich bei der delegierten Rechtsetzung um einen Fall der horizontalen Gewaltenteilung handelt, während bei der Durchführung von vertikaler Gewaltenteilung gesprochen werden kann. Am Wortlaut lässt sich somit die nach der historischen Auslegung festgestellte Intention des Gesetzgebers, die Gewaltenteilung zu stärken, konkret feststellen. Im Fall des Art. 290 AEUV sollen durch die Kommission abstrakt-generelle Rechtsakte erlassen werden, während Art. 291 AEUV sowohl den Erlass abstrakt-genereller als auch konkret-individueller Maßnahmen umfasst. Eine klare Abgrenzung der beiden Vorschriften ist aber anhand des Wortlauts nur ansatzweise möglich, da sich die Begrifflichkeiten „Ergänzung" und „Durchführungsbefugnisse" nicht klar voneinander trennen lassen. Grundsätzlich hat der Gesetzgeber damit die Möglichkeit, die Kommission zu ermächtigen, den Basisrechtsakt, der einen Gesetzgebungsakt darstellt, im Wege der Delegation oder der Durchführung zu ergänzen oder zu ändern.[727] Eine Abgrenzung könnte ex ante vorgenommen werden, wenn offensichtlich ist, ob der Rechtsakt der Ergänzung oder Änderung in Verbindung mit dem Sinn und Zweck des Art. 290 AEUV dient, oder wenn zuvor ein Bedarf an einheitlichen Bedingungen festgestellt wurde, aufgrund dessen Durchführungsmaßnahmen erlassen werden müssen.[728] Um eine sachadäquate Entscheidung zu treffen, müsste der Gesetzgeber im Vorfeld also eine Prognoseentscheidung anstellen, bei der er sich

---

726 EuGH, Rs. C-427/12 (KOM/EP & Rat), in amtl. Sammlung noch nicht veröffentlicht, Rn. 36.

727 *Fabricius,* ZEuS 4/2011, 567 (595); *Glaser,* Die Entwicklung des Europäischen Verwaltungsrechts aus der Perspektive der Handlungsformlehre, S. 38.

728 Die Abgrenzungsproblematik stellt sich auch *ex ante* nicht mehr, sofern der Basisrechtsakt in Form einer Richtlinie erlassen wurde, da es bei Richtlinien gerade auf den mitgliedstaatlichen Vollzug und nicht auf einheitliche Bedingungen ankommt (Art. 288 UAbs. 3 AEUV), *Fabricius,* ZEuS 4/2011, 567 (595). Ein weiterer eindeutiger Fall ist gegeben, wenn der Rat anstelle der Kommission ermächtigt werden soll. In diesem Fall kann nur Art. 291 AEUV zur Anwendung kommen, *Glaser,* Die Entwicklung des Europäischen Verwaltungsrechts aus der Perspektive der Handlungsformlehre, S. 37.

bei seiner Wahl von seinem beabsichtigten Regelungsziel leiten lässt.[729] Eine weitere Möglichkeit wäre es, ihm ein Ermessen hinsichtlich der Frage einzuräumen, ob er in einem Basisrechtsakt der Kommission Delegations- oder Durchführungsbefugnisse überträgt. Welche Variante hier einschlägig ist, ist letztlich vom Verhältnis von Art. 290 und Art. 291 AEUV abhängig. Überschneiden sie sich in ihren Anwendungsbereichen, kann von einem Ermessen des Gesetzgebers ausgegangen werden. Stehen die beiden Normen jedoch in einem Exklusivitätsverhältnis zueinander, wäre eine Prognoseentscheidung des Gesetzgebers für ihre Anwendung ausschlaggebend.

Im Rahmen der historischen Auslegung lassen sich keine konkreten Aussagen über die Abgrenzung von Art. 290 und 291 AEUV machen. Es lässt sich allenfalls feststellen, dass es das Ziel war, die Trennung zwischen der Legislativen und Exekutiven zu verstärken und das System der administrativen Rechtsetzung demokratischer und transparenter zu gestalten.

Die Untersuchung des Telos der beiden Normen verdeutlicht, anders als der Wortlaut, dass sich die beiden Normen nach ihren Anwendungsbereichen gegenseitig ausschließen.[730]

Da sich hier nun das Ergebnis der Wortlautauslegung dem der weiteren Auslegungsmethoden gegenübergestellt sieht, ist auf das bei der Gegenüberstellung der Wortlautauslegung Gesagte zu verweisen. Hier wurde deutlich, dass die Begriffe „Ergänzung“ und „Durchführungsbefugnisse“ nur im Kontext der beiden Normen verstanden werden können. Anstelle des Wortlauts kommt es also vielmehr auf den Sinn und Zweck an, der hinter Art. 290 und Art. 291 AEUV steht. Da dieser ein jeweils anderer ist, muss davon ausgegangen werden, dass sich Art. 290 und Art. 291 AEUV gegenseitig ausschließen.[731]

Der Ansicht des Gerichtshofs kann hinsichtlich seines Ergebnisses zu diesem Problemkomplex schon deshalb nicht zugestimmt werden, weil er von einer Grauzone aufgrund der Begriffe „Ergänzung“ und „Durchführungsbefugnisse“ ausgeht. Daneben lässt er vor allem häufig exakte, trennscharfe und systematische Abgrenzungen vermissen. Besonders bedenklich erscheinen die oberflächlichen

729 Soweit auch *Glaser*, Die Entwicklung des Europäischen Verwaltungsrechts aus der Perspektive der Handlungsformlehre, S. 38 f., der sich für den Fall der Überschneidung doch für ein Ermessen des Gesetzgebers ausspricht.

730 Mitteilung der KOM an das EP und den Rat v. 9.12.2009, Umsetzung von Art. 290 des Vertrages über die Arbeitsweise der Europäischen Union, KOM (2009) 673 endg., S. 3.

731 So auch Mitteilung der KOM an das EP und den Rat v. 9.12.2009, Umsetzung von Art. 290 des Vertrages über die Arbeitsweise der Europäischen Union, KOM (2009) 673 endg.; S. 3 f.; Craig, ELR 5/2011, 671 (672 ff.); Sydow, JZ 2012, 157 (159 f.).

bis lückenhaften Ausführungen zur Auslegung des Wortlauts. Liegen doch gerade hier die strittigen Abgrenzungsprobleme. Vor dem Hintergrund dieses bisweilen recht trivial anmutenden Urteils des Gerichtshofs erscheint die Feststellung, dass dem Gesetzgeber bei seiner Entscheidung zwischen der Delegation und Durchführung ein Ermessen einzuräumen sei, jedenfalls nicht rechtmäßig und bestätigt eine Notwendigkeit dies näher zu überprüfen.

II. Allgemeine Tätigkeitsschwerpunkte von Delegation und Durchführung

Weiterhin ist zu beleuchten, inwiefern die verschiedenen Tätigkeitsschwerpunkte Aufschluss über Abgrenzungskriterien von Art. 290 AEUV zu Art. 291 AEUV geben können.

Dafür soll zuerst ein Blick auf verschiedene Anwendungsbeispiele von delegierten Rechtsakten und Durchführungsrechtsakten geworfen werden, bevor die Abgrenzung der Vorschriften im Rahmen der tatsächlichen gesetzgeberischen Tätigkeit erörtert wird. Zum Schluss folgt eine Untersuchung, ob sich Delegation und Durchführung auf sonstige Art anhand politischer Aufgabenfelder und Themen voneinander trennen lassen können.

1. Anwendungsbeispiele

Im Folgenden sollen exemplarisch drei Fälle der exekutiven Rechtsetzung dargestellt werden, um die unterschiedlichen Varianten und Zusammenstellungen der administrativen Rechtsetzung und ihre praktische Anwendung zu veranschaulichen. Dazu soll zunächst die Glühbirnen-Richtlinie genauer betrachtet werden (a.), die unmittelbar vor dem Vertrag von Lissabon erlassen wurde und Durchführungsbefugnisse der Kommission nach Art. 202 3. SpStr., Art. 211 4 SpStr. EGV vorsieht. Als zweites wird die Verordnung über die Verbringung von Heimtieren zu anderen als Handelszwecken erläutert (b.). Diese Verordnung ist der erste Basisrechtsakt nach dem Vertrag von Lissabon, in dem der Kommission die Befugnis zur exekutiven Rechtsetzung übertragen wird. Am Ende erfolgt eine Darstellung der aktuellen GAP-Reform (c.), die sich aus verschiedenen Basisrechtsakten zusammensetzt und sowohl Befugnisse zur Delegation als auch zur Durchführung vorsieht.

a. Glühbirnen-Verordnung (EG) 244/2009 vor dem Vertrag von Lissabon

Bereits am 8.12.2008, also gut ein Jahr vor Inkrafttreten des Vertrags von Lissabon, einigten sich die Sachverständigen der EU-Mitgliedstaaten während einer

Sitzung des Ökodesign-Regelungsausschusses auf ein allgemeines Glühbirnenverbot im Unionsraum in der Verordnung (EG) 244/2009, nachdem entsprechende Vorschläge zuvor von der Kommission eingebracht worden waren. Die Kommission erhoffte sich hiervon Stromeinsparungen durch die das Klima geschützt und die Verbraucher finanziell entlastet werden sollten. Um dieses Ziel zu erreichen, wurde vereinbart, dass es bis zum 1.9.2012 nach einer vierphasigen Umsetzung keine Glühbirnen mehr im Verkauf geben sollte.[732]

Das Glühbirnenverbot der Kommission, das aufgrund von Durchführungsbefugnissen erlassen worden ist, erging auf Grundlage der Ökodesign-Richtlinie 2005/32/EG.[733] Als Basisrechtsakt regelt die Ökodesign-Richtlinie in Art. 15 den Erlass von Durchführungsmaßnahmen. In Art. 15 Abs. 3 heißt es:

> „Diese Durchführungsmaßnahmen zur Änderung nicht wesentlicher Bestimmungen dieser Richtlinie durch Ergänzungen werden nach dem in Art. 19 Abs. 3 genannten Regelungsverfahren mit Kontrolle erlassen."[734]

Darüber hinaus regelt Art. 15 der Ökodesign-Richtlinie den Inhalt und den Umfang der zu erlassenden Durchführungsmaßnahmen der Kommission.

Aufgrund der Übertragung von Durchführungsbefugnissen erließ die Kommission „VO (EG) Nr. 244/2009 der Kommission vom 18. März zur Durchführung der RL 2005/32/EG des Europäischen Parlaments und des Rates im Hinblick auf die Festlegung von Anforderungen an die umweltgerechte Gestaltung von Haushaltslampen und ungebündeltem Licht".[735] In der Verordnung finden sich zunächst die vorstehenden Erwägungen, bevor Gegenstand und Geltungsbereich der Verordnung, die Begriffsbestimmungen, die

---

732 *Brenncke*, EuZW 2009, 247 (247).

733 Richtlinie 2005/32/EG des Europäischen Parlaments und des Rates v. 6.7.2005 zur Schaffung eines Rahmens für die Festlegung von Anforderungen an die umweltgerechte Gestaltung energiebetriebener Produkte und zur Änderung der Richtlinie 92/42/EWG des Rates sowie der Richtlinie 96/57/EG und 2000/55/EG des Europäischen Parlaments und des Rates (ABl. L 191/29 v. 22.7.2005).

734 Richtlinie 2005/32/EG des Europäischen Parlaments und des Rates v. 6.7.2005 zur Schaffung eines Rahmens für die Festlegung von Anforderungen an die umweltgerechte Gestaltung energiebetriebener Produkte und zur Änderung der Richtlinie 92/42/EWG des Rates sowie der Richtlinie 96/57/EG und 2000/55/EG des Europäischen Parlaments und des Rates (ABl. L 191/46 v. 22.7.2005).

735 VO (EG) Nr. 244/2009 der Kommission v. 18.3.2005 zur Durchführung der RL 2005/32/EG des Europäischen Parlaments und des Rates im Hinblick auf die Festlegung von Anforderungen an die umweltgerechte Gestaltung von Haushaltslampen und ungebündeltem Licht (ABl. L 76/3 v. 24.3.2009).

Ökodesign-Anforderungen, die Konformitätsbewertung, das Nachprüfverfahren zur Marktaufsicht, die unverbindlichen Referenzwerte, die Überprüfung und das Inkrafttreten folgen. Am Ende werden außerdem noch technische Parameter und Begriffsbestimmungen für die Anhänge II bis IV erfasst. Gemäß Erwägungsgrund 2 der Verordnung gelten die in RL 2005/32/EG Art. 19 Abs. 3 genannten Verfahren. Dieser zitiert seinerseits Art. 5a Abs. 1–4 und Art. 7 der RL 1999/468/EG und sieht somit als Kontrollverfahren das Regelungsverfahren mit Kontrolle für die erlassene Verordnung der Kommission vor.[736] Die Verordnung (EG) 244/2009 selbst spricht von der „Anhörung des Ökodesign-Konsultationsforums" und benennt somit den Ausschuss, zu dessen Einberufung sie nach dem Basisrechtsakt verpflichtet ist.

Diese klima- und energiepolitische Entscheidung der Union gilt bisweilen als eine der unpopulärsten, da die Bürger nicht nur ihrer „geliebten Glühbirne beraubt" wurden, sondern zugleich auch begründete Zweifel an der Zweckmäßigkeit und Effizienz dieses Verbots bestehen. Gleichzeitig zeigt die Verordnung aber auch, in welchem Ausmaß die exekutive Rechtsetzung vor und nach dem Vertrag von Lissabon Einfluss auf unseren Alltag haben kann.

b. Verordnung (EG) 998/2003 über die Verbringung von Heimtieren zu anderen als Handelszwecken

Mit Verordnung (EG) 998/2003 vom 26.5.2003[737] wurde erstmalig der Transport von Heimtieren zu nichtgewerblichen Zwecken geregelt. Die Verordnung schrieb die Veterinärbedingungen vor, die bei grenzüberschreitenden Verbringungen von Heimtieren zu anderen als Handelszwecken erfüllt sein müssen. Darüber hinaus wurde die Kontrolle während der Verbringung reglementiert, um Ausbreitungen von Krankheiten wie Tollwut zu verhindern.

Die Verordnung (EG) 998/2003 wurde später mit der Verordnung (EU) 438/2010 geändert. Bei dieser Verordnung handelte es sich um den ersten Basisrechtsakt, der in seinem Text zur Delegation ermächtigt.[738]

---

736 Siehe hierzu 1. Kapitel I. 1. c. bb. (5).

737 Verordnung (EG) Nr. 998/2003 des Europäischen Parlaments und des Rates v. 26.5.2003 über die Veterinärbedingungen für die Verbringung von Heimtieren zu anderen als Handelszwecken und zur Änderung der Richtlinie 92/65/EWG des Rates (ABl. L 146/1 v. 13.6.2003).

738 *Hardacre/Kaeding*, EIPA-Leitfaden, S. 14.

In Art. 12 der Verordnung wird durch den Gesetzgeber festgelegt, in welchem Rahmen die Kommission Rechtsakte erlassen darf und dass sie dies insbesondere

> „in Bezug auf Änderungen der technischen Anforderungen bezüglich der Identifizierung von Tieren und der Tollwutimpfung […]"

vorzunehmen hat. Darüber hinaus betont der Gesetzgeber in diesem Zusammenhang die Notwendigkeit der Konsultation von Expertengruppen.[739] Eine Konkretisierung der allgemeinen Befugnis aus Art. 12 erfolgt in den Art. 19 a, b, c und d, die als Änderung durch die Verordnung (EU) 438/2010 eingefügt wurden. In Art. 19 werden die Intention des Gesetzgebers zur delegierten Rechtsetzung und die Grenzen der Kommission bei dieser aufgeführt. Art. 19 b enthält eine zeitliche Beschränkung der Befugnis zur delegierten Rechtsetzung, während Art. 19 c und d die Widerrufsrechte und Fristen von Europäischem Parlament und Rat regeln. Am Ende der Verordnung findet sich eine Erklärung der Kommission, in der sie vorschlägt, die Verordnung (EG) 998/2003 und insbesondere die Aspekte der delegierten Rechtsakte und der Durchführungsrechtsakte bis zum 30.6.2011 vollständig zu überarbeiten.[740]

Dies geschah letztlich mit der Verordnung (EU) 576/2013 vom 12.6.2013, die am 29.12.2013 in Kraft trat. Die Verordnung tritt an die Stelle der Verordnung (EG) 998/2003 und behält deren Regelungsgegenstand.

In Art. 30 der Verordnung wird die Kommission befugt, delegierte Rechtsakte zu erlassen. Es wird festgelegt, auf welche Themen und Abschnitte sich die Befugnis der Kommission zur delegierten Rechtsetzung bezieht und dass sie hierbei Expertenausschüsse konsultieren soll.[741] Anders als in der Vorgängerverordnung findet eine besondere Darstellung des Kontrollverfahrens keine Berücksichtigung. Dies ist der Tatsache geschuldet, dass die Kontrollrechte von Parlament und Rat nun ausdrücklich in Art. 290 Abs. 2 AEUV geregelt sind.

---

739 Verordnung (EU) Nr. 438/2010 des Europäischen Parlaments und des Rates v. 19.5.2010 zur Änderung der Verordnung (EG) Nr. 998/2003 über die Veterinärbedingungen für die Verbringung von Heimtieren zu anderen als Handelszwecken (ABl. L 132/4 v. 29.5.2010).

740 Verordnung (EU) Nr. 438/2010 des Europäischen Parlaments und des Rates v. 19.5.2010 zur Änderung der Verordnung (EG) Nr. 998/2003 über die Veterinärbedingungen für die Verbringung von Heimtieren zu anderen als Handelszwecken (ABl. L 132/10 v. 29.5.2010).

741 Verordnung (EU) Nr. 576/2013 des Europäischen Parlaments und des Rates v. 12.6.2013 über die Verbringung von Heimtieren zu anderen als Handelszwecken und zur Aufhebung der Verordnungen (EG) Nr. 998/2003 (ABl. L 178/5 v. 28.6.2013).

In Art. 32 der Verordnung wird die Kommission ermächtigt, Durchführungsrechtsakte zu erlassen. Hier heißt es:

> „Der Kommission sollten Durchführungsbefugnisse übertragen werden, um einheitliche Bedingungen für die Durchführung dieser Verordnung auf folgende Punkte sicherzustellen […].“

Es findet eine Aufzählung der Punkte statt, zu denen die Kommission Durchführungsrechtsakte erlassen soll. Darüber hinaus wird auf Verordnung (EU) 182/2011 verwiesen, die die Kontrolle der Durchführungsrechtsakte durch die neue Komitologie regelt. Auf die Komitologie und die Verordnung (EU) 182/2011 wird darüber hinaus auch in Art. 41 Bezug genommen, der festlegt, dass die Kommission vom ständigen Ausschuss für die Lebensmittelkette und Tiergesundheit unterstützt werden soll.

Mit Blick auf die ursprüngliche Verordnung über die Verbringung von Heimtieren zu anderen als Handelszwecken zeigt sich, dass die neue Verordnung EU/576/2013 als solche deutlich kürzer gestaltet wurde. Die Möglichkeit der exekutiven Rechtsetzung trägt somit vor allem hinsichtlich der Transparenz bezüglich der Norm als solcher bei. Unterstützt wird dies durch ergänzende institutionelle Einigungen, die separate Regelungen im Basisrechtsakt entbehrlich machen.

c. GAP-Reform

Das zurzeit aktuellste Beispiel für die exekutive Rechtsetzung ist die Reform zur gemeinsamen Agrarpolitik (GAP).

Im Jahr 2011 legte die Kommission ein Paket mit Rechtsvorschlägen vor, verbunden mit dem Ziel, die GAP im Hinblick auf eine wettbewerbsfähige und nachhaltige Landwirtschaft wirksamer zu gestalten. Die Ziele, die bereits in den neunziger Jahren von dem damaligen Agrarkommissar vorgeschlagen wurden, jedoch an der Zustimmung des Agrarministerrats scheiterten, finden nun in der neuen Reform Einklang. Die Reform soll zur Lösung der von der Landwirtschaft besonders in den ökologischen Bereichen verursachten Probleme beitragen, zu mehr Gerechtigkeit führen und eine gesellschaftliche Akzeptanz der Milliardenausgaben der Union in diesem Bereich bewirken. Insgesamt sollte die GAP „grüner“ und gerechter werden und der Vielfalt und dem Reichtum der Landwirtschaft in den EU-Mitgliedstaaten Rechnung tragen.

Nachdem sich Rat und Europäisches Parlament über die Reform einigen konnten und im September 2013 die letzten Diskrepanzen ausräumten, wurden am 16.12.2013 die vier Grundverordnungen für die Reform der GAP verabschiedet.

Diese bestehen aus Regelungen über die ländliche Entwicklung,[742] horizontale Themen wie Finanzierung und Kontrolle,[743] Direktzahlungen für Landwirte[744] und Marktmaßnahmen[745] und fungieren als Basisrechtsakte der exekutiven Rechtsetzungsbefugnisse der Kommission innerhalb der GAP. Bereits im Herbst 2013 begann die Kommission mit den Vorbereitungen für die ihr dort übertragenen Befugnisse zur Delegation und dem Erlass von Durchführungsrechtsakten. Um fachgerechte Ergebnisse bei der Erarbeitung delegierter Rechtsakte zu erreichen, arbeitete die Kommission mehrere Monate mit den Mitgliedstaaten und verschiedenen Ausschüssen von Experten zusammen. Auch die Durchführungsrechtsakte wurden in Fachausschüssen erarbeitet.

Die ersten delegierten Rechtsakte, die der Ergänzung nicht wesentlicher Bestimmungen der Grundverordnung dienten, wurden von der Kommission am 11.3.2014 erlassen und am 13.3.2014 dem Europäischen Parlament und dem Rat zur Kontrolle vorgelegt. In ihnen werden Einzelheiten wie das sogenannte Greening[746] geregelt. Die Vorschriften über Direktzahlungen, ein integriertes

---

742 Verordnung (EU) Nr. 1305/2013 des Europäischen Parlaments und des Rates v. 17.12.2013 über die Förderung der ländlichen Entwicklung durch den Europäischen Landwirtschaftsfonds für die Entwicklung des ländlichen Raums (ELER) und zur Aufhebung der Verordnung (EG) Nr. 1698/2005 (ABl. L 347/487 v. 20.12.2013).

743 Verordnung (EU) Nr. 1306/2013 des Europäischen Parlaments und des Rates v. 17.12.2013 über die Finanzierung, die Verwaltung und das Kontrollsystem der Gemeinsamen Agrarpolitik und zur Aufhebung der Verordnungen (EWG) Nr. 352/78, (EG) Nr. 165/94, (EG) 2799/98, (EG) Nr. 814/2000, (EG) Nr. 1290/2005 und (EG) Nr. 485/2008 des Rates (ABl. L 347/549 v. 20.12.2013).

744 Verordnung (EU) Nr. 1307/2013 des Europäischen Parlaments und des Rates v. 17.12.2013 mit Vorschriften über Direktzahlungen an Inhaber landwirtschaftlicher Betriebe im Rahmen von Stützungsregelungen der Gemeinsamen Agrarpolitik und zur Aufhebung der Verordnungen (EG) Nr. 637/2008 des Rates und der Verordnung (EG) Nr. 73/2009 des Rates (ABl. L 347/608 v. 20.12.2013).

745 Verordnung (EU) Nr. 1308/2013 des Europäischen Parlaments und des Rates v. 17.12.2013 über eine gemeinsame Markorganisation für landwirtschaftliche Erzeugnisse und zur Aufhebung der Verordnungen (EWG) Nr. 922/72, (EWG) Nr. 234/79, (EG) 1037/2001 und (EG) Nr. 1234/2007 (ABl. L 347/671 v. 20.12.2013).

746 Beim sog. Greening handelt es sich um Landwirtschaftsmethoden, die den Klima- und Umweltschutz fördern (Anbaudiversifizierung, Dauergrünland-Erhalt, Flächennutzung im Umweltinteresse). Landwirte, die diese zusätzlichen Umweltleistungen erbringen erhalten zusätzliche Direktzahlungen durch die EU. Durch das Greening soll die Landwirtschaft nachhaltiger gemacht und die Versorgung mit hochwertigen Lebensmitteln dauerhaft gesichert werden, siehe hierzu ausführlich *Busse*, DVBl. 2015, 337 f.

Verwaltungs- und Kontrollsystem, die Anforderungen für landwirtschaftliche Erzeugnisse, für Obst und Gemüse, flankierende Maßnahmen, das Programm zur Stützung des Sektors Olivenöl und Maßnahmen zur Stützung des Weinsektors sind bereits im Amtsblatt der Union veröffentlicht und in Kraft getreten. Noch veröffentlicht werden sollen die Verordnung über die Förderung der ländlichen Entwicklung, die Verordnung über die Zahlstellen und andere Einrichtungen und die Verordnung über die Aufgaben und Maßnahmen der öffentlichen Intervention.

Neben den delegierten Rechtsakten wurde bereits auch eine Reihe von Durchführungsrechtsakten erlassen, um sicherzustellen, dass die Gesetzgebungsakte einheitlich in den Mitgliedstaaten angewandt werden. Im Amtsblatt bereits veröffentlicht und in Kraft getreten sind die Vorschriften über Direktzahlungen, über die Arbeitsprogramme zur Stützung des Olivenöl-Sektors und über Stützungsmaßnahmen im Weinsektor.

Sowohl die delegierten Rechtsakte als auch die Durchführungsrechtsakte haben nach ihrem Erlass einiges an Kritik erfahren müssen. Vor allem die delegierten Rechtsakte wurden dahingehend bemängelt, dass die Verordnungen auch weiterhin sehr komplexe und bürokratische Regelungen enthielten, die aus der Sicht von Landwirten und Verwaltungen nur schwer nachvollziehbar seien. Nicht zuletzt deshalb teilte die Bundesregierung ihren Prüfungsvorbehalt mit; der Bundeslandwirtschaftsminister Christian Schmidt erteilte im Rat zunächst keine Zustimmung.

2. Abgrenzung von Art. 290 und Art. 291 AEUV im Rahmen der gesetzgeberischen Tätigkeit

Anhand dieser Beispiele und darüber hinaus stellt sich die Frage, ob eine Abgrenzung der Art. 290 und Art. 291 AEUV grundsätzlich im Rahmen der gesetzgeberischen Tätigkeit stattfinden kann. Es ist ferner fraglich, ob es bestimmte Themengebiete gibt, die einzig der Delegation bzw. der Durchführung vorbehalten sind.

Der Gerichtshof selbst hat bis dato noch keine abstrakten Kriterien entwickelt, wann eine quasi-legislative Maßnahme und wann eine exekutive Maßnahme erforderlich ist.

a. Thematische Anwendungsbereiche von delegierten Rechtsakten

Zunächst soll ein Blick darauf geworfen werden, ob es Politikfelder und Themengebiete gibt, die allein durch die Delegation geregelt werden können und sollten. Ein solches Erfordernis könnte für Bereiche entstehen, die aufgrund ihrer politischen Dynamik stetig neuer aktueller Regelungen bedürfen.

Anders als bei Durchführungsrechtsakten[747] gibt es für die delegierten Rechtsakte keine Internetseite, auf der sämtliche erlassene und noch im Verfahren befindliche Rechtsakte aufgeführt werden. Einen Überblick über die bereits erlassenen delegierten Rechtsakte verschafft lediglich die europäische Internetseite EUR-LEX,[748] auf der ersichtlich wird, dass bisher erheblich weniger delegierte Rechtsakte als Durchführungsrechtsakte erlassen wurden.

Insgesamt wurden seit dem Inkrafttreten des Vertrags von Lissabon 184 delegierte Verordnungen erlassen, wobei sich eine jährliche Steigerung feststellen lässt. Waren es 2010 nur vier delegierte Rechtsakte, sind es 2011 sechs, 2012 dann 33, 2013 schon 40 und im Jahr 2014 bereits 101 delegierte Rechtsakte, die von der Kommission in Form von Verordnungen erlassen wurden.[749]

Mit Blick auf die Politikbereiche, zu denen die Rechtsakte erlassen wurden, zeigt sich, dass die delegierten Rechtsakte auf den unterschiedlichsten Gebieten im Unionsrecht ergingen.[750] Eine Auffälligkeit lässt sich allein dahingehend feststellen, dass immerhin 34 der delegierten Rechtsakte zum Niederlassungsrecht und dem freien Dienstleistungsverkehr und 20 zur Industriepolitik und dem Binnenmarkt erlassen wurden. Insgesamt handelt es sich in 24 Fällen um technische Regelungen und 24-mal um Regelungen des Finanzmarktes. Diese Feststellung erstaunt nicht, da für die Finanzmarktaufsicht bereits anerkannt ist, dass sie im Wege der Delegation geregelt wird.[751] Für die weiteren Politikbereiche lässt sich eine solche Feststellung nicht machen. Es macht vielmehr den Anschein, als würde der Gesetzgeber bei der sonstigen Ermächtigung zur Delegation keine bereichsspezifischen, sondern Zweckmäßigkeitserwägungen anstellen.

747 Abrufbar unter: http://ec.europa.eu/transparency/regcomitology/index.cfm?do=implementing.home (zuletzt aufgerufen am: 26.1.2015).

748 Abrufbar unter: http://eur-lex.europa.eu/homepage.html. (zuletzt aufgerufen am: 26.1.2015).

749 http://eurlex.europa.eu/search.html?qid=1404724414828&text=delegierte&scope=EURLEX&type=quick&lang=de&AU_CODED=COM&FM_CODED=REGDEL&DTS_SUBDOM=LEGISLATION (zuletzt aufgerufen am: 26.1.2015).

750 Siehe hierzu auch http://eur-lex.europa.eu/search.html?qid=1404724414828&text=delegierte&scope=EURLEX&type=quick&lang=de&AU_CODED=COM&FM_CODED=REGDEL&DTS_SUBDOM=LEGISLATION (zuletzt aufgerufen am: 26.1.2015), linke Spalte unten.

751 *Ruffert*, in: VVDStRL 71 (2012), 369 (369).

Auch die Überlegung, dass der Gesetzgeber zur Delegation ermächtigen muss, sobald eine politische Entscheidung getroffen werden soll, scheidet aus. Eine solche Abgrenzung ist bereits deshalb nur bedingt geeignet, da schon der Basisrechtsakt im Rahmen der Delegation das Wesentliche regelt und so genaue Anforderungen an die Ausgestaltung des delegierten Rechtsakts macht, dass der Aspekt des „Politischen" schon erschöpfend in diesem enthalten ist. Somit verbleibt kein Bereich, in dem politische Verantwortung übernommen werden kann.[752]

Letztlich kann der Gesetzgeber bei der Entscheidung, ob er die Delegation zur weiteren Rechtsetzung vorsieht, nur von Zweckmäßigkeitserwägungen geleitet werden. Im Laufe der Jahre könnten sich aber neben der Finanzmarktaufsicht noch weitere Bereiche entwickeln, in denen die Delegation grundsätzlich als zweckmäßig erachtet wird. Um eine solche Feststellung treffen zu können, muss die gesetzgeberische Praxis ausgeprägter sein, als es bis dato der Fall ist.

b. Thematische Anwendungsbereiche von Durchführungsrechtsakten

Wie bereits erwähnt, wird das Tätigwerden der Kommission im Rahmen der ihr übertragenen Durchführungsbefugnisse ausführlich auf einer eigenen Internetseite dokumentiert.[753] Auf dieser wird zudem jährlich ein Bericht der Kommission veröffentlicht, aus dem hervorgeht, wie viele Durchführungsrechtsakte die Kommission auf welchen Gebieten und durch welches Verfahren erlassen hat.[754]

Im Jahr 2012 wurden von der Kommission insgesamt 271 Komitologie-Ausschüsse eingesetzt, während es 2011 noch 268 Komitologie-Ausschüsse waren.[755] Die Ausschüsse kamen in 796 Sitzungen zusammen, im Jahr 2011 waren es noch 789 Sitzungen. Die Anzahl schriftlicher Verfahren ist noch höher.[756]

---

752 So auch Schlussantrag des Generalanwalts *Villalón* v. 19.12.2013, Rs. C-427/12, S. 14; siehe hierzu auch *Hofmann/Töller*, StWiss 1998, 209 (223), die betonen, dass ein delegierter Rechtsakt, der einen politisch sensiblen Bereich betrifft, umso genauer geregelt werden muss.

753 http://ec.europa.eu/transparency/ (zuletzt aufgerufen am: 26.1.2015).

754 http://ec.europa.eu/transparency/regcomitology/index.cfm?do=Report.Report (zuletzt aufgerufen am: 26.1.2015).

755 Bericht der KOM über die Tätigkeit der Ausschüsse im Jahr 2012, KOM (2013) 701 endg., abrufbar unter: http://ec.europa.eu/transparency/regcomitology/docs/annual_report_2012_de.pdf. (zuletzt aufgerufen am: 26.1.2015).

756 Bericht der KOM über die Tätigkeit der Ausschüsse im Jahr 2012, KOM (2013) 701 endg., S. 5.

Insgesamt wurden im Jahr 2012 daraufhin 1657 Durchführungsrechtsakte erlassen und 1923 Stellungnahmen abgegeben.[757] Die Arbeit der Ausschüsse fand vornehmlich zu den Gebieten Mobilität und Verkehr (31), Unternehmen und Industrie (30) sowie Gesundheit und Verbraucher (24) statt. In den Bereichen Betrugsbekämpfung, Kommunikation, Wirtschaft und Finanzen, Informatik und Regionalpolitik wurde hingegen jeweils nur ein Ausschuss einberufen.[758]

Der vor kurzem erschienene Bericht über die Ausschussarbeit im Jahr 2013[759] lässt eine erneute Steigerung der Anzahl der erlassenen Durchführungsrechtsakte erkennen. So wurden im Jahr 2013 1716 Durchführungsrechtsakte erlassen. Auch die Anzahl der eingesetzten Komitologie-Ausschüsse stieg weiter. Im Jahr 2013 wurden bereits 302 Ausschüsse eingesetzt. Davon wurden auch in diesem Jahr die meisten Ausschüsse auf den Gebieten Mobilität und Verkehr (32), Unternehmen und Industrie (33), Gesundheit und Verbraucher (26) und Umwelt (30) einberufen.

Im Ergebnis ist festzustellen, dass es bestimmte Gebiete gibt, die häufiger durch Durchführungsrechtsakte geregelt werden. Hieraus bereits eine gesetzgeberische Praxis zu folgern, ist jedoch verfrüht. Zumal es sich hierbei um Politikfelder handeln kann, für die zu einem bestimmten Zeitpunkt generell ein erhöhter Regelungsbedarf seitens der Europäischen Union bestand. Die Übertragung von Durchführungsbefugnissen muss sich demnach weiterhin nach dem Vorliegen eines objektiven Grundes richten. Dieser ist der Bedarf nach einheitlichen Bedingungen. Liegt er vor, so muss der Unionsgesetzgeber der Kommission Durchführungsbefugnisse übertragen. Dass dieser Bedarf regelmäßig in einem konkreten Politikfeld gegeben ist, konnte bisher noch nicht festgestellt werden.

c. *Bewertung*

Die vorstehende Untersuchung hat gezeigt, dass lediglich für die Finanzmarktaufsicht feststeht, dass sie ausschließlich im Rahmen der Delegation zu regeln ist.

Grundsätzlich lässt sich also festhalten, dass sich die Anwendung von Delegation und Durchführung nicht anhand von Politikgebieten und Aufgabenfeldern der Union abgrenzen lassen. Darüber hinaus ist auch eine Abgrenzung

---

757 Bericht der KOM über die Tätigkeit der Ausschüsse im Jahr 2012, KOM (2013) 701 endg., S. 7 f.

758 Bericht der KOM über die Tätigkeit der Ausschüsse im Jahr 2012, KOM (2013) 701 endg., S. 5.

759 Bericht der KOM über die Tätigkeit der Ausschüsse im Jahr 2013, KOM (2014) 572 endg.

anhand von politischen und technischen Regelungen nicht möglich. So werden technische Regelungen sowohl in Form von delegierten Rechtsakten als auch in Form von Durchführungsrechtsakten erlassen, während das Politische in der Regel durch den Basisrechtsakt abschließend geregelt wurde.

Mit Blick auf die intendierte Effektivität und Dynamik, die durch diese Art der Rechtsetzung gewährleistet werden soll, ist es auf den ersten Blick durchaus zweckmäßig, die Übertragung von Rechtsetzungs- und Durchführungsbefugnissen nicht an spezifischen Regelungsbereichen festzumachen. Es kann jedoch nicht ausgeschlossen werden, dass sich im Laufe der Jahre eine Art gesetzgeberische Praxis entwickeln wird. Diese mögliche Entwicklung anhand einzelner Politikbereiche festzumachen, ist zu weit gefasst. Vielmehr könnte es vertieft um einzelne Aspekte und Themengebiete innerhalb von Politikbereichen gehen.

3. Sonstige thematische Abgrenzungsbeispiele

Darüber hinaus kommen noch zwei weitere Ansätze für eine thematische Abgrenzung in Betracht. Während sich der eine Ansatz mit den Regelungsgegenstände des Art. 289 AEUV beschäftigt (a.), orientiert sich der andere an den unterschiedlichen Kontrollverfahren in der VO (EU) Nr. 182/2011 (b.).

a. Regelungsgegenstände des Art. 289 AEUV

Die Delegation betreffend besteht einer dieser Ansätze darin, dass der Basisrechtsakt, der zur Delegation ermächtigt, innerhalb des besonderen oder ordentlichen Gesetzgebungsverfahrens zustande gekommen sein muss. Hieraus folgt, dass der Gesetzgeber im Basisrechtsakt nur dasjenige übertragen kann, zu dem er auch innerhalb seiner Gesetzgebungsbefugnisse ermächtigt ist.[760] Vergleicht man die Regelungsgegenstände der Gesetzgebungsverfahren mit denen,[761] die innerhalb der delegierten Rechtsetzung geregelt wurden,[762] so lässt sich feststellen, dass es hier zu keinen Besonderheiten kommt. Es wurde lediglich das innerhalb der Delegation geregelt, zu dem der Gesetzgeber im Rahmen von Art. 289 AEUV auch befugt ist. Thematisch lassen sich hier, wie bereits unter

---

760 So auch *Krönke*, Die Verfahrensautonomie der Mitgliedstaaten der Europäischen Union, S. 65.

761 Siehe hierzu *Schoo*, in: Schwarze, 3. Auflage, AEUV, Art. 289 Rn. 7.

762 http://eur-lex.europa.eu/search.html?qid=1404724414828&text=delegierte&scope=EURLEX&type=quick&lang=de&AU_CODED=COM&FM_CODED=REGDEL&DTS_SUBDOM=LEGISLATION (zuletzt aufgerufen am: 26.1.2015), linke Spalte unten.

2. a. ausgeführt, keine konkreten Schwerpunkte herleiten. Vielmehr wird mit Blick auf die Regelungsgegenstände im Rahmen von Art. 289 AEUV erneut deutlich, wie umfangreich die thematischen Regelungsmöglichkeiten innerhalb der Delegation sein können.

b. Kontrollverfahren der VO (EU) 182/2011

Weitere Indizien für eine Abgrenzung könnte die VO (EU) Nr. 182/2011[763] liefern. In ihr sind die Kontrollverfahren nach Art. 291 Abs. 3 AEUV geregelt. Art. 2 Abs. 2 der Verordnung bestimmt, in welchen Fällen das Prüfverfahren zur Anwendung kommen soll. Unter b) werden hierfür auch spezielle Politikbereiche aufgezählt. Im Umkehrschluss lässt sich hieraus schließen, dass diese Politikbereiche grundsätzlich durch die Übertragung von Durchführungsbefugnissen geregelt werden müssen.

So regelt Art. 2 Abs. 2 lit. b) ii) der Verordnung, dass das Prüfverfahren insbesondere zum Erlass von Durchführungsrechtsakten in Bezug auf die gemeinsame Agrarpolitik und die gemeinsame Fischereipolitik angewandt wird.[764] Eine verbindliche und ausschließliche Verwendung von Durchführungsrechtsakten in diesen Bereichen lässt sich aus der Verordnung aber nicht herleiten.

4. Bewertung

Die Frage der Abgrenzung der Art. 290 und 291 AEUV lässt sich zum jetzigen Zeitpunkt nicht eindeutig anhand von politischen Themenbereichen oder der Frage, ob eine politische oder technische Regelung vorliegt, vornehmen. Es haben sich zwar verschiedene Politikfelder etabliert, auf denen regelmäßig entweder die Delegation oder die Übertragung von Durchführungsbefugnissen Anwendung findet. Eine Verbindlichkeit lässt sich hieraus jedoch nicht ableiten.

Zum jetzigen Zeitpunkt handelt es sich hierbei vielmehr um eine Frage der Wahrnehmung von Kompetenzen der Union. Der Gesetzgeber muss sich überlegen, wie er seinem Gesetz die größtmögliche Wirksamkeit und Effektivität verleiht. Dafür wurden ihm mit dem Vertrag von Lissabon und der Einführung der Art. 290 und Art. 291 AEUV zwei unterschiedliche Instrumente an die Hand

763 Verordnung (EU) Nr. 182/2011 des Europäischen Parlaments und des Rates v. 16.2.2011 zur Festlegung der allgemeinen Regeln und Grundsätze, nach denen die Mitgliedstaaten die Wahrnehmung der Durchführungsbefugnisse durch die Kommission kontrollieren (ABl. L 55/13 v. 28.2.2011).

764 Siehe hierzu *Schoo*, in: Schwarze, 3. Auflage, AEUV, Art. 289 Rn. 7; siehe außerdem Ausführungen unter 4. Kapitel II. 1. c.

gegeben. Während Art. 290 AEUV den Gesetzgeber entlasten und gleichzeitig eine effektive und dynamische Rechtsetzung gewährleisten soll, muss für eine Übertragung von Befugnissen nach Art. 291 AEUV das Bedarfskriterium erfüllt sein, damit die Einheitlichkeit und Effektivität des Unionsrechts sichergestellt werden kann.

III. Ermessensspielraum vs. Prognoseentscheidung des Gesetzgebers

Innerhalb der Vorschriften der Art. 290 und Art. 291 AEUV bestehen einige Begrifflichkeiten wie „nicht wesentliche Vorschriften" oder der „Bedarf einheitlicher Bedingungen", die der weiteren Beurteilung des Gesetzgebers obliegen. Darüber hinaus ergeben sich für den Unionsgesetzgeber und die Kommission innerhalb der Verfahren weitere Entscheidungsfindungserfordernisse, die als Ermessen oder Prognoseentscheidungen zu qualifizieren sein könnten.

1. Gesetzgeberische Entscheidung zwischen Art. 290 und Art. 291 AEUV

Bei der Gegenüberstellung der Normen konnte festgestellt werden, dass sich Abgrenzungsprobleme insbesondere auf der Tatbestandsseite mit Blick auf die Begriffe „Ergänzung" und „Durchführungsbefugnisse" ergeben.

Hieraus könnte sich für den Gesetzgeber zum einen ein Ermessen (a.) oder zum anderen eine Prognoseentscheidung (b.) hinsichtlich der Frage ergeben, welche Art der Rechtsetzung er in seinem Basisrechtsakt vorzusehen hat.[765] Im Folgenden soll vor allem nach der recht oberflächlichen Untersuchung und Feststellung des Gerichtshofs[766] ein Blick darauf geworfen werden, welches Instrument im Hinblick auf die exekutive Rechtsetzung zweckmäßiger und vor dem Hintergrund rechtsstaatlicher Erfordernisse tauglicher erscheint.

a. Ermessen des Gesetzgebers

Vom Europäischen Gerichtshof und in großen Teilen der Literatur wird vertreten, dass sich für den Gesetzgeber hinsichtlich der Frage, ob er Art. 290 oder

765 Siehe hierzu bereits 4. Kapitel I. 3. b. cc. (2).

766 EuGH, Rs. C-427/12 (KOM/EP & Rat), in amtl. Sammlung noch nicht veröffentlicht, Rn. 40.

Art. 291 AEUV in einem Basisrechtsakt vorsieht, ein Ermessen ergibt.[767] In welchen Umfang und in welchen Bereichen Ermessen für ein Gemeinschaftsorgan besteht, ist eine Frage der Auslegung der einzelnen Befugnisnormen des Gemeinschaftsrechts, über die in der Regel der Gerichtshof zu entscheiden hat.[768]

Diese Ansicht führt an, dass dem Gesetzgeber im Fall von Abgrenzungsproblemen aufgrund einer Grauzone ein Ermessen zustehe. Die Grauzone bestehe insbesondere bei der Auslegung der Begriffe „Ergänzung" und „Durchführungsbefugnisse", die nicht eindeutig voneinander abgrenzbar sind. Innerhalb der Grauzone kann sich der Gesetzgeber entweder für die eine oder die andere Möglichkeit entscheiden. Hinsichtlich der weiteren Kriterien besteht weitestgehend Einigkeit zwischen den verschiedenen Parteien.

Ermessensentscheidungen sind, wenn auch nur eingeschränkt, gerichtlich überprüfbar. Damit wäre eine eingeschränkte Überprüfung der gesetzgeberischen Entscheidung möglich.

b. Prognoseentscheidung des Gesetzgebers

Eine weitere Möglichkeit könnte darin bestehen, dass der Gesetzgeber seine Entscheidung aufgrund einer Prognose zu treffen hat.[769] Im allgemeinen Sprachgebrauch bedeutet Prognose die wissenschaftlich begründete Voraussage einer künftigen Entwicklung, künftiger Zustände, des voraussichtlichen Verlaufs.[770] In Fällen einer Prognoseentscheidung entfällt die gerichtliche Kontrolle in großen Teilen.[771] Mit Blick auf die Prognose, die der Unionsgesetzgeber bei seiner Wahl zwischen Art. 290 und Art. 291 AEUV zu treffen hätte, spricht man von einer legislativen Prognoseentscheidung.[772] Die Unterscheidung zwischen legislativen und exekutiven Prognosen ist insofern bedeutsam, da dem Gesetzgeber aus legitimatorischen Gründen und wegen seiner politischen Gestaltungsfreiheit ein

767 EuGH, Rs. C-427/12 (KOM/EP & Rat), in amtl. Sammlung noch nicht veröffentlicht, Rn. 40; *Glaser,* Die Entwicklung des Europäischen Verwaltungsrechts aus der Perspektive der Handlungsformlehre, S. 37; *Fabricius,* ZEuS 4/2011, 567 (595); *Stelkens,* EuR 2012, 511 (543); *Haselmann,* Delegation und Durchführung, S. 237 f.

768 *Schwarze,* Europäisches Verwaltungsrecht, S. 283; *Pache,* DVBl. 1998, 380 (385).

769 In diesem Sinne auch Mitteilung der KOM an das EP und den Rat v. 9.12.2009, Umsetzung von Art. 290 des Vertrages über die Arbeitsweise der Europäischen Union, KOM (2009) 673 endg., S. 2 f.

770 http://www.duden.de/suchen/dudenonline/Prognose (zuletzt aufgerufen am: 26.1.2015).

771 *Schwarz,* in: Fehling/Kastner/Störmer, Verwaltungsrecht, §. 114 VwGO Rn. 56.

772 Siehe zur Begrifflichkeit *Paefgen,* BayVBl. 1986, 513 (513).

größerer Prognosespielraum zusteht als der Exekutiven.[773] Die Befugnisse des Gesetzgebers spiegeln sich auch in der gerichtlichen Kontrolle seiner Prognoseentscheidungen wieder.

Der Gesetzgeber muss anhand eines Wahrscheinlichkeitsmaßstabes[774] ein Urteil darüber bilden,[775] ob für den von ihm geregelten Bereich weitere ergänzende Maßnahmen notwendig sind oder ob hierfür vielmehr Durchführungsmaßnahmen notwendig und somit ausschlaggebend sind, um einheitliche Bedingungen in den Mitgliedstaaten sicherzustellen. Für diese Annahme müssten sich die Art. 290 und Art. 291 AEUV gegenseitig ausschließen. Hierfür muss sich der Gesetzgeber bei Zweifeln über eine zukünftige Entwicklung einer wissenschaftlich vertretbaren Methode wie zum Beispiel Statistiken oder Wahrscheinlichkeitstheorien bedienen und seine Entscheidung in einer der Materie angemessenen und methodisch einwandfreien Weise erarbeitet haben.[776] Obwohl der Gesetzgeber sich bei seiner Entscheidungsfindung auf sämtlich Fakten und andere wissenschaftliche Werte stützen muss, ist nicht auszuschließen, dass sich die gesetzgeberische Prognose als falsch erweist.[777]

Bei der Prognose wird in der Regel auf der Grundlage einer gesicherten und vorhandenen Tatsachenbasis, nach allgemeinen Erfahrungswerten aus bereits Geschehenem auf den Eintritt eines potentiellen Sachverhalts geschlossen.[778] Das heißt, der Gesetzgeber muss bereits im Vorfeld eine Prognose darüber treffen, wie er einen bestimmten Bereich regeln will. Um eine Entscheidung zu treffen, ist grundsätzlich die Erkenntnislage im Zeitpunkt der Entscheidung, also *ex ante*, maßgeblich. Es können auch nur die zu diesem Zeitpunkt gegebenen Fakten vom Gericht berücksichtigt werden.[779] Aus der *ex post* Perspektive ist die gerichtliche Kontrolle darauf beschränkt, ob der Gesetzgeber bei seiner Prognose von zutreffenden Daten, Werten und Zahlen ausgegangen ist und diese in seiner Entscheidungsfindung

---

773 *Schreven,* Prognoseentscheidungen der Exekutiven, S. 14.

774 *Paefgen,* BayVBl. 1986, 513 (514).

775 *Schwarz,* in: Fehling/Kastner/Störmer, Verwaltungsrecht, §. 114 VwGO Rn. 8.

776 In diesem Sinne auch BVerwGE 56, 110/121; bestätigt in BVerwGE 69, 256/272; *Paefgen,* BayVBl. 1986, 513 (515); *Classen,* Die Europäisierung der Verwaltungsgerichtsbarkeit, S. 125; *Breuer,* Der Staat 16/1977, 21 (40).

777 *Breuer,* Der Staat 16/1977, 21 (22).

778 *Paefgen,* BayVBl. 1986, 513 (514); *Schreven,* Prognoseentscheidungen der Exekutiven, S. 4; i.d.S. auch *Schwarz,* in: Fehling/Kastner/Störmer, Verwaltungsrecht, § 114 VwGO Rn. 91 m.w.N.

779 BVerwGE 56, 110 (121).

auch berücksichtigt hat.[780] Die gesetzgeberische Prognoseentscheidung kann vom Gericht nur auf ihre eindeutige Widerlegbarkeit und Fehlbarkeit überprüft werden.[781] In diesem Zusammenhang spielt nach Ansicht des Bundesverfassungsgerichts der Verhältnismäßigkeitsgrundsatz eine übergeordnete Rolle, der anhand potentieller Grundrechtsverletzungen durch die Prognoseentscheidungen zur Anwendung gelangt.[782] Die tatsächliche Prüfung bezieht sich hierbei aber vor allem auf das Kriterium der Geeignetheit der Prognoseentscheidung.[783] Sind jedoch die Kriterien einer geeigneten und wissenschaftlich vertretbaren Prognose erfüllt, hat das Gericht die prognostizierten tatsächlichen Umstände als voraussichtlich eintretende Tatsachen zu akzeptieren. Dieser funktionale Ansatz ist der Gegebenheit geschuldet, dass die Prognoseentscheidung in der Regel von einem besonders fachkundigen Personenkreis getroffen wird.[784]

Fraglich ist hingegen, ob und wie Prognoseentscheidungen des Unionsgesetzgebers gerichtlich überprüfbar sind. Hier gilt, dass auch im Europarecht Prognoseentscheidungen nur einer begrenzten gerichtlichen Kontrolle unterworfen sind.[785] Wie die konkrete Kontrolle legislativer Prognoseentscheidungen vor dem Gerichtshof auszusehen hat, ist indes noch unklar.

c. *Bewertung*

Die Frage, die es deshalb zu beantworten gilt, ist die, welches Entscheidungsinstrument für die Abgrenzung der Anwendung von Art. 290 und Art. 291 AEUV am zweckmäßigsten ist und rechtsstaatlichen Kriterien am besten gerecht wird.

Für eine Ermessensentscheidung könnte sprechen, dass mit Erlass des Basisrechtsakts tatsächlich noch nicht klar ist, ob zukünftig der Erlass von ergänzenden Rechtsakten oder Durchführungsmaßnahmen von Nöten ist. Dass eine solche Entscheidung dann allein dem Ermessen des Gesetzgebers obliegt, könnte wiederum der Dynamik und Effektivität des Unionsrechts dienen.

Darüber hinaus sind Ermessensentscheidungen stets –wenn auch nur eingeschränkt– gerichtlich überprüfbar, was unter dem Aspekt des Rechtsschutzes

780 *Schwarz,* in: Fehling/Kastner/Störmer, Verwaltungsrecht, § 114 VwGO Rn. 9, 96.

781 *Schreven,* Prognoseentscheidungen der Exekutiven, S. 14; so bereits schon BVerfGE 30, 250 (263); in diesem Zusammenhang weiterhin *Seetzen,* NJW 1975, 429 (429).

782 *Seetzen,* NJW 1975, 429 (429, 431 ff.) m.w.N.

783 *Seetzen,* NJW 1975, 429 (430).

784 *Classen,* Die Europäisierung der Verwaltungsgerichtsbarkeit, S. 125.

785 EuGH, Rs. 40/72 (Schröder), Slg. 1973, 125, S. 142, 145; Rs. 5/73 (Balkan-Import-Export), Slg. 1973, 1091, S. 1107; Rs. 154/78 (Valsabbia), Slg. 1980, 907, S. 1008.

einen weiteren Vorteil darstellt. Hiermit kann ein bestimmtes Niveau an Rechtmäßigkeitskontrolle gewährleistet werden.[786]

Wie die obigen Ausführungen aber gezeigt haben, sind die Art. 290 und Art. 291 AEUV als streng voneinander zu trennende Vorschriften anzusehen. Die Auslegung und Abgrenzung der beiden Normen hat zu dem Ergebnis geführt, dass die beiden Regelungen sich in ihren Anwendungsbereichen ausschließen müssen. Es handelt sich bei der Delegation und der Durchführung um eigenständige Institute, die so keine Entsprechung in den Verträgen haben. Zwar sind beide Vorschriften aus den Art. 202 3. SpStr., 211 4. SpStr. EGV entsprungen, jedoch wurde mit der Einführung des Art. 290 AEUV einem eigenständigen Bedürfnis entsprochen, das so in den Verträgen zuvor keine Berücksichtigung gefunden hatte. Die Tatsache, dass es bei der Bedeutung der beiden Begriffe „Ergänzung" und „Durchführungsbefugnisse" zu Überschneidungen kommt, kann nicht darüber hinweg helfen, dass diese Begriffe in einem völlig unterschiedlichen Normenkontext gebraucht werden. Grundsätzlich ist es der Prognose, dem Ermessen und dem Beurteilungsspielraum gemein, dass die von der Legislativen oder Exekutiven getroffenen Wertungen und Entscheidungen von der Judikativen besonders berücksichtigt werden müssen. Der entscheidende Unterschied der Prognose zu den beiden anderen, besteht in erster Linie darin, dass in diesem Fall keine wertende Entscheidung getroffen wird, sondern eine Entscheidung, die sich allein anhand Tatsachen festmachen lässt.[787] Wenn also deutlich ist, dass entweder nur Art. 290 oder nur Art. 291 AEUV Anwendung finden kann, legt dieser Aspekt die Anwendung einer Prognoseentscheidung schon rechtsdogmatisch nahe.

Aus Gründen der Zweckmäßigkeit stellt sich vielmehr die Frage, ob dem Gesetzgeber eine solche Prognoseentscheidung überhaupt möglich ist. Der Blick in die Zukunft sollte zunächst keine allzu große Hürde für den Gesetzgeber darstellen, der sich in der Regel über seine Regelungsintentionen im Klaren ist. Auch der Weg zur Erreichung seines gesetzgeberischen Ziels kann von ihm bereits dahingehend vorgegeben werden, dass er sich entweder für eine Delegation oder Durchführung entscheidet. Eine Prognose ist ihm aufgrund seiner Kenntnisse und Vorstellungen über die Ziele des Gesetzgebungsakts also durchaus möglich. Problematisch könnte im Fall der Prognoseentscheidung zwischen Art. 290 und Art. 291 AEUV allenfalls sein, dass der Gesetzgeber sich schon früh für eine der

---

786 Schlussantrag des Generalanwalts *Villalón* v. 19.12.2013, Rs. C-427/12, S. 2 und 13, der hier feststellt, dass es weniger um eine Frage der Abgrenzung als der gerichtlichen Überprüfbarkeit geht.

787 *Breuer,* Der Staat 16/1977, 21 (23).

beiden Varianten in Art. 290 und Art. 291 AEUV entscheiden muss[788] und dass zu diesem Zeitpunkt noch nicht alle relevanten Tatsachen für eine Entscheidung vorliegen. Hierzu ist anzumerken, dass es charakteristisch für Prognoseentscheidungen ist, bereits weit im Vorfeld getroffen zu werden, und es bei der Abgrenzung von Art. 290 und Art. 291 AEUV in erster Linie auf die Regelungsintention des Gesetzgebers ankommt. Diese muss bereits zum Zeitpunkt des Erlasses des Basisrechtsakts vorliegen. Alle weiteren Fakten, die dann gegeben sind, müssen ebenfalls vom Gesetzgeber bei seiner Entscheidung berücksichtigt werden. Eine besondere Problematik aufgrund der frühen Entscheidungsfindung des Gesetzgebers ist somit nicht gegeben.

Nichtsdestotrotz ist es auch dem Gesetzgeber aufgrund unvorhersehbarer Gegebenheiten nicht möglich, eine vollumfängliche Gewähr dafür zu leisten, dass seine Prognosen auch tatsächlich eintreten. Wird eine solche Fehlprognose vom Gesetzgeber zuvor nach den obengenannten Kriterien getroffen, ist diese nur eingeschränkt überprüfbar. Hierin könnte ein Defizit für die Rechtsstaatlichkeit liegen. Die zuvor gefällten Fehlprognosen können aber auch durch nachträgliche Entwicklungen eindeutig widerlegt und für die Zukunft weitere aufschlussreiche Hinweise für Prognoseentscheidungen liefern.[789] Aus einem solchem Vorgehen könnte sich letztlich eine gesetzgeberische Praxis entwickeln, die zu einer einheitlichen und transparenten Anwendung und somit auch Abgrenzung der Art. 290 und Art. 291 AEUV führen würde. Dass diese Abgrenzung sich an den verschiedenen Zuständigkeits- und Politikbereichen festmachen lässt, ist nicht auszuschließen. Die Anwendung von Ermessen könnte in diesem Zusammenhang eher zu Rechtsunsicherheiten führen, da es sich hier lediglich um eine wertende Entscheidung handelt. Zwar ist auch im Rahmen des Ermessens ein gewisser Prognosespielraum anerkannt, dieser bezieht sich jedoch einzig auf den Erlass administrativer Ermessensakte,[790] weshalb eine solche Zusammensetzung im vorliegenden Fall schon ausscheidet. Auch die Möglichkeit dem Gesetzgeber lediglich ein Ermessen auf der Tatbestandsseite bei der Begriffsauslegung und nicht auf der Rechtsfolgenseite einzuräumen,[791] würde dem Normzweck zuwiderlaufen. Die Rechtsunklarheit würde so lediglich an andere Stellen verlagert. Defizite in der Transparenz und der Abgrenzung blieben hingegen weiterhin bestehen.

788 *Craig*, ELR 5/2011, 671 (674).

789 *Breuer*, Der Staat 16/1977, 21 (23); ähnlich auch *Schreven*, Prognoseentscheidungen der Exekutiven, S. 14.

790 *Breuer*, Der Staat 16/1977, 21 (34, 48).

791 *Schreven*, Prognoseentscheidungen der Exekutiven, S. 33 f.

Darüber hinaus wäre eine Prognoseentscheidung auch nicht weniger dynamisch als eine Ermessensentscheidung. Denn dem Gesetzgeber ist es weiterhin möglich, sowohl die Delegation als auch die Durchführung für unterschiedliche Regelungsaspekte in einem Basisrechtsakt vorzusehen, wenn ihm dies zweckmäßig erscheint, um sein angestrebtes Ziel zu erreichen. Es ist hingegen nicht möglich, ein und denselben Aspekt sowohl mit delegierten Rechtsakten als auch mit Durchführungsakten zu regeln. Ein delegierter Rechtsakt kann nicht gleichzeitig Durchführungsrechtsakt sein und umgekehrt. Des Weiteren ist mit dem Agieren auf unsicheren und zum Teil unbeständigen Tatsachenebenen immer auch eine ständige und somit dynamische Anpassung verbunden.[792] Dies gilt zumindest so lange, bis sich eine ansatzweise fundierte gesetzgeberische Praxis entwickelt hat, die auf zuvor getroffenen Prognoseentscheidungen basiert.

Ein weiteres Defizit der Prognoseentscheidung könnte das soeben schon erwähnte Rechtsschutzdefizit von Prognoseentscheidungen sein, da diese nicht im gleichen Umfang überprüfbar sind wie Ermessensentscheidungen. Zwar hat auch der Gerichthof bereits die begrenzte Überprüfbarkeit von Prognoseentscheidungen festgestellt,[793] wie diese konkret auszusehen hat, wurde von ihm jedoch noch nicht weiter ausgeführt. Für den Gerichthof hätte es hier in einem nächsten Schritt darum gehen können, seine Prüfungszuständigkeit von Prognoseentscheidungen, ähnlich wie durch das Bundesverfassungsgericht vorgenommen,[794] zu konkretisieren. Anstelle der Grundrechtsrelevanz der getroffenen legislativen Prognoseentscheidungen, hätte der Gerichtshof vielmehr auf politische Zuständigkeiten und Kompetenzen vergleichbar mit dem Wesentlichkeitsvorbehalt abstellen können.

Mit Blick auf die Institute der Delegation und Durchführung und deren eindeutiger Abgrenzbarkeit sollte der Gesetzgeber im Vorfeld eine Prognoseentscheidung treffen, welche der beiden Normen anhand ihrer Kriterien als einschlägig anzusehen ist. Wie bereits dargelegt, erscheint diese Ansicht dem Normzweck der Art. 290 und Art. 291 AEUV entsprechend und aus Gründen der Transparenz und somit der Rechtsstaatlichkeit zweckmäßiger als eine rein wertende Entscheidung des Gesetzgebers, wie sie beim Ermessen getroffen werden könnte. Hier lediglich auf eine rein wertende Entscheidung abzustellen,

792 *Breuer,* Der Staat 16/1977, 21 (38).

793 EuGH, Rs. 40/72 (Schröder), Slg. 1973, 125, S. 142, 145; Rs. 5/73 (Balkan-Import-Export), Slg. 1973, 1091, S. 1107; Rs. 154/78 (Valsabbia), Slg. 1980, 907, S. 1008.

794 Siehe hierzu ausführlich *Seetzen,* NJW 1975, 429 (429 ff.); *Breuer,* Der Staat 16/1977, 21 (25 ff.).

obwohl die beiden Normen ein Mehr an Demokratie und Rechtsstaatlichkeit im neuen Handlungssystem der Union garantieren sollten, ist nicht normadäquat.[795]

Anders sah dies jedoch der Europäische Gerichtshof in der *Biozidprodukte-Entscheidung*. Mit dem Urteil räumt er dem Unionsgesetzgeber nun endgültig ein Ermessen bei der Frage ein, ob er sich für Art. 290 oder Art. 291 AEUV zu entscheiden hat.[796] Aufgrund der Verbindlichkeit des Urteils geht die weitere Bearbeitung von einer Ermessensentscheidung des Gesetzgebers aus und untersucht, welche Konsequenzen sich hieraus für den Rechtsschutz ergeben.

2. Ermessens- und Beurteilungsspielraum nach Ansicht des Gerichtshofs in der Rechtssache C-427/12 (Biozidprodukte-Entscheidung)

Nachdem herausgestellt wurde, dass dem Unionsgesetzgeber bei der Frage, ob er von Art. 290 oder Art. 291 AEUV Gebrauch machen soll, ein Ermessen zusteht, soll im Folgenden explizit auf die Ermessensbetätigung im Unionsrecht eingegangen werden. Hierfür soll dargelegt werden, wann dem Gesetzgeber nach dem deutschen Verwaltungsrecht ein Ermessens- und Beurteilungsspielraum zusteht (a.), wo die Besonderheiten im Unionsrecht liegen (b.) und in welcher Form ein Ermessens- und Beurteilungsspielraum im Rahmen der exekutiven Rechtsetzung anzunehmen ist (c.).

a. Grundsätze des deutschen Verwaltungsrechts

Um der Dynamik von Lebenssachverhalten gerecht zu werden, räumt der Gesetzgeber der Verwaltung häufig bei ihren Beurteilungen einen Handlungsspielraum ein.[797] Während die Behörde die unbestimmten Rechtsbegriffe bereits auf Tatbestandsseite auslegen muss, erfolgt die Ermessenentscheidung auf der Rechtsfolgenseite.[798]

---

795 Ähnlich *Bleckmann*, Europarecht, § 9 Rn. 867; *Sydow*, JZ 2012, 157 (161), stellt darauf ab, dass man andernfalls das Problem der beliebigen Rechtsetzung wie es nach der Regelung des Art. 202 EGV durch die KOM geschah, sonst nur auf eine andere Stelle verlagern würde.

796 EuGH, Rs. C-427/12 (KOM/EP & Rat), in amtl. Sammlung noch nicht veröffentlicht, Rn. 40.

797 In diesem Sinne auch *Wolff/Bachof u. a.*, Verwaltungsrecht I, § 31 Rn. 36; *Detterbeck*, Allgemeines Verwaltungsrecht, § 8 Rn. 307.

798 *Detterbeck*, Allgemeines Verwaltungsrecht, § 8 Rn. 352.

Unbestimmte Rechtsbegriffe sollen der Verwaltung auf der Tatbestandsseite eine gewisse Richtung ihrer Handlungen vorgeben. Sofern der unbestimmte Rechtsbegriff ein einzelnes Tatbestandsmerkmal darstellt, obliegt es der Entscheidung der Verwaltung, ob das Merkmal durch den untersuchten Sachverhalt vorliegt oder nicht.[799] Hierbei vertraut der Gesetzgeber vor allem auf die praktischen Erfahrungen der Verwaltung, die dadurch unabhängig eine Einzelfallentscheidung treffen kann. Der Gesetzgeber kann aufgrund seiner gesetzgeberischen Erfahrung Regelbeispiele für bestimmte Fälle festlegen.[800] Entscheidungen, die aufgrund der Auslegung eines unbestimmten Rechtsbegriffs getroffen werden, sind durch das Gericht grundsätzlich voll überprüfbar.[801] Eine absolute Ausnahme hierzu bilden die Fällen, in denen der Verwaltung ein Beurteilungsspielraum eingeräumt wird. In den anerkannten Fällen handelt es sich um Sachverhalte, in denen einem geeigneten Entscheidungsträger eine besondere Sachkompetenz zukommt.[802] Ein Beurteilungsspielraum wurde in der Rechtsprechung zum Beispiel bei Prüfungsentscheidungen, bei beamtenrechtlichen Beurteilungen,[803] bei Entscheidungen unabhängiger pluralistisch zusammengesetzter Gremien[804] und Prognoseentscheidungen[805] eingeräumt.[806] Im Fall eines Beurteilungsspielraums ist die gerichtliche Kontrolle eingeschränkt.[807]

Im Rahmen des Ermessens trifft die Behörde ihre Entscheidung auf der Rechtsfolgenseite. Ist der Tatbestand einer Norm erfüllt und wird der Behörde Ermessen eingeräumt, kann sie regelmäßig zuerst wählen, ob sie tätig wird (Entschließungsermessen) und welche Maßnahmen sie treffen möchte (Auswahlermessen).[808] Bei ihrer Entscheidung hat sie sich am typischen oder konkreten Einzelfall (§ 40 VwVfG)

---

799 *Maurer*, Allgemeines Verwaltungsrecht, § 7 Rn. 32; *Ipsen*, Allgemeines Verwaltungsrecht, § 8 Rn. 467.

800 *Ipsen*, Allgemeines Verwaltungsrecht, § 8 Rn. 469.

801 BVerwGE 72, 73 (77); *Detterbeck*, Allgemeines Verwaltungsrecht, § 8 Rn. 354.

802 *Jachmann/Drüen*, Allgemeines Verwaltungsrecht, S. 35 Rn. 45.

803 BVerwGE 80, 224 (225 f.); 61, 176 (185 f.); 60, 245 (246); 21, 127 (129 ff.).

804 BVerfGE 83, 130 (148); BVerwGE 77, 75 (77 f.).

805 BVerfGE 61, 83 (114 f.); BVerwGE 82, 295 (299 ff.); 81, 185 (190 ff.); 79, 208 (213 ff.); 72, 300 (316 f.).

806 *Wolff/Bachof u. a.*, Verwaltungsrecht I, § 31 Rn. 23 ff. m.w.N.

807 *Jachmann/Drüen*, Allgemeines Verwaltungsrecht, S. 36 Rn. 47; *Detterbeck*, Allgemeines Verwaltungsrecht, § 8 Rn. 355, 377 f.

808 *Maurer*, Allgemeines Verwaltungsrecht, § 7 Rn. 7.

und der Zielvorstellung des Gesetzes zu orientieren.[809] Ermessensentscheidungen sind im Rahmen von § 114 VwGO auf ihre Rechtmäßigkeit hin gerichtlich überprüfbar.[810]

Durch die Einräumung von Ermessen und unbestimmten Rechtsbegriffen wird der Verwaltung ein großer Entscheidungsfreiraum gegeben, der ihr gleichzeitig immer eine rechtserzeugende Eigenleistung abverlangt.[811] Hierbei ist von einer Delegation an die Verwaltungsbehörden auszugehen, die dazu ermächtigt werden, Recht nach ihrer eigenen Wertung zu konkretisieren und zu individualisieren.[812] Zu beachten ist, dass der Verwaltung diese Kompetenz allein im Rahmen des ihr übertragenen Gesetzesvollzugs zukommt. Die Delegation eigener Rechtsetzungsbefugnisse ist hiervon nicht umfasst.[813]

b. Ermessen im Unionsrecht

Anders als dem deutschen Recht, ist dem Unionsrecht eine Unterscheidung zwischen Beurteilungsspielraum auf Tatbestandsseite im Zusammenhang mit unbestimmten Rechtsbegriffen und von Ermessen auf Rechtsfolgenseite fremd.[814] Das Unionsrecht geht allein von einem Ermessensspielraum aus, für dessen Ausübung keine weiteren Anforderungen bestehen und der sowohl auf Tatbestandsseite in Form eines unbestimmten Rechtsbegriffes als auch auf der Rechtsfolgenseite als „Kann-Vorschrift" bestehen kann.[815]

---

809 *Maurer*, Allgemeines Verwaltungsrecht, § 7 Rn. 14; *Jachmann/Drüen*, Allgemeines Verwaltungsrecht, S. 38 Rn. 49.

810 *Jachmann/Drüen*, Allgemeines Verwaltungsrecht, S. 39 Rn. 51; *Detterbeck*, Allgemeines Verwaltungsrecht, § 8 Rn. 324 ff.

811 *Jestaedt*, in: Erichsen/Ehlers, Allgemeines Verwaltungsrecht, § 11 Rn. 27, 31; *Bleckmann*, Europarecht, § 9 Rn. 862.

812 *Forsthoff*, Lehrbuch des Verwaltungsrechts, S. 59; *Dreier*, Hierarchische Verwaltung, S. 165 ff.

813 *Jestaedt*, in: Erichsen/Ehlers, Allgemeines Verwaltungsrecht, § 11 Rn. 32.

814 In den Fällen, in denen nach der deutschen Normenklatur von einem Beurteilungsspielraum auszugehen wäre, spricht der EuGH von einem Ermessensspielraum, bspw. EuGH, Rs. C-120/97 (Upjohn), Slg. 1999, I-233, Rn. 34; *Dervisopoulos*, in: Rengeling/Middeke/Gellermann, Handbuch des Rechtsschutzes in der EU, § 7 Rn. 117; *Schwarze*, in: ders., 3. Auflage, AEUV, Art. 263 Rn. 81; *ders.*, Europäisches Verwaltungsrecht, S. 280 f.; *Pache*, DVBl. 1998, 380 (384); *Classen*, Die Europäisierung der Verwaltungsgerichtsbarkeit, S. 179; *Schwarz*, in: Fehling/Kastner/Störmer, Verwaltungsrecht, § 114 VwGO Rn. 30.

815 *v. Danwitz*, Europäisches Verwaltungsrecht, S. 362; *Schwarze*, Europäisches Verwaltungsrecht, S. 282.

Es ist deshalb immer dann von Ermessen auszugehen, wenn das Unionsrecht Entscheidungs-, Gestaltungs- oder Beurteilungsspielräume begründet, was sich in der Regel anhand des Wortlauts und der systematischen Stellung der Norm erkennen lässt.[816] Da es an einer ausdrücklichen Befugnis zur Ermessensausübung im Unionsrecht fehlt, wird überwiegend davon ausgegangen, dass sich diese aus der Natur der spezifischen Verwaltungsaufgabe ergibt, die der richterlichen Nachprüfbarkeit schon zwangsläufig Grenzen ziehen muss. Dies wird allgemein zum Beispiel für politisch-prognostische Entscheidungen angenommen oder wenn die Expertise der Verwaltung benötigt wird.[817]

Die Ermessensermächtigung im Europarecht soll, wie auch im deutschen Recht, vor allem der Erzielung von Einzelfallgerechtigkeit unter Wahrung der Anforderungen von Flexibilität und Effektivität der Verwaltungstätigkeit dienen.[818] Ein wesentlicher Unterschied lag vor der *Biozidprodukte-Entscheidung* noch darin, dass eine Trennung zwischen administrativem und legislativem Ermessen im Unionsrecht noch keinen Einzug gefunden hat.[819] Mit der Entscheidung des Gerichtshofs, dass der Inhalt des Basisrechtsakts aufgrund einer Ermessensentscheidung des Gesetzgebers festgelegt wird, ändert sich dies.

c. Ermessen im Rahmen der exekutiven Rechtsetzung

Im Rahmen der exekutiven Rechtsetzung ist hinsichtlich einer Ermessensbetätigung zwischen unterschiedlichen Varianten zu unterscheiden. Zum einen steht dem Unionsgesetzgeber nach der Rechtsprechung des Gerichtshofs ein legislatives Auswahlermessen bei seiner Wahl zu, ob er die Delegation oder Durchführung in seinem Basisrechtsakt vorsehen möchte (aa.).[820] Die weiteren Fälle betreffen die exekutive Ermessensbetätigung der Kommission im Rahmen der ihr übertragenen Befugnisse (bb. und cc.).

---

816 EuGH, Rs. 281/82 (Unifrex/Rat & KOM), Slg. 1984, 1969, Rn. 20; EuG, T-300/03 (Moser Baer India/Rat), Slg. 2006, II-3911, Rn. 29; *Schwarze*, Europäisches Verwaltungsrecht, S. 281; *Pache*, DVBl. 1998, 380 (384).

817 *v. Danwitz*, Verwaltungsrechtliches System und Europäische Integration, S. 185; *Schwarze*, Europäisches Verwaltungsrecht, S. 283.

818 Ähnlich *Schwarze*, Europäisches Verwaltungsrecht, S. 437.

819 Ebenda; *Bleckmann*, Europarecht, § 9 Rn. 871.

820 EuGH, Rs. C-427/12 (KOM/EP & Rat), in amtl. Sammlung noch nicht veröffentlicht, Rn. 40.

aa. Auswahlermessen zwischen Art. 290 und Art. 291 AEUV

Der Gerichtshof begründet das Auswahlermessen[821] des Gesetzgebers mit der möglichen Überschneidung von delegierten Rechtsakten und Durchführungsrechtsakten und der Annahme, dass es allein der Gesetzgeber sei, der aufgrund von politischen Erwägungen im Vorfeld bestimmen kann, ob er eine Regelung für weiter ausfüllungsbedürftig erachtet und somit die Delegation vorsieht oder ob er die weitere einheitliche Durchführung eines Rechtsakts gefährdet sieht und er die Kommission deshalb ermächtigt, Durchführungsrechtsakte zu erlassen.[822] Ohne Rücksicht darauf, ob eine solche wertende politische Entscheidungsprärogative überhaupt dem Normzweck entspricht,[823] begründet sie jedenfalls ein Auswahlermessen des Gesetzgebers zwischen Art. 290 und Art. 291 AEUV.[824]

Abzugrenzen ist dieses Auswahlermessen von der allgemeinen Gestaltungsfreiheit des Gesetzgebers.[825] Mit dieser ist die politische Entscheidungsfreiheit des Gesetzgebers gemeint,[826] deren Grenzen in der Regel von den einzelnen Verfassungen gezogen werden.[827] Im Unionsrecht legt deshalb das geltende Primärrecht dem Unionsgesetzgeber seine Grenzen auf. Die allgemeine Gestaltungsfreiheit des Gesetzgebers kann hier schon deshalb nicht als Alternative zum Auswahlermessen einschlägig sein, da die Art. 290 und Art. 291 AEUV so klare Anwendungsvorgaben machen, über die sich der Gesetzgeber nicht ohne weiteres hinwegsetzen kann. Für die Anwendung der Art. 290 und Art. 291 AEUV lediglich auf den allgemeinen Gestaltungsspielraum des Gesetzgebers abzustellen, würde den rechtsstaatlichen Anforderungen der Union, des Vertrags von Lissabon und den Vorschriften Art. 290 und Art. 291 AEUV nicht genügen.

---

821 Zum Begriff des Auswahlermessens, *Detterbeck*, Allgemeines Verwaltungsrecht, § 8 Rn. 315.

822 *Härtel*, Europäische Rechtsetzung, S. 234, 491; *Schusterschlitz*, in: Hummer/Obwexer, Vertrag von Lissabon, S. 228 ff.; *Weiß*, Der Europäische Verwaltungsverbund, S. 53 ff.; *Edenharter*, DÖV 2011, 645 (649); *Kotzur*, in: Geiger/Khan/Kotzur AEUV, Art. 291 Rn. 3; *Ruffert*, in: Calliess/Ruffert, 4. Auflage, AEUV, Art. 288 Rn. 11; *Stelkens*, VVDStRL 71 (2012), 369 (400); hierzu außerdem bereits schon CONV 424/02, Schlussbericht der Gruppe IX „Vereinfachung" v. 29.11.2002, S. 9; Mitteilung der KOM an das EP und den Rat v. 9.12.2009, Umsetzung von Art. 290 des Vertrages über die Arbeitsweise der Europäischen Union, KOM (2009) 673 endg., S. 5.

823 Siehe hierzu bereits 4. Kapitel III. 1. c., weshalb eine solche Ansicht im Ergebnis nicht vertreten werden kann.

824 Siehe hierzu 4. Kapitel III. 2.

825 *Recknagel*, Gesetzgeberisches Ermessen, S. 22.

826 BVerfGE 6, 273 (280).

827 BVerfGE 22, 241 (249); 22, 254 (263); 24, 220 (231); 25, 236 (247).

bb. Ermessen beim Tätigwerden im Rahmen von Art. 290 AEUV

Anders als beim Auswahlermessen zwischen Art. 290 und Art. 291 AEUV im Rahmen dessen dem Unionsgesetzgeber eine Ermessensausübungsbefugnis unterhalb des Primärrechts der Union zusteht, obliegt es der Kommission zu entscheiden, wie und auf welche Weise sie von den ihr übertragenen Befugnissen Gebrauch macht.[828] Im Rahmen von Art. 290 AEUV wird der Kommission ein administratives Ermessen eingeräumt, indem die allgemeinen politischen Ziele im Basisrechtsakt vom Gesetzgeber vorformuliert und die konkretisierenden Maßnahmen der Kommission überlassen werden.[829]

Der Gesetzgeber selbst macht von seinem Ermessen Gebrauch, indem er auf der Tatbestandsseite entscheiden muss, was als wesentlich im Sinne des Wesentlichkeitskriteriums zu betrachten ist und was nicht.

cc. Ermessen beim Tätigwerden im Rahmen von Art. 291 AEUV

Das Gleiche gilt für ein Tätigwerden der Kommission im Rahmen von Art. 291 AEUV. Sofern ein Bedarf hierfür besteht, soll die Kommission grundsätzlich alle Maßnahmen ergreifen können, die für die Herstellung einheitlicher Bedingungen zweckmäßig sind.[830] Dabei muss sie jedoch die vorgeschriebenen Verfahren sowie die im Basisrechtsakt gemachten Vorgaben beachten.[831]

Die Entscheidung darüber, wann ein „Bedarf einheitlicher Bedingungen“ besteht, obliegt hingegen allein der Beurteilung des Gesetzgebers.

3. Ermessensreduzierung (auf Null)

Die voranstehende Untersuchung zeigt zunächst, dass sowohl dem Gesetzgeber als auch der Kommission bei ihrem Tätigwerden im Rahmen der exekutiven Rechtsetzung an verschiedenen Stellen Ermessensbefugnisse zustehen. Im Folgenden soll deshalb ein Blick darauf geworfen werden, wodurch diese Befugnisse beschränkt oder sogar ausgeschlossen werden können.

---

828 *Schwarze*, Europäisches Verwaltungsrecht, S. 282.

829 *Bueren*, EuZW 2012, 167 (169).

830 Ebenda; zum Begriff der Maßnahme siehe 4. Kapitel I. b. bb. (2), der der KOM einen weiten Handlungsspielraum ermöglicht. Siehe außerdem bereits schon CONV 424/02, Schlussbericht der Gruppe IX „Vereinfachung“ v. 29.11.2002, S. 7.

831 *Härtel*, Europäische Rechtsetzung, § 23 Rn. 28.

a. *Grundsatz der Ermessensreduzierung auf Null*

Der Grundsatz der Ermessensreduzierung auf Null aus dem deutschen Verwaltungsrecht kann seinem Inhalt nach so auch auf die europäischen Maßstäbe übertragen werden. Hiernach wäre jede andere als eine ganz bestimmte Entscheidung fehlerhaft.[832] Eine weitere Handlungsalternative existierte somit nicht mehr.[833] Regelmäßig ergibt sich eine solche Handlungsschranke immer dann, wenn Grundrechte oder allgemeine Rechtsgrundsätze betroffen sind.[834] Eine Besonderheit im Vergleich zum deutschen Verwaltungsrecht besteht im europäischen Verwaltungsrecht darin, dass bei Ermessenserwägungen immer auch das institutionelle Gleichgewicht zu wahren ist. Hieraus kann sich im Europarecht ein weiterer Grund für eine Ermessensreduzierung auf Null ergeben.

b. *Ermessensreduzierung hinsichtlich des Auswahlermessens des Gesetzgebers*

Fraglich ist, ob sich bereits aus dem Vorliegen zwingender Umstände eine Ermessensreduzierung und gegebenenfalls sogar auf Null für den Gesetzgeber ergeben kann.

Da eine eindeutige Abgrenzung nach Ansicht des Gerichtshofs nicht möglich ist und somit kein „Anwendungszwang" für den Gesetzgeber besteht, kann eine Ermessensreduzierung hinsichtlich des Auswahlermessens immer nur dann existieren, wenn es darum geht, in den Bereichen Regelungen zu treffen, in denen regelmäßig entweder auf die Delegation oder die Durchführung zurückgegriffen wird. Dass sich eine solche gesetzgeberische Praxis durch die Ausübung von Ermessen vermutlich nicht oder nur langsam entwickeln wird, wurde in diesem Zusammenhang bereits dargelegt.[835]

c. *Ermessensreduzierung im Rahmen des Art. 290 AEUV*

Eine Ermessensreduzierung im Rahmen des Art. 290 AEUV ergibt sich in der Regel für die Kommission schon aus dem Basisrechtsakt selbst. Dieser regelt Ziel, Inhalt, Geltungsbereich und Dauer der Befugnisübertragung. Der Basisrechtsakt kann damit starken Einfluss auf das Handeln der Kommission nehmen und

832 *Jachmann/Drüen*, Allgemeines Verwaltungsrecht, S. 41 Rn. 52; *Detterbeck*, Allgemeines Verwaltungsrecht, § 8 Rn. 336.

833 *Wallerath*, Allgemeines Verwaltungsrecht, §. 7 Rn. 74; *Schwarz*, in: Fehling/Kastner/Störmer, Verwaltungsrecht, § 114 VwGO Rn. 20; *Wolff/Bachof u. a.*, Verwaltungsrecht I, § 31 Rn. 67.

834 *v. Danwitz*, Europäisches Verwaltungsrecht, S. 366; *Bueren*, EuZW 2012, 167 (168).

835 Hierzu unter 4. Kapitel II.

dieses innerhalb seiner Grenzen beschränken.[836] Dadurch wäre es dem Gesetzgeber auch möglich, das Ermessen der Kommission in bestimmten Bereichen auf Null zu reduzieren. Zu beachten ist, dass sich eine Ermessensreduzierung auf Null immer nur auf einen bestimmten Bereich des Basisrechtsakts erstrecken wird, da der Gesetzgeber den Basisrechtsakt auch komplett eigenständig „in die Länge" regeln könnte. Der kompletten Regelung durch den Gesetzgeber würden der Normzweck des Art. 291 AEUV, nämlich die Entlastung des Gesetzgebers und die Dynamik der Rechtsetzung widersprechen.

Für den Gesetzgeber besteht eine Beschränkung seines Ermessens in dem Wesentlichkeitsvorbehalt. Nur im Rahmen dessen darf er der Kommission Rechtsetzungsbefugnisse übertragen, damit die Kommission nur unwesentliche Vorschriften des Basisrechtsakts ergänzen oder ändern kann. Was als wesentlich zu betrachten ist, obliegt wiederum der Beurteilung des Gesetzgebers.

d. Ermessensreduzierung im Rahmen des Art. 291 AEUV

Im Gegensatz zu Art. 290 AEUV ist Art. 291 AEUV zunächst keine Ermessensreduzierung inzident. Der Kommission wird hier ein relativ großer Handlungsspielraum zugestanden, innerhalb dessen sie alle Maßnahmen ergreifen kann, die erforderlich sind, um einheitliche Bedingungen herzustellen.

Ist der Bedarf zur Herstellung einheitlicher Bedingungen zwingend gegeben, müssen der Kommission vom Gesetzgeber Durchführungsbefugnisse übertragen werden.

4. Zwischenergebnis und Bewertung

Obwohl sich nach genauerer Betrachtung gezeigt hat, dass eine Prognoseentscheidung des Gesetzgebers mit Blick auf die Regelungen der Art. 290 und Art. 291 AEUV im Vergleich zu einer Ermessensentscheidung durchaus zweckmäßiger und für rechtsstaatliche Bedürfnisse tauglicher ist, geht der Europäische Gerichtshof mit seiner *Biozidprodukte-Entscheidung* den Weg des Ermessens, um somit eine gerichtliche Überprüfbarkeit und mehr Dynamik durch die Rechtsprechung gewährleisten zu können. Er räumt damit dem Gesetzgeber ein Auswahlermessen bezüglich der Frage ein, ob er Art. 290 oder Art. 291 AEUV für die exekutive Rechtsetzung vorsehen will. Es handelt sich hierbei um einen Fall des Legislativermessens. Der Gerichtshof lässt jedwede Auseinandersetzung mit der Möglichkeit einer Prognoseentscheidung des Gesetzgebers in seinem

836 Schlussantrag des Generalanwalts *Villalón* v. 19.12.2013, Rs. C-427/12, S. 6 f.

Urteil vermissen. Stattdessen folgert er aus den Überschneidungen im Wortlaut von Art. 290 und Art. 291 AEUV einen Ermessensspielraum des Gesetzgebers.

Neben dem vom Gerichtshof festgestellten legislativen Ermessen des Gesetzgebers, verfügt die Kommission über ein administratives Ermessen bei der Ausübung ihrer Befugnisse. Wie auch im deutschen Verwaltungsrecht vertraut der Gesetzgeber mit der Einräumung von Ermessen auf die Expertise der Verwaltung. Ermessen wird vor allem immer dann eingeräumt, wenn es sich um politisch-prognostische Entscheidungen handelt.

Darüber hinaus lassen sich die Grundsätze der Ermessensreduzierung auf Null auch auf das Unionsrecht übertragen. Der Gesetzgeber kann allenfalls aufgrund seiner eigenen Gesetzgebungspraxis gezwungen sein, für einen gewissen politischen Themenbereich entweder die Delegation oder die Durchführung vorzusehen.[837] Für die Kommission ergeben sich ihre Ermessensbetätigungsschranken aus dem jeweiligen Basisrechtsakt selbst. Während die Kommission bei der Delegation die Möglichkeit hat, über Aspekte zu entscheiden, die in der Regel vom Gesetzgeber selbst entschieden werden, geht es bei der Durchführung um gesetzliche Bestimmungen, die bereits vom Gesetzgeber selbst inhaltlich bestimmt wurden. Die Kommission hat bei der Delegation also grundsätzlich einen größeren Ermessensspielraum.[838]

IV. Delegierte Rechtsakte und ihr rechtsdogmatisches Verhältnis zu Durchführungsrechtsakten

Kontrovers diskutiert wird, ob zwischen delegierten Rechtsakten und Durchführungsrechtsakten eine Hierarchie besteht.[839]

Um diese Frage zu beantworten, ist im Wesentlichen auf die Ausführungen zur Abgrenzung von Art. 290 zu Art. 291 AEUV zu verweisen.

Das Europäische Parlament und der Rat bestreiten eine Hierarchie der beiden Vorschriften zueinander und beziehen sich dabei auf die Ermessensentscheidung des Gesetzgebers, im Rahmen derer er sich stets für den einen oder den anderen Weg entscheiden könne. Außerdem können sowohl delegierte Rechtsakte als auch Durchführungsrechtsakte zu Rechtsakten mit Verordnungscharakter führen. Dem schließt sich auch Generalanwalt *Villalón* in seinem Schlussantrag

---

837 Hier von einem Fall der Selbstbindung der Verwaltung zu sprechen, erschiene nicht sinngemäß, da es sich um Legislativermessen handelt.

838 Schlussantrag des Generalanwalts *Villalón* v. 19.12.2013, Rs. C-427/12, S. 12.

839 Schlussantrag des Generalanwalts *Villalón* v. 19.12.2013, Rs. C-427/12, S. 10; *Bast*, CMLR 2012, 885 (923).

zur Abgrenzungsproblematik an.[840] Als Hauptargumente führt auch er die Ermessensentscheidung des Gesetzgebers an sowie den Umstand, dass sowohl Art. 290 AEUV als auch Art. 291 AEUV zum Erlass eines Rechtsakts mit Verordnungscharakter führen könne.

Aus der Tatsache, dass dem Gesetzgeber ein Auswahlermessen eingeräumt wird, muss nicht zwangsläufig geschlussfolgert werden, dass es keine Hierarchie zwischen delegierten Rechtsakten und Durchführungsrechtsakten geben kann, zumal sich eine Hierarchisierung eben gerade nicht auf die Art. 290 und Art. 291 AEUV bezieht, sondern auf die Rechtsakte, die aufgrund der vermittelten Befugnisse hervorgehen. In diesem Zusammenhang bringen das Europäische Parlament und der Rat vor, dass es sich in beiden Fällen um einen Rechtsakt mit Verordnungscharakter im Sinne von Art. 288 UAbs. 2 AEUV handeln könne. Hier sollte jedoch die Überschrift des Art. 288 AEUV berücksichtigt werden. Art. 288 AEUV legt nämlich die allgemeinen Handlungsformen der Union fest. Im Rahmen von Art. 290 und Art. 291 AEUV ist die Kommission befugt, jede der in Art. 288 AEUV geregelten Handlungsformen zu wählen.

Richtig ist also, dass aufgrund der gewählten Handlungsform keine Hierarchisierung von delegierten Rechtsakten und Durchführungsrechtsakten stattfinden kann. Untermauert wird dies von der Tatsache, dass auch im Rahmen des ordentlichen Gesetzgebungsverfahrens nach Art. 289 AEUV Verordnungen erlassen werden können. Schlussfolgerung hieraus müsste sein, dass Gesetzgebungsakte auf der gleichen Ebene stünden wie delegierte Rechtsakte und Durchführungsrechtsakte. Dem ist aber nicht so.[841]

Nach Erlass des exekutiven Rechtsetzungsakts steht nicht die gewählte Handlungsform im Vordergrund. Vielmehr wird hier nach der Bezeichnung des erlassenen Akts unterschieden. So werden nach Art. 290 Abs. 3 AEUV „delegierte" Rechtsakte und nach Art. 291 Abs. 4 AEUV die gewählte Handlungsform durch den Zusatz „Durchführungs-" konkretisiert. Durch diesen Zusatz und die weitere Kennzeichnung wird verdeutlicht, dass es eine normative Unterscheidung zwischen delegierten Rechtsakten und Durchführungsrechtsakten geben muss. Die Wahl der Handlungsform dient somit lediglich als Instrument zur Umsetzung der eingeräumten Befugnisse, kann aber für eine Hierarchisierung von delegierten Rechtsakten und Durchführungsrechtsakten nicht weiter ausschlaggebend sein.

---

840 Schlussantrag des Generalanwalts *Villalón* v. 19.12.2013, Rs. C-427/12, S. 3, er macht jedoch auch deutlich, dass die Entscheidung dieser Frage für das Verfahren nicht relevant sei, S. 10.

841 Siehe hierzu bereits unter 3. Kapitel IV.

In den Beratungen des Konvents wurden drei verschiedene Ebenen von Rechtsakten vorgesehen: die Gesetzgebungsakte, die delegierten Rechtsakte und die Durchführungsrechtsakte.[842] Während die Gesetzgebungsakte rein legislativen Charakters sind, werden im Rahmen der Durchführungsrechtsetzung ausschließlich Exekutivbefugnisse wahrgenommen. Delegierte Rechtsakte nehmen hierbei eine Zwischenstellung ein, da der Kommission als Exekutivorgan quasi-legislative Befugnisse übertragen werden. Gerechtfertigt wird dies durch den Wesentlichkeitsvorbehalt und die Vorgaben, die der Kommission für ihre Betätigung gemacht werden. Verdeutlicht wird diese Ebenenanordnung durch die Reihenfolge der Normen im Vertrag von Lissabon. Ein delegierter Rechtsakt soll somit auf der zweiten Ebenen der Gesetzgebung stehen, der die vom Gesetzgeber begonnene Rechtsetzung beendet und vervollständigt.[843] Dem nachgestellt ist die Umsetzung, also die Durchführung dieser Regelungen durch die Mitgliedstaaten bzw. die Union. Darüber hinaus könnte sich die Kommission eigenständig innerhalb ihrer delegierten Rechtsakte zur Durchführungsrechtsetzung ermächtigen, sofern dies vom Gesetzgeber in seinem Basisrechtsakt vorgesehen ist.[844]

Die Untersuchung hat gezeigt, dass es sich sowohl bei delegierten Rechtsakten als auch bei Durchführungsrechtsakten um Rechtsakte ohne Gesetzescharakter handelt, die in den gleichen Handlungsformen erlassen werden können.[845] Die Neugliederung im Vertrag von Lissabon verlangt, von einer Hierarchisierung der Art. 290 und Art. 291 AEUV unter Berücksichtigung der Besonderheiten der exekutiven Rechtsetzung auszugehen. Auch wenn es sich dem Wortlaut des Art. 290 AEUV nach bei den delegierten Rechtsakten nicht um Rechtsakte mit Gesetzescharakter handelt, darf ihre quasi-legislative Funktion im Gegensatz zu den Durchführungsrechtsakten nicht verkannt werden. So kann ein delegierter Rechtsakt zwar nicht als Gesetzgebungsakt bezeichnet werden, er tendiert jedoch von seiner Abstammung und demokratischen Legitimation dorthin.

Die delegierten Rechtsakte sind in der europäischen Normenhierarchie folglich über den Durchführungsrechtsakten anzusiedeln.

---

842 CONV 424/02, Schlussbericht der Gruppe IX „Vereinfachung" v. 29.11.2002, S. 9.

843 Dazu bereits CONV 423/02, Beitrag des Mitglieds des Konvents Herrn Andrew Duff: „Legislative und Exekutive in der Europäischen Union: eine Neuregelung", v. 22.11.2001, S. 2.

844 So auch *Fabricius*, ZEuS 4/2011, 567 (599).

845 Hierzu bereits unter 3. Kapitel I. 1. b.

V. Fazit

Bei der Gegenüberstellung der Art. 290 und Art. 291 AEUV hat sich gezeigt, dass jede Vorschrift einen eigenen Regelungsbereich betrifft, der so von der jeweiligen anderen Norm nicht umfasst wird. Während Art. 290 AEUV einen Fall der horizontalen Gewaltenteilung zwischen dem Unionsgesetzgeber und der Kommission betrifft, regelt Art. 291 AEUV als Vorschrift der vertikalen Gewaltenteilung Zuständigkeitsfragen zwischen der Union und den Mitgliedstaaten.[846] Unterstrichen wird diese Exklusivität der Normen durch ihre rechtsdogmatische Stellung zueinander. Delegierte Rechtsakte sind aufgrund ihres Legitimationsniveaus und ihrer Nähe zum Gesetzgebungsakt als dem Durchführungsrechtsakt höherrangig einzustufen.[847]

Die betonte Grauzone, die im Rahmen dieser Untersuchung festgestellt werden konnte, ist die der Abgrenzung der Begriffe „Ergänzung" und „Durchführung". Bei genauerer Betrachtung der Art. 290 und Art. 291 AEUV kommt man jedoch zu dem Schluss, dass sich diese beiden Normen trotz dieser „Grauzone" in einem Exklusivitätsverhältnis zueinander befinden. Auf dieser Tatsache basiert auch die Erkenntnis, dass eine Prognoseentscheidung des Gesetzgebers bei seiner Abgrenzung an dieser Stelle zweckmäßiger und vor dem Hintergrund rechtsstaatlicher Erfordernisse besser geeignet erscheint. Dennoch beruft der Gerichtshof sich auf ein Auswahlermessen des Gesetzgebers, das er mit der Überschneidung der Normen im Wortlaut begründet.

Die weitere Untersuchung der *Biozidprodukte-Entscheidung* innerhalb der Prüfung hat gezeigt, dass der Gerichtshof sich selbst durch sein Urteil eine Überprüfbarkeit der gesetzgeberischen Entscheidung vorbehalten hat. Das Ermessen des Gesetzgebers kann jedoch aufgrund der gesetzgeberischen Praxis reduziert sein. Bis jetzt haben sich jedoch zu wenige Fälle herausgebildet, die auf eine gesetzgeberische Praxis schließen lassen. Eine weitere Entwicklung von solchen Fallgruppen ist durch die Einräumung des Auswahlermessens so gut wie auszuschließen, allenfalls nur schleppend anzunehmen.

---

846 *Hofmann*, ELJ 15/2009, 482 (497).

847 Das Verhältnis von Art. 290 zu Art. 291 AEUV wird v. GA völlig außer Acht gelassen, indem er ausschließlich feststellt, dass diese Erkenntnis für das eigentliche Verfahren keinen Wert besäße, Schlussantrag des Generalanwalts *Villalón* v. 19.12.2013, Rs. C-427/12, S. 10.

Daneben besitzt der Gesetzgeber ein Ermessen bei der Frage, ob und wann das Wesentlichkeitskriterium erfüllt ist bzw., ob ein Bedarf für einheitliche Bedingungen besteht. Die Kommission übt außerdem Ermessen aus, wenn sie exekutive Rechtsakte erlässt. Ihr Ermessen kann sie nur in den Grenzen des Basisrechtsakts ausüben.

5. Kapitel – Fazit zum 1. und 2. Teil

Im Folgenden soll ein Fazit zu den bisherigen Ergebnissen der Untersuchung hinsichtlich des Demokratie- und Rechtsstaatsprinzips gezogen werden. Hierbei wird ein Augenmerk auf die Aspekte gelegt, die insbesondere im Zusammenhang mit den Vorgängerregelungen Art. 202 3. SpStr., 211 4. SpStr. EGV häufig kritisiert wurden.

I. Verbesserungen in Bezug auf das Demokratieprinzip

Im Zuge der Verbesserung der Stellung des Europäischen Parlaments wurde durch die Einführung der Art. 290 und Art. 291 AEUV der größte Fortschritt im Hinblick auf die demokratische Legitimation erzielt.[848] Zum einen wird durch die Rückbindung der delegierten Rechtsakte an den gesetzgeberischen Willen eine Art Legitimationskompensation für die abgeleitete Rechtsetzung erreicht.[849] Zum anderen hat das Europäische Parlament nun ein Kontrollrecht, das es ihm erlaubt, den delegierten Rechtsakt zu verhindern, sofern es dies für notwendig erachtet.[850] Der delegierte Rechtsakt wird somit zweifach parlamentarisch abgesichert. Teilweise wird vorgebracht, dass die Einbeziehung des Europäischen Parlaments die Dynamik der delegierten Rechtsetzung gefährden könnte.[851] Dem kann jedoch entgegengehalten werden, dass die Effektivität der parlamentarischen Kontrolle und die Dynamik der delegierten Rechtsetzung durch institutionell ausgestaltete Fristen sichergestellt werden können.

Darüber hinaus wurde hervorgehoben, dass die Output-Legitimität der delegierten Rechtsetzung beeinträchtigt sein könnte, weil die Mitgliedstaaten innerhalb dieses Verfahrens nicht mehr konsultiert würden.[852] Dagegen spricht indes, dass es sich im Fall der Delegation um quasi-legislative Unionsgesetzgebung handelt, die vom Unionsgesetzgeber übertragen und vorgeben wird. Die

848 So auch Entschließung des Europäischen Parlaments v. 7.5.2009 zu den Auswirkungen des Vertrages von Lissabon auf die Entwicklung des institutionellen Gleichgewichts der Europäischen Union (2008/2073 (INI)); *Weber*, EuZW 2008, 7 (14); ähnlich auch *Hofmann*, ELJ 15/2009, 482 (484).

849 So auch *Voßkuhle*, Das Kompensationsprinzip, S. 38 ff.

850 So auch *Möllers/v. Achenbach*, EuR 2011, 39 (52); ausführlich hierzu unter 2. Kapitel IV. 4.

851 *Möllers*, Gewaltengliederung, S. 200.

852 *Wolfram*, CEP, S. 18.

nötige Expertise wird durch unterstützende Expertengruppen sichergestellt. Ein Weniger an Output-Legitimität wird in diesem Fall durch ein Mehr an Input-Legitimität ausgeglichen.

Die vor der Einführung der Art. 290 und Art. 291 AEUV wegen ihres Demokratiedefizits immer wieder kritisierte Komitologie findet jetzt nur noch in Art. 291 AEUV Berücksichtigung. Beim administrativen Tätigwerden der Kommission nehmen die Komitologie-Ausschüsse dabei eine beratende Tätigkeit wahr. Da es sich hierbei um eine Zuständigkeitsverlagerung der Mitgliedstaaten auf die Union handelt, erscheint es sinn- und zweckmäßig, sich weiterhin der Expertise und Kontrolle der Mitgliedstaaten zu bedienen. Außerdem findet eine Rückbindung an den Unionsgesetzgeber über den Basisrechtsakt statt.[853]

Durch die Trennung von quasi-legislativer und administrativer Rechtsetzung konnte nicht nur das institutionelle Gleichgewicht klarer ausgestaltet werden, sondern vor allem jedes Verfahren an sich, inklusive der Berücksichtigung seiner Besonderheiten und Funktionen. Neben der Verbesserung der demokratischen Legitimation konnte somit sowohl in dem Verfahren nach Art. 290 AEUV als auch in dem Verfahren nach Art. 291 AEUV weiterhin die Effektivität und Dynamik in der exekutiven Rechtsetzung berücksichtigt werden.[854]

Zusammenfassend kann deshalb festgestellt werden, dass die zuvor vorhandenen Defizite durch die Einführung der Art. 290 und Art. 291 AEUV gelöst wurden. Das Europäische Parlament, der Rat, die Kommission und die Mitgliedstaaten wurden ihrer Funktionen im institutionellen Gefüge der Union nach, sinngemäß in die den Verfahren nach Art. 290 und Art. 291 AEUV zugrunde liegenden Erwägungen einbezogen. So wurde ein System der exekutiven Rechtsetzung gestaltet, das nach dem europäischen Demokratieverständnis erhebliche Verbesserungen mit sich bringt. Mit Blick auf die heutige Gestaltung dieses Systems sind zumindest hinsichtlich seiner institutionellen Ausgestaltung keine weiteren Verbesserungspunkte ersichtlich.

---

853 Ausführlich hierzu unter 2. Kapitel IV. 3.

854 So auch *Siegel*, DÖV 2010, 1 (2); *Möllers*, Gewaltengliederung, S. 70 ff.; *Schmidt-Aßmann*, in: Isensee/Kirchhof, HSTR II, § 26 Rn. 55; *Schusterschitz*, in: Hummer/Obwexer, Vertrag von Lissabon, S. 235; ähnlich auch *Gärditz*, DÖV 2010, 453 (455); der Gedanke geht als solcher auf die Meroni-Entscheidungen zurück, in denen der EuGH feststellte, dass der organisatorische Aufbau der Gemeinschaft durch ein „Gleichgewicht der Gewalten" gekennzeichnet sei, EuGH, Rs. 9/56 (Meroni/Hohe Behörde), Slg. 1958, 11, Rn. 44; EuGH, Rs. 10/56 (Meroni/Hohe Behörde), Slg. 1958, 53, Rn. 82.

II. Verbesserungen in Bezug auf die Rechtsstaatlichkeit

Ein Hauptaspekt der Rechtsstaatlichkeit sieht sich in der Regel im Vorrang des Gesetzes und im Vorbehalt des Gesetzes verwirklicht.[855] Vorrang des Gesetzes bedeutet, dass das Gesetz selbst jeder anderen Willensäußerung der Verwaltung vorgeht,[856] während der Vorbehalt des Gesetzes darauf abzielt, dass die Verwaltungsbehörde nur tätig werden darf, sofern sie durch Gesetz hierzu ermächtigt wurde.[857] Vor allem diese beiden Aspekte sehen sich nun in dem System der exekutiven Rechtsetzung durch Basisrechtsakt und Wesentlichkeitsvorbehalt deutlich verwirklicht.

Zur Rechtsstaatlichkeit im Allgemeinen hat sich bisher gezeigt, dass infolge der Einführung der Art. 290 und Art. 291 AEUV den beteiligten Akteuren an verschiedensten Stellen Ermessens- und Beurteilungsspielräume eingeräumt wurden. Ermessens- und Beurteilungsspielräume bedeuten immer Abstriche für die Rechtssicherheit und den Rechtsschutz und somit für die Rechtsstaatlichkeit. Diese Linie wurde auch vom Gerichtshof in der *Biozidprodukte-Entscheidung* vertreten, als er urteilte, dass dem Gesetzgeber ein Ermessen bei der Wahl zustehe, ob er die Delegation oder Durchführung in einem Basisrechtsakt vorsehe. Durch dieses Urteil behält er sich eine gerichtliche Kontrolle der gesetzgeberischen Entscheidung vor. Obwohl eine Prognoseentscheidung dynamisch und effektiv ist und nach einer gewissen Zeit aufgrund gesetzgeberischer Praxis auch Rechtssicherheit gewährleisten könnte, entschied sich der Europäische Gerichtshof im Wege einer oberflächlichen Auslegung für eine Ermessensentscheidung des Gesetzgebers. Die Frage, welche Konsequenzen hieraus für die Rechtsstaatlichkeit resultieren, soll unter dem Aspekt des Rechtsschutzes ausführlich im dritten Teil der Arbeit untersucht werden. Für die bereits behandelten ersten beiden Teile der Arbeit müssen vor allem die Transparenz, das institutionelle Gleichgewicht und die Effizienz betrachtet werden, die zuvor immer wieder kritisiert worden sind. Im Folgenden sollen diese Aspekte unter Berücksichtigung der Ergebnisse aus dem ersten und zweiten Teil der Arbeit abschließend bewertet werden.

---

855 *Harbich,* in: Scholler, Die Sicherung des Rechtsstaatsgebotes, S. 99.

856 *Harbich,* in: Scholler, Die Sicherung des Rechtsstaatsgebotes, S. 100; *v. Bogandy,* Gubernative Rechtsetzung, S. 166 f.

857 *Harbich,* in: Scholler, Die Sicherung des Rechtsstaatsgebotes, S. 100; *v. Bogandy,* Gubernative Rechtsetzung, S. 167 f.

1. Transparenz

In erster Linie wurde das ursprüngliche Komitologieverfahren als intransparent und nicht nachvollziehbar bezeichnet. Das änderte sich mit dem neuen Komitologieverfahren im Rahmen von Art. 291 AEUV. Nicht nur, dass die Verfahren reduziert und transparenter gestaltet wurden, auch eine neu eingerichtete Datenbank half von nun an, die verschiedenen Ausschüsse und Schritte der Verfahren besser nachzuvollziehen. Daneben gibt die Kommission einen jährlichen Bericht über die Tätigkeiten der Ausschüsse ab.[858] Ein solches Register besteht nicht für die delegierten Rechtsakte, was mit Blick auf deren geringere Anzahl im Hinblick auf ihre Transparenz auch vertretbar erscheint.

Daneben wurde die undifferenzierte Normenhierarchie des Unionsrechts immer wieder kritisiert und es wurde sich zum Ziel gesetzt, diese zu verbessern und transparenter zu gestalten. Die Untersuchung hat gezeigt, dass die Einordnung in die europäische Normenhierarchie grundsätzlich als geglückt betrachtet werden kann.[859] Lediglich die Bezeichnung „mit allgemeiner Geltung" in Art. 290 Abs. 1 AEUV erscheint in diesem Zusammenhang nicht passend.[860] Außerdem ist die Abgrenzung zu anderen Normsetzungsinstituten wie der „Harmonisierung" und dem „Soft Law" nicht immer einfach. Bei genauerer Betrachtung wird jedoch deutlich, dass Art. 290 und Art. 291 AEUV jeweils eine besondere und exklusive Stellung innerhalb der Verträge einnehmen.

Die Kritik an mangelnder Transparenz, wie sie zur Zeit der Anwendbarkeit von Art. 202 3. SpStr., 211 4. SpStr. EGV noch bestand, konnte also durch die

---

858 Bericht der KOM über die Tätigkeit der Ausschüsse im Jahr 2013, KOM (2014) 572 endg.; Bericht der KOM über die Tätigkeit der Ausschüsse im Jahr 2012, KOM (2013) 701 endg. (Englische Version), S. 4 ff., in diesem Bericht steht unter den einzelnen Zuständigkeiten eine tabellarische Auflistung, die die unterschiedlichen Ausschüsse in diesem Bereich namentlich und mit den behandelnden Schwerpunkt darstellt: 1. Spalte: Name des Ausschusses; 2. Spalte: Basisrechtsakt mit Az. auf dem die Maßnahme beruht; 3. Spalte: Ausschussverfahren; 4. Spalte: Sitzungen; 5. Spalte: schriftl. Verfahren; 6. Spalte: positive Stimmen; 7. Spalte: negative Stimmen; 8. Spalte: Enthaltungen; 9. Spalte: Maßnahmen nach denen der Ausschuss angerufen wurde; 10. Spalte: positive Stimmen; 11. Spalte: negative Stimmen; 12. Spalte: Enthaltungen; 13. Spalte: angenommene Maßnahmen; 14. Spalte: Maßnahmen, die im Regelungsverfahren mit Kontrolle angenommen wurden; grds. sind die Tabellen leicht nachzuvollziehen und die Angabe des Aktenzeichens des Basisrechtsakts sorgt für Transparenz; hierzu auch *Gärditz*, DÖV 2010, 453 (460); *Heitsch*, EuR 2001, 809 (821).

859 Siehe 3. Kapitel VI.

860 3. Kapitel I. 1. b. aa.

Regelungen der Art. 290 und Art. 291 AEUV ausgeräumt werden. Mit diesen Vorschriften entstanden jedoch neue Probleme, die sich vor allem um die Abgrenzbarkeit der beiden Normen drehen. Das Problem der Transparenz wurde somit zunächst nur an andere Stellen im System verlagert.

Die unklaren Formulierungen der beiden Normen machen ihre Auslegung notwendig. Nach Auslegung von Wortlaut, Sinn und Zweck und Systematik der Normen kommt man auch hier zu dem Ergebnis, dass die beiden Normen in ihren jeweiligen Anwendungsbereichen exklusiv sind und sich gegenseitig ausschließen müssen. Allein problematisch sind, nach Auslegung des Wortlauts, weiterhin die Begriffe „Ergänzung" und „Durchführung". Mit Blick auf die weiteren Abgrenzungsmerkmale ist es dem Gesetzgeber durchaus möglich zu entscheiden, ob durch die Kommission künftig „Ergänzungen" oder „Durchführungsmaßnahmen" vorgenommen werden sollen. Eine Prognoseentscheidung des Gesetzgebers wäre bei der Anwendung der Art. 290 und Art. 291 AEUV aus rechtsstaatlichen Gründen am geeignetsten gewesen.

Indem der Europäische Gerichtshof in seiner *Biozidprodukte-Entscheidung* im Falle der Abgrenzbarkeit von einer Ermessensentscheidung des Gesetzgebers ausgeht, akzeptiert er weiterhin die Problematik mangelnder Transparenz infolge von „Normenunklarheit". Anstatt die Chance zu nutzen, die Exklusivität dieser beiden Normen in seinem Urteil festzustellen und somit mehr Transparenz und Rechtsstaatlichkeit zu gewährleisten, beruft er sich lieber auf den Rechtsschutz und versucht hiermit gleichfalls, zu einer Verbesserung des Rechtsstaatsprinzips zu gelangen. Ob ihm dies geglückt ist, gilt es im nächsten Teil dieser Arbeit zu untersuchen.

2. Institutionelles Gleichgewicht

Das Problem des institutionellen Gleichgewichts konnte durch die Art. 290 und Art. 291 AEUV im Vertrag von Lissabon gelöst und das im Konvent anvisierte Ziel erreicht werden. War nach Art. 202 3. SpStr., 211 4. SpStr. EGV häufig nicht klar, ob die Kommission quasi-legislativ oder administrativ tätig wurde, sind die Zuständigkeiten nun separat in Art. 290 und Art. 291 AEUV erfasst und knüpfen an unterschiedliche Voraussetzungen an. Während Art. 290 AEUV einen Fall der horizontalen Gewaltenteilung zwischen dem Unionsgesetzgeber und der Kommission betrifft, geht es bei Art. 291 AEUV um einen Fall der vertikalen Gewaltenteilung zwischen Kommission und Mitgliedstaaten. Indem es sowohl für den delegierten Rechtsakt als auch für den Durchführungsrechtsakt einer gesetzgeberischen Ermächtigungsgrundlage in Form des Basisrechtsakts bedarf, wird zudem die Gewaltenteilung zwischen legislativem und exekutivem Tätigwerden unterstrichen.[861]

Beteiligungsrechte von Europäischen Parlament, Rat, Kommission und Mitgliedstaaten werden in den Verfahren innerhalb der Art. 290 und Art. 291 AEUV dem Normzweck entsprechend berücksichtigt.

Um auch hier das institutionelle Gleichgewicht zu wahren und konsequent dem Normzweck entsprechend umzusetzen, wäre es wichtig, eine einheitliche Anwendbarkeit der Art. 290 und Art. 291 AEUV garantieren zu können. Wird sich deshalb nicht an die sich gegenseitig ausschließenden Voraussetzungen und Merkmale der Art. 290 und Art. 291 AEUV gehalten, könnte die begründete Vermutung entstehen, dass das institutionelle Gleichgewicht gefährdet wird. Ein Ermessensfehler des Gesetzgebers könnte für das institutionelle Gleichgewicht im Rahmen der exekutiven Rechtsetzung eine solche Gefährdung darstellen.

3. Effizienz

Als Begründung für die Möglichkeit und Akzeptanz der exekutiven Rechtsetzung gilt ihre Effizienz und Dynamik. Durch die Art. 290 und Art. 291 AEUV kann Effizienz und Dynamik auch weiterhin gewährleistet werden. Eine schnelle und dynamische Rechtsetzung ergibt sich schon aus dem Sinn und Zweck sowie den Anwendungsbereichen der Normen. Delegierte Rechtsakte sollen den Gesetzgeber entlasten, indem die Detailregelung einer Norm in die Zuständigkeit der Kommission fällt. Die Durchführungsmaßnahmen hingegen dienen der Vollzugsoptimierung des Unionsrechts.

Der Gesetzgeber hätte auch im Zuge einer Prognoseentscheidung die Effektivität seiner Regelungen sicherstellen können. Eine Ermessensentscheidung des Gesetzgebers erscheint aus Gründen der Effizienz deshalb nicht zwingend notwendig.

---

861 Sinngemäß auch BVerfGE 1, 14 (60); 34, 52 (59 f.); *Badura*, Staatsrecht, S. 377.

3. Teil – Rechtsschutz

Um feststellen zu können, ob durch die exekutive Rechtsetzung tatsächlich Verbesserungen hinsichtlich des Rechtsstaatsprinzips eingetreten sind, muss untersucht werden, ob das europäische Rechtsschutzsystem ausreichenden Rechtsschutz gegen das System der administrativen Rechtsetzung bietet.[862] Für ein besseres Verständnis und eine erleichterte Einordnung sollen hierfür zunächst das europäische Rechtsschutzsystem im Allgemeinen und die allgemeinen Rechtsgrundsätze im Unionsrecht dargestellt werden. Danach sollen die Möglichkeiten gegen den Basisrechtsakt und gegen den delegierten Rechtsakt oder Durchführungsrechtsakt vorzugehen, ausführlich untersucht werden. Ein besonderes Augenmerk soll hierbei auf die Möglichkeit der Individualklage gelegt werden.

---

862 *Schmidt-Jortzig*, NJW 1994, 2569 (2569).

6. Kapitel – Europäisches Rechtsschutzsystem im Allgemeinen

Zu Beginn soll dargelegt werden, welche Bedeutung dem europäischen Rechtsschutzsystem zukommt und welche Rolle es innerhalb des institutionellen Gefüges in der Union einnimmt. Sodann werden diejenigen Klagearten kurz erläutert, die mit Blick auf den Schutz gegen die exekutive Rechtsetzung von besonderer Bedeutung sind, und welche allgemeinen Verfahrensgrundsätze hierbei Anwendung finden.

I. Bedeutung des Europäischen Rechtsschutzsystems

In Art. 2 S. 1 EUV heißt es:

> „Die Werte, auf die sich die Union gründet, sind die Achtung der Menschenwürde, die Freiheit, die Demokratie, die Rechtsstaatlichkeit und die Wahrung der Menschenrechte einschließlich der Rechte der Personen, die Minderheiten angehören."

Um diese Werte realisieren und schützen zu können, ist die Gewährleistung eines effektiven Rechtsschutzes als Grundpfeiler eines Rechtssystems unerlässlich.[863] Dieser Rechtsschutz ist in den Verfassungstraditionen der Mitgliedstaaten, der Europäischen Menschenrechtskonvention und der Charta der Grundrechte der Europäischen Union verankert[864] und wird vom Europäischen Gerichtshof als allgemeiner Grundsatz des Unionsrechts anerkannt.[865] Als Kernelement der Rechtsstaatlichkeit ist er für die Union unerlässlich. Neben den allgemeinen Verfahren vor dem Gerichtshof findet der Aspekt der Rechtsstaatlichkeit außerdem Ausdruck in den Garantien fairer Verwaltungs- und Gerichtsverfahren.[866] Der Gerichtshof stellte schon früh klar, dass die Mitgliedstaaten eine Rechtsgemeinschaft bilden, die durch völkerrechtliche Verträge eine autonome Rechtsgemeinschaft

863 *Riedel*, EuR 2006, 512 (539).
864 *Kokott/Dervisopoulos/Henze*, EuGRZ 2008, 10 (10).
865 EuGH, Rs. 45/76 (Comet/Pridkutschaap voor Siegewassen), Slg. 1976, 2043, Rn. 11, 18; Rs. 33/76 (Rewe/Landwirtschaftskammer Saarland), Slg. 1976, 1989, Rn. 5; Rs. C-312/93 (Peterbroek), Slg. 1995, I-4599, Rn. 12; Rs. C-120/97 (Upjohn), Slg. 1999, I-233, Rn. 32; Rs. C-63/01 (Evans), Slg. 2003, I-14447, Rn. 45; Rs. C-432/05 (Unibet), Slg. 2007, I-2271, Rn. 37; *Haratsch*, Effektiver Rechtsschutz auf der Grundlage ungeschriebener Kompetenzen der Europäischen Union, S. 81.
866 *Scheuing*, in: Scholler, Die Sicherung des Rechtsstaatsgebotes, S. 34 m.w.N.

geschaffen haben, deren Rechtssubjekte sowohl die Mitgliedstaaten als auch der Einzelne seien.[867] Für einen rechtsstaatlichen Staatenverbund wie der Union ist es deshalb nur logische Konsequenz, einen effektiven Rechtsschutz zu gewährleisten. Denn immer dann, wenn ein Staat Recht und Gerechtigkeit zu seinen Grund- und Leitsätzen erklärt und sich durch Gesetze und Rechtsvorschriften ordnet, muss deren ordnungsgemäße Anwendung sichergestellt und Rechtssubjekten Schutz vor staatlicher Gewalt eingeräumt werden.[868]

Durch Art. 19 Abs. 1 UAbs. 1 S. 2 EUV soll zentral durch den Gerichtshof der Europäischen Union und dezentral gem. Art. 19 Abs. 1 UAbs. 2 EUV durch die nationalen Gerichte der Mitgliedstaaten effektiver Rechtsschutz sichergestellt werden. Dabei kann der Gerichtshof nur im Rahmen seiner vertraglich vorgesehenen Zuständigkeiten gem. Art. 13 Abs. 2 und Art. 19 Abs. 2 EUV Entscheidungen fällen.[869] Während der Gerichtshof die Aufgabe wahrnimmt, die Anwendung und Auslegung der Verträge sicherzustellen, ist es Aufgabe der nationalen Gerichte, die Rechte des Einzelnen, die sich aus dem Unionsrecht ergeben, zu schützen.[870] Aus dieser Zuständigkeitsverteilung zwischen Europäischem Gerichtshof und nationalen Gerichten folgt das duale Rechtsschutzsystem der Europäischen Union.[871]

Mittlerweile ist auch der Individualrechtsschutz durch den Gerichtshof anerkannt und normiert. Danach muss der Einzelne

> „einen effektiven gerichtlichen Schutz der Rechte in Anspruch nehmen können, die sich aus der Gemeinschaftsrechtsordnung herleiten, wobei das Recht auf einen solchen Schutz zu den allgemeinen Rechtsgrundsätzen gehört, die sich aus den gemeinsamen Verfahrensüberlieferungen der Mitgliedstaaten ergeben".[872]

---

867 EuGH, Rs. 26/62 (Van Gend en Loos), Slg. 1963, 3; *Classen*, Die Europäisierung der Verwaltungsgerichtsbarkeit, S. 32 m.w.N.

868 EuGH, Rs C-50/00 P, (Unión de Pequenos Agricultores/Rat), Slg. 2002, I-6677, Rn. 38; so auch BVerfGE 81, 347 (356); *Weiß*, Historische Entwicklung von Rechtsschutz gegen die öffentliche Gewalt in Deutschland und der Europäischen Union, S. 42 f.; *Stern*, Staatsrecht I, §. 20, S. 838; *Schmidt-Jortzig*, NJW 1994, 2569 (2571); in diesem Sinne auch *Kotzur*, Beiheft 1, EuR 2012, 7 (11).

869 *Schröder*, DÖV 2009, 61 (21).

870 *Obwexer*, in: Hummer/Obwexer, Vertrag von Lissabon, S. 239 f.

871 *Dörr/Lenz*, Europäischer Verwaltungsrechtsschutz, Rn. 3, 360 ff.

872 EuGH, Rs. C-229/05 P (PKK & KNK/Rat), Slg. 2007, I-439, Rn. 109; unter Hinweis auf EuGH, Rs. 50/00 P (Unión de Pequenos Agricultores/Rat), Slg. 2002, I-6677, Rn. 38 f.; *Obwexer*, in: Hummer/Obwexer, Vertrag von Lissabon, S. 241.

II. Rolle der Kommission innerhalb des Europäischen Rechtsschutzes

Die Kommission nimmt als „Hüterin der Verträge"[873] eine wichtige Rolle im Rechtsschutzsystem der Union ein. Sie überwacht die ordnungsgemäße Anwendung des Unionsrechts durch seine unterschiedlichen Akteure. Stellt die Kommission eine Verletzung fest, legt sie Klage beim Europäischen Gerichtshof ein, um Verstöße zu sanktionieren und somit die einheitliche Anwendung und Effektivität des Unionsrechts sicherzustellen.[874] Hieraus folgt, dass das Unionsrecht im Vorfeld von der Kommission ausgelegt werden muss, um eine einheitliche Anwendung zu garantieren und potentielle Verstöße zu ahnden. Widersprüchlichkeiten bei der Zuständigkeitsverteilung ergeben sich im Hinblick darauf, dass die eigentliche Auslegungshoheit des Unionsrechts gem. Art. 19 EUV beim Gerichtshof der Europäischen Union liegt.[875]

Ein weiter Ermessensspielraum kommt der Kommission bei der Frage zu, ob sie nach einem festgestellten Verstoß auch tatsächlich Klage einreichen möchte.[876] Sie hat damit eine entscheidende Schlüsselrolle im Rechtsschutzsystem der Union inne.

Mit Blick auf die administrative Rechtsetzung ist zu beachten, dass die Kommission in den Verfahren der Art. 290 und Art. 291 AEUV die Hauptakteurin ist, die gleichfalls als „Hüterin der Verträge" agiert. Es besteht die Gefahr, dass nicht davon auszugehen ist, dass die Kommission gegen sich selbst und die von ihr erlassenen Rechtsakte vorgehen wird. Nicht zuletzt deshalb, sind die Kontrollinstrumente, wie sie in Art. 290 und Art. 291 AEUV vorgesehen sind, unentbehrlich und von besonderer Wichtigkeit.

III. Bedeutung der unterschiedlichen Klagearten für den Rechtsschutz gegen exekutive Rechtsetzung

Innerhalb des europäischen Rechtsschutzsystems unterscheidet man zwischen verschiedenen Klagearten, deren Zulässigkeit von dem mit der Klage verfolgten Ziel abhängt. Die Klagearten lassen sich in drei Hauptgruppen unterteilen. Um zu überprüfen, ob die Mitgliedstaaten durch ihr Verhalten die von den Verträgen

873 *Herdegen*, Europarecht, § 7 Rn. 53; *Oppermann/Classen/Nettesheim*, Europarecht, § 5 Rn. 93, 119.

874 Hierzu ausführlich *Bleckmann*, RIW 1991, 218 (219 ff.).

875 Hierzu ausführlich *Bleckmann*, RIW 1991, 218 (221).

876 *Bleckmann*, RIW 1991, 218 (222).

auferlegten Rechte und Pflichten verletzt haben, wird das Vertragsverletzungsverfahren angewandt. Eine weitere Gruppe bilden die Nichtigkeitsklage, die Untätigkeitsklage, die Schadensersatzklage und eine Klage für Beamtenstreitigkeiten. Mit der Nichtigkeitsklage wird überprüft, ob Unionsorgane bei der Ausübung der ihnen durch die Verträge zugewiesenen Aufgaben, gegen das Unionsrecht verstoßen haben. Das Vorabentscheidungsverfahren vor dem Europäischen Gerichtshof bildet eine eigene Gruppe. Innerhalb des Vorabentscheidungsverfahrens entscheidet der Gerichthof über die Auslegung der Verträge.[877]

Im Folgenden sollen diejenigen Klagearten genauer betrachtet werden, die für den Rechtsschutz gegen exekutive Rechtsakte von Bedeutung sein können.

1. Bedeutung des Vertragsverletzungsverfahrens

Das Vertragsverletzungsverfahren stellt ein objektives Beanstandungsverfahren dar, das gem. Art. 258 AEUV entweder von der Kommission oder gem. Art. 259 AEUV von einem Mitgliedstaat eingeleitet werden kann.[878] In beiden Fällen handelt es sich um Feststellungsklagen, in deren Tenor eine mögliche Vertragsverletzung durch einen Mitgliedstaat festgestellt wird.[879] Liegt ein solcher Verstoß, gemessen am gesamten Unionsrecht, tatsächlich vor, ist die Klage begründet.[880]

Für den Rechtsschutz gegen administrative Rechtsakte kann das Vertragsverletzungsverfahren als einschlägige Klageart kaum von Bedeutung sein, da sowohl in Art. 258 AEUV als auch in Art. 259 AEUV die Mitgliedstaaten Beklagte sind.

Relevant könnte diese Klageart deshalb nur dann sein, wenn Handlungen der Komitologie einem Mitgliedstaat zurechenbar wären. In Art. 291 Abs. 2 AEUV heißt es, dass „die Mitgliedstaaten die Wahrnehmung der Durchführungsbefugnisse durch die Kommission kontrollieren". Grundsätzlich müsste das Verhalten der Komitologie also den Mitgliedstaaten zurechenbar sein, zumal es sich bei der Komitologie um keine europäische Institution handelt. Zu beachten ist jedoch, dass selbst wenn Vertragsverstöße von mitgliedstaatlichen Organen, Institutionen und Körperschaften den Mitgliedstaaten zurechenbar sind, die Komitologieausschüsse aus Experten *aller* Mitgliedstaaten bestehen. Handlungen der

877 *Frenz*, Europarecht, S. 345 Rn. 1227; *Pechstein*, EU-Prozessrecht, S. 133 Rn. 255 ff.

878 *Frenz*, Europarecht, S. 346 Rn. 1229.

879 *Dörr/Lenz*, Europäischer Verwaltungsrechtsschutz, Rn. 57; *Frenz*, Europarecht, S. 346 Rn. 1230.

880 *Frenz*, Europarecht, S. 350 Rn. 1249; *Ipsen*, Europäisches Gemeinschaftsrecht, S. 222; *Ortlepp*, Das Vertragsverletzungsverfahren, S. 103; *Schwarze*, in: ders., Art. 226 EGV, Rn. 6; *Burgi*, in: Rengeling/Middeke/Gellermann, Handbuch des Rechtsschutzes in der EU, § 6 Rn. 45; *Pechstein*, EU-Prozessrecht, S. 154 Rn. 297.

Komitologie können deshalb nicht einem einzelnen Mitgliedstaat zurechenbar sein.

Folglich bleibt es dabei, dass das Vertragsverletzungsverfahren für den Rechtsschutz im Rahmen der exekutiven Rechtsetzung nicht von Relevanz ist.

2. Bedeutung der Nichtigkeitsklage

Die Nichtigkeitsklage ist in Art. 263 AEUV geregelt und gilt als wichtigste Direktklage im Unionsrecht, die als Gestaltungsklage die rechtmäßige Einhaltung des Unionsrechts sichert.[881]

Nach Art. 263 UAbs. 1 S. 1 AEUV überwacht der Gerichtshof mit der Nichtigkeitsklage die Gesetzgebungsakte sowie Handlungen des Rates, der Kommission und der Europäischen Zentralbank, soweit diese nicht in Form von Empfehlungen und Stellungnahmen ergehen. Außerdem können die Handlungen des Europäischen Parlaments und des Europäischen Rates mit Rechtswirkung gegenüber Dritten überprüft werden.[882] Die Nichtigkeitsklage dient damit der objektiven Rechtmäßigkeitskontrolle und ist auf die Aufhebung unrechtmäßiger Rechtsakte gerichtet.[883]

Bei der Klagebefugnis wird zwischen drei Möglichkeiten unterschieden. Zum einen die Staaten- und Organnichtigkeitsklage gem. Art. 263 UAbs. 2 AEUV, die die Mitgliedstaaten, die Kommission und das Europäische Parlament, als aktiv Parteifähige betrifft. Sie bilden den Kreis der privilegierten Kläger und sind bei Klageeinreichung nicht auf die Geltendmachung ihrer eigenen Rechte beschränkt.[884] In Art. 263 UAbs. 3 AEUV ist die Klage des Rechnungshofes, der EZB und des Ausschusses der Regionen als teilprivilegierte Kläger vorgesehen.[885] Zuletzt haben auch natürliche und juristische Personen gem. Art. 263 UAbs. 4 AEUV die Möglichkeit, vor dem Gerichthof Klage einzureichen.[886]

---

881 *Dervisopoulos*, in: Rengeling/Middeke/Gellermann, Handbuch des Rechtsschutzes in der EU, § 7 Rn. 3.

882 *Dörr/Lenz*, Europäischer Verwaltungsrechtsschutz, Rn. 86; *Frenz*, Europarecht, S. 356 Rn. 1270.

883 *Frenz*, Europarecht, S. 356 Rn. 1272.

884 *Dörr/Lenz*, Europäischer Verwaltungsrechtsschutz, Rn. 112; *Frenz*, Europarecht, S. 357 Rn. 1275.

885 *Dörr/Lenz*, Europäischer Verwaltungsrechtsschutz, Rn. 113.

886 *Dörr/Lenz*, Europäischer Verwaltungsrechtsschutz, Rn. 115; *Frenz*, Europarecht, S. 356 Rn. 1271; *Pechstein*, EU-Prozessrecht, S. 193 Rn. 373.

Im Gegensatz zu privilegierten Klägern, die aufgrund ihrer systemischen Stellung ein impliziertes Interesse an der Wahrung des Unionsrechts besitzen, müssen die nicht privilegierten Kläger immer ihr rechtliches Interesse an der Nichtigerklärung des betroffenen Akts beweisen.[887] Ein rechtliches Interesse ist zumindest immer dann anzunehmen, wenn die Nichtigerklärung als solche Rechtswirkung zugunsten des Klägers entfalten kann.[888]

Der Gerichtshof überprüft gem. Art. 263 UAbs. 2 AEUV die Zuständigkeit der Unionsorgane, die Verletzung wesentlicher Formvorschriften,[889] die Verletzung der Verträge oder einer bei ihrer Durchführung anzuwendenden Rechtsnorm oder einen möglichen Ermessensmissbrauch.[890]

Nach ständiger Rechtsprechung ist die Nichtigkeitsklage gegen alle Rechtsakte zulässig, die Rechtswirkung erzeugen.[891] Das heißt, der Rechtsakt muss immer noch rechtlich existent sein, es muss sich um eine Handlung, also ein positives Tun der in Art. 263 UAbs. 1 S. 1 AEUV genannten Organe, Einrichtungen und sonstigen Stellen der Union handeln und die betreffende Handlung muss Außenwirkung besitzen.[892] Die Nichtigkeitsklage ermöglicht somit eine gerichtliche Kontrolle des relativ weiten Handlungsspielraums der beteiligten Organe bei der Sekundärrechtsetzung.[893] Stellt man auf die oben genannten Kriterien des Gerichtshofs ab, so müssten sowohl der Basisrechtsakt als auch die delegierten Rechtsakte und Durchführungsrechtsakte mit der Nichtigkeitsklage kontrollierbar sein. Darüber hinaus lässt sich die vom Gesetzgeber getroffene Ermessensentscheidung zur Frage der Anwendung von Art. 290 und Art. 291 AEUV mit der Nichtigkeitsklage kontrollieren. Diese Klageart ist deshalb für die Überprüfbarkeit der exekutiven Rechtsetzung von großer Bedeutung.

---

887 *Frenz*, Europarecht, S. 367 Rn. 1315.

888 *Frenz*, Europarecht, S. 367 Rn. 1316; *Dörr/Lenz*, Europäischer Verwaltungsrechtsschutz, Rn. 148.

889 Wobei sich eine Verletzung von Formvorschriften immer auch als wesentlich darstellen muss, so *Pechstein*, EU-Prozessrecht, S. 273 Rn. 554; *Gaitanides*, in: v.d. Groeben/Schwarze, EGV, Art. 230 Rn. 133 f.

890 *Herdegen*, Europarecht, § 9 Rn. 9; *Pechstein*, EU-Prozessrecht, S. 194 Rn. 374.

891 EuGH, Rs. C-22/70 (KOM/Rat), Slg. 1971, 263, Rn. 38, 42; bei der Feststellung, ob einer Maßnahme Rechtswirkung zukommt, kommt es weniger auf ihre Bezeichnung als auf ihre nach außen gerichtete Verbindlichkeit an, *Dervisopoulos*, in: Rengeling/Middeke/Gellermann, Handbuch des Rechtsschutzes in der EU, §. 7 Rn. 31; *Dörr/Lenz*, Europäischer Verwaltungsrechtsschutz, Rn. 89 ff.

892 *Frenz*, Europarecht, S. 360 Rn. 1288 ff.; hierzu auch *Dervisopoulos*, in: Rengeling/Middeke/Gellermann, Handbuch des Rechtsschutzes in der EU, § 7 Rn. 30.

893 *Frenz*, Europarecht, S. 356 Rn. 1270.

Ist eine Nichtigkeitsklage begründet, wird der betroffene Rechtsakt von Gerichtshof gem. Art. 264 Abs. 1 AEUV rückwirkend (*ex tunc*) und allgemein (*erga omnes*) für nichtig erklärt.[894]

3. Bedeutung der Untätigkeitsklage

Die Untätigkeitsklage ist in Art. 265 AEUV geregelt. Genau wie beim Vertragsverletzungsverfahren geht es hier um die Feststellung einer Vertragsverletzung, die im Fall der Untätigkeitsklage in einem pflichtwidrigen Unterlassen liegt.[895] Beklagte können gem. Art. 265 UAbs. 1 S. 1 AEUV das Europäische Parlament, der Europäische Rat, der Rat, die Kommission oder die Europäische Zentralbank sein. Klagebefugt sind die Mitgliedstaaten und die Organe der Union.[896]

Im Rahmen der Untätigkeitsklage sind die Mitgliedstaaten, die Unionsorgane sowie jede natürliche und juristische Person aktiv parteifähig. Das Europäische Parlament, der Rat, der Europäische Rat, die Kommission und die Europäische Zentralbank sowie sonstige Stellen der Union sind als Beklagte nur passiv parteifähig.[897] Zu beachten ist, dass für die unterschiedlichen Klägergruppen der Klagegegenstand unterschiedlich weit gefasst ist. So können die Mitgliedstaaten und andere Organe der Union gem. Art. 265 Abs. 1 AEUV Klage auf Feststellung einer Vertragsverletzung erheben. Eine Vertragsverletzung ist gegeben, wenn es einer der Beklagten unterlassen hat, einen Beschluss zu erlassen, zu dem er vertraglich verpflichtet gewesen wäre. Gem. Abs. 3 können natürliche und juristische Personen nur dann Klage einreichen, wenn es einer der Beklagten unterlassen hat, einen anderen Akt als eine Empfehlung oder eine Stellungnahme zu erlassen. Dieser Akt muss sich außerdem an die natürliche oder juristische Person selbst richten. Damit ist der Klagegegenstand für die Mitgliedstaaten und Unionsorgane weiter als für natürliche und juristische Personen.[898] Die Möglichkeit für natürliche und juristische Personen, ein Unterlassen des Europäischen Parlaments, des Europäischen Rates, des Rates, der Kommission, der Europäischen Zentralbank oder sonstigen

894 *Herdegen, Europarecht*, § 9 Rn. 11; *Pechstein*, EU-Prozessrecht, S. 277 Rn. 562.

895 *Dörr/Lenz*, Europäischer Verwaltungsrechtsschutz, Rn. 202; *Pechstein*, EU-Prozessrecht, S. 287 Rn. 573; *Dervisopoulos*, in: Rengeling/Middeke/Gellermann, Handbuch des Rechtsschutzes in der EU, §. 8 Rn. 2.

896 *Pechstein*, EU-Prozessrecht, S. 288 Rn. 575.

897 *Dörr/Lenz*, Europäischer Verwaltungsrechtsschutz, Rn. 204; *Pechstein*, EU-Prozessrecht, S. 292 Rn. 585; *Dervisopoulos*, in: Rengeling/Middeke/Gellermann, Handbuch des Rechtsschutzes in der EU, § 8 Rn. 8.

898 *Pechstein*, EU-Prozessrecht, S. 301 Rn. 613.

Stellen der Union feststellen zu lassen, ist mit hohen Anforderungen verbunden und deshalb nur in wenigen Ausnahmefällen möglich.

Da es sich bei der Untätigkeitsklage um ein objektives Verfahren handelt, müssen die Mitgliedstaaten und die Unionsorgane als privilegierte Kläger ihre Klageberechtigung nicht nachweisen.[899] Teilprivilegierte Kläger hingegen, wie natürliche Personen, müssen die Verletzung eines eigenen Rechts geltend machen.[900]

Der in Art. 263 AEUV gewährte Rechtsschutz wird durch Art. 265 AEUV um den Bereich des pflichtwidrigen Unterlassens ergänzt.[901] Die Untätigkeitsklage ist der Nichtigkeitsklage deshalb subsidiär.[902] Mit Blick auf die Begründetheit der Untätigkeitsklage muss eine hinreichend konkrete Handlungspflicht aus den Verträgen für ein Unionsorgan bestehen, um die Untätigkeit feststellen zu können.[903] Aus der nach Art. 265 Abs. 1 und Abs. 2 AEUV bestehenden Handlungspflicht ist zu schlussfolgern, dass sich die Untätigkeitsklage nur auf eine „Verletzung der Verträge" und nicht auf einen potentiellen Ermessensmissbrauch beziehen kann, da aus der Einräumung von Ermessen grundsätzlich noch keine Handlungspflicht entsteht.[904] In Art. 263 UAbs. 2 AEUV ist der Ermessensmissbrauch außerdem ausdrücklich als Klagegrund aufgelistet, weshalb für diesen Fall schon die Subsidiarität der Untätigkeitsklage gegenüber der Nichtigkeitsklage greifen würde. Zu beachten sind jedoch die Fälle der Ermessensreduzierung, da aus einer solchen durchaus eine Handlungspflicht entstehen kann, die zu einer gebundenen Entscheidung führt. Diese ist nicht als Ermessensmissbrauch, sondern als Ermessensnichtgebrauch zu kategorisieren, weshalb hierin ein zulässiger Klagegegenstand für eine Untätigkeitsklage gesehen werden kann.[905]

---

899 *Pechstein*, EU-Prozessrecht, S. 310 Rn. 629; *Dervisopoulos*, in: Rengeling/Middeke/Gellermann, Handbuch des Rechtsschutzes in der EU, § 7 Rn. 50, § 8 Rn. 32.

900 *Dervisopoulos*, in: Rengeling/Middeke/Gellermann, Handbuch des Rechtsschutzes in der EU, §. 7 Rn. 51 f.

901 *Herdegen, Europarecht*, § 9 Rn. 24; *Frenz*, Europarecht, S. 373 Rn. 1332; *Pechstein*, EU-Prozessrecht, S. 287 Rn. 572.

902 *Dervisopoulos*, in: Rengeling/Middeke/Gellermann, Handbuch des Rechtsschutzes in der EU, § 8 Rn. 3.

903 *Pechstein*, EU-Prozessrecht, S. 324 Rn. 658; *Dervisopoulos*, in: Rengeling/Middeke/Gellermann, Handbuch des Rechtsschutzes in der EU, § 8 Rn. 19.

904 *Pechstein*, EU-Prozessrecht, S. 319 Rn. 646; *Dervisopoulos*, in: Rengeling/Middeke/Gellermann, Handbuch des Rechtsschutzes in der EU, § 8 Rn. 49.

905 Generalanwalt *Mischo* in seinem Schlussantrag zu EuGH, Rs. C-302/99 P und C-308/99 P (KOM & Französische Republik/Télévision française 1 SA), Slg. 2001, I-5603, Rn. 95 ff.

Mit Blick auf die administrative Rechtsetzung kann sich die Untätigkeitsklage als durchaus relevant erweisen. Ein Beispiel könnte sein, wenn der Kommission auf der Grundlage von Art. 290 und 291 Abs. 2 AEUV Befugnisse übertragen werden und sie dieser Handlungspflicht nicht nachkommt. In einem solchen Fall verletzt sie ihre Handlungspflicht zum einen primärrechtlich nach Art. 290 bzw. Art. 291 AEUV und zum anderen sekundärrechtlich hinsichtlich des Basisrechtsakts, mit dem ihr die Befugnisse übertragen werden.[906]

4. Bedeutung der Inzidentrüge

Durch die Inzidentrüge in Art. 277 AEUV kann jede Partei innerhalb eines Rechtsstreits,[907] bei dem die Frage der Rechtmäßigkeit eines Unionsrechtsakts mit allgemeiner Geltung aufkommt, vor dem Europäischen Gerichtshof die Unanwendbarkeit dieses Rechtsakts geltend machen, auch wenn die Klagefrist in Art. 263 Abs. 6 AEUV im Hinblick auf den Rechtsakt bereits verstrichen ist.

Die Rüge kann lediglich während eines schon anhängigen Rechtsstreits einredeweise geltend gemacht werden.[908] Dabei muss sie für das anhängige Verfahren entscheidungserheblich sein.[909] Es handelt sich hierbei also um eine von anderen Klagen abhängige Klageart.

Die Inzidentrüge ist Ausdruck des allgemeinen rechtsstaatlichen Grundsatzes

> „der gewährleisten soll, dass jedermann die Möglichkeit erhält oder erhalten hat, einen Rechtsakt der Gemeinschaft anzufechten, der für eine ihm entgegengehaltene Entscheidung als Grundlage dient […]“.[910]

Durch die Inzidentrüge wird jeder Partei das Recht gewährt, zum Zweck der Nichtigerklärung einer sie unmittelbar und individuell betreffenden Maßnahme, die Gültigkeit derjenigen früheren Rechtshandlungen der Organe, Einrichtungen

---

906 *Pechstein*, EU-Prozessrecht, S. 303 Rn. 616.

907 *Middeke*, in: Rengeling/Middeke/Gellermann, Handbuch des Rechtsschutzes in der EU, § 11 Rn. 12; *Dörr/Lenz*, Europäischer Verwaltungsrechtsschutz, Rn. 186.

908 Vgl. EuGH, Rs. 33/80 (Albini), Slg. 1981, 2141, Rn. 17; *Cremer*, in: Calliess/Ruffert, AEUV, Art. 277 Rn. 5; *Middeke*, in: Rengeling/Middeke/Gellermann, Handbuch des Rechtsschutzes in der EU, § 11 Rn. 4; *Munding*, Das Grundrecht auf effektiven Rechtsschutz im Rechtssystem der Europäischen Union, S. 421.

909 *Cremer*, in: Calliess/Ruffert, AEUV, Art. 277 Rn. 3; *Pechstein*, EU-Prozessrecht, S. 473 Rn. 946.

910 EuGH, Rs. C-239/99 (Nachi Europe GmbH/Hauptzollamt Krefeld), Slg. 2001, I-1197, Rn. 37; so auch *Middeke*, in: Rengeling/Middeke/Gellermann, Handbuch des Rechtsschutzes in der EU, § 11 Rn. 2 f.; *Dörr/Lenz*, Europäischer Verwaltungsrechtsschutz, Rn. 186.

oder sonstigen Stellen der Union zu bestreiten, welche die Rechtsgrundlage für die angegriffene Maßnahme bilden.[911]

Eine Entscheidung, die im Rahmen von Art. 277 AEUV gefällt wird, wirkt nur *inter partes* und nicht *erga omnes*. So unterscheidet sie sich auch maßgeblich von der Nichtigkeitsklage und findet vornehmlich in Verbindung mit dieser Anwendung.[912] Grundsätzlich kann sie jedoch in jedem Verfahren, das vor dem Gerichtshof zulässig ist, erhoben werden.[913] Im Grunde handelt es sich bei der Inzidentrüge um eine inzidente Normenkontrolle, in der die gerügte Norm einer objektiven Rechtmäßigkeitskontrolle unterzogen wird.[914]

Mit der Möglichkeit für natürliche und juristische Personen in Art. 263 UAbs. 4 AEUV, „gegen Rechtsakte mit Verordnungscharakter, die sie unmittelbar betreffen und keine Durchführungsmaßnahmen nach sich ziehen", Klage zu erheben, gewinnt auch die Inzidentrüge eine größere Bedeutung.[915] Zudem wurde der Begriff „Verordnung" in Art. 277 AEUV durch „Rechtsakte mit allgemeiner Geltung" ersetzt.[916] Diese Änderung macht ein Vorgehen gegen jeden Rechtsakt mit abstrakt-genereller Wirkung möglich, somit also auch gegen delegierte Rechtsakte und Durchführungsrechtsakte.

5. Zwischenergebnis

Das dezentrale Rechtsschutzsystem der Union setzt sich aus einem Vertragsverletzungsverfahren, der Nichtigkeitsklage, der Untätigkeitsklage, der Schadensersatzklage und einer Klage für Beamtenstreitigkeiten zusammen. Eine Leistungs- oder Verpflichtungsklage, wie es sie zum Beispiel im deutschen Verwaltungsrechtsschutz gibt, ist dem europäischen Rechtsschutzsystem fremd. Es erscheint deshalb zunächst fraglich, ob sich hieraus nicht Defizite für den europäischen Rechtsschutz gegen exekutive Rechtsakte ergeben könnten.

---

911 *Cremer*, in: Calliess/Ruffert, AEUV, Art. 277 Rn. 1; *Pechstein*, EU-Prozessrecht, S. 472 Rn. 945; *Middeke*, in: Rengeling/Middeke/Gellermann, Handbuch des Rechtsschutzes in der EU, §. 11 Rn. 1, 14.

912 *Munding*, Das Grundrecht auf effektiven Rechtsschutz im Rechtssystem der Europäischen Union, S. 422; *Pechstein*, EU-Prozessrecht, S. 475 Rn. 950.

913 *Middeke*, in: Rengeling/Middeke/Gellermann, Handbuch des Rechtsschutzes in der EU, § 11 Rn. 9.

914 *Pechstein*, EU-Prozessrecht, S. 487 Rn. 979; *Middeke*, in: Rengeling/Middeke/Gellermann, Handbuch des Rechtsschutzes in der EU, §. 11 Rn. 1.

915 Hierzu ausführlich unter 6. Kapitel III. 4.

916 *Pechstein*, EU-Prozessrecht, S. 481 Rn. 964.

Die Betrachtung der unterschiedlichen Klagearten hat jedoch gezeigt, dass vor allem die Nichtigkeitsklage für den Rechtsschutz gegen exekutive Rechtsetzung die einschlägige Klageart sein könnte. Dem Vertragsverletzungsverfahren, der Untätigkeitsklage, der Schadensersatzklage oder dem Vorabentscheidungsverfahren kommt in diesem Zusammenhang keine erhebliche Bedeutung zu. Lediglich die Inzidentrüge kann mit Blick auf den Individualrechtsschutz noch eine übergeordnete Rolle spielen.

Es gilt deshalb weiterhin zu untersuchen, inwieweit insbesondere die Nichtigkeitsklage dazu geeignet ist, den unterschiedlichen Einwendungen die gegen administrative Rechtsakte aufkommen könnten, im Rechtsschutzverfahren effektiv zu begegnen.

IV. Allgemeine Rechtsgrundsätze im Unionsrecht

Die aus den nationalen Rechtsordnungen abgeleiteten allgemeinen Rechtsgrundsätze haben auch im Unionsrecht Einklang gefunden und sind deshalb für einen effektiven Rechtsschutz vor und durch den Gerichtshof grundsätzlich zu berücksichtigen.[917]

1. Verhältnismäßigkeitsgrundsatz

Der bedeutendste Rechtsgrundsatz für den effektiven Rechtsschutz ist der Verhältnismäßigkeitsgrundsatz.[918] Dieser wurde bereits vor der Aufnahme in den Vertrag von Maastricht in Art. C EUV[919] vom Gerichtshof anerkannt und angewandt.[920] Seinen Weg in das Unionsrecht fand der Verhältnismäßigkeitsgrundsatz über das deutsche Recht, mit dem sich die Richter am Gerichtshof zuvor des Öfteren konfrontiert sahen.[921] Auch wenn der Verhältnismäßigkeitsgrundsatz im Unionsrecht mit Blick auf Dogmatik und Prüfungsdichte nicht ganz so stark ausgeprägt ist wie im deutschen Recht, so ist seine Intention die gleiche.[922] Mit dem Verhältnismäßigkeitsgrundsatz soll ein billiger und gerechter Ausgleich

---

917 *Pache*, DVBl. 1998, 380 (384); *v. Danwitz*, Europäisches Verwaltungsrecht, S. 567.

918 Dieser findet heute im Protokoll Nr. 2 über die Anwendung der Grundsätze der Subsidiarität und der Verhältnismäßigkeit genaue Erläuterung während das Verhältnismäßigkeitsprinzip in Art. 5 Abs. 1 S. 2, Abs. 4 EUV normiert ist.

919 Vertrag über die Europäische Union v. 7.2.1992 (BGBl. 1992 II S. 1251).

920 EuGH, Rs. 11/70 (Internationale Handelsgesellschaft), Slg. 1970, 1125, S. 1135; v. Danwitz, Europäisches Verwaltungsrecht, S. 569 m.w.N.

921 *Kischel*, EuR 2000, 380 (382).

922 *Schwarze*, Europäisches Verwaltungsrecht, S. 831.

zwischen zwei oder mehreren widerstreitenden schutzwürdigen Interessen oder Rechtspositionen erzielt werden. Er wird sowohl bei legislativen als auch exekutiven Handlungen von Unionsorganen als auch zur Beurteilung von deren Rechtmäßigkeit angewandt.[923]

Kritisiert wird häufig, dass die Terminologie des Verhältnismäßigkeitsgrundsatzes durch den Gerichtshof nicht ausreichend konkretisiert und seine Urteilsbegründungen zu diesem Punkt häufig nur oberflächlich und nicht deutlich genug seien.[924] In diesem Zusammenhang muss berücksichtigt werden, dass der Verhältnismäßigkeitsgrundsatz im Europarecht häufig von Juristen aus ganz Europa angewandt wird, womit unterschiedliche Perspektiven und Herangehensweisen für die Anwendung des Verhältnismäßigkeitsgrundsatzes einhergehen.[925] Schon deshalb können an die Anwendung des Verhältnismäßigkeitsgrundsatzes im Europarecht nicht die gleichen Anforderungen gestellt werden, wie zum Beispiel im deutschen Recht.

Wie im deutschen Verfassungsrecht prüft der Gerichtshof die Verhältnismäßigkeit anhand der Geeignetheit, der Erforderlichkeit und der Angemessenheit. Hiermit sind nicht immer zwingend die gleichen inhaltlichen Vorgaben wie die des deutschen Verhältnismäßigkeitsgrundsatzes gemeint. Der Gerichtshof tendiert häufig zu einer etwas undurchsichtigen Verwendung der einzelnen Prüfungsmerkmale.[926] Auch aus diesem Grund verbietet sich eine Übertragung des deutschen Verhältnismäßigkeitsgrundsatzes auf europarechtliche Prüfungen.

Nach heutiger Ansicht des Gerichtshofes ist eine Maßnahme dann geeignet, wenn durch das eingesetzte Mittel das mit ihr verfolgte Ziel überhaupt erreicht werden kann.[927] Bei seiner tendenziell eher zurückhaltenden Prüfung der Geeignetheit konzentriert der Gerichtshof sich darauf, ob das Mittel evident ungeeignet erscheint.[928] Die Maßnahme darf nicht über das hinausgehen, was für die

---

923 *Schwarze*, Europäisches Verwaltungsrecht, S. 830.

924 *Kischel*, EuR 2000, 380 (389, 396).

925 *Kischel*, EuR 2000, 380 (383).

926 *Kischel*, EuR 2000, 380 (383 f.); *Trstenjak/Beysen*, EuR 2012, 265 (270).

927 EuGH, verb. Rsen. 279/84, 280/84, 285/84, 286/84 (Rau/KOM), Slg. 1987, 1069, Rn. 34; Rs. 265/87 (Schräder/Hauptzollamt Gronau), Slg. 1989, 2237, Rn. 21; Rs. C-331/88 (The Queen/Ministry of Agriculture, Fisheries and Food, ex parte FEDESA u.a.), Slg. 1990, I-4023, Rn. 13, 15.

928 In seiner neueren Rspr. stellt der EuGH für die Geeignetheit auf eine kohärente und systematische Zielerreichung ab, siehe dazu EuGH, Rs. C-384/08 (Attanasio Group), Slg. 2010, I-2055, Rn. 51; Rs. C-28/09 (KOM/Österreich), Slg. 2011, I-13525, Rn. 126; Rs. C-137/09 (Josemans), Slg. 2010, I-13019, Rn. 70; *Schwarze*, Europäisches Verwaltungsrecht, S. 833 f.

Erreichung des verfolgten Zwecks erforderlich ist.[929] Eine Maßnahme ist immer dann erforderlich, wenn sie unter mehreren, für die Erreichung des verfolgten Ziels, diejenige ist, die am wenigsten belastend für das betroffene Interesse oder das betroffene Rechtsgut ist.[930] Darüber hinaus wägt der Gerichtshof im Sinne einer Angemessenheitsprüfung zwischen dem Nutzen einer Maßnahme für die Allgemeinheit und der Einschränkung geschützter individueller Rechtspositionen ab[931] und stellt eine Zumutbarkeitsprüfung an.[932]

Der Verhältnismäßigkeitsgrundsatz dient dem Unionsrecht zum einen als Kompetenzausübungsschranke im Sinne des Art. 5 EUV und zum anderen zur Überprüfung der Rechtmäßigkeit von Beschränkungen von Grundfreiheiten und von Grundrechten.[933] Er betrifft die Frage, ob und wie die Union in den ihr zugewiesenen Kompetenzbereichen handeln und Maßnahmen erlassen kann.[934] Der Grundsatz der Verhältnismäßigkeit muss somit auch als Grenze der Gestaltungsfreiheit und der Entscheidungsspielräume von Unionsorganen gesehen werden. So wird er vor allem als Maßstab für das Verwaltungshandeln von Unionsorganen und in der Rechtskontrolle von Normativakten herangezogen. Exekutive Rechtsakte, die zwischen dem Verwaltungshandeln und Normativakten anzusiedeln sind, sind somit auch anhand des Verhältnismäßigkeitsgrundsatzes überprüfbar.[935] Gleiches gilt für die vom Gesetzgeber getroffene Ermessensentscheidung.

---

929 EuGH, Rs. 122/78 (Buitoni/Fond d'Orientation et de Régularisation des Marchés Agricoles), Slg. 1979, 677, Rn. 16, 18 ff.; Rs. 265/87 (Schräder/Hauptzollamt Gronau), Slg. 1989, 2237, Rn. 20; Rs. C-331/88 (The Queen/Ministry of Agriculture, Fisheries and Food, ex parte FEDESA u.a.), Slg. 1990, I-4023, Rn. 13; *Trstenjak/Beysen*, EuR 2012, 265 (269).

930 EuGH, Rs. C-343/09 (Afton Chemical), Slg. 2010, I-7027, Rn. 45; Rs. 265/87 (Schräder/Hauptzollamt Gronau), Slg. 1989, 2237, Rn. 21; Rs. C-150/10 (Beneo-Orafti), Slg. 2011, I-6843, Rn. 75; Rs. C-15/10 (Etimine), Slg. 2011, I-6681, Rn. 124.

931 EuGH, Rs. 44/79 (Hauer/Land Rheinland-Pfalz), Slg. 1979, 3727, Rn. 24 ff.; Rs. 265/87 (Schräder/Hauptzollamt Gronau), Slg. 1989, 2237, Rn. 20; Rs. C-331/88 (The Queen/Ministry of Agriculture, Fisheries and Food, ex parte FEDESA u.a.), Slg. 1990, I-4023, Rn. 13; *Trstenjak/Beysen*, EuR 2012, 265 (271 f.); *Schwarze*, Europäisches Verwaltungsrecht, S. 836.

932 EuGH Rs. 25/70 (Kösters), Slg. 1970, 1161, Rn. 30 ff.; Rs. 808/79 (Pardini), Slg. 1980, 2103, Rn. 17, 21 f.; so auch *Kischel*, EuR 2000, 380 (393).

933 *Trstenjak/Beysen*, EuR 2012, 265 (265).

934 *Trstenjak/Beysen*, EuR 2012, 265 (266).

935 *Trstenjak/Beysen*, EuR 2012, 265 (267); *Kischel*, EuR 2000, 380 (387); *Schwarze*, Europäisches Verwaltungsrecht, S. 838.

Insbesondere die weite Toleranz des Gerichtshofs im Rahmen der Geeignetheitsprüfung lässt auf den großen Beurteilungsspielraum schließen, der den Hoheitsträgern bei der Normgebung vom Gerichtshof eingeräumt wird.[936] Auch im Bereich der Angemessenheit hebt der Gerichtshof die Beurteilungsspielräume nicht hervor.[937] Mit der Feststellung eines Beurteilungsspielraumes durch den Gerichtshof ist somit vor allem mit Blick auf den Verhältnismäßigkeitsgrundsatz kein konkreter Kontrollumfang vorgegeben. Abwägungskriterien können sich aber zum Beispiel ergeben, wenn sich Verwaltungserfordernisse und Rechtsschutzinteresse gegenüberstehen.[938] Außerdem ist festzustellen, dass die Bedeutung des Verhältnismäßigkeitsgrundsatzes umso geringer ist, je größer das eingeräumte Ermessen ist.[939] Die Kontrolle von Gesetzgebungsmaßnahmen kann durch ein weites Ermessen jedoch nicht vollkommen ausgeschlossen werden.[940]

Mit Blick auf das zuvor Gesagte ist fraglich, inwiefern diese undefinierte Kontrolldichte Auswirkungen auf die Überprüfbarkeit der Ermessensentscheidungen im Rahmen der exekutiven Rechtsetzung hat.

2. Vertrauensschutz

Ein weiterer Grundsatz, der sich aus dem von der Union anerkannten Rechtsstaatsprinzip ergibt und den es somit im Rahmen des effektiven Rechtsschutzes als systemtragendes Prinzip durch den Gerichtshof zu berücksichtigen gilt, ist der des Vertrauensschutzes.[941] Dieser wird vom Gerichtshof als selbstständiger allgemeiner Rechtsgrundsatz des Unionsrechts anerkannt.[942] Der Vertrauensschutz wurde vom Gerichtshof erstmalig in einem Verfahren bejaht, das das Vertrauen auf die Rechtmäßigkeit und den Fortbestand einer Freistellungsentscheidung einer damaligen Gemeinschaftsbehörde betraf.[943] Nach ständiger Rechtsprechung

---

936 *Kischel*, EuR 2000, 380 (386, 401).

937 *Kischel*, EuR 2000, 380 (387).

938 *Kischel*, EuR 2000, 380 (388).

939 *Schwarze*, Europäisches Verwaltungsrecht, S. 838.

940 *Trstenjak/Beysen*, EuR 2012, 265 (273).

941 *Schwarze*, Europäisches Verwaltungsrecht, S. 843; ähnlich auch *Frenz*, EuR 2008, 468 (471 f.).

942 Z.B. EuGH, Rs. 281/82 (Unifrex/Rat & KOM), Slg. 1984, 1969, Rn. 25; Rs. 316/86 (Hauptzollamt Hamburg-Jonas/Krücken, Slg. 1988, 2213, Rn. 22; verb. Rsen. C-104/89 und C-37/90 (Mulder u.a./Rat & KOM), Slg. 1992, I-3061, Rn. 15; hierzu auch *Schwarze*, Europäisches Verwaltungsrecht, S. 921.

943 EuGH, Rs. 111/63 (Lemmerz Werke/Hohe Behörde), Slg. 1965, 894.

kann sich auf den Grundsatz des Vertrauensschutzes dann berufen werden, wenn durch ein Unionsorgan im Rahmen eines unionsrechtlich vorgesehenen Verfahrens eine Erwartung geweckt und somit Vertrauen begründet wurde.[944] Der Vertrauensschutz entsteht jedoch dann nicht, wenn ein umsichtiger und besonnener Wirtschaftsteilnehmer in der Lage ist, den Erlass einer ihn belastenden Maßnahme durch ein Unionsorgan vorherzusehen.[945]

Die eher restriktive Anwendung des Vertrauensschutzes durch den Gerichtshof hat besondere Bedeutung für Sachverhalte im europäischen Wirtschafts- und Beihilferecht, die nicht durch die Wirtschaftsgrundrechte geschützt sind, insbesondere in den Fällen, in denen mit dem Unionsrecht als unvereinbar geltende Beihilfen durch mitgliedstaatliche Behörden gewährt wurden.[946]

Der Grundsatz des Vertrauensschutzes hat somit Bedeutung für das legislative Handeln von Unionsorganen und gilt als Maßstab für die Rechtmäßigkeit des Verwaltungshandelns von Mitgliedstaaten und Unionsbehörden.[947] Als anerkannter Grundsatz, der sich aus dem Rechtsstaatsprinzip ergibt, muss die Gültigkeit europäischer Rechtsakte auch an ihm zu messen sein.[948]

3. Rechtssicherheit

Auch der Grundsatz der Rechtssicherheit ergibt sich aus dem von der Union geachteten Gebot der Rechtsstaatlichkeit. Rechtssicherheit wird durch eine verlässliche Rechtsordnung gewährleistet.[949] Ein wichtiger Bestandteil hiervon ist der Bestimmtheitsgrundsatz, der einen eindeutigen und transparenten Regelungsgehalt europäischer Rechtsakte verlangt.[950] Die Rechtssicherheit sieht sich oft im Konflikt mit der Einzelfallgerechtigkeit[951] und einer dynamischen und flexiblen

944 *v. Danwitz*, Europäisches Verwaltungsrecht, S. 558 m.w.N.; hierzu auch *Frenz*, EuR 2008, 468 (478); so i.E. auch *Schwarze*, Europäisches Verwaltungsrecht, S. 922.

945 EuGH, Rs. C-5/89 (BUG-Alutechnik), Slg. 1990, I-3437; *v. Danwitz*, Europäisches Verwaltungsrecht, S. 557 f. m.w.N.

946 *Frenz*, EuR 2008, 468 (477); mit Blick auf die Rechtmäßigkeit von Beihilfen *Petzold*, EuR 2011, 437 (442); *v. Danwitz*, Europäisches Verwaltungsrecht, S. 576 f.

947 *v. Danwitz*, Europäisches Verwaltungsrecht, S. 575.

948 EuGH, Rs. 122/77 (Agneessens/KOM), Slg. 1978, 2085; Rs. 170/86 (v. Deetzen/Hauptzollamt Hamburg Jonas), Slg. 1988, 2355; so auch *Schwarze*, Europäisches Verwaltungsrecht, S. 913 f., 921.

949 BVerfGE 97, 67 (78).

950 *v. Danwitz*, Europäisches Verwaltungsrecht, S. 578.

951 BVerfGE 3, 225 (237); 15, 313 (319 f.).

Rechtsordnung.[952] Auch die europäische Rechtsordnung sieht sich diesem Konflikt durch die Möglichkeit zur exekutiven Rechtsetzung ausgesetzt. Obwohl mit der exekutiven Rechtsetzung dynamische Rechtsetzung möglich sein soll, muss gleichfalls der Grundsatz der Rechtssicherheit bestmöglich bewahrt werden.

4. Zwischenergebnis

Die allgemeinen Rechtsgrundsätze wie der Verhältnismäßigkeitsgrundsatz, der Grundsatz des Vertrauensschutzes und der Grundsatz der Rechtssicherheit wurden vom Gerichtshof in seiner Rechtsprechung anerkannt und haben in Teilen bereits in die Verträge Einzug gefunden. Entwickelt wurden sie aus dem Gebot der Rechtsstaatlichkeit, weshalb mit ihrer Anerkennung und Einhaltung automatisch auch ein Mehr an Rechtsstaatlichkeit einhergeht. Vor allem der Verhältnismäßigkeitsgrundsatz ist für die weitere Bearbeitung von besonderer Relevanz.

Mit der Anwendung des Verhältnismäßigkeitsgrundsatzes soll ein gerechter Ausgleich zwischen widerstreitenden Interessen gefunden werden. Die Prüfungskriterien des europäischen Verhältnismäßigkeitsgrundsatzes lassen sich nur ansatzweise auf die des deutschen Verhältnismäßigkeitsgrundsatzes übertragen. Die Ausführungen des Gerichtshofes in den Urteilsbegründungen werden häufig als oberflächlich und wenig konkret bezeichnet. Insbesondere mit Blick auf die Verhältnismäßigkeit von Ermessensentscheidungen könnte es hier zu Lücken innerhalb des europäischen Rechtsschutzes kommen. Grundsätzlich untersucht der Europäische Gerichtshof eine Ermessensbetätigung anhand aller von ihm anerkannten allgemeinen Rechtsgrundsätze. Obwohl dieser Prüfung bereits eine hohe Bedeutung beigemessen wird, hat sie bei weitem nicht den Stellenwert wie die Überprüfung einer Ermessensentscheidung innerhalb der deutschen Verwaltungsgerichtsbarkeit.[953]

---

952 *Schmidt-Aßmann*, in: Isensee/ Kirchhof, HSTR II, §. 26 Rn. 81.
953 *Pache*, DVBl. 1998, 380 (386).

7. Kapitel – Rechtsschutz gegen die exekutive Rechtsetzung

Der Vertrag von Lissabon hat mit Blick auf das Rechtsschutzsystem der Europäischen Union kaum substanzielle Änderungen gebracht.[954] Gerade deshalb gilt es zu untersuchen, inwiefern das europäische Rechtsschutzsystem den institutionellen und verfahrensrechtlichen Veränderungen noch gerecht und ein umfassender Schutz gegen administrative Rechtsetzung gewährleistet werden kann. Auch die administrative Rechtsetzung muss mit dem primären und sekundären Unionsrecht vereinbar und somit gerichtlich überprüfbar sein.[955] Ein Augenmerk muss dabei auf die gerichtliche Überprüfbarkeit von Ermessensentscheidungen durch den Europäischen Gerichtshof gelegt werden.

Die Untersuchung soll sich auf ein Vorgehen gegen den ermächtigenden Basisrechtsakt und gegen den abgeleiteten delegierten Rechtsakt oder Durchführungsrechtsakt konzentrieren. Zunächst soll jedoch die Möglichkeit der Individualklage als solche und im Besonderen gegen exekutive Rechtsakte genauer betrachtet werden.

I. Möglichkeit der Individualklage

Die Möglichkeit der Individualklage ist im Unionsrecht lange Zeit ein umstrittenes und in der Literatur umfangreiches Thema gewesen. Aufgrund der Bedeutung der Individualklage soll an dieser Stelle untersucht werden, welche Möglichkeiten für den Einzelnen bestehen, sich gegen die exekutive Rechtsetzung zu wehren. Von besonderer Wichtigkeit ist hierbei die Nichtigkeitsklage gem. Art. 263 UAbs. 4 AEUV, die als wichtigste Individualklagemöglichkeit[956] und wesentliches Merkmal für Rechtsstaatlichkeit[957] gilt. Diese wurde zur Stärkung des Rechtsschutzes Privater mit dem Vertrag von Lissabon überarbeitet und eine weitere Klagemöglichkeit gegen Rechtsakte von allgemeiner Geltung wurde hinzugefügt. Bereits im Vorfeld wies der Europäische Gerichtshof darauf hin, dass eine Erweiterung des Rechtsschutzes Einzelner einer Vertragsveränderung

954 *Schröder*, DÖV 2009, 61 (61); *Oppermann*, DVBl. 2008, (473) 479.

955 *Gellermann*, in: Streinz, AEUV, Art. 290, Rn. 3; *Streinz/Ohler/Herrmann*, Lissabon, S. 99.

956 *Kotzur*, Beiheft 1, EuR 2012, 7 (17).

957 *Dörr/Lenz*, Europäischer Verwaltungsrechtsschutz, Rn. 2.

bedürfe,[958] weshalb sich der Verfassungskonvent letztlich ausführlich mit dem Rechtsschutz des Einzelnen und der Individualklage im Unionsrecht beschäftigte.[959] Ein Vorgehen gegen das Unionsrecht war dem Einzelnen zuvor i.d.R. nur durch eine Zuwiderhandlung möglich. Diese oftmals gerügte Rechtsschutzlücke konnte durch den Vertrag von Lissabon aufgehoben werden.[960]

Nach Art. 230 UAbs. 4 EGV hatten natürliche und juristischer Personen die Möglichkeit Klage, gegen sie ergangene Entscheidungen oder gegen Entscheidungen, die auch als Verordnung ergangen sein konnten und sie unmittelbar betreffen, zu erheben. Natürliche und juristische Personen haben nunmehr die Möglichkeit, Nichtigkeitsklage gegen Handlungen zu erheben, die entweder an sie gerichtet sind oder sie unmittelbar und individuell betreffen sowie gegen Rechtsakte mit Verordnungscharakter, die sie unmittelbar betreffen und keine Durchführungsmaßnahmen nach sich ziehen.[961]

Auch wenn sich der Art. 263 UAbs. 4 AEUV auf den ersten Blick nur marginal von Art. 230 Abs. 4 EGV unterscheidet, birgt er dennoch weitere Auslegungsfragen, die sich vor allem mit Blick auf den Rechtsschutz gegen die exekutiven Rechtsetzungsakte ergeben.[962]

1. Klagebefugnis gem. Art. 263 UAbs. 4 Alt. 1 AEUV

Gem. Art. 263 UAbs. 4 Alt. 1 AEUV können natürliche und juristische Personen gegen an sie gerichtete Handlungen Klage erheben. Es stellt sich die Frage, was von dem Begriff der „Handlungen“ genau umfasst sein soll und ob hierin eine Klageerweiterung des ehemaligen Art. 230 Abs. 4 EGV liegt, der zuvor von „Entscheidungen“ sprach.

Mit dem Begriff der Handlung ist grundsätzlich jeder abgeleitete Sekundärrechtsakt der Union gemeint, soweit dieser nur Rechtswirkung entfaltet. Betrifft eine solche Handlung nun eine natürliche oder juristische Person und ist die Handlung an sie gerichtet, ist in der Regel immer von einer Entscheidung auszugehen, wie der Begriff zuvor auch in Art. 230 Abs. 4 EGV normiert war.[963]

958 EuGH, Rs. C-50/00 P (Unión de Pequenos Agricultores/Rat), Slg. 2002, I-6677, Rn. 45.

959 *Cremer*, EuGRZ 2004, 577 (578); *Everling*, EuZW 2010, 572 (573).

960 EuGH, Rs C-432/05 (Unibet), Slg. 2007, I-2271, Rn. 64; *Obwexer*, in: Hummer/Obwexer, Vertrag von Lissabon, S. 239.

961 *Dervisopoulos*, in: Rengeling/Middeke/Gellermann, Handbuch des Rechtsschutzes in der EU, §. 7 Rn. 37.

962 *Cremer*, DÖV 2010, 58 (59).

963 *Cremer*, DÖV 2010, 58 (59); *Cremer*, EuGRZ 2004, 577 (578).

Zwar wurden in Art. 288 AEUV der deutschen Vertragsfassung „Entscheidungen" durch „Beschlüsse" ersetzt, in anderen Sprachfassungen ist die Bezeichnung jedoch die gleiche geblieben, weshalb davon auszugehen ist, dass hiermit auch weiterhin der gleiche Fall gemeint sein soll.[964]

Art. 263 UAbs. 4 Alt. 1 AEUV entspricht in seinen Grundzügen weiterhin dem Art. 230 Abs. 4 EGV und beinhaltet keine Erweiterung der Klagemöglichkeiten für natürliche und juristische Personen.

2. Klagebefugnis gem. Art. 263 UAbs. 4 Alt. 2 AEUV

Nach Art. 263 UAbs. 4 Alt. 2 AEUV können natürliche und juristische Personen gegen Handlungen, deren Adressat ein anderer ist oder die keinen Adressaten haben, Klage erheben, wenn die Handlungen sie „unmittelbar und individuell" betreffen.[965]

Handlungen haben immer dann keinen Adressaten, wenn es sich um Rechtsakte mit allgemeiner Geltung handelt, im Fall des Unionsrechts also um Richtlinien und Verordnungen.[966] In seiner Rechtsprechung zu Art. 230 Abs. 4 EGV entschied der Europäische Gerichtshof zunächst, dass eine unmittelbare Betroffenheit immer dann vorliegt,

> „wenn die Entscheidung eine Person wegen bestimmter persönlicher Eigenschaften oder besonderer, sie aus dem Kreis aller übrigen Personen heraushebender Umstände, berührt und sie daher in ähnlicher Weise individualisiert wie den Adressaten".[967]

Diese sogenannte „Plaumann-Formel" besagt, dass der Kläger beweisen muss, dass er von der Maßnahme nicht nur wie jeder andere auch betroffen ist, sondern sich aufgrund besonderer Merkmale oder Umstände von allen anderen Personen unterscheidet und entsprechend ähnlich tangiert ist wie der Adressat der Maßnahme. Eine abstrakt-generelle Verordnung konnte aufgrund dieser hohen Anforderungen so gut wie nie angegriffen werden, was zu heftiger Kritik und letztlich auch zu erheblichen Rechtsschutzdefiziten führte.[968] Dennoch beharrte

---

964 *Obwexer*, in: Hummer/Obwexer, Vertrag von Lissabon, S. 256.

965 *Cremer*, DÖV 2010, 58 (60).

966 *Cremer*, EuGRZ 2004, 577 (579).

967 EuGH, Rs. 25/62 (Firma Plaumann/KOM), Slg. 1963, 211, Rn. 238; hierzu auch *Schwarze*, Rechtsschutz Privater gegen „Rechtsakte mit Verordnungscharakter", S. 193 f.; *Everling*, EuZW 2010, 572 (572); *Everling*, EuR 2009, 71 (73).

968 *Obwexer*, in: Hummer/Obwexer, Vertrag von Lissabon, S. 255; *Cremer*, EuGRZ 2004, 577 (577); *Cremer*, DÖV 2010, 58 (58); *Kokott/Dervisopoulos/Henze*, EuGRZ 2008, 10 (13); *Everling*, EuZW 2010, 572 (572).

der Europäische Gerichtshof zunächst auf seiner Rechtsprechung, die vornehmlich dazu diente, Popularklagen vor dem Gerichtshof auszuschließen.[969] Erst mit dem Europäischen Konvent, der unter anderen den Rechtsschutz des Einzelnen gegen Maßnahmen der Union verbessern wollte, lenkte der Europäische Gerichtshof ein und änderte seine Rechtsprechung zur unmittelbaren Betroffenheit in Art. 230 Abs. 4 EGV.

Danach liegt nun eine unmittelbare Betroffenheit vor, sofern zwei Kriterien kumulativ erfüllt sind. Die beanstandete Maßnahme der Union muss sich unmittelbar auf die Rechtsstellung der betroffenen Person auswirken und sie darf ihrem Adressaten, also den Mitgliedstaaten, keinen Ermessensspielraum bei der Durchführung des Unionsrechts einräumen.[970] Wird ein Mitgliedstaat unmittelbar durch eine an ihn gerichteten Entscheidung verpflichtet, ohne dass ihm hierbei ein Ermessen zukommt, so spricht man von einer „*ipso-facto*-Beeinträchtigung", die eine Ausnahme im Rahmen der unmittelbaren Betroffenheit darstellen kann.[971] Art. 263 UAbs. 4 Alt. 2 AEUV greift diese Rechtsprechung des Europäischen Gerichtshofs zu Art. 230 Abs. 4 EGV auf und sorgt damit für eine ausdrückliche Rechtsgrundlage, auf die sich der Einzelne konkret berufen kann.[972]

3. Klagebefugnis gem. Art. 263 UAbs. 4 Alt. 3 AEUV

Die durch den Vertrag von Lissabon neu eingefügte dritte Variante des Art. 263 UAbs. 4 AEUV legt fest, dass natürliche und juristische Personen einen Rechtsakt mit Verordnungscharakter schon dann angreifen können, wenn dieser sie unmittelbar betrifft und keine Durchführungsmaßnahmen nach sich zieht.[973] Eine individuelle Betroffenheit, die bis dahin als größte Hürde für den Individualrechtsschutz galt, wird nicht verlangt.[974] Dennoch wirft die dritte Alternative Probleme mit Blick auf ihre Anwendbarkeit auf, die sich vor allem aus den

---

969 Vgl. EuGH, Rs. 41–44/70 (International Fruit Company/KOM), Slg. 1971, 411; Rs. 100/74 (Société CAM SA/KOM), Slg. 1975, 1393; Rs. 169/84 (COFAZ/KOM), Slg. 1986, 391, Rn. 22; Rs. 354/87 (Weddel/KOM), Slg. 1990, 3487; Rs. C-452/98 (Nederlandse Antillen/Rat), Slg. 2001, I-8973, Rn. 60.

970 EuGH, Rs. C-445, 455/07 P (Ente per le Ville Vesuviane/KOM), Slg. 2009, I-7993, Rn. 45; hierzu auch *Everling*, EuZW 2010, 572 (573 f.) m.w.N.

971 *Cremer*, EuGRZ 2004, 577 (582).

972 *Cremer*, DÖV 2010, 58 (60); *ders.*, EuGRZ 2004, 577 (578); *Schröder*, DÖV 2009, 61 (63); *Schröder*, AUR 2008, 261 (262).

973 *Cremer*, EuGRZ 2004, 577 (579).

974 *Cremer*, DÖV 2010, 58 (60).

Bezeichnungen „Rechtsakte mit Verordnungscharakter“ und „Durchführungsmaßnahmen“ ergeben.

a. *Rechtsakte mit Verordnungscharakter i.S.v. Art. 263 UAbs. 4 Alt. 3 AEUV*

Als erstes fordert die dritte Alternative einen Rechtsakt mit Verordnungscharakter.

Das Unionsrecht kennt nach Art. 288 AEUV nur noch fünf Rechtsakttypen. Gemäß Art. 288 UAbs. 2 AEUV hat die Verordnung allgemeine Geltung. Mit Rechtsakten mit Gesetzescharakter sind, wie bereits dargestellt,[975] nicht nur solche mit Verordnungscharakter, also mit allgemeiner Geltung gemeint, sondern all diejenigen, die, wie es Art. 289 Abs. 3 AEUV beschreibt, in einem Gesetzgebungsverfahren zustande gekommen sind. Diese Rechtsakttypologie und die Unterscheidung zwischen Rechtsakten mit und ohne Gesetzescharakter legen es nahe, die Rechtsakte mit Verordnungscharakter nicht einer eigenen dritte Kategorie zuzuteilen.[976] Eine Legaldefinition dieser Art von Rechtsakten existiert jedoch nicht im Vertrag von Lissabon.

Es drängt sich also in diesem Zusammenhang die Frage auf, wie sich die Bezeichnung „Rechtsakte mit Verordnungscharakter“ unter die bereits existierende Typologie subsumieren lässt. Hierzu werden zwei verschiedene Ansichten vertreten: die eine versteht Gesetzgebungsakte als „Rechtsakte mit Verordnungscharakter“,[977] die andere versteht Gesetzgebungsakte eben nicht als „Rechtsakte mit Verordnungscharakter“.[978] Entscheidend ist also, nach den bereits genannten Kriterien, allein das Zustandekommen des in Frage stehenden Rechtsakts.

Zunächst liegt die Vermutung nahe, dass mit „Rechtsakten mit allgemeiner Geltung“ in der dritten Alternative, eine andere Art von Rechtsakten als in der zweiten Alternative gemeint sein muss. Andernfalls wäre diese Variante gegenstandslos, da auch hier die unmittelbare Betroffenheit des Beschwerdeführers Voraussetzung ist. Art. 263 UAbs. 4 Alt. 2 AEUV ist gerade für diejenigen Sekundärrechtsakte vorgesehen, die in einem Gesetzgebungsverfahren nach Art. 289

---

975 3. Kapitel I. 1. a.

976 *Cremer*, DÖV 2010, 58 (61 f.).

977 Vgl. insbesondere Everling, EuZW 2010, 572 (572).

978 *Cremer*, DÖV 2010, 58 (62); *ders.*, EuGRZ 2004, 577 (582); *Streinz/Ohler/Herrmann*, Vertrag von Lissabon, 2008, S. 116 f.; *Kotzur*, Beiheft 1, EuR 2012, 7 (18); zusammenfassend *Everling*, EuZW 2010, 572 (574 f.).

Abs. 3 AEUV zustande gekommen sind.[979] Knüpft man lediglich an das Zustandekommen des Rechtsakts an, können gleichwohl auch Richtlinien und Beschlüsse einen solchen Rechtsakt mit Verordnungscharakter darstellen.[980] Dieser Ansicht ist auch das Europäische Gericht. Seiner Meinung nach umfasst der Begriff „Rechtsakte mit Verordnungscharakter" jede Handlung mit allgemeiner Geltung, die nicht in einem Gesetzgebungsverfahren zustande gekommen ist.[981]

Um zu diesem Ergebnis zu gelangen, bediente das Gericht sich der grammatikalischen, teleologischen und historischen Auslegung der Norm innerhalb des anhängigen Rechtstreits. Das Gericht stellte dabei fest, dass Art. 263 UAbs. 1 AEUV zwischen Gesetzgebungsakten und sonstigen verbindlichen Handlungen mit Rechtswirkung gegenüber Dritten unterscheidet. Mit sonstigen verbindlichen Handlungen können sowohl individuelle Handlungen als auch Handlungen mit allgemeiner Geltung gemeint sein.[982] So muss sich seiner Meinung nach aus dem Sinn der Bezeichnung „mit Verordnungscharakter" ergeben, dass sich diejenigen Rechtsakte, auf die sich die dritte Alternative bezieht, ebenfalls, wie in der ersten und zweiten Alternative, „allgemeine Geltung" haben müssen.[983] Aus der Systematik und dem Zweck der Norm ergebe sich, dass es

> „natürlichen und juristischen Personen ermöglicht werden soll, gegen Handlungen mit allgemeiner Geltung, die keine Gesetzgebungsakte sind, sie aber unmittelbar betreffen und keine Durchführungsmaßnahmen nach sich ziehen, Klage zu erheben, und dadurch zu vermeiden, dass sie gegen das Recht verstoßen müssen, um Zugang zu den Gerichten zu erhalten".[984]

Die Betroffenen legten gegen dieses Urteil des Gerichts Rechtsmittel vor dem Gerichtshof ein, der daraufhin prüfte, ob das Gericht bei seiner Auslegung der Norm Rechtsfehler begangen hatte.

Mit seinem Urteil vom 13.10.2013 schloss sich der Gerichtshof der Auslegung und Begründung der Rechtsfrage dem Gericht an. Der Gerichtshof betonte, dass die ersten beiden Varianten in Art. 263 UAbs. 4 AEUV den Varianten aus

---

979 *Cremer*, DÖV 2010, 58 (64); *Schröder*, DÖV 2009, 61 (64); *Schwarze*, Rechtsschutz Privater gegen „Rechtsakte mit Verordnungscharakter", S. 198.

980 *Obwexer*, in: Hummer/Obwexer, Vertrag von Lissabon, S. 256; *Cremer*, EuGRZ 2004, 577 (579).

981 EuG, Rs. T-18/10 (Inuit Tapiriit Kanatami/EP), Slg. 2011, II-5599.

982 EuG, Rs. T-18/10 (Inuit Tapiriit Kanatami/EP), Slg. 2011, II-5599, Rn. 44.

983 EuG, Rs. T-18/10 (Inuit Tapiriit Kanatami/EP), Slg. 2011, II-5599, Rn. 42.

984 EuG, Rs. T-18/10 (Inuit Tapiriit Kanatami/EP) Slg. 2011, II-5599, Rn. 50.

Art. 230 EGV entsprechen und von der Rechtsprechung konkretisiert wurden.[985] Ferner stellte er abermals klar, dass mit dem Begriff „Handlungen" im Allgemeinen alle Handlungen der Union gemeint seien, die verbindliche Rechtswirkungen erzeugen.[986] Also alle Handlungen mit allgemeiner Geltung, egal ob mit oder ohne Gesetzescharakter, sowie individuelle Handlungen. Nach der zweiten Alternative ist die Klage dann zulässig, wenn der Beschwerte unmittelbar und individuell betroffen ist.[987] Hieraus schließt der Gerichtshof, dass die dritte Alternative des Art. 263 UAbs. 4 AEUV, die von „Rechtsakten mit Verordnungscharakter" spricht, nach der Systematik der Norm eine engere Tragweite haben müsse, als das, was von dem Begriff „Handlung" umfasst sei. Das heißt, mit der Begrifflichkeit „Rechtsakte mit Verordnungscharakter" können nicht alle Handlungen mit allgemeiner Geltung gemeint sein, sondern nur ein Teil von diesen.[988] Ein weiteres Indiz dafür sei, dass Art. 263 AEUV im 1. UAbs. von „Gesetzgebungsakten" spricht, während im 3. UAbs. von „Rechtsakten mit Verordnungscharakter" die Rede sei. Diese beiden Bezeichnungen müssten systematisch in Einklang gebracht werden, damit die Norm nicht leerlaufe und die praktische Wirksamkeit von Art. 263 AEUV erhalten bleibe. Der Gesetzgeber könne mit diesen zwei unterschiedlichen Bezeichnungen nicht das Gleiche gemeint haben wollen.[989] Hierfür spreche nach der historischen Auslegung auch die Arbeit des Konvents zur Zukunft Europas, der

> „den Ausdruck Rechtsakte mit Verordnungscharakter in der Absicht gewählt habe Gesetzgebungsakte auszuschließen, und dass die Verfasser des Vertrags von Lissabon die bestehende Unterscheidung zwischen Gesetzgebungsakten und Rechtsakten mit Verordnungscharakter für Klagen hätten beibehalten wollen".[990]

Das heißt, dass die Zulässigkeitsvoraussetzungen für Nichtigkeitsklagen von natürlichen und juristischen Personen zwar erweitert werden sollten, die Zulässigkeitserfordernisse für Gesetzgebungsakte sollten hierdurch aber nicht geändert

985 EuGH, C-583/11 P (Inuit Tapiriit Kanatami/EP), noch nicht in Slg. veröffentlicht, Rn. 55.

986 Siehe hierzu EuGH Rs. 22/70 (KOM/Rat), Slg. 1971, 264, Rn. 38 und 42.

987 EuGH, C-583/11 P (Inuit Tapiriit Kanatami/EP), in amtl. Sammlung noch nicht veröffentlicht, Rn. 56.

988 EuGH, C-583/11 P (Inuit Tapiriit Kanatami/EP), in amtl. Sammlung noch nicht veröffentlicht, Rn. 58.

989 EuGH, C-583/11 P (Inuit Tapiriit Kanatami/EP), in amtl. Sammlung noch nicht veröffentlicht, Rn. 39.

990 EuGH, C-583/11 P (Inuit Tapiriit Kanatami/EP), in amtl. Sammlung noch nicht veröffentlicht, Rn. 42.

werden. Absicht des Konvents war es, durch die Begrifflichkeit „Rechtsakte mit Verordnungscharakter" eine Kategorie von Handlungen zu etablieren, nach der Einzelpersonen nach weniger strengen Voraussetzungen als bisher, jedoch unter Beibehaltung des restriktiven Ansatzes, in Bezug auf die Nichtigkeitsklage, gegen Gesetzgebungsakte vorgehen können, für die die Kriterien der unmittelbaren und individuellen Betroffenheit weiterhin gelten.[991] Auch nach der historischen Auslegungsmethode ergebe sich, dass mit der neu eingefügten dritten Variante in Art. 263 AEUV die gegenteilige Art von Rechtsakten gemeint sein muss, wie sie bereits mit der ersten und zweiten Alternative in Form von Gesetzgebungsakten abgedeckt wird.

Nach Ansicht von Gericht und Gerichtshof sind folglich unter „Rechtsakten mit Verordnungscharakter" diejenigen Rechtsakte gemeint, die keine Gesetzgebungsakte sind. Die Lücke zu schließen, die durch das Urteil des Gerichtshofs für den Rechtsschutz des Einzelnen gegen Gesetzgebungsakte, die ihn nicht unmittelbar betreffen, entsteht, sei nach Ansicht des Gerichtshofs wegen Art. 47 GRCh und Art. 19 Abs. 1 S. 3 EUV Sache der Mitgliedstaaten.[992]

b. Unmittelbare Betroffenheit i.S.v. Art. 263 UAbs. 4 Alt. 3 AEUV

Wie oben dargelegt, ist nach der Rechtsprechung des Gerichtshofs zu Art. 230 Abs. 4 EGV eine unmittelbare Betroffenheit immer dann zu verneinen, wenn die zur Beschwerde führende Maßnahme erst durch einen mitgliedstaatlichen oder gemeinschaftlichen Durchführungs-, Ausführungs- oder Umsetzungsakt herbeigeführt wird. Darüber hinaus muss sich der Rechtsakt unmittelbar auf die Rechtsstellung des Beschwerdeführers auswirken.[993] Die Voraussetzungen für die unmittelbare Betroffenheit in der 2. und 3. Alt. in Art. 263 UAbs. 4 AEUV sind damit die gleichen wie für die unmittelbare Betroffenheit in Art. 230 Abs. 4 EGV.[994]

---

991 Vgl. u.a. Sekretariat des Europäischen Konvents, Schlussbericht des Arbeitskreises über die Arbeitsweise des Gerichtshofes v. 25.3.2003, CONV 636/03, Rn. 22; Übermittlungsvermerk des Präsidiums des Konvents v. 12.5.2003, CONV 734/03, S. 20; EuGH, C-583/11 P (Inuit Tapiriit Kanatami u.a.), in amtl. Sammlung noch nicht veröffentlicht, Rn. 59; vgl. hierzu *Cremer*, EuGRZ 2004, 577 (583); *Bull*, DVBl. 2014, 98 (99).

992 EuGH, C-583/11 P (Inuit Tapiriit Kanatami u.a.), in amtl. Sammlung noch nicht veröffentlicht, Rn. 97 ff; vgl. *Bull*, DVBl. 2014, 98 (100).

993 *Cremer*, DÖV 2010, 58 (64).

994 EuGH, C-583/11 P (Inuit Tapiriit Kanatami u.a.), in amtl. Sammlung noch nicht veröffentlicht, Rn. 55; so auch *Cremer*, EuGRZ 2004, 577 (582).

c. *Durchführungsmaßnahmen i.S.v. Art. 263 UAbs. 4 Alt. 3 AEUV*

Weiterhin darf der Rechtsakt keine Durchführungsmaßnahme nach sich ziehen.

Absicht des Konvents war es, dem Einzelnen ein Direktklagerecht nur gegenüber solchen Maßnahmen einzuräumen, die keinen, insbesondere keinen mitgliedstaatlichen Durchführungs-, Umsetzungs- oder Ausführungsakt erfordern.[995] In den Fällen, in denen mitgliedstaatliche Durchführungs-, Umsetzungs- oder Ausführungsakte notwendig sind, besteht für den Einzelnen die Möglichkeit, gegen die Durchführungsmaßnahme vor nationalen Gerichten vorzugehen, denen wiederum die Pflicht obliegt, Auslegungsfragen das Unionsrecht betreffend dem Europäischen Gerichtshof im Vorabentscheidungsverfahren vorzulegen.[996] Obwohl dieses Kriterium bereits weitestgehend durch die Voraussetzung der unmittelbaren Betroffenheit erfüllt wird, kommt ihm dennoch eine eigenständige Bedeutung zu. Unmittelbare Betroffenheit liegt bereits dann vor, wenn mit großer Wahrscheinlichkeit vorauszusehen ist, ob und in welcher Weise der Interessenkreis des Klägers durch die spätere Durchführungsmaßnahme beeinträchtigt wird. Das Erfordernis, dass der Rechtsakt keine weiteren Durchführungsmaßnahmen nach sich ziehen darf, geht einen Schritt weiter und ist somit enger als das Unmittelbarkeitskriterium.[997]

4. Bewertung

Für den Einzelnen bestehen im Rahmen von Art. 263 UAbs. 3 Alt. 1 und Alt. 2 AEUV weiterhin die Klagemöglichkeiten, wie sie ihm bereits nach Art. 230 EGV zustanden. Lediglich in Bezug auf Art. 263 UAbs. 4 Alt. 3 AEUV sind Änderungen für die Zulässigkeit einer Individualklage vorgenommen worden.

Die Uneinigkeiten, die in Bezug auf das Verständnis über „Rechtsakte mit Verordnungscharakter" bestanden, wurden vom Europäischen Gerichtshof mit seinem Urteil vom 13.10.2013 weitestgehend ausgeräumt und eine mehrjährige Diskussion um den individuellen Rechtsschutz im Unionsrecht wurde beendet. Indem der Gerichtshof sich darauf festlegt, dass unter „Rechtsakten

---

995 Auch nach der Ansicht des Europäischen Gerichts dürfen keine weiteren Durchführungsmaßnahmen mit eigenem Inhalt auf die erlassene Maßnahme folgen, EuG, Rs. T-16/04 (Arcelor/ EP und Rat), Slg. 2010, II-211, Rn. 123.

996 EuGH, Rs. C-10/95 (Asocarne), Slg. 1995, I-4149; so auch *Cremer*, DÖV 2010, 58 (65); *ders.*, EuGRZ 2004, 577 (583); *Obwexer*, in: Hummer/Obwexer, Vertrag von Lissabon, S. 257; *Schröder*, DÖV 2009, 61 (64).

997 *Ehricke*, in: Streinz, AEUV, Art. 263 Rn. 56; *Glaser*, Die Entwicklung des Europäischen Verwaltungsrechts aus der Perspektive der Handlungsformlehre, S. 455 f.

mit Verordnungscharakter“ eben diejenigen Rechtsakte ohne Gesetzescharakter fallen, eröffnet er explizit die Individualklagemöglichkeit gegen delegierte Rechtsakte und Durchführungsrechtsakte. Diese Entscheidung ist somit ausschlaggebend dafür, dass der Einzelne unmittelbaren Rechtsschutz gegen delegierte Rechtsakte und Durchführungsrechtsakte erlangen kann.[998]

Abschließend kann deshalb gesagt werden, dass aufgrund der hohen Regelungsdichte insbesondere von Durchführungsrechtsakten im Unionsrecht mit dem Urteil des Gerichtshofs ein verbesserter und vereinfachter Rechtsschutz Einzelner einhergeht.[999] Ein direktes Vorgehen gegen Gesetzgebungsakte ist jedoch nach wie vor nicht möglich.[1000]

Teilweise wird dem entgegengehalten, dass durch die neue 3. Variante des Art. 263 UAbs. 4 AEUV keine signifikante Veränderung erreicht wurde, da die Individualklagemöglichkeit weiterhin am Kriterium der Unmittelbarkeit scheitern würde und somit die meisten europäischen Rechtsnormen nicht von natürlichen und juristischen Personen vor Unionsgerichten angegriffen werden können.[1001] Diese Ansicht verkennt jedoch, dass die Voraussetzung der unmittelbaren Betroffenheit dazu dienen soll, Popularklagen auszuschließen und Prozessökonomie zu gewährleisten. Des Weiteren stellt der Gerichtshof nicht mehr die gleichen strengen Anforderungen an das Kriterium, wie es noch bei der sogenannten „Plaumann-Formel“ der Fall war.[1002] Von diesem legitimen Gedanken werden auch die Zulässigkeitsvoraussetzungen des Art. 263 UAbs. 4 Alt. 3 AEUV weiterhin getragen.

II. Vorgehen gegen den Basisrechtsakt

Die Möglichkeit der Individualklage vorangestellt, stellt sich als nächstes die Frage, wie allgemein gegen den Basisrechtsakt vorgegangen werden kann. Der Basisrechtsakt kann aus unterschiedlichen Gründen angegriffen werden. Neben einer zu weit reichenden Befugnisübertragung besteht außerdem die Möglichkeit, den Basisrechtsakt wegen der dort vorgesehenen Art der Übertragung von Rechtsetzungsbefugnissen angreifen zu wollen. Der Gerichtshof hat bisher noch keinen Basisrechtsakt wegen einer zu weit reichenden Übertragung von Befugnissen an

998 Vgl. *Cremer*, DÖV 2010, 58 (58).
999 So auch *Pache/Rösch*, NVwZ 2008, 473 (478); *Schröder*, DÖV 2009, 61 (81).
1000 Vgl. *Bull*, DVBl. 2014, 98 (101).
1001 *Schröder*, DÖV 2009, 61 (64).
1002 Siehe hierzu 7. Kapitel I. 2.

die Kommission aufgehoben. In seiner Biozidprodukte-Entscheidung1003 hatte er sich erstmalig mit der Frage auseinanderzusetzen, wie zwischen der Übertragung von Delegations- und Durchführungsbefugnissen zu unterscheiden ist und welche Kriterien zur Abgrenzung herangezogen werden müssen. Dabei ist er zu dem Ergebnis gekommen, dass eine eindeutige Abgrenzung in den Fällen, in denen sich deren Anwendungsbereich aufgrund der Formulierungen „Ergänzungen" und „Durchführungsbefugnisse" überschneiden, nicht möglich sei. In diesen Fällen steht dem Gesetzgeber für seine Entscheidung ein Ermessen zu. Nachfolgend ist deshalb zu untersuchen, inwiefern eine solche Ermessensentscheidung des Gesetzgebers überhaupt gerichtlich überprüfbar ist. Sodann soll auf die weiteren Voraussetzungen eingegangen werden, die nötig sind, um sich erfolgreich gegen den Basisrechtsakt zu wehren.

1. Rechtsschutz bei Ermessensentscheidungen

Wie auch im deutschen Verwaltungsrecht ergeben sich bei der Einräumung eines Beurteilungs- oder Ermessensspielraums grundsätzlich Probleme hinsichtlich des Rechtsschutzes und der gerichtlichen Kontrollmöglichkeiten.[1004] Die Schwierigkeit, die sich mit Blick auf ein Vorgehen gegen den Basisrechtsakt stellt, ist, dass es sich bei diesem in den Fällen, in denen keine eindeutige Abgrenzung möglich ist, um eine Ermessensentscheidung des Gesetzgebers handeln kann. Deshalb soll zunächst allgemein ein Blick darauf geworfen werden, ob und wie der Gerichtshof Rechtsschutz bei Ermessensentscheidungen gewährleisten kann. Dabei ist zu untersuchen, wie weit eine solche Kontrollbefugnis geht und welcher Prüfungsmaßstab dabei vom Gerichtshof angewandt wird. Im Folgenden soll deshalb die allgemeine Herangehensweise an die Kontrolle von Ermessensentscheidungen durch den Gerichtshof betrachtet werden. Dabei soll auf die Kontrolldichte und den Prüfungsmaßstab (a.) und die Klagegründe (b.) eingegangen werden.

a. Kontrolldichte und Prüfungsmaßstab

Kompetenz und Sachverstand anderer europäischer Organe sind für den Gerichtshof Anlass, seine eigene richterliche Kontrolle einzuschränken und sich deshalb nur auf offensichtliche Beurteilungsfehler des Gesetzgebers zu

---

1003 EuGH, Rs. C-427/12 (KOM/EP & Rat), in amtl. Sammlung noch nicht veröffentlicht.

1004 *Wallerath*, Allgemeines Verwaltungsrecht, § 7 Rn. 47 ff.; Ausführlich hierzu *Rupp*, NJW 1969, 1273 (1273 ff.), der sich hier mit der Überprüfbarkeit von Ermessensentscheidungen auseinander setzt.

beschränken.[1005] Aus Art. 261 AEUV ergibt sich bereits, dass der Gerichtshof nur in Ausnahmefällen zur Ermessensüberprüfung befugt sein soll.[1006] Überprüfbar sind also auch im Europarecht nur die äußeren Grenzen einer Ermessensentscheidung.[1007]

Dabei verzichtet der Gerichtshof zunächst auf eine Unterscheidung zwischen unbestimmten Rechtsbegriffen im Normtatbestand und nur beschränkt überprüfbarem Rechtsfolgeermessen und erkennt damit die administrativen Gestaltungs- und Letztentscheidungsrechte des handelnden Unionsorgans in beiden Fällen an.[1008] Die Intensität seiner Kontrolle beurteilt sich dabei nach dem Umfang der Ermessensermächtigung, die den Unionsorganen eingeräumt wurde.[1009] Der Gerichtshof achtet im Rahmen seiner objektiven Kontrolle die Handlungs- und Entscheidungsspielräume, wie sie von ihm nach dem gültigen Unionsrecht zuvor jeweils festgestellt wurden.[1010] Auch wenn eine solche Ermessensüberprüfung ausdrücklich in Art. 261 AEUV vorgesehen ist, wird nicht weiter bestimmt, wie weit diese reicht und wie sie konkret auszusehen hat.[1011] Die restriktive und zurückhaltende Herangehensweise des Gerichtshofes unterstreicht, dass die Handlungen der Unionsorgane lediglich auf offensichtliche Beurteilungsfehler zu überprüfen sind. Diesen Prüfungsmaßstab stellte der Gerichtshof auch für die Überprüfbarkeit des Auswahlermessens zwischen Art. 290 und Art. 291 AEUV heraus.[1012]

1005 EuGH, Rs. 269/90 (Technische Universität München/Hauptzollamt München-Mitte), Slg. 1991, I-5469, Rn. 14; Rs. C-337/09 P (Rat/Zhejiang Xinan Chemical Industrial Group) veröffentlicht in der digitalen Sammlung (Allg. Sammlung), Rn. 107; *Schwarze*, Europäisches Verwaltungsrecht, S. 283.

1006 *Dervisopoulos*, in: Rengeling/Middeke/Gellermann, Handbuch des Rechtsschutzes in der EU, §. 7 Rn. 119.

1007 *Everling*, EuR 2009, 71 (77).

1008 *Pache*, DVBl. 1998, 380 (384).

1009 *v. Danwitz*, Europäisches Verwaltungsrecht, S. 366.

1010 *Schwarze*, Europäisches Verwaltungsrecht, S. 284; *v. Danwitz*, Europäisches Verwaltungsrecht, S. 369; *Bleckmann*, Europarecht, § 9 Rn. 874 ff.; *Pernice*, in: Grabitz/Hilf/Nettesheim, AEUV, Art. 164 Rn. 1 ff.; ähnlich *Pache*, DVBl. 1998, 380 (382). In der Rechtssache C-427/12 wurde dem Gesetzgeber durch den Gerichtshof ein Ermessen bei der Frage eingeräumt, ob es sich um eine „Ergänzung" oder „Durchführungsbefugnisse" handelt, EuGH, Rs. C-427/12 (KOM/EP & Rat), in amtl. Sammlung noch nicht veröffentlicht, Rn. 40.

1011 *v. Danwitz*, Europäisches Verwaltungsrecht, S. 366.

1012 EuGH, Rs. C-427/12 (KOM/EP & Rat), in amtl. Sammlung noch nicht veröffentlicht, Rn. 40.

Obwohl vom Generalanwalt selbst anerkannt wird, dass es sich bei der Abgrenzung der Art. 290 und Art. 291 AEUV um einen dem Unionsrichter in gewisser Weise verschlossenen Bereich handelt, macht er zugleich deutlich, dass dies eine wirksame gerichtliche Überprüfbarkeit anhand der „Art und Weise der Wahrnehmung" der Alternativen „delegierte Rechtsakte" und „Durchführungsrechtsakte" nicht ausschließe.[1013] Auch wenn eine eindeutige Abgrenzung nicht möglich sei, so bestünde jedenfalls ein unterschiedlicher Sinn und Zweck der Normen, auf den sich der Gerichtshof stützen könne.[1014]

Des Weiteren hat der Gerichtshof bei seiner Überprüfung keine Zweckmäßigkeits- oder Billigkeitserwägungen anzustellen, was sich bereits aus seiner Überprüfung der Verhältnismäßigkeit im Rahmen von Ermessensentscheidungen ergibt.[1015]

Dies hat für den Gerichtshof bei seiner Kontrolle eine Kombination aus Amtsermittlungsgrundsatz und Dispositionsmaxime zur Folge.[1016] Was bedeutet, dass der Gerichtshof zum Beispiel im Rahmen der Prüfung eines Verstoßes gegen die Begründungspflicht untersucht, ob der Verwaltung bei der Ermittlung und Bewertung des Sachverhalts Fehler unterlaufen sind, wobei er die Prüfung auf die aktenkundigen Tatsachen beschränkt und keine darüber hinausgehenden Ermittlungen anstellt.[1017] Auch rechtliche Rügen werden vollumfänglich geprüft. Dabei werden Entscheidungsfreiräume der Verwaltung auf die Wahrung der formellen Anforderungen, die fehlerfreie Feststellung und jedenfalls nicht offensichtlich unrichtige Würdigung des Sachverhalts und den Ermessensmissbrauch hin überprüft.[1018]

b. Klagegründe im Rahmen der Ermessensentscheidung

Um das zuvor Festgestellte zu vertiefen, soll ein Blick auf potentielle Klagegründe im Rahmen der Ermessensentscheidungen geworfen werden. Nach Ansicht des Gerichtshofes ist seine Kontrolle darauf zu beschränken, ob die Ausübung

---

1013 Schlussantrag des Generalanwalts *Villalón* v. 19.12.2013, Rs. C-427/12, S. 13.

1014 Ebenda.

1015 Siehe hierzu bereits 6. Kapitel VI. 1.; außerdem *Schwarze*, Europäisches Verwaltungsrecht, S. 283; *Pache*, DVBl. 1998, 380 (382).

1016 *v. Danwitz*, Verwaltungsrechtliches System und Europäische Integration, S. 182; *Pache*, DVBl. 1998, 380 (382); ähnlich hierzu *Dervisopoulos*, in: Rengeling/Middeke/Gellermann, Handbuch des Rechtsschutzes in der EU, § 7 Rn. 119.

1017 *v. Danwitz*, Europäisches Verwaltungsrecht, S. 367 m.w.N.

1018 *v. Danwitz*, Europäisches Verwaltungsrecht, S. 368 m.w.N.

des Ermessens einen subjektiven Ermessensmissbrauch darstellt oder objektiv offensichtlich fehlerhaft ist.[1019]

aa. Subjektiver Ermessensmissbrauch

Klassischer Klagegrund im Rahmen des Ermessens ist der des Ermessensmissbrauchs durch ein Unionsorgan. Ermessensmissbrauch meint, dass die dem Organ eingeräumte Befugnis zu anderen als den gesetzlich vorgesehenen Zwecken oder mit dem Ziel verwendet wird, besondere Verfahren zu umgehen, die von den Verträgen vorgesehen sind.[1020] Was der gesetzliche Zweck in einem bestimmten Fall ist, ergibt sich zumeist aus der Vorschrift selbst,[1021] während sich der Missbrauch als solcher aus objektiven nachvollziehbaren und schlüssigen Indizien ergeben muss.[1022] Hat das Organ hierbei mehrere Zwecke verfolgt, von denen einer zulässig, die anderen aber unzulässig sind, kommt es immer darauf an, welcher Zweck überwiegt.[1023] Auf eine besondere Schwere oder Intensität wird nicht abgestellt.[1024]

Insgesamt wurde dieser Klagegrund in der Praxis bisweilen äußerst selten angenommen, da es als recht schwierig gilt, einem Unionsorgan ein solches Vorgehen nachzuweisen.[1025]

1019 *Dervisopoulos*, in: Rengeling/Middeke/Gellermann, Handbuch des Rechtsschutzes in der EU, § 7 Rn. 120.

1020 EuGH, Rs. 6/54 (Niederlande/Hohe Behörde), Slg. 1954, 201; Rs. C-331/88 (The Queen/Ministry of Agriculture, Fisheries and Food, ex parte FEDESA u. a.), Slg. 1990, I-4023, Rn. 24; Rs. C-285/94 (Italien/Kommission), Slg. 1997, I-3519, Rn. 52; Rs. C-180/96 (Vereinigtes Königreich/KOM), Slg. 1998, I-2265, Rn. 64; Rs. C-48/96 (Windpark Groothusen/KOM), Slg. 1998, I-2873, Rn. 52; Rs. C-400/99 (Italien/KOM), Slg. 2005, I-3657, Rn. 348; Rs. C-342/03 (Spanien/Rat), Slg. 2005, I-1975, Rn. 64; EuG, verb. Rsen. T-332/00 und T-350/00 (Rica Foods & Free Trade Foods/KOM), Slg. 2002, II-4755, Rn. 200; so auch *Schwarze*, Europäisches Verwaltungsrecht, S. 318; *Bleckmann*, Europarecht, § 9 Rn. 870; *Pache*, DVBl. 1998, 380 (385); *Pechstein*, EU-Prozessrecht, S. 276, Rn. 560.

1021 EuGH, Rs. 111/63 (Lemmerz Werke/Hohe Behörde), Slg. 1965, 894.

1022 *Schwarze*, in: ders., 3. Auflage, AEUV, Art. 263 Rn. 81 m.w.N.

1023 *Bleckmann*, Europarecht, § 9 Rn. 873 m.w.N.

1024 *Pache*, DVBl. 1998, 380 (386).

1025 *Dervisopoulos*, in: Rengeling/Middeke/Gellermann, Handbuch des Rechtsschutzes in der EU, § 7, Rn. 120.

bb. Offensichtlicher objektiver Verstoß

Nunmehr kommt es bei einem Ermessensmissbrauch auch auf den objektiven Rechtsverstoß an und nicht mehr nur auf das Vorliegen einer subjektiven-rechtswidrigen, weil dem Gesetzeszweck zuwiderlaufenden Intention der Erlassbehörde.[1026]

Nachdem der Gerichtshof in seiner früheren Rechtsprechung lediglich überprüfte, ob ein Ermessensmissbrauch durch ein europäisches Organ erfolgte, überprüft er heutzutage auch eine Ermessensüber- oder Ermessensunterschreitung.[1027] Auch soll der erheblichen Entscheidungsfreiheit innerhalb des Ermessens durch eine präzise Kontrolle von Verfahrens- und Formfehlern entgegengewirkt werden.[1028]

Der Gerichtshof kann seine Nachprüfung auf weitere Tatsachen und Umstände erstrecken, wenn eine „offensichtliche Verkennung" des Vertrages oder der bei seiner Durchführung anzuwendenden Bestimmungen geltend gemacht wird.[1029] Diese Verkennung muss „in einer Beurteilung, der der Entscheidung zugrunde gelegten wirtschaftlichen Lage bestehen, die an den Bestimmungen des Vertrages gemessen, offensichtlich irrig ist".[1030]

cc. Bewertung

Nach Ansicht des Gerichtshofs wird eine Überprüfung von Ermessensentscheidungen von ihm lediglich anhand der äußersten Grenzen der Ermessensbetätigung vorgenommen. Hierbei können nur offensichtliche Beurteilungsfehler überprüft werden, während Zweckmäßigkeits- und Billigkeitserwägungen von ihm nicht angestellt werden. Der Gerichtshof überprüft dabei, ob die Ausübung des Ermessens offensichtlich objektiv fehlerhaft war bzw. ob ein

1026 Vgl. noch Generalanwalt Lagrange in der Rs. 3/54 (ASSIDER/Hohe Behörde), Slg. 1954, 133 S. 159; heute EuGH, Rs. C-5/03 (Griechenland/KOM), Slg. 2005, I-5925, Rn. 66; Rs. C-544/09 P (Deutschland/KOM), Slg. 2011, I-128, Rn. 65; *Bleckmann*, Europarecht, § 9 Rn. 874 ff.

1027 EuGH, Rs. 55/75 (Balkan Import Export GmbH/Hauptzollamt Berlin Packhof), Slg. 1976, 19, Rn. 8; Rs. C-5/03 (Griechenland/KOM), Slg. 2005, I-5925, Rn. 66; so auch *Bleckmann*, Europarecht, § 9 Rn. 870.

1028 *Dervisopoulos*, in: Rengeling/Middeke/Gellermann, Handbuch des Rechtsschutzes in der EU, § 7 Rn. 120; *v. Danwitz*, Europäisches Verwaltungsrecht, S. 370 m.w.N.

1029 *Schwarze*, Europäisches Verwaltungsrecht, S. 321; *Dervisopoulos*, in: Rengeling/Middeke/Gellermann, Handbuch des Rechtsschutzes in der EU, § 7 Rn. 118.

1030 EuGH, Rs. 6/54 (Niederlande/Hohe Behörde), Slg. 1954, 201.

Ermessensmissbrauch vorliegt. Daneben prüft der Gerichtshof heute auch, ob eine Ermessensüber- oder Ermessensunterschreitung gegeben ist.

Eine Überprüfung von Ermessenentscheidung wird also grundsätzlich durch den Gerichtshof gewährleistet. Für die Frage der Abgrenzung von Art. 290 und Art. 291 AEUV und dem damit verbundenen Ermessen des Gesetzgebers ist insbesondere die Möglichkeit zur Feststellung eines Ermessensmissbrauchs bedeutend. Hier kann der Gerichtshof untersuchen und gegebenenfalls feststellen, ob der Gesetzgeber dem Sinn und Zweck der Art. 290 und Art. 291 AEUV entsprechend gehandelt hat. Dieser Fall ist deshalb besonders wichtig, weil Sinn und Zweck der Art. 290 und Art. 291 AEUV wesentlich für ihre Abgrenzung sind. Auf diesem Weg kann zumindest der Intention der Vorschriften Rechnung getragen werden, während ihre Transparenz nach wie vor nicht gegeben ist. In diesem Zusammenhang muss jedoch die Tatsache Berücksichtigung finden, dass in der Praxis die Überprüfung von Ermessensentscheidungen durch den Europäischen Gerichtshof keine allzu große Relevanz hat. Das gilt insbesondere für die Feststellung eines Ermessensmissbrauchs. Dies kann zum Beispiel dem Umstand geschuldet sein, dass die Fehler- und Missbrauchsgründe im Europarecht durch den Gerichtshof nicht so deutlich abgesteckt sind wie zum Beispiel im deutschen Verwaltungsrecht. Die mangelnde Konkretisierung von Ermessensfehlern kann zu Lücken in der Überprüfbarkeit und somit im Rechtsschutz führen.

Um dieser Lücke im Rechtsschutz bei der Überprüfbarkeit von Ermessensentscheidungen entgegenzuwirken, können zwei Lösungsansätze verfolgt werden. Der eine besteht darin, dass der Gerichtshof die Kontrolle von Ermessensentscheidungen und potentiellen Fehlern neu überdenkt. Er muss sich gewillt zeigen, in der Zukunft vor allem in den Fällen, in denen es um die Abgrenzung von Art. 290 und Art. 291 AEUV geht, die Ermessensentscheidung des Gesetzgebers auf einen Ermessensmissbrauch zu überprüfen. Dass dies grundsätzlich der Fall ist, hat der Gerichtshof bereits unter Beweis gestellt, indem er sich bei der Frage der Abgrenzung von Art. 290 und Art. 291 auf eine Ermessensentscheidung des Gesetzgebers beruft, um sich damit die gerichtliche Kontrolle vorzubehalten. In diesem Fall stellt er klar, dass sich

> „[…] die gerichtliche Kontrolle auf offensichtliche Beurteilungsfehler in Bezug auf die Frage, ob der Gesetzgeber zu Recht davon ausgehen konnte […]“[1031]

beschränkt. Durch eine konsequente Umsetzung des Willens des Gesetzgebers kann zumindest die sinngemäße Anwendung der Art. 290 und Art. 291 AEUV

1031 EuGH, Rs. C-427/12 (KOM/EP & Rat), in amtl. Sammlung noch nicht veröffentlicht, Rn. 40.

sichergestellt werden. Inwiefern der Gerichtshof in Zukunft dieser Verpflichtung nachkommt, wird sich zeigen.

Ein weiterer Lösungsansatz kann in der Konkretisierung der Kriterien der Ermessensausübung und ihrer Kontrolle gesehen werden. Hier bestünde die Möglichkeit, eine weitere Konkretisierung durch den Gerichtshof abzuwarten oder entsprechende einschlägige Kriterien zu normieren. Auf diesen Aspekt soll noch gesondert eingegangen werden, wenn die Möglichkeiten für und das Bedürfnis nach einem europäischen Verwaltungsverfahrensgesetz mit Blick auf die exekutive Rechtsetzung untersucht werden.[1032]

Wie bereits dargestellt, hat die Anerkennung eines Ermessensspielraums zur Folge, dass Ermessensentscheidungen nur eingeschränkt gerichtlich überprüfbar sind. Solche Einschränkungen bestehen allerdings nur, soweit der Ermessensspielraum reicht und nicht im Hinblick auf sonstige Rechtmäßigkeitsanforderungen.[1033] Auch bei einer Ermessensentscheidung werden die zugrundeliegenden Tatsachen und die formelle Rechtmäßigkeit vom Gerichtshof uneingeschränkt überprüft.[1034]

2. Parteifähigkeit

Grundsätzlich haben vor allem die an der exekutiven Rechtsetzung beteiligten Akteure ein erhebliches Interesse an dem Inhalt des Basisrechtsakts, insbesondere an den darin übertragenen Befugnissen. Da Europäisches Parlament und Rat jedoch schon als Gesetzgeber die Möglichkeit haben, den Erlass eines Basisrechtsakts unterbinden zu können, kommt als potentielle Partei in solchen Fällen in erster Linie die Kommission in Betracht. Diese war es dann auch, die als erstes Organ gegen den Inhalt eines Basisrechtsakts vorgegangen ist.[1035]

3. Klagegegenstand

Klagegenstand ist der Basisrechtsakt, der im Gesetzgebungsverfahren zustande gekommen ist und somit als Gesetzgebungsakt im Sinne von Art. 289 Abs. 3 AEUV gilt. Dieser Gesetzgebungsakt wird regelmäßig als Richtlinie oder Verordnung erlassen. Hierbei handelt es sich um eine ausgeübte Ermessensbetätigung durch den Unionsgesetzgeber. Der Gerichtshof entschied in seiner *Biozidprodukte-Entscheidung*, dass die Ermessensentscheidung separat vom Basisrechtsakt

1032 Siehe hierzu 9. Kapitel.

1033 *Pache*, DVBl. 1998, 380 (385).

1034 EuGH, Rs. 6/54 (Niederlande/Hohe Behörde), Slg. 1955, 213.

1035 EuGH, Rs. C-427/12 (KOM/EP & Rat), in amtl. Sammlung noch nicht veröffentlicht.

als solchem angegriffen werden kann und somit eine teilweise Nichtigkeit des Basisrechtsakts möglich sei.[1036]

4. Klagebefugnis

Als nächstes soll ein Blick darauf geworfen werden, wer für die Geltendmachung der Nichtigkeit eines Basisrechtsakts klagebefugt sein könnte.

a. Kommission

Als Hüterin der Verträge ist die Kommission grundsätzlich bereits objektiv klagebefugt und muss keine subjektiven Rechte geltend machen. In dem hier untersuchten Fall sind darüber hinaus jedoch auch subjektive Rechte der Kommission betroffen, weil es die Kommission ist, die in einem Basisrechtsakt zur exekutiven Rechtsetzung berechtigt und verpflichtet wird.

b. Parlament und Rat

Auch das Europäische Parlament und der Rat sind bereits objektiv klagebefugt. Grundsätzlich können diese auch ein subjektives Interesse an der Wahl der übertragenen Befugnisse im Basisrechtsakt haben, da mit den übertragenen Befugnissen unterschiedliche Rechte für sie einhergehen.

c. Mitgliedstaaten

Die Mitgliedstaaten müssen regelmäßig die Verletzung eines subjektiven Rechts geltend machen, weil sie außer im Fall des Art. 259 AEUV keine privilegierten Kläger sind. Die Verletzung eines subjektiven Rechts eines Mitgliedstaates könnte bei der Wahl, ob von der Kommission delegierte Rechtsakte oder Durchführungsrechtsakte erlassen werden sollen, darin liegen, dass durch den Gesetzgeber nach Meinung eines Mitgliedstaates zu Unrecht ein Bedarf zur einheitlichen Durchführung festgestellt wurde. Die Übertragung von Durchführungsbefugnissen hätte so dann nicht im Basisrechtsakt vorgesehen werden dürfen, sondern müsste bei den Mitgliedstaaten verbleiben. Auch in diesem Fall handelt es sich um einen durch den Gesetzgeber ausfüllungsbedürftigen Begriff, der durch den Gerichtshof nur eingeschränkt überprüfbar ist.

1036 EuGH, Rs. C-427/12 (KOM/EP & Rat), in amtl. Sammlung noch nicht veröffentlicht, Rn. 20.

Dieser Fall würde sich jedoch weniger um die Abgrenzung von Art. 290 und Art. 291 AEUV drehen, als mehr eine Frage der vertikalen Gewaltenteilung betreffen und soll an dieser Stelle deshalb nicht weiter erläutert werden.

d. *Individualklage*

Für den Fall einer Individualklage gegen den Basisrechtsakt ist auf die Ausführungen zur Inzidentrüge zu verweisen.[1037]

Daneben gilt es aber vor allem zu beachten, dass der Bürger im Fall des Ermessens kein bestimmtes Verhalten von der Behörde verlangen kann.[1038]

5. Klagegrund

Der Klagegrund besteht in der Einräumung „falscher" Befugnisse an die Kommission durch den Basisrechtsakt. Es wurden der Kommission also Befugnisse im Basisrechtsakt übertragen, die ihr so nicht übertragen hätten werden dürfen, zum Beispiel, weil der Gesetzgeber nicht sorgfältig zwischen der Übertragung von delegierten Rechtsetzungsbefugnissen und Durchführungsbefugnissen unterschieden hat. In Hinblick darauf ist erneut auf die Probleme im Zusammenhang mit der unklaren Abgrenzung und auf die gerichtliche Überprüfbarkeit von Ermessensentscheidungen zu verweisen.

6. Rechtsschutzbedürfnis

Das Vorliegen eines Rechtsschutzbedürfnisses des Klägers ist allgemeine Sachentscheidungsvoraussetzung dafür, dass der Gerichtshof zu einer Sache entscheiden darf.[1039] Der Gerichtshof verlangt hierfür im Zeitpunkt der Klageerhebung ein rechtlich relevantes, schutzwürdiges Interesse an der Aufhebung der angefochtenen Maßnahme.[1040]

Es handelt sich hierbei um ein Kriterium, das objektiv der Funktionalität einer Rechtsordnung dienen soll und mit dem verhindert werden soll, dass das einzelne Verfahren Zielen nutzbar gemacht wird, die dem Prozesszweck zuwiderlaufen.[1041] Die Unionsorgane und die Mitgliedstaaten müssen in ihrer Funktion als privilegierte Kläger kein Rechtsschutzbedürfnis nachweisen, da ihr Tätigwerden

---

1037 Siehe bereits 6. Kapitel III. 4.

1038 *Wallerath*, Allgemeines Verwaltungsrecht, § 7 Rn. 71.

1039 *Stephan*, Das Rechtsschutzbedürfnis, S. 12 f., 19 f.

1040 EuG, Rs. T-22/97 (Kekso/Kommission), Slg. 1999, II-3775, Rn. 57.

1041 *Stephan*, Das Rechtsschutzbedürfnis, S. 23 f.

schon der Wahrung des Unionsrechts dient. Anders verhält es sich bei natürlichen und juristischen Personen. Sie müssen ihr Rechtsschutzbedürfnis vor dem Gerichtshof darlegen.[1042]

7. Potentielle Klageart

Für ein Vorgehen gegen den Basisrechtsakt kommt die Nichtigkeitsklage nach Art. 263 AEUV in Betracht. Im Zuge einer erfolgreichen Nichtigkeitsklage ist der Gesetzgebungsakt gem. Art. 264 AEUV für nichtig zu erklären.

8. Zwischenergebnis

Die vorstehende Untersuchung der Zulässigkeitsvoraussetzungen hat gezeigt, dass die Nichtigkeitsklage gegen den vom Unionsgesetzgeber aufgrund einer Ermessensentscheidung erlassenen Basisrechtsakt die einschlägige Klageart ist. Das größte Interesse, gegen die im Basisrechtsakt vorgesehene Ermächtigung vorzugehen, wird die Kommission haben. Mit der Nichtigkeitsklage ist zwar der effektive Rechtsschutz gegen den Basisrechtsakt gewährleistet. Allerdings ergeben sich Rechtsschutzlücken hinsichtlich der Überprüfbarkeit der Ermessensentscheidung. Es muss berücksichtigt werden, dass durch den Basisrechtsakt legislative Befugnisse übertragen werden. Aufgrund dessen können Grundsätze wie Rechtssicherheit und ein effektiver Rechtsschutz gefährdet sein.

III. Vorgehen gegen delegierte Rechtsakte und Durchführungsrechtsakte

Als nächstes soll dargelegt werden, wie gerichtlich gegen den exekutiven Rechtsakt als solchen vorgegangen werden kann und welche Probleme im Rahmen eines solchen Vorgehens auftreten könnten.

1. Potentielle Klagearten

An dieser Stelle sei bereits vorweggenommen, dass für ein Vorgehen gegen delegierte Rechtsakte und Durchführungsrechtsakte wiederum die Nichtigkeitsklage nach Art. 263 AEUV in Betracht kommt. Die folgende Untersuchung konzentriert sich deshalb auf die allgemeinen Zulässigkeitsvoraussetzungen nach Art. 263 AEUV.

1042 *Dervisopoulos*, in: Rengeling/Middeke/Gellermann, Handbuch des Rechtsschutzes in der EU, § 7 Rn. 99 ff.

2. Klagegegenstand

In diesem Fall wird gegen den abgeleiteten Rechtsakt als solchen, also den delegierten Rechtsakt bzw. Durchführungsrechtsakt vorgegangen, der der gerichtlichen Kontrolle unterliegt.[1043] Wie bereits festgestellt, handelt es sich hier um Rechtsakte ohne Gesetzescharakter, die als Verordnungen, Richtlinien oder Beschlüsse erlassen werden können. In den meisten Fällen wird die Handlungsform gewählt, in der auch der Basisrechtsakt erlassen wurde.

Grundsätzlich ist es von Bedeutung, zwischen dem delegierten Rechtsakt und somit der quasi-legislativen Rechtsetzung und dem Durchführungsrechtsakt, der als Rechtsanwendung in Form von administrativen Einzelfallentscheidungen vorliegen kann, als Klagegegenstand zu unterscheiden. Etwas anderes gilt jedoch für das Rechtsschutzkonzept der Union, bei dem eine Unterscheidung zwischen abstrakt-generellen Regelungen und konkret-individuellen Regelungen in den Hintergrund rückt. Da im europäischen Prozessrecht vornehmlich gegen Gesetzesakte und Handlungen vorgegangen werden kann, und es sich hier um Rechtsakte ohne Gesetzescharakter handelt, muss der Klagegegenstand der „Handlung" einschlägig sein. Außerdem muss auch berücksichtig werden, dass der Kommission beim Erlass von delegierten Rechtsakten und Durchführungsrechtsakten ein Ermessen zukommt. Dieses Ermessen ist anhand konkreter Merkmale gerichtlich überprüfbar.

3. Klagebefugnis

Auch hier stellt sich die Frage, welche Rechtssubjekte im Unionsrecht ein Interesse an dem Vorgehen gegen einen exekutiven Rechtsakt durch die Kommission haben könnten. Darüber hinaus muss derjenige nach dem Unionsrecht auch klagebefugt sein. Hierbei gilt es vor allem die privilegierte Klagebefugnis von Unionsorganen zu berücksichtigen.[1044]

Es sollen nur die Parteien betrachtet werden, die ein naheliegendes Interesse daran haben können, gegen den abgeleiteten Rechtsakt vorzugehen. Sonstige teilprivilegierte Kläger und Einrichtungen, wie die in Art. 263 Abs. 3 AEUV genannten werden nicht weiter berücksichtigt.

1043 *Gellermann*, in: Streinz, AEUV, Art. 291 Rn. 23; *Hix*, in: Schwarze, 2. Auflage, EGV, Art. 202 Rn. 19.

1044 *Pechstein*, EU-Prozessrecht, S. 26 Rn. 38.

a. *Kommission*

Ein Vorgehen gegen den exekutiven Rechtsakt durch die Kommission, die diesen auch erlassen hat, scheidet erkennbar aus. Die Kommission wird kein Interesse daran haben, gegen den zuvor von ihr erlassenen abgeleiteten Rechtsakt vorzugehen.

b. *Parlament und Rat*

Grundsätzlich muss für das Europäische Parlament und den Rat als privilegierte Kläger, deren Aufgabe es ist, die Unionsrechtsordnung zu wahren und zu kontrollieren, die Möglichkeit bestehen, gegen die exekutiven Rechtsakte der Kommission vorzugehen. Zumindest für erlassene Durchführungsrechtsakte muss dies uneingeschränkt gelten. Mit Blick auf delegierte Rechtsakte könnte sich etwas anderes ergeben. Hier besitzen Parlament und Rat bereits im Vorfeld die Möglichkeit der Kontrolle. Dass diese Möglichkeit besteht, ist jedoch vielmehr eine Frage des Rechtsschutzbedürfnisses und soll deshalb unter diesem Aspekt ausführlicher betrachtet werden. Festzuhalten bleibt deshalb zunächst, dass Parlament und Rat als privilegierte Kläger gegen Rechtsetzungsakte der Kommission vorgehen können.

c. *Mitgliedstaaten*

Da der Begriff der Handlung im Sinne von Art. 263 AEUV äußerst weit zu fassen ist, können die Mitgliedstaaten auch gegen solche Maßnahmen vorgehen, die keine Rechtsakte nach Art. 288 AEUV sind.[1045] Insbesondere im Rahmen der delegierten Rechtsetzung ist dies für die Mitgliedstaaten von besonderer Wichtigkeit, weil sie hier keinerlei anderweitige Kontrollmöglichkeiten haben.[1046] Grundsätzlich sind es insbesondere die Mitgliedstaaten, die durch die exekutive Rechtsetzung besonders betroffen und verpflichtet sind und deshalb eine Überprüfung des erlassenen Rechtsakts im Rahmen der Nichtigkeitsklage begehren könnten. Besonderheiten können sich hingegen mit Blick auf das Rechtsschutzbedürfnis der Mitgliedstaaten ergeben.

d. *Natürliche und juristische Personen*

Für eine potentielle Klage eines Individuums gegen exekutive Rechtsakte vor der Einführung des Vertrags von Lissabon war zu beachten, dass hierunter auch

---

1045 *Groß*, DÖV 2004, 20 (25).

1046 *Schusterschitz*, in: Hummer/Obwexer, Vertrag von Lissabon, S. 231.

einzelfallbezogene Verwaltungsmaßnahmen subsumiert werden konnten.[1047] In diesem Fall war eine Klage vor dem Gerichtshof regelmäßig kein Problem.[1048] Handelte es sich hingegen um eine abstrakt-generelle Durchführungs- oder Delegationsverordnung, kam dem Individualrechtsschutz nur eine untergeordnete Rolle zu.[1049] Zum einen waren die Verträge schon nicht auf einen direkten Individualrechtsschutz ausgerichtet, zum andern scheiterte ein Vorgehen schon an der fehlenden individuellen unmittelbaren Betroffenheit, die durch Durchführungsrechtsakte nicht erzeugt werden konnte.[1050] Dies änderte sich mit der neueren Rechtsprechung des Gerichtshofes, wonach unter „Rechtsakten mit Verordnungscharakter" Rechtsakte ohne Gesetzescharakter zu verstehen seien. Da hierunter sowohl delegierte Rechtsakte als auch Durchführungsrechtsakte fallen, ist der Einzelne nach Art. 263 Abs. 4 Alt. 3 AEUV klagebefugt.[1051]

4. Klagegrund

Die Kommission ist dazu berufen, die erforderlichen und zweckmäßigen Durchführungsregeln zu erlassen und dabei die in dem jeweiligen Basisrechtsakt und die in der Geschäftsordnung intern festgelegten Verfahrensvorschriften zu beachten.[1052] Der Kläger muss unter Umständen geltend machen können, durch die Handlung in seinen subjektiven Rechten verletzt worden zu sein. Eine Ausnahme besteht, wenn es sich um einen objektiven Klagegrund handelt, der lediglich Unionsorganen zukommen kann, der dazu dient, die objektive Unionsrechtsordnung zu wahren.

5. Rechtsschutzbedürfnis

Wie bereits dargestellt,[1053] muss nachgewiesen werden, dass neben der Klagebefugnis auch ein Rechtsschutzbedürfnis des Klägers besteht. Problematisch könnte es sein, wenn ein solches Rechtsschutzbedürfnis wegen der vorherigen

---

1047 EuGH, Rs. 16/88 (KOM/Rat), Slg. 1989, 3457, Rn. 11; so auch *Riedel*, EuR 2006, 512 (531).

1048 Bei einer konkret-individuellen Maßnahme war der Einzelne zwangsläufig unmittelbar betroffen, siehe hierzu 7. Kapitel I 1.

1049 *Riedel*, EuR 2006, 512 (539).

1050 *Riedel*, EuR 2006, 512 (539 f.); *Groß*, DÖV 2004, 20 (24).

1051 Ausführlich hierzu unter 7. Kapitel I. 3. a.

1052 EuGH, Rs. C-221/91 (Anglopharm), Slg. 1994, I-171, Rn. 38; Rs. C-263/95 (Deutschland/KOM), Slg. 1998, I-441, Rn. 32.

1053 7. Kapitel II. 6.

Ausübung von Kontrollrechten entfällt. Dies könnte einerseits für das Europäische Parlament und den Rat wegen ihrer Kontrollrechte in Art. 290 AEUV gelten und andererseits für die Mitgliedstaaten mittelbar durch die Kontrolle der Komitologie im Rahmen von Art. 291 AEUV.

Grundsätzlich gilt, dass die Unionsorgane und die Mitgliedstaaten kein Rechtsschutzbedürfnis nachweisen müssen. Ihre Aufgabe ist die Wahrung der Unionsrechtsordnung. Darüber hinaus stände eine solche Annahme Sinn und Zweck des Rechtsschutzbedürfnisses entgegen. Das Rechtsschutzbedürfnis muss unabhängig von einem ausgeübten Kontrollrecht weiterhin bestehen, um die Wahrung der Unionsrechtsordnung sicherstellen zu können. Zu denken ist zum Beispiel an die Fälle, in denen sich der Rechtsfehler erst nach der Kontrolle ergibt. Es muss dem Kontrollierenden dann gleichwohl möglich sein gegen einen solchen Rechtsfehler vorzugehen, um die Einheit der Rechtsordnung gewährleisten zu können. Die Ausübung eines Kontrollrechts kann somit nicht dazu führen, dass das Rechtsschutzbedürfnis entfällt, weshalb sowohl Europäisches Parlament und Rat als auch die Mitgliedstaaten[1054] ein solches Rechtsschutzbedürfnis weiterhin innehaben.

6. Zwischenergebnis zu III.

Im Gegensatz zum Vorgehen gegen die Ermessensentscheidung im Basisrechtsakt, richtet sich das Vorgehen in diesem Fall gegen den delegierten Rechtsakt und Durchführungsrechtsakt als eine von der Kommission getroffene Ermessensentscheidung. Diese Ermessensentscheidung der Kommission ist ausschlaggebend für den Inhalt des abgeleiteten Rechtsakts. Die Klage richtet sich somit nicht nur

1054 Die Annahme eines fehlenden Rechtsschutzbedürfnisses scheidet bei den Mitgliedstaaten schon wegen der fehlenden Zurechenbarkeit zur Kontrolle der Komitologie aus. Zwar ist die Komitologie eine durch Unionsrecht geschaffene Kontrollinstanz, die das selbige auf seine Rechtmäßigkeit hin überprüfen soll, doch gilt es hier besonders Art. 291 Abs. 3 HS 2 AEUV zu berücksichtigen, der davon spricht, dass die Mitgliedstaaten die Wahrnehmung der Durchführungsbefugnisse durch die Kommission kontrollieren. Das Unionsrecht selbst rechnet diese Kontrollbefugnis in Form der Komitologie ausdrücklich den Mitgliedstaaten zu. Die Rede ist hier jedoch von den Mitgliedstaaten in ihrer Gesamtheit. Eine solche Kontrolle durch die Komitologie mag dazu dienen, dass man mehrheitlich zu dem Ergebnis kommt, dass ein Durchführungsrechtsakt der Kommission zweck- und rechtmäßig ist, stellt aber noch kein Garantie dafür dar, dass der einzelne Mitgliedstaat durch diesen nicht in seinen Rechten verletzt werden kann.

gegen einen Teil, sondern gegen den administrativen Rechtsakt als solchen, bei dem es sich um einen Rechtsakt ohne Gesetzescharakter handelt.

In diesem Fall muss der Gerichtshof die exekutive Ermessensentscheidung der Kommission überprüfen. In der Regel kann hierfür auf das zur legislativen Ermessensbetätigung Gesagte verwiesen werden. Der wesentliche Unterschied besteht jedoch darin, dass innerhalb des Basisrechtsakts schon konkrete Aussagen dazu gemacht wurden, in welchem Umfang die Kommission von ihrem Ermessen Gebrauch machen darf. Der Basisrechtsakt dient dem Gerichtshof somit als Kontrollmaßstab für die von ihm vorzunehmende Überprüfung.

Grundsätzlich könnten zunächst alle Akteure des Unionsrechts ein Interesse daran haben, gegen den von der Kommission erlassenen administrativen Rechtsakt vorzugehen. In Betracht kommen in diesem Fall aber vor allem auch natürliche Personen, da im Rahmen der Durchführungsrechtsetzung auch konkret-individuelle Maßnahmen erlassen werden können. Auch Europäisches Parlament und Rat können ein Interesse daran haben, gegen delegierte Rechtsakte und Durchführungsrechtsakte vorzugehen. Dieses Interesse wird nicht durch die zuvor eingeräumten Kontrollbefugnisse geschmälert. Ausgeschlossen werden kann hingegen die Kommission selbst, die kein Interesse daran haben wird, gegen die von ihr selbst erlassenen Rechtsakte vorzugehen.

Es besteht deshalb für das Europäische Parlament, den Rat, die Mitgliedstaaten und natürliche Personen die Möglichkeit gegen delegierte Rechtsakte und Durchführungsrechtsakte im Rahmen einer Nichtigkeitsklage vorzugehen.

IV. Zwischenergebnis zum 7. Kapitel

Die obigen Ausführungen zeigen, dass das Rechtsschutzsystem der Union für ein Vorgehen gegen die in der administrativen Rechtsetzung vorgesehenen Handlungsformen ausreichend ist. Das gilt vor allem für den Fall, dass sich eine Klage gegen den delegierten Rechtsakt oder den Durchführungsrechtsakt als solchen richtet. Durch die Neuerungen im Individualrechtsschutz und die Konkretisierungen des Gerichtshofs gilt dies insbesondere auch für natürliche Personen. Auch die von der Kommission gefällte Ermessensentscheidung ist nach den Grundsätzen des Europäischen Gerichtshofs ebenso wie die konkreten Vorgaben im Basisrechtsakt überprüfbar.

Problematischer erscheint vielmehr das Vorgehen gegen die im Basisrechtsakt gefällte Ermessensentscheidung des Gesetzgebers. Grundsätzlich besteht die Möglichkeit gegen eine Ermessensentscheidung vor dem Europäischen Gerichtshof vorzugehen. Erhebliche Defizite ergeben sich jedoch im Hinblick auf die Überprüfbarkeit der Ermessensentscheidung. Grundsätzlich ist die

Ausübung von Ermessen immer mit Defiziten im Rechtsschutz und der Rechtssicherheit verbunden. Diese Defizite sehen sich regelmäßig durch das mit dem Ermessen verbundene Mehr an Effektivität der Rechtsetzung und Einzelfallgerechtigkeit kompensiert. Nichtsdestotrotz ist es wichtig, dass auch das Ermessen seine Grenzen hat. Normierte Vorgaben wie § 40 VwVfG und § 114 VwGO im deutschen Recht setzten diese Grenzen und sorgen an dieser Stelle wiederum für ein Mehr an Rechtssicherheit und Rechtsschutz. Dem Europarecht sind solche expliziten Grenzen weder der Rechtsprechung des Gerichtshofs noch den Verträgen zu entnehmen. Hierdurch bestehen weiterhin erheblich Defizite bei der Kontrolle von Ermessensentscheidungen. Dass der Gerichthof gewillt ist, sich zukünftig vermehrt mit der Kontrolle von Ermessensentscheidungen auseinanderzusetzen, hat er in seiner *Biozidprodukte-Entscheidung* verdeutlicht.

8. Kapitel – Fazit zum 3. Teil

Die Untersuchungen des 3. Teils haben gezeigt, dass das dezentrale Rechtsschutzsystem der Union auf die Handlungen der Union ausgerichtet, abgestimmt und für diese auch ausreichend ist. Das Gleiche gilt mit Blick auf die exekutive Rechtsetzung. Sowohl für ein Vorgehen gegen den Basisrechtsakt als auch für das Vorgehen gegen delegierten Rechtsakt und Durchführungsrechtsakt ist die Nichtigkeitsklage die einschlägige Klageart. Auch der Einzelne hat nun die Möglichkeit, den Basisrechtsakt mit der Inzidentrüge oder den abgeleiteten Rechtsakt mit der Nichtigkeitsklage anzugreifen.

Ein viel größeres Problem ergibt sich aus der Überprüfbarkeit von Ermessensentscheidungen durch den Europäischen Gerichtshof. Mit der Einräumung von Ermessen geht immer ein Mehr an Dynamik und Effektivität, jedoch zu Lasten der Rechtssicherheit und des Rechtsschutzes und somit der Rechtsstaatlichkeit, einher. Grundsätzlich gilt der Verhältnismäßigkeitsgrundsatz als Grenze von Entscheidungsspielräumen. Er dient dazu, widerstreitende Interessen gegeneinander abzuwägen, und trägt somit erheblich zur Rechtsstaatlichkeit bei. Aus der weiten Beurteilung des Geeignetheitskriteriums des Gerichtshofs folgt regelmäßig auch ein großer Beurteilungsspielraum für die Unionsorgane.[1055] Auch diese Tatsache trägt mitunter dazu bei, dass die gerichtliche Kontrolle durch den Gerichtshof äußerst weit ausfällt, indem schon die Grenzen der Entscheidungsspielräume von Unionsorganen als sehr weit zu verstehen sind. Insbesondere deshalb ist es geboten, klarere Kriterien und Grenzen für die Ausübung von Ermessen zu entwickeln. Dies kann durch eine Entwicklung in der Rechtsprechung des Gerichtshofs geschehen oder durch die Kodifizierung klarer Verfahrensgrundsätze.

Des Weiteren bleibt durch die Ausübung von Ermessen die unklare Abgrenzung zwischen Art. 290 und Art. 291 AEUV bestehen. Auch wenn Lücken im Rechtsschutz durch Ermessensentscheidungen gemeinhin zugunsten der Einzelfallgerechtigkeit anerkannt sind, so muss gegenwärtig bleiben, dass der Gerichtshof die Möglichkeit hatte, sich an dieser Stelle für eine Prognoseentscheidung des Gesetzgebers auszusprechen, um so die Probleme, die sich aus den Art. 290 und Art. 291 AEUV ergaben, auszuräumen. Eine einheitliche transparente Anwendung kann auch so weiterhin nicht gewährleistet werden. Sollte sich der Gerichtshof an sein Vorhaben, wie er es in seiner *Biozidprodukte-Entscheidung* bekundet hat, halten und demnächst tatsächlich überprüfen, ob der

1055 Siehe hierzu 6. Kapitel IV. 1.

Gesetzgeber sein Ermessen gemäß dem Normzweck der Art. 290 und Art. 291 AEUV ausgeübt hat, so besteht zumindest die Möglichkeit, dass die gesetzgeberische Intention nicht unterlaufen wird. Wie sich die weitere Herangehensweise des Gerichtshofs entwickelt, ist abzuwarten.

Letztlich bleibt es bei dem Ergebnis, dass die Grenzen der Ermessensausübung im Unionsrecht nicht deutlich genug umzeichnet sind. In diesem Zusammenhang weiter auf eine Entwicklung in der Rechtsprechung zu spekulieren, kann langwierig sein. Stattdessen soll, um der gerichtlichen Überprüfbarkeit von Ermessensentscheidungen schärfere Konturen zu verleihen und somit zu gerechteren Ergebnissen zu gelangen, ein Blick darauf geworfen werden, inwiefern durch die Regelung eines europäischen Verwaltungsverfahrensgesetzes die durch die *Biozidprodukte-Entscheidung* des Gerichtshofs bestehenden Defizite im Rechtsschutz gegen die exekutive Rechtsetzung ausgeräumt werden können.

4. Teil – Zur Debatte um ein europäisches Verwaltungsverfahrensgesetz

9. Kapitel – Möglichkeiten für und Bedürfnis nach einem europäischen Verwaltungsverfahrensgesetz mit Blick auf die exekutive Rechtsetzung

Die Untersuchung hat bisher gezeigt, dass mit den Vorschriften der Art. 290 und Art. 291 AEUV in vielen Bereichen ein weiter Ermessens- und Beurteilungsspielraum einhergeht, der nur begrenzt gerichtlich überprüfbar ist. Ermessens- und Beurteilungsspielräume bedeuten, insbesondere mit Blick auf ihre gerichtliche Überprüfbarkeit vor dem Gerichtshof, Beschränkungen im Rechtsschutz und somit des Rechtsstaatsprinzips. Umso bedeutender könnte es sein, dass die der Kommission weit eingeräumten Befugnisse im Rahmen gewisser Regeln und Grenzen ausgeübt werden. Diese könnten innerhalb eines europäischen Verwaltungsverfahrensgesetzes normiert werden.[1056] Mit einem europäischen Verwaltungsverfahrensgesetz ist ein Verfahrensgesetz für die Eigenverwaltung der Union gemeint. Hiervon umfasst ist nicht die Debatte um ein Unionsverwaltungsrecht, das für die Verwaltung in den Mitgliedstaaten gleichermaßen gelten würde.

Es stellt sich deshalb die Frage, ob ein europäisches Verwaltungsverfahrensgesetz den jetzigen Defiziten Abhilfe verschaffen würde und ob die bereits bestehenden Verfahren, wie sie in den Art. 290 und Art. 291 AEUV und für den europäischen Verwaltungsvollzug gelten, hierdurch weiter optimiert werden können.[1057]

I. Stellung der exekutiven Rechtsetzung innerhalb des europäischen Verwaltungsverbundes

Beim Vollzug des Unionsrechts unterscheidet man zwischen dem indirekten und dem direkten Vollzug des Unionsrechts. Während beim indirekten Vollzug das

1056 EuGH, Rs. C-269/90 (HZA/Technische Universität München), Slg. 1991, I-5469, Rn. 14.

1057 Das EP hat die KOM am 15.1.2013 dazu aufgefordert einen Verordnungsvorschlag für ein einheitliches Verwaltungsverfahren zu entwickeln, *Guckelberger*, NVwZ 2013, 601 (601); *Schwarze*, Die Neuerungen auf dem Gebiet des Europäischen Verwaltungsrechts durch den Vertrag von Lissabon, S. 849.

Unionsrecht durch die Mitgliedstaaten ausgeführt wird, nimmt die Union beim direkten Vollzug diese Aufgabe selbst wahr.[1058] Beim indirekten Vollzug wird das Unionsrecht unmittelbar oder mittelbar durch die Mitgliedstaaten vollzogen. Ein unmittelbarer Vollzug durch die Mitgliedstaaten liegt vor, wenn das Unionsrecht unmittelbare Wirkung in den Mitgliedstaaten entfaltet und weiterhin in den Mitgliedstaaten vollzogen wird. Mittelbarer Vollzug ist gegeben, wenn die unionsrechtliche Vorschrift noch in nationales Recht umgesetzt werden muss.[1059] Der direkte Verwaltungsvollzug lässt sich in unionsinterne und unionexterne Angelegenheiten unterteilen. Innerhalb des unionsinternen Vollzugs nimmt die Union vollziehende Maßnahmen innerhalb ihrer eigenen Einrichtungen, wie zum Beispiel bei Personalangelegenheiten wahr. Der unionsexterne Vollzug erstreckt sich hingegen auch auf die Mitgliedstaaten und den Einzelnen.[1060] Dieses unionsrechtliche Konzept wird gemeinhin auch als Mehrebenenverwaltung bezeichnet, da der Vollzug und die Verwaltung des Unionsrechts sowohl von den Mitgliedstaaten als auch von der Union wahrgenommen werden.[1061] Wird das Unionsrecht von Mitgliedstaaten und Union gemeinsam durchgeführt, spricht man von einem Verwaltungsverbund,[1062] der heutzutage aufgrund der fortschreitenden europäischen Integration immer mehr an Bedeutung gewinnt.[1063] Nach Art. 197 Abs. 1 und Art. 291 Abs. 1 AEUV soll das Unionsrecht primär von den Mitgliedstaaten durchgeführt werden. Dennoch hat die direkte Unionsverwaltung aufgrund der Verlagerung staatlicher Verwaltungsfunktionen auf europäische Behörden in den letzten Jahren vehement zugenommen, weshalb sich auch der Bürger zunehmend mit der Unionsverwaltung auseinandergesetzt sieht.[1064] Vor allem deshalb ist es von besonderer Bedeutung ein hohes Maß an

1058 *Winter*, EuR 2005, 255 (255); *Classen*, Die Europäisierung der Verwaltungsgerichtsbarkeit, S. 24 f.; *Krönke*, Die Verfahrensautonomie der Mitgliedstaaten der Europäischen Union, S. 28 ff.

1059 *Classen*, Die Europäisierung der Verwaltungsgerichtsbarkeit, S. 26 ff; *Krönke*, Die Verfahrensautonomie der Mitgliedstaaten der Europäischen Union, S. 30; *Szczekalla*, in: Terhechte, Verwaltungsrecht der Europäischen Union, § 5 Rn. 12, 61 ff.

1060 *Martínez Soria*, EuR 2001, 682 (689).

1061 *Pechstein*, EU-Prozessrecht, S. 34 Rn. 53; *Kment*, JuS 2011, 211 (211).

1062 *v. Arnauld*, in: Terhechte, Verwaltungsrecht der Europäischen Union, § 2 Rn. 11.

1063 *Krönke*, Die Verfahrensautonomie der Mitgliedstaaten der Europäischen Union, S. 33; *Kment*, JuS 2011, 211 (211); *Guckelberger/Geber*, Allgemeines Europäisches Verwaltungsverfahrensrecht vor seiner unionsrechtlichen Kodifizierung?, S. 41; ähnlich auch *Härtel*, Europäische Rechtsetzung, § 1 Rn. 30.

1064 *Guckelberger*, NVwZ 2013, 601 (601); *Kment*, JuS 2011, 211 (212); Entschließung des EP, P7_TA (2013)0004 unter A.

Rechtssicherheit und Rechtsschutz der Verwaltungsverfahren zu garantieren, um Rechtsstaatlichkeit sicherzustellen.

1. Art. 290 AEUV als Regelung des europäischen Verwaltungsvollzugs

Für den delegierten Rechtsakt ist es zunächst ohne Bedeutung, ob er von der Unioneigenverwaltung oder den Mitgliedstaaten vollzogen werden soll.[1065] Darüber hinaus kann mit einem delegierten Rechtsakt weder der Erlass einer konkret-individuellen Regelung erreicht werden noch dient er dem Vollzug des Unionsrechts.[1066] Da die Kommission beim Erlass von delegierten Rechtsakten ausschließlich quasi-legislativ tätig wird, ist für den Verwaltungsapparat der Union einzig die Regelung des Art. 291 AEUV relevant.

2. Art. 291 AEUV als Regelung des europäischen Verwaltungsvollzugs

Bei Art. 291 AEUV als eine Regelung der vertikalen Gewaltenteilung geht es um die Zuständigkeitsverteilung zwischen der Union und den Mitgliedstaaten. Da die Durchführungsrechtsakte der Regelung „allgemeiner Bedingungen" zur Gewährleistung einer einheitlichen Durchführung durch die Mitgliedstaaten dienen, wird gleichzeitig vorausgesetzt, dass der Basisrechtsakt grundsätzlich von den Mitgliedstaaten vollzogen wird.[1067] Mit der Übertragung von Durchführungsbefugnissen ist daher im weitesten Sinne der Vollzug des Unionsrechts gemeint, mit dem zwangsläufig auch die Regelung der Verwaltungsorganisation und des -verfahrens einhergehen muss.[1068] Fraglich ist, wie rechtsstaatliche Verfahrensvoraussetzungen auf Unionsebene erreicht werden.

1065 *Stelkens*, EuR 2012, 511 (537).

1066 Lediglich aufgrund seines Zwecks das Unionsrecht zu optimieren und effizienter zu gestalten, kann er einem typischen Vollzugsakt gleichgestellt werden. Ausführlich hierzu auch *Glaser*, Die Entwicklung des Europäischen Verwaltungsrechts aus der Perspektive der Handlungsformlehre, S. 26 ff.

1067 *Stelkens*, EuR 2012, 511 (538); *Schwarze*, Die Neuerungen auf dem Gebiet des Europäischen Verwaltungsrechts durch den Vertrag von Lissabon, S. 838; *Guckelberger/Geber*, Allgemeines Europäisches Verwaltungsverfahrensrecht vor seiner unionsrechtlichen Kodifizierung?, S. 45, 49; *Krönke*, Die Verfahrensautonomie der Mitgliedstaaten der Europäischen Union, S. 29 f.; *Guckelberger*, NVwZ 2013, 601 (601); *Fabricius*, ZEuS 4/2011, 567 (596).

1068 In diesem Sinne auch *Schroeder*, AöR 129/2004, 3 (10).

Durch die Übertragung von Durchführungsbefugnissen auf die Kommission, werden automatisch die institutionelle Autonomie und die Verfahrensautonomie der Mitgliedstaaten beschränkt.[1069] Eine Rückbindung an die mitgliedstaatlichen Verwaltungsebenen wird durch die in den Komitologieausschüsse vertretenen Experten der Mitgliedstaaten erreicht.[1070]

Beim Erlass von Durchführungsmaßnahmen handelt es sich um Verwaltungshandeln seitens der Union und den Mitgliedstaaten. Ausgangspunkt ist der Basisrechtsakt, der grundsätzlich von den Mitgliedstaaten vollzogen werden soll. Besteht ein Bedarf für einheitliche Bedingungen, müssen seitens der Kommission Vorarbeiten geleistet werden, damit der Basisrechtsakt einheitlich in den Mitgliedstaaten umgesetzt wird. Diese Vorarbeiten, die durch den Erlass von Durchführungsrechtsakten geleistet werden, sind bereits dem Vollzug des eigentlichen Basisrechtsakts zuzurechnen. Hierbei handelt es sich um den indirekten Vollzug von Unionsrecht, sofern die Union abstrakt-generelle Regelungen erlässt.[1071] Erlässt die Kommission eine Verordnung gem. Art. 288 UAbs. 2 AEUV liegt ein Fall des unmittelbaren indirekten Vollzugs vor. Wird hingegen gem. Art. 288 UAbs. 3 AEUV eine Richtlinie von der Kommission erlassen, ist der mittelbare indirekte Vollzug gegeben. In den Fällen, in denen die Kommission eine konkret-individuelle Regelung erlässt, vollzieht sie das Unionsrecht direkt.

Ein europäisches Verwaltungsverfahrensgesetz kann nur auf das Erlassverfahren von Durchführungsrechtsakten anwendbar sein. Der weitere Vollzug des Basisrechtsaktes unter Berücksichtigung der von der Kommission erlassenen Durchführungsrechtsakte obliegt den Mitgliedstaaten.

1069 *Guckelberger/Geber*, Allgemeines Europäisches Verwaltungsverfahrensrecht vor seiner unionsrechtlichen Kodifizierung?, S. 39.

1070 *Mehde*, VVDStRL 71/2012, 418 (441).

1071 *Kment*, JuS 2011, 211 (214); *Winter*, EuR 2005, 255 (257); *Glaser*, Die Entwicklung des Europäischen Verwaltungsrechts aus der Perspektive der Handlungsformlehre, S. 35 f., der zugleich verdeutlicht, dass Durchführungsakte nicht die einzige Möglichkeit für die Union sind verwaltungsrechtlich zu handeln.

II. Allgemeine Funktionalität und Grundsätze im europäischen Verwaltungsverfahren

Beim Erlass von Durchführungsmaßnahmen als direkt vollzogenes Unionsrechts, das gegenüber den Mitgliedstaaten wirkt, müssen die europarechtlichen Verwaltungsverfahrensgrundsätze Anwendung finden.[1072]

Die heute bestehenden Vorgaben für ein gutes Verwaltungshandeln gehen aus den verschiedensten Rechtsquellen hervor. Bereits vor dem Vertrag von Lissabon unterlag das europäische Eigenverwaltungsrecht zahlreichen Grundsätzen, die zum Teil im Primärrecht verankert und zum Teil nur als allgemeine Rechtsgrundsätze ausgeformt waren.[1073]

Der Europäische Gerichtshof hatte einzelne Rechte als Ausfluss der Rechtsstaatlichkeit bereits zu einer Zeit entwickelt, als er selbst den Bestand von Gemeinschaftsgrundrechten noch nicht ausdrücklich anerkannt hatte.[1074] Daneben gab es verschiedenste Kodizes der EU-Institutionen, die auf Drängen des vormaligen europäischen Bürgerbeauftragten erlassen wurden.[1075] Der europäische Bürgerbeauftragte selbst entwickelte einen „Kodex für eine gute Verwaltungspraxis“, der als elementare Verwaltungsgrundsätze unter anderem die Gesetzesmäßigkeit der Verwaltung, das Verhältnismäßigkeitsprinzip, die Begründungspflicht, das Recht auf Rechtsmittelbelehrung, ein Beschwerderecht, ein Anspruch auf Zugang zu Informationen und das Gebot der Höflichkeit und der Fairness beim Umgang mit dem Bürger nannte.[1076]

Die allgemeinen Rechtsgrundsätze, die vom Europäischen Gerichtshof vor allem für den effektiven indirekten Vollzug der Mitgliedstaaten entwickelt wurden, stellen nach *Stelkens* nur „Segelanweisungen für Behörden und Gerichte dar, die

---

1072 *Guckelberger/Geber*, Allgemeines Europäisches Verwaltungsverfahrensrecht vor seiner unionsrechtlichen Kodifizierung?, S. 42.

1073 *Kment*, JuS 2011, 211 (215); *Schmidt-Assmann*, Das allgemeine Verwaltungsrecht als Ordnungsidee, S. 388.

1074 EuGH, Rs. 8/55 (Fédération charbonnière de Belgique/Hohe Behörde), Slg. 1955, 297, S. 311; verb. Rsen. 7/56 und 3–7/57 (Algera u.a./Assemblée commune), Slg. 1957, 85, S. 117 ff.

1075 *Guckelberger/Geber*, Allgemeines Europäisches Verwaltungsverfahrensrecht vor seiner unionsrechtlichen Kodifizierung?, S. 68 f.

1076 Kodex abrufbar unter: http://www.ombudsman.europa.eu/de/resources/code.faces#/page/1 (zuletzt aufgerufen am: 26.1.2015); *Efstratiou*, in: Trute/Gross u.a., Allgemeines Verwaltungsrecht – zur Tragfähigkeit eines Konzepts, S. 290; *Martínez Soria*, EuR 2001, 682 (683).

als Zielvorgaben meistens nicht unmittelbar anwendbar sind".[1077] Auch heutzutage finden sich in zahlreichen Sekundärrechtsakten mehr oder minder allgemein gehaltene verwaltungsverfahrensrechtliche Vorgaben.[1078] Primärrechtlich haben jedoch viele dieser Vorgaben in Art. 197, 298 AEUV und Art. 41 GRCh Eingang gefunden, weshalb man teilweise schon von einem eigenen Verwaltungsverfassungsrecht spricht.[1079]

Nachfolgend sollen das Grundrecht auf eine gute Verwaltung in Art. 41 GRCh und die allgemeinen Verfahrensgrundsätze im Unionsrecht genauer betrachtet werden. Es soll untersucht werden, inwiefern sich diese Grundsätze bereits innerhalb der exekutiven Rechtsetzungsverfahren gem. Art. 290 und Art. 291 AEUV verwirklicht sehen.

1. Das Grundrecht auf eine gute Verwaltung gem. Art. 41 GRCh

Das Grundrecht auf eine gute Verwaltung in Art. 41 GRCh[1080] fand aufgrund der Forderungen des europäischen Bürgerbeauftragten Einklang in die Europäische Grundrechtecharta.[1081] Es stellt eine Reaktion auf das zunehmende Bedürfnis dar, die Beziehungen zwischen Unionsverwaltung und den mit ihr in Kontakt kommenden Personen durch eine explizite Regelung darüber zu verbessern, was sie von der Verwaltung erwarten dürfen.[1082] Art. 41 GRCh soll dem Gesetzgeber bei der Ausgestaltung der Verfahrensordnungen dienen.[1083] Darüber hinaus statuiert der Artikel einen Kontrollmaßstab für den Bürgerbeauftragten und die

---

1077 Stelkens, EuR 2012, 511 (527); sinngemäß auch *Guckelberger*, NVwZ 2013, 601 (602); *Winter*, EuR 2005, 255 (259 ff.).

1078 *Guckelberger*, NVwZ 2013, 601 (602).

1079 *Guckelberger*, NVwZ 2013, 601 (603); *Glaser*, Die Entwicklung des Europäischen Verwaltungsrechts aus der Perspektive der Handlungsformlehre, S. 621.

1080 Charta der Grundrechte der Europäischen Union in der am 12.12.2007 in Straßburg unterzeichneten und am 1.12.2009 in Kraft getretenen Fassung (ABl. 2007 C 303 v. 14.12.2007).

1081 *Grzeszick*, EuR 2006, 161 (164); Anhörung im Konvent am 1. und 2.2.2000, CHARTE 4131/00, S. 4 f. (abrufbar unter: http://www.bundestag.de/fdp/pdf/anlage8.-pdf; zuletzt aufgerufen am: 23.11.2014); zu den Rechten, die bereits im Vorfeld im Wege der Rechtsprechung des EuGH existierten, *Efstratiou*, in: Trute/Gross u. a., Allgemeines Verwaltungsrecht – zur Tragfähigkeit eines Konzepts, S. 286.

1082 *Pfeffer*, Das Recht auf eine gute Verwaltung, S. 21; *Ress*, Die europäische Grundrechtskonzeption, S. 83 f., 99; *Ladenburger*, in: Trute/Gross u. a., Allgemeines Verwaltungsrecht – zur Tragfähigkeit eines Konzepts, S. 115.

1083 *Classen*, Gute Verwaltung im Recht der Europäischen Union, S. 428.

Gerichte, wenn es um die Überprüfung des Verwaltungshandelns geht.[1084] Er hat die Struktur eines subjektiven Rechts und gewährleistet Drittstaatsangehörigen, natürlichen und juristischen Person das Recht auf eine gute Verwaltung, das Recht auf Unparteilichkeit, Handeln innerhalb angemessener Fristen, die Anhörung des Betroffenen, ein Recht auf Akteneinsicht, die Amtshaftung und eine Sprachenregelung.[1085]

2. Anerkannte Grundsätze des Verwaltungsverfahrens

Für das europäische Verwaltungsverfahren wurden vom Europäischen Gerichtshof im Laufe der Zeit allgemeine Grundsätze entwickelt, die teilweise Einzug in das Primär- und Sekundärrecht gefunden haben.[1086] Im Folgenden sollen nur die relevantesten Grundsätze unter Berücksichtigung darauf dargestellt werden, ob sie bereits im Verfahren nach Art. 291 AEUV Beachtung gefunden haben.[1087]

a. Gesetzmäßigkeit der Verwaltung

Der Grundsatz der Gesetzmäßigkeit der Verwaltung ist schon früh vom Europäischen Gerichtshof anerkannt worden.[1088] Eine Unterscheidung zwischen

1084 Ebenda.

1085 *Martínez Soria*, EuR 2001, 682 (688); *Schwarze*, Die Neuerungen auf dem Gebiet des Europäischen Verwaltungsrechts durch den Vertrag von Lissabon, S. 845; *Guckelberger/Geber*, Allgemeines Europäisches Verwaltungsverfahrensrecht vor seiner unionsrechtlichen Kodifizierung?, S. 82; *Guckelberger*, NVwZ 2013, 601 (603).

1086 Zwischenzeitlich in das Primärrecht aufgenommen wurden: das Recht auf gleiche, unparteiische und gerechte Behandlung, der Zugang zu Dokumenten (Art. 15 Abs. 3 AEUV, Art. 42 GRCh), auf Kommunikation in den Amtssprachen der Union (Art. 24 UAbs. 4 AEUV), auf Entscheidung innerhalb einer angemessenen Frist (Art. 41 Abs. 1 Var. 3 GRCh), auf Schutz personenbezogener Daten (Art. 8 GRCh, Art. 16 Abs. 1 AEUV), auf Bekanntgabe von RL und Beschlüssen an die für sie bestimmten Adressaten (Art. 297 Abs. 2 UAbs. 3 AEUV), auf einen wirksamen Rechtsbehelf sowie Prozesskostenhilfe (Art. 47 GRCh), auf Beschwerden über Verwaltungsmissstände (Art. 24 AEUV, Art. 228 AEUV, Art. 43 GRCh), auf Erhebung einer Untätigkeitsklage (Art. 265 AEUV) und auf Entschädigung (Art. 340 UAbs. 2 AEUV, Art. 41 Abs. 3 GRCh); *Martínez Soria*, EuR 2001, 682 (690); *v. Arnauld*, in: Terhechte, Verwaltungsrecht der Europäischen Union, §. 2 Rn. 36; hierzu auch *Guckelberger/Geber*, Allgemeines Europäisches Verwaltungsverfahrensrecht vor seiner unionsrechtlichen Kodifizierung?, S. 66 f.; *Classen*, Die Europäisierung der Verwaltungsgerichtsbarkeit, S. 182.

1087 Ausführlicher zu den einzelnen Verwaltungsverfahrensgrundsätzen *Martínez Soria*, EuR 2001, 682 (691 ff.).

1088 EuGH verb. Rsen. 46/87 und 227/88 (Hoechst/Kommission), Slg. 1989, 2859, Rn. 19.

Gesetzesvorrang und Gesetzesvorbehalt, wie sie aus dem deutschen Recht bekannt ist, gab es bisweilen nicht.[1089] Darüber hinaus dient er nicht dem Schutz subjektiver Rechte, sondern der Abgrenzung unionsrechtlicher und mitgliedstaatlicher Regelungsbefugnisse.[1090]

Bei der Rechtsetzung im Rahmen von Art. 291 AEUV sieht sich dieser Grundsatz durch das Erfordernis eines Basisrechtsakts und den Wesentlichkeitsvorbehalt verwirklicht. Auch die neue, verbesserte Normenhierarchie der Art. 289 ff. AEUV entspricht den Anforderungen an Vorrang und Vorbehalt des Gesetzes. Bedenken könnten jedoch dahingehend bestehen, dass die Kommission sich selber in einem delegierten Rechtsakt, der ein Rechtsakt ohne Gesetzescharakter ist, zum Erlass von Durchführungsmaßnahmen ermächtigen könnte.[1091] Hierzu müsste sie jedoch vom Gesetzgeber ermächtigt worden sein. In einem solchen Fall findet wiederum eine Rückbindung an den in Rahmen von Art. 290 AEUV eng umzeichneten Basisrechtsakt statt.

b. Rechtliches Gehör

Der Europäische Gerichtshof bezeichnet die Gewährung rechtlichen Gehörs als „fundamentalen Grundsatz des Gemeinschaftsrechts", ungeachtet dessen, ob er im Gerichts- oder, wie im vorliegenden Fall, im Verwaltungsverfahren Anwendung findet.[1092]

Der Grundsatz des rechtlichen Gehörs sieht sich innerhalb der exekutiven Rechtsetzungsverfahren nicht unmittelbar verwirklicht. Die unterschiedlichen Akteure innerhalb der exekutiven Rechtsetzungsverfahren haben jedoch, wie dargestellt,[1093] die Möglichkeit, den Gerichtshof bezüglich ihrer Bedenken anzurufen.

c. Verhältnismäßigkeitsgrundsatz

Es wurde bereits ausführlich dargelegt, dass und in welcher Form der Verhältnismäßigkeitsgrundsatz allgemein anerkannt ist.[1094] Grundsätzlich gilt, dass sich das Verwaltungshandeln der Union am Verhältnismäßigkeitsgrundsatz messen

1089 *Martínez Soria*, EuR 2001, 682 (691).

1090 Ebenda.

1091 Hierzu auch *Fabricius,* ZEuS 4/2011, 567 (599), der in diesem Zusammenhang dem Gesetzgeber stets einen Ausschluss der Selbstermächtigung vorschlägt.

1092 *Kingreen*, in: Calliess/Ruffert, 3. Auflage, EUV, Art. 6 Rn. 167 m.w.N.

1093 Siehe hierzu 3. Teil.

1094 Hierzu bereits 6. Kapitel IV. 1.

lassen muss. Aus dem weiten Verständnis des Geeignetheitskriteriums folgt ein großer Beurteilungsspielraum für Unionsorgane. Insbesondere in diesem Zusammenhang ist es sinnvoll, deutlichere Grenzen in Form einer klaren Beschreibung der Ermessensfehler zu normieren.

d. Gleichbehandlung

Der allgemeine Gleichheitssatz gehört nach der ständigen Rechtsprechung des Gerichtshofs zu den Grundprinzipien des Unionsrechts. Er verbietet

> „vergleichbare Sachverhalte in unterschiedlicher Weise zu behandeln und dadurch bestimmte Betroffene gegenüber anderen zu benachteiligen, ohne dass dieser Unterschied in der Behandlung durch das Vorliegen eines objektiven Unterschieds von einigem Gewicht gerechtfertigt wäre".[1095]

Auch innerhalb der exekutiven Rechtsetzungsverfahren muss der Gleichheitssatz berücksichtigt werden. Für diese Untersuchung und die Frage, ob die Defizite im Rechtsschutz, die durch die Überprüfung einer Ermessensentscheidung entstehen, durch ein europäisches Verwaltungsverfahrensgesetzt ausgeräumt werden können, ist er von unwesentlicher Bedeutung.

e. Begründungspflicht

Die Begründungspflicht wurde vom Gerichtshof als allgemeiner Rechtsgrundsatz und Grundprinzip des Unionsrechts anerkannt.[1096] Sie ist heute in Art. 296 AEUV normiert und gem. UAbs. 2 für alle Rechtsakte der Union, ob bindend oder nicht, vorgesehen.

Innerhalb der exekutiven Rechtsetzung findet die Begründungspflicht nicht nur durch die Begründung der erlassenen Rechtsakte durch Art. 296 AEUV

1095 EuGH, verb. Rsen. 117/76 und 16/77 (Ruckdeschel/Hauptzollamt Hamburg-St. Annen), 1977, 1753, S. 1769 f.; Rs. 245/81 (Edeka/Deutschland), Slg. 1982, 2745, S. 2754 f.; verb. Rsen. C-267/88 bis C-285/88 (Wuidart u. a./Laiterie coopérative eupenoise u. a.), Slg. 1990, I-435, S. 480; Rs. C-217/91 (Spanien/KOM), Slg. 1993, I-3923, S. 3953; Rs. C-98/91 (Herbrink/Minister van Landbouw, Natuurbeheer en Visserij), Slg. 1994, I-223, S. 257.

1096 EuGH, Rs. C-28/94 (Niederlande/KOM), Slg. 1999, I-1973, S. 2019 f.; Rs. C-75/97 (Belgien/KOM), Slg. 1999, I-3671, S. 3700 f.; EuG, Rs. T-183/97 (Micheli u. a./KOM), Slg. 2000, II-287, Rn. 56 m.w.N.; verb. Rsen. T-305/94 bis T-307/94, T-316/94, T, 318/94, T-325/94, T-329/94, T-335/93, T-335/94 (Limburgse Vinyl Maatschapping NV u. a./KOM), Slg. 1999, II-931, S. 1048; Rs. T-49/95 (Van Megen Sports Group BV/KOM), Slg. 1996, II-1799, S. 1827.

Eingang, sondern darüber hinaus müssen die beteiligten Organe Handlungen, die sich gegen ein anderes Organ richten, begründen. Die Begründungspflicht findet nach dem Wortlaut von Art. 291 AEUV nur dann Anwendung, wenn sich der Gesetzgeber dazu entscheiden sollte, anstelle der Kommission den Rat mit dem Erlass von Durchführungsmaßnahmen zu betrauen. Weitere ausführliche Regelungen zur Begründungspflicht finden sich in den Art. 290 und Art. 291 AEUV nicht.

Besondere Bedeutung erlangt die Begründungspflicht vor allem bei der Betätigung des Auswahlermessens des Gesetzgebers in den Fällen, in denen er sich entweder für Art. 290 oder Art. 291 AEUV entscheiden muss. Bei der Ausübung von Ermessen erlangt die Begründungspflicht deshalb eine übergeordnete Bedeutung, da sie dazu dienen soll, eine rationale Entscheidung möglichst transparent und offenkundig zu vermitteln[1097] und somit letztlich ihre Rechtmäßigkeit sicherzustellen. Ob hierfür die Begründungspflicht aus Art. 296 UAbs. 2 AEUV ausreichend ist, muss jedoch in Frage gestellt werden. Der Art. 296 UAbs. 2 AEUV stellt lediglich darauf ab, dass der erlassene Unionsrechtsakt mit einer Begründung zu versehen ist. Für die Begründung einer Ermessensentscheidung ist es aber besonders wichtig klarzustellen, warum man sich für die eine und nicht für die andere Variante entschieden hat. Ein solcher Ansatz könnte unterlaufen werden, sofern man den Art. 296 UAbs. 2 AEUV für die Begründung von Ermessensentscheidungen als ausreichend betrachtet. Darüber hinaus verlangt Art. 296 UAbs. 2 AEUV lediglich eine Begründung über die gewählte Handlungsform im Sinne des Art. 288 AEUV.[1098] Das gesetzgebende Organ muss folglich lediglich darlegen, warum es sich zum Beispiel für eine Verordnung, Richtlinie oder eine Stellungnahme entschieden hat. Hiervon umfasst ist folglich nicht die Begründung des Gesetzgebers, warum er sich für einen Gesetzgebungsakt, einen delegierten Rechtsakt oder einen Durchführungsakt ausgesprochen hat.

f. Vertraulichkeit des Schriftverkehrs

Der Gerichtshof hat in verschiedenen Urteilen die Pflicht Bediensteter europäischer Einrichtungen zur Geheimhaltung hervorgehoben.[1099] Auch dieser

---

1097 *Harbich,* in: Scholler, Die Sicherung des Rechtsstaatsgebotes, S. 108; siehe auch § 39 VwVfG.

1098 *Gellermann*, in: Streinz, AEUV, Art. 296 Rn. 2; *Schoo*, in: Schwarze, 3. Auflage, AEUV, Art. 296 Rn. 1 f.

1099 EuGH, Rs. 322/81 (NV Nederlandsche Baden Industrie Michelin/KOM), Slg. 1983, 3461, S. 3499; Rs. 234/84 (Belgien/KOM), Slg. 1986, 2263, S. 2289.

Grundsatz ist für das Verwaltungsverfahren an sich relevant, hat für die vorliegende Untersuchung aber keine weitreichende Bedeutung.

g. Ordnungsgemäßer Ermessensgebrauch

Der ordnungsgemäße Ermessensgebrauch wurde als allgemeiner Verfahrensgrundsatz anerkannt, indem er bereits in Art. 230 EGV ausdrücklich als Klagegrund genannt wurde.

Wie bereits dargelegt,[1100] ist es problematisch, dass es über die Anerkennung dieses Klagegrundes hinaus keinerlei Ausführungen zur Ermessensbetätigung und den damit verbundenen Fehlern innerhalb des Primärrechts gibt. Detailliertere Erläuterungen sind lediglich der Rechtsprechung des Gerichtshofs zu entnehmen. Aus der Rechtsprechung des Gerichtshofs ergeben sich Lücken hinsichtlich konkreter Maßstäbe für die Überprüfbarkeit von Ermessensentscheidungen, weshalb eine detaillierte Normierung innerhalb eines europäischen Verwaltungsverfahrensgesetzes als durchaus wünschenswert gilt.

h. Einhaltung angemessener Fristen

Die Einhaltung angemessener Fristen gilt als elementares Merkmal für eine gute Verwaltungspraxis. In den Verträgen werden jedoch keinerlei Vorgaben gemacht, welche Frist gemeinhin als angemessen betrachtet wird.[1101]

Fristen sind vor allem im Zusammenhang mit Kontrollrechten von besonderer Wichtigkeit. In Art. 290 AEUV haben sich Europäisches Parlament und Rat mittlerweile im Rahmen einer institutionellen Vereinbarung über eine angemessene Frist zur Ausübung ihrer Kontrollrechte geeinigt. Im Verfahren des Art. 291 AEUV sind die Fristen in den verschiedenen Komitologieverfahren vorgesehen. Welche Fristen für die Kontrollen als angemessen gelten, wird in den Art. 290 und Art. 291 AEUV aber nicht weiter geregelt.

i. Untersuchungsgrundsatz

Auch der Untersuchungsgrundsatz wurde vom Gerichtshof schon früh als ein Gebot der guten Verwaltungspraxis anerkannt.[1102] Für die Kommission ergibt sich diese Pflicht heute aus Art. 337 AEUV. Die Kommission muss sich auch bei

1100 Siehe hierzu 4. Kapitel III.; Kapitel 7, II., 1.

1101 *Martínez Soria*, EuR 2001, 682 (695).

1102 EuGH, verb. Rsen. 56/64 und 58/64 (Établissement Consten S.à.R.L. und Grundig-Verkaufs-GmbH/KOM), Slg. 1966, 321, S. 395 f.

den Verfahren der exekutiven Rechtsetzung an diesen Grundsatz halten. Aufgrund des Untersuchungsgrundsatzes kann das Ermessen der Kommission in eine Richtung reduziert sein, indem sie dazu angehalten wird, einen bestimmten Rechtsakt zu erlassen. Innerhalb des Verfahrens der exekutiven Rechtsetzung kann dies zum Beispiel der Fall sein, wenn die Kommission nach Einholung der Expertise dazu verpflichtet ist, einen exekutiven Rechtsakt mit dem von den Experten vorgegebenen konkreten Inhalt zu erlassen.

j. Vertrauensschutz

Zu dem vom Gerichtshof anerkannten Grundsatz des Vertrauensschutzes wurden bereits Ausführungen gemacht.[1103] Auch in diesem Fall gilt, dass der Vertrauensschutz grundsätzlich von großer Bedeutung für das Verwaltungsverfahren an sich ist. Für die in diesem Teil der Arbeit stattfindende Untersuchung ist er jedoch nicht weiter relevant.

3. Zwischenergebnis

Die verschiedenen Kodizes, in denen die Grundsätze des europäischen Verwaltungsverfahrens normiert waren und sind, werden als Rechtsakte ohne Außenwirkung qualifiziert.[1104] Die Verwaltungsorgane der Union, insbesondere die Kommission, binden sich an diese Kodizes.[1105] Verstöße hiergegen sind jedoch nur innenrechtlich, sofern sie in die Geschäftsordnung des Organs integriert wurden, zu ahnden.[1106] Trotz des grundsätzlich innerdienstlichen Charakters können die Kodizes der Kommission und des Europäischen Parlaments als Teil einer Geschäftsordnung bzw. als Dienstvorschriften mittelbar als Indizien für eine bestehende Verwaltungspraxis im Wege der Selbstbindung der Verwaltung Außenwirkung entfalten.[1107] Eine zwingende Bindung der Kommission an die in Kodizes festgelegten Grundsätze besteht somit jedenfalls nicht ohne weiteres. Anders verhält es sich mit den Vorschriften der Art. 298 AEUV und Art. 41

1103 Ausführlich 6. Kapitel IV. 2.

1104 *Martínez Soria*, EuR 2001, 682 (698).

1105 Ebenda.

1106 *Martínez Soria*, EuR 2001, 682 (699).

1107 *Martínez Soria*, EuR 2001, 682 (700) m.w.N.; etwas anderes gilt für den Kodex des europäischen Bürgerbeauftragten, *Ladenburger*, in: Trute/Gross u.a., Allgemeines Verwaltungsrecht – zur Tragfähigkeit eines Konzepts, S. 114; hierzu auch *Guckelberger/Geber*, Allgemeines Europäisches Verwaltungsverfahrensrecht vor seiner unionsrechtlichen Kodifizierung?, S. 70.

GRCh, aus deren primärrechtlicher Normierung sich nun subjektive Rechte ableiten lassen. Die dort normierten Verfahrensgrundsätze müssen deshalb auch für das Verfahren nach Art. 291 Abs. 2 AEUV gelten.

Die Untersuchung hat außerdem gezeigt, dass einige Verwaltungsgrundsätze bereits in das für Art. 291 Abs. 2 AEUV vorgesehene Verfahren ausdrücklich Einzug gefunden haben. Andere Grundsätze wie der Begründungsgrundsatz, der Grundsatz eines ordnungsgemäßen Ermessens oder den der Einhaltung angemessener Fristen würden durch ihre Normierung dem Verfahren der Durchführungsrechtsetzung einen enormen Mehrwert versprechen und zwar insbesondere hinsichtlich ihrer Rechtssicherheit.

III. Vorteile eines europäischen Verwaltungsverfahrensgesetzes mit Blick auf die exekutive Rechtsetzung

Aufgrund der unterschiedlichsten Akteure innerhalb der europäischen Verwaltung und eines fehlenden kohärenten und umfassenden Katalogs an kodifizierten verwaltungsrechtlichen Regelungen fällt es nicht nur den Bürgern schwer, sich über ihre unionsrechtlichen Verfahrensrechte klar zu werden. Auch die europäischen Institutionen fordern kodifizierte Regelungen, um somit mehr Rechtsstaatlichkeit innerhalb der europäischen Mehrebenenverwaltung gewährleisten zu können.[1108] Normierte Verfahrensrechte des Bürgers würden vor allem dazu dienen, den erheblichen inhaltlichen Entscheidungsspielraum der Kommission zu kompensieren. Insbesondere der rechtsstaatliche Untersuchungsgrundsatz sowie die Begründungspflicht werden als Kompensation für inhaltliche Entscheidungsspielräume angesehen. Durch diese Rechte und die korrespondierenden Pflichten sollen der Ermessensgebrauch gesteuert und eine wirksame gerichtliche Kontrolle der Ermessensausübung ermöglicht werden.[1109] Die Normierung eines europäischen Verwaltungsverfahrensgesetzes könnte auch der Einführung neuer Rechtsschutzmöglichkeiten dienen, indem Rechtsschutzinstrumente wie eine allgemeine Leistungsklage oder eine Verpflichtungsklage geschaffen würden.[1110] Des Weiteren könnten die administrativen Einzelakte aus dem Begriff der „Rechtsetzung" ausgegliedert werden, was wiederum für mehr Ordnung innerhalb der europäischen

1108 Entschließung des EP, P7_TA (2013)0004 unter D; *Guckelberger*, NVwZ 2013, 601 (603); *Kment*, JuS 2011, 211 (215); ähnlich *Winter*, EuR 2005, 255 (271).

1109 *Grzeszick*, EuR 2006, 161 (165); siehe außerdem *Nehl*, Europäisches Verwaltungsverfahren und Gemeinschaftsverfassung, S. 323 ff., 330.

1110 *Pechstein*, EU-Prozessrecht, S. 50 Rn. 83.

Rechtsaktformen führen würde, die vor allem mit Blick auf die exekutive Rechtsetzung für einige Verwirrung sorgen.[1111]

Verwaltungsverfahrensrechtliche Regelungen weiterhin ausschließlich im Primärrecht zu verankern, wäre außerdem nicht zweckmäßig. Zwar finden sich bereits einige der oben beschriebenen Grundsätze im Primärrecht, andere bedeutende Grundsätze wie der ordnungsgemäße Ermessensgebrauch oder der Vertrauensschutz sind hingegen nicht vorhanden. Darüber hinaus befinden sich die im Primärrecht stehenden Vorschriften uneinheitlich alle in einem anderen Zusammenhang (z.B. in Art. 296, 337 AEUV). Die ausschließliche Verankerung verwaltungsverfahrensrechtlicher Regelungen im Primärrecht würde deshalb auch zu Intransparenz und Ungenauigkeiten innerhalb der Verträge führen, weshalb ein eigenes komprimiertes und zusammenhängendes Gesetzeswerk sinnvoller ist. Des Weiteren wäre es wesentlich aufwendiger, das gesamte Primärrecht zu ändern, anstatt einen für die Unionsorgane verbindlichen Rechtsakt zu erlassen.

Darüber hinaus sind Vorteile einer normierten und guten Verwaltungspraxis vor allem der Erhalt sowie die Steigerung der Effizienz, der Leistungsfähigkeit und Einheitlichkeit der Verwaltung und der Schutz subjektiver Rechtspositionen.[1112] Die Normierung eines europäischen Verwaltungsverfahrensgesetzes führt folglich zu mehr Transparenz, Kontrollierbarkeit und Legitimität der Union. Dies führt wiederum zu mehr Vertrauen bei den Bürgern.[1113] Letztlich könnte ein solches Gesetz der Rechtssicherheit, -klarheit und der Demokratie innerhalb der Europäischen Union dienen.[1114] Insbesondere dort, wo Verfahren ein Defizit aufweisen und keine vollumfängliche gerichtliche Kontrolle gewährleistet werden kann, kann ein solcher Mangel durch festgesetzte Verfahren und Maßstäbe nachträglich ausgeräumt werden.[1115]

1111 *Härtel*, Europäische Rechtsetzung, §. 1 Rn. 27.

1112 Entschließung des EP, P7_TA (2013)0004 unter H; *Martínez Soria*, EuR 2001, 682 (685, 691); *Guckelberger*, NVwZ 2013, 601 (605); *Mir Puigpelat*, Die Kodifikation des Verwaltungsverfahrensrechts im Europäischen Verwaltungsverbund, S. 177, 200 f.; *Ossenbühl*, NVwZ 1982, 465 (466).

1113 Entschließung des EP, P7_TA (2013)0004 unter R; *Guckelberger/Geber*, Allgemeines Europäisches Verwaltungsverfahrensrecht vor seiner unionsrechtlichen Kodifizierung?, S. 116 f.

1114 Ausführlich hierzu *Guckelberger/Geber*, Allgemeines Europäisches Verwaltungsverfahrensrecht vor seiner unionsrechtlichen Kodifizierung?, S. 108 ff.; außerdem *Ossenbühl*, NVwZ 1982, 465 (466), der im nationalen Kontext darauf abstellt, dass das Verwaltungsrecht dazu dient die Output-Legitimation der Verwaltung zu optimieren.

1115 *Ossenbühl*, NVwZ 1982, 465 (466).

IV. Nachteile eines europäischen Verwaltungsverfahrensgesetzes mit Blick auf die exekutive Rechtsetzung

Die oben aufgelisteten Vorteile lassen die naheliegende Vermutung aufkommen, dass ein Verwaltungsverfahrensgesetz für die Union und ihre Demokratie und Rechtsstaatlichkeit ausschließlich positiv zu bewerten ist. Neben die zahlreichen Vorteile treten weitere Aspekte, die es vor allem mit Blick auf die Besonderheiten des europäischen Verwaltungsrechts zu berücksichtigen gilt.

Auch wenn mit einem solchen Gesetz zunächst ein Mehr an Rechtssicherheit und Rechtsklarheit erzielt würde, könnte es wegen der zahlreichen zu berücksichtigenden Interessen zur Simplifizierung oder Überkomplexität der Verfahren kommen.[1116] Hieraus folgt, dass die Flexibilität, die eigentlich durch die Verwaltung sichergestellt sein soll, gehemmt wird und das Verfahrensgesetz seinem eigentlichen Sinn und Zweck zuwiderlaufen würde.[1117] Eine Spannungslage besteht also vor allem zwischen der Effektivität der Verwaltung einerseits und dem Rechtsschutzauftrag andererseits. Diese beiden elementaren Faktoren, die gleichzeitig eines der Hauptziele einer rechtsstaatlichen Verwaltung darstellen, sind nur schwer miteinander in Einklang zu bringen.[1118]

Probleme könnten auch dahingehend entstehen, als dass auf Unionsebene noch nicht abschließend geklärt ist, was unter Verwaltung überhaupt konkret zu verstehen ist.[1119] Offen bliebe dann, wer überhaupt durch das Verwaltungsverfahrensgesetz verpflichtet würde.

Darüber hinaus muss im Blick behalten werden, was dies genau für die exekutive Rechtsetzung bedeuten würde. Denn gerade Aspekte wie Transparenz und Effizienz sollen durch diese sichergestellt werden. Es erschiene paradox ein Gesetz einzuführen, durch das sich diese Prinzipien erneut in Gefahr sähen. Außerdem kann durch die Ausgrenzung eines Einzelakts vom Begriff der Rechtsetzung nicht eine eindeutige Abgrenzung zum Begriff der Durchführung des Unionsrechts erreicht werden, da der Erlass von Durchführungsmaßnahmen sich nicht nur auf den Einzelakt beschränkt.[1120] Die Einführung eines europäischen

---

1116 *Grzeszick*, EuR 2006, 161 (168).

1117 *Guckelberger/Geber*, Allgemeines Europäisches Verwaltungsverfahrensrecht vor seiner unionsrechtlichen Kodifizierung?, S. 123 f.

1118 Siehe hierzu bereits grundlegend *Ossenbühl*, NVwZ 1982, 465 (465 ff.).

1119 *Guckelberger/Geber*, Allgemeines Europäisches Verwaltungsverfahrensrecht vor seiner unionsrechtlichen Kodifizierung?, S. 97 ff.

1120 *Härtel*, Europäische Rechtsetzung, § 1 Rn. 28 f.

Verwaltungsverfahrensgesetzes könnte einem kohärenten europäischen Verwaltungsapparat entgegenstehen, wie er in den Verträgen vorgesehen ist.

V. Abwägung und Fazit zum 4. Teil

Während Art. 290 AEUV für die Vollzugsoptimierung des Unionsrechts keine weitreichendere Bedeutung hat, handelt es sich bei Art. 291 AEUV um einen Fall des indirekten Verwaltungsvollzugs durch die Union.

Die genauere Betrachtung hat gezeigt, dass viele der anerkannten Grundsätze für den Verwaltungsvollzug des Unionsrechts bereits innerhalb des Erlassverfahrens von Art. 291 AEUV Eingang gefunden haben. Probleme ergeben sich hier jedoch bei der Bedeutung der Begründungspflicht. Diese ist vor allem bei der Ausübung von Ermessen von besonderer Wichtigkeit für die Rechtsstaatlichkeit. Die in Art. 296 UAbs. 2 AEUV normierte Begründungspflicht genügt diesem Bedürfnis nicht. Außerdem sind die Grenzen einer Ermessensbetätigung durch die Rechtsprechung des Gerichtshofs noch nicht deutlich und nachvollziehbar umzeichnet. Insbesondere mit Blick auf diese zwei Punkte erschiene die Normierung eines europäischen Verwaltungsverfahrensgesetzes sinnvoll und sachgerecht. Durch die Art. 298 AEUV und Art. 41 GRCH werden bereits einige der Verfahrensgrundsätze primärrechtlich normiert, was die Geltendmachung subjektiver Rechte garantiert. Die Normierung weiterer Verfahrensrechte könnte jedoch im erheblichen Maße dazu beitragen, die Ermessensspielräume der Kommission zu begrenzen und so mehr Rechtssicherheit, also auch mehr Rechtsstaatlichkeit, zu erzielen.

Fraglich ist jedoch, inwiefern ein solches Verwaltungsverfahrensgesetz auf die Ermessensentscheidung des Gesetzgebers anwendbar ist, wenn er sich zwischen Art. 290 und Art. 291 AEUV entscheiden muss. Da es sich hierbei um legislatives Ermessen handelt, auf das ein Verwaltungsverfahren keine Anwendung findet, wäre in dieser Hinsicht kein Mehr an Transparenz und Effizienz gewonnen. Die Annahme, sich auf eine analoge Anwendung der verwaltungsverfahrensrechtlichen Vorschriften im Rahmen des gesetzgeberischen Handelns zu berufen, ist dem Europarecht auch fremd. In diesem Fall ist ein europäisches Verwaltungsverfahrensgesetz schon nicht anwendbar und somit auch nicht sinnvoll. Etwas anderes könnte mit Blick auf die weiteren Ermessensentscheidungen gelten, die von der Kommission selbst in Art. 291 AEUV getroffen werden. Hier könnte ein Verwaltungsverfahrensgesetz durchaus zweckmäßig sein.

Auch wenn zunächst die Vorteile für ein europäisches Verwaltungsverfahrensgesetz aus rechtsstaatlichen und demokratischen Gesichtspunkten überwiegen, muss innerhalb dieser Untersuchung der besondere Bezug zur exekutiven

Rechtsetzung gewahrt werden. Die Schaffung eines Verwaltungsverfahrensgesetzes könnte das Unionsrecht, wie bereits unter den Nachteilen erwähnt, auch intransparenter und ineffizienter machen. Diese potentiellen Nachteile würden deutlich dem Normzweck der Art. 290 und Art. 291 AEUV widersprechen. Sinn und Zweck der Art. 290 und Art. 291 AEUV ist es gerade mehr Transparenz und Effizienz bei der europäischen Rechtsetzung zu sichern.

Es stehen sich, nach dem zuvor Gesagten, Rechtssicherheit und Rechtsschutz und Effektivität und Transparenz gegenüber. Dabei muss berücksichtigt werden, dass sich nur durch transparente und effektive Verfahren auch Rechtssicherheit erreichen lässt. Nur dann kann eine zuverlässige Rechtsordnung bestehen,[1121] die anhand konkreter Merkmale gerichtlich kontrollierbar ist. Sind Transparenz und Effektivität hingegen nicht gegeben, lassen sich auch Rechtssicherheit und Rechtsschutz nicht verwirklichen. Aus diesem Grund muss dem Ziel, durch die Art. 290 und Art. 291 AEUV mehr Transparenz und Effektivität erreichen zu wollen, im Rahmen dieser Abwägung der Vorrang gegenüber der Rechtssicherheit und dem Rechtsschutz eingeräumt werden. Es kann jedoch nicht festgestellt werden, ob ein europäisches Verwaltungsverfahrensgesetz überhaupt dieses Ziel erreicht. Es bleibt zu befürchten, dass genau das Gegenteil mit einem europäischen Verwaltungsverfahrensgesetz bewirkt wird.

Mit Blick auf die Unanwendbarkeit eines Verwaltungsverfahrensgesetzes für die legislative Ermessensentscheidung und mit der Ungewissheit darüber, ob ein solches Verfahren überhaupt die gewünschten Erfolge erzielen kann oder ob sogar eher der entgegengesetzte Fall eintritt, ist aus der Sicht der exekutiven Rechtsetzung und der dort bereits berücksichtigten Verwaltungsverfahrensgrundsätze die Kodifizierung eines europäischen Verwaltungsverfahrensgesetzes nicht notwendig. Stattdessen ist es sinnvoller, die einzelnen Verfahrensgrundsätze in den jeweiligen Verfahren selber zu berücksichtigen. Die Überprüfbarkeit von Ermessensentscheidungen und insbesondere von legislativen Ermessensentscheidungen muss durch die Rechtsprechung konkretisiert werden. Auch wenn diese Vorgehensweise nicht die schnellste und effizienteste ist, so erscheint sie mit Blick auf die Überprüfbarkeit des legislativen Auswahlermessens des Gesetzgebers, auf das in dieser Bearbeitung ein Schwerpunkt gelegt wurde, am zweckmäßigsten.

1121 Hierzu unter 6. Kapitel IV. 3.

Gesamtergebnis

I. Verbesserungen hinsichtlich des Demokratieprinzips durch die Art. 290 und Art. 291 AEUV

Das Fazit zum 1. und 2. Teil der Arbeit hat gezeigt, dass die Regelungen der Art. 290 und Art. 291 AEUV institutionell viel zur demokratischen Legitimation der exekutiven Rechtsetzung beitragen konnten. Insbesondere durch die verbesserte Stellung des Europäischen Parlaments konnte das zuvor herrschende institutionelle Ungleichgewicht ins Gleichgewicht gebracht werden. Die mit dem Vertrag von Lissabon beabsichtigte, verbesserte und vereinfachte Normenhierarchie hat ein logisches und transparenteres System der europäischen Rechtsakte und Handlungen geschaffen. Legislative Handlungen sind nun von exekutiven abgrenzbar. Eine europäische Normenhierarchie wurde in den Verträgen etabliert.

Ein großes Defizit für das Demokratieprinzip besteht jedoch weiterhin dahingehend, dass sich die Art. 290 und Art. 291 AEUV nach Meinung des Gerichtshofs nicht abschließend voneinander abgrenzen lassen. Hierfür müssen das Demokratie- und das Rechtsstaatsprinzip in ihren Zusammenhängen betrachtet werden. Denn nur, wenn eine kohärente und transparente Rechtsordnung besteht, kann der Bürger dieses System verstehen und sich mit diesem identifizieren.[1122] Dieses Verständnis macht es dem Bürger gleichfalls möglich, mit dem Rechtssystem verbundene Probleme zu erkennen, es zu kritisieren und zu kontrollieren. Bei den Art. 290 und Art. 291 AEUV handelt es sich jedoch weiterhin um zwei Normen, die dem Verständnis des Bürgers fremd und nicht nachvollziehbar erscheinen. Die Feststellung des Gerichtshofs, dass es sich bei Art. 290 und Art. 291 AEUV um zwei Regelungen handelt, die nicht eindeutig voneinander abzugrenzen seien, sorgt beim Bürger vermutlich für noch mehr Unverständnis und Verwirrung und gestaltet das System der exekutiven Rechtsetzung so, wie es normiert ist, für ihn nur noch komplizierter.

Das Demokratiedefizit, wie es sich gegenwärtig bei der exekutiven Rechtsetzung zeigt, resultiert deshalb nicht mehr aus institutionellen Defiziten, wie sie zuvor durch die mangelnde Einbeziehung des Europäischen Parlaments und die undeutliche „Gewaltenteilung“ gegeben waren. Das Defizit findet sich vielmehr in der Zusammenschau der oben geschilderten Zusammenhänge

1122 So auch die ursprüngliche Idee des Europäischen Konvents, CONV 424/02, Schlussbericht der Gruppe IX „Vereinfachung“ v. 29.11.2002, S. 21 f.

des Demokratie- und Rechtsstaatsprinzips. Die Defizite, die sich innerhalb des Rechtsstaatsprinzips festmachen lassen, schlagen auch auf das Demokratieprinzip durch.

II. Verbesserungen hinsichtlich der Rechtsstaatlichkeit durch die Art. 290 und Art. 291 AEUV

Hinsichtlich des Rechtsstaatsprinzips konnte festgestellt werden, dass das dezentrale Rechtsschutzsystem grundsätzlich Schutz gegen die verschiedenen Handlungen innerhalb der exekutiven Rechtsetzung gewährt. Besonders anerkennenswert ist in diesem Zusammenhang, dass der Gerichtshof das Bedürfnis des Einzelnen anerkannt hat, sich gegen exekutive Rechtsakte zu wehren. Vor allem wegen der großen Regelungsdichte von exekutiven Rechtsakten im Europarecht war es zwingend notwendig, diese Rechtsschutzlücke zu schließen.

Die Lücken, die sich teilweise aus rechtsstaatlicher Sicht wegen der verschiedenen Ermessensentscheidungen der Kommission innerhalb der exekutiven Rechtsetzung ergeben, sind vertretbar. Ein Problem, das grundsätzlich mit exekutiver Rechtsetzung einhergeht, ist, dass die damit intendierte Dynamik und Effektivität häufig zu Lasten des Rechtsschutzes gehen. Die durch die Ermessensentscheidungen der Kommission entstehenden Rechtsschutzlücken sind jedoch nicht so groß, als dass man die exekutive Rechtsetzung im Europarecht kategorisch untersagen müsste. Dennoch ist es auch in diesem Zusammenhang wünschenswert, dass der Europäische Gerichtshof deutlichere Kriterien zur Überprüfbarkeit von Ermessensentscheidungen entwickelt.

Problematischer gestaltet sich die Ermessensentscheidung hinsichtlich der Abgrenzung von Art. 290 und Art. 291 AEUV. Bei der Schaffung der Art. 290 und Art. 291 AEUV war es den Mitgliedstaaten als „Herren der Verträge" von vornherein besonders wichtig, ein vereinfachtes, transparentes und somit demokratisches und rechtsstaatliches System zu schaffen. Nur wenn dies gelingt, kann auch der Basisrechtsakt als hinreichend demokratisch legitimiert betrachtet werden, um Rechtsetzungsbefugnisse auf die Kommission zu übertragen. Durch eine Ermessensentscheidung, die an die Stelle einer eindeutigen Abgrenzung der Art. 290 und Art. 291 AEUV tritt, wird genau das weiterhin verhindert. Zwar konnte das Rechtsstaatprinzip dahingehend gewahrt werden, dass auch bei einer Ermessensentscheidung weiterhin (stark eingeschränkter) Rechtsschutz möglich ist. Diese Entscheidung geht jedoch an der Stelle der Transparenz weiterhin zu Lasten des Rechtsstaatsprinzips.

Leider ließen sich diese neuen Defizite auch durch die Einführung eines europäischen Verwaltungsverfahrensgesetzes nicht beheben, zumal ein solches

Gesetz schon keine Anwendung auf die legislative Ermessensentscheidung des Gesetzgebers hätte. Rückblickend ist es deshalb zweckmäßiger, sich für eine Prognoseentscheidung des Gesetzgebers bei der Frage der Abgrenzung von Art. 290 und Art. 291 AEUV zu entscheiden. Hierdurch wäre die Exklusivität der Normen unterstrichen worden, was zu mehr Transparenz des Systems der abgeleiteten Rechtsetzung geführt hätte. Daneben wäre zu erwarten gewesen, dass sich eine gesetzgeberische Praxis entwickelt, die automatisch mehr Rechtssicherheit gewährt hätte. Im Ergebnis hätte sich hieraus eine kontinuierliche, beständige und einheitliche Verwaltungspraxis entwickeln können.

III. Schlussbetrachtung

Bei Delegation und Durchführung handelt es sich um zwei anerkannte Institute, von denen häufig in der Praxis Gebrauch gemacht wird, um das Unionsrecht effektiv und dynamisch zu gestalten. Diese Ziele können mit der exekutiven Rechtsetzung auch anerkanntermaßen erreicht werden. Auf den ersten Blick zeigt sich, dass durch die Einführung der Art. 290 und Art. 291 AEUV große Verbesserungen hinsichtlich des Demokratie- und Rechtsstaatsprinzips erzielt werden konnten. Defizite, die zuvor wegen der unzureichenden Einbeziehung des Europäischen Parlaments, der intransparenten Komitologieverfahren und der mangelnden „Gewaltenteilung" herrschten, konnten durch das neue System der exekutiven Rechtsetzung behoben werden. Durch die Art. 290 und Art. 291 AEUV wurde eine logische Normenhierarchie in den Verträgen geschaffen, die das institutionelle Gleichgewicht in der Union berücksichtigt, klare Kontrollverfahren integriert und eine deutliche Trennung zwischen quasi-legislativen und administrativen Rechtsakten der Union bewirkt.

Die Untersuchung hat außerdem gezeigt, dass mit den Art. 290 und Art. 291 AEUV zwei exklusive Normen in der Normenhierarchie des Unionsrechts geschaffen wurden. In den Fällen, in denen es aufgrund der Merkmale „Ergänzung" und „Durchführungsbefugnisse" zu Überschneidungen kommt, ist es dem Gesetzgeber möglich, anhand weiterer Kriterien innerhalb einer Prognoseentscheidung die Art. 290 und Art. 291 AEUV zueinander abzugrenzen. Eine solche Prognoseentscheidung trägt der Rechtssicherheit und der Transparenz Rechnung und entspricht somit der gesetzgeberischen Intention bei der Schaffung der Art. 290 und Art. 291 AEUV.

Trotzdem sprach der Gerichtshof sich in seiner *Biozidprodukte-Entscheidung* gegen eine Prognoseentscheidung und für eine Ermessensentscheidung des Gesetzgebers aus, um somit die gerichtliche Überprüfbarkeit der Ermessensentscheidung des Gesetzgebers sicherzustellen. Neben der Tatsache, dass der

Gerichtshof nur selten von der Möglichkeit zur Überprüfung von Ermessensentscheidungen Gebrauch macht, sind diese auch nur anhand ihrer äußersten Grenzen überprüfbar. Für die Abgrenzung von Art. 290 und Art. 291 AEUV bedeutet das, dass der Gerichtshof lediglich untersuchen kann, ob der Gesetzgeber sich entsprechend dem Sinn und Zweck der Vorschriften für die jeweilige Alternative entschieden hat. Anhand der gleichen Kriterien wäre dem Gesetzgeber jedoch auch eine Prognoseentscheidung möglich.

Künftige Streitigkeiten werden sich deshalb vor allem um das dem Unionsgesetzgeber durch den Gerichtshof eingeräumte Auswahlermessen zwischen Art. 290 und Art. 291 AEUV drehen. Die Möglichkeit, hiergegen gerichtlich vorzugehen, kann der eigentlich bezweckten Dynamik und Effektivität im Wege stehen und Gegenteiliges bewirken. Die Dynamik und Effektivität der exekutiven Rechtsetzung könnten dann durch langwierige Gerichtsverfahren gelähmt sein. Probleme, die es durch das neue System der exekutiven Rechtsetzung auszumerzen galt, wurden somit auf andere Stellen verlagert.

Der Gerichtshof hat durch seine *Biozidprodukte-Entscheidung* die Chance vertan, ein transparentes und rechtssicheres System zu schaffen. Stattdessen nimmt er weitere Einbußen in Kauf und erzeugt neue Defizite, nur um sich eine gerichtliche Überprüfbarkeit der gesetzgeberischen Entscheidung vorzubehalten. Die Abwägungen, die von ihm vorgenommen wurden, gingen zu Lasten eines kohärenten Systems der exekutiven Rechtsetzung, nur um seine gerichtliche Überprüfbarkeit sicherzustellen. Rechtssicherheit, wie sie für die exekutive Rechtsetzung erforderlich ist, hätte jedoch auch in Form von Prognoseentscheidungen des Gesetzgebers erzielt werden können. Eine solche Entscheidung wäre somit mehr im Interesse der Verträge und des Unionsrechts gewesen, da sich die Prinzipien der Demokratie und Rechtsstaatlichkeit hierin deutlicher verwirklicht gesehen hätten.

Wie sich die genaue Anwendbarkeit der Art. 290 und Art. 291 AEUV entwickelt, wird die weitere Rechtsprechung des Gerichtshofs zeigen. Ob sich hieraus die kontinuierliche Verschlechterung eines Systems ergibt, das ursprünglich Großes für das Demokratie- und das Rechtsstaatsprinzip der Union bedeuten sollte, ist mit Blick auf das erste Grundsatzurteil des Gerichtshofs in dieser Sache wahrscheinlich. Der Gerichtshof hat jedenfalls bereits im Hinblick auf das Rechtsstaatsprinzip einen ersten Schritt in die falsche Richtung getan.

Literaturverzeichnis

Achenbach, Jelena v.: Demokratische Gesetzgebung in der Europäischen Union. Theorie und Praxis der dualen Legitimationsstruktur europäischer Hoheitsgewalt 2014 (zit.: *v. Achenbach*, Demokratische Gesetzgebung in der Europäischen Union, S.).

Badura, Peter: Staatsrecht. Systematische Erläuterung des Grundgesetzes 5. Auflage, 2012 (zit.: *Badura*, Staatsrecht, S.).

Bast, Jürgen: Grundbegriffe der Handlungsformen in der EU. entwickelt am Beschluss als praxisgenerierter Handlungsform des Unions- und Gemeinschaftsrechts 2006 (zit.: *Bast*, Grundbegriffe der Handlungsformen in der EU, S.).

–: New Categories of Acts after the Lisbon Reform: Dynamics of Parliamentarization in EU Law in: Common Market Law Review 2012, S. 885–928 (zit.: *Bast*, CMLR 2012, 885).

Bauer, Hartmut/ Huber, Peter M./ Sommermann, Karl-Peter (Hrsg.): Demokratie in Europa 2005 (zit.: *Bearbeiter*, in: Bauer/Huber/Sommermann, Demokratie in Europa, S.).

Bleckmann, Albert: Das Verhältnis des Gerichtshofs zur Kommission der Europäischen Gemeinschaft. Die Befugnis der EG zum Erlaß von „Verwaltungsverordnungen" in: Recht der internationalen Wirtschaft 1991, S. 218–224 (zit.: *Bleckmann*, RIW 1991, 218).

–: Europarecht. Das Recht der Europäischen Union und der Europäischen Gemeinschaften 6. Auflage, 1997 (zit.: *Bleckmann*, Europarecht, § Rn.).

Bogandy, Armin v./ Bast, Jürgen/ Arndt, Felix: Handlungsformen im Unionsrecht. Empirische Analysen und dogmatische Strukturen in einem vermeintlichen Dschungel in: Zeitschrift für ausländisches öffentliches Recht und Völkerrecht 62/2002, S. 78–161 (zit.: *v. Bogandy/Bast/Arndt*, ZaÖRV 62/2002, 78).

Bogandy, Armin v.: Gubernative Rechtsetzung. Eine Neubestimmung der Rechtsetzung und des Regierungssystems unter dem Grundgesetz in der Perspektive gemeineuropäischer Dogmatik 2000 (zit.: *v. Bogandy*, Gubernative Rechtsetzung, S.).

Bogandy, Armin v./ Bast, Jürgen: Europäisches Verfassungsrecht. Theoretische und dogmatische Grundzüge 2. Auflage, 2009 (zit.: *Bearbeiter*, in: v. Bogandy/ Bast, Europäisches Verfassungsrecht, S.).

Bogandy, Armin v./ Schill, Stephan: Die Achtung der nationalen Identität unter dem reformierten Unionsvertrag in: Zeitschrift für ausländisches öffentliches Recht und Völkerrecht 2010, S. 701–734 (zit.: *v. Bogandy/Schill*, ZaöRV 2010, 701).

Borer, Thomas Gustav: Das Legalitätsprinzip und die auswärtigen Angelegenheiten 1986 (zit.: *Borer*, Das Legalitätsprinzip und die auswärtigen Angelegenheiten, S.).

Bradley, Kieran: The European Parliament and Comitology: On the Road to Nowhere? in: European Law Journal 3/1997, S. 230–254 (zit.: *Bradley*, ELJ 3/1997, 230).

Brandt, Peter (Hrsg.): Perspektiven der Unionsgrundordnung. Veröffentlichungen des Dimitris-Tsatsos-Instituts für Europäische Verfassungswissenschaften Band 12, 2013 (zit.: *Bearbeiter*, in: Brandt, Perspektiven der Unionsgrundordnung, S.).

Brenncke, Martin: Die Zulässigkeit des europarechtlichen Verbots der Glühlampe nach Art. 95 EG in: Europäische Zeitschrift für Wirtschaftsrecht 2009, S. 247–250 (zit.: *Brenncke*, EuZW 2009, 247).

Breuer, Rüdiger: Legislative und administrative Prognoseentscheidungen in: Der Staat 16/1977, S. 21–54 (zit.: *Breuer*, Der Staat 16/1977, 21).

Bröhmer, Jürgen: Transparenz als Verfassungsprinzip 2004 (zit.: *Bröhmer*, Transparenz als Verfassungsprinzip, S.).

Brosius-Gersdorf, Frauke: Die doppelte Legitimationsbasis der Europäischen Union. –Zu den verfassungsrechtlichen Grundlagen der demokratischen Legitimation der Europäischen Union– in: Europarecht 1999, S. 133–169 (zit.: *Brosius-Gersdorf*, EuR 1999, 133).

Bueren, Eckart: Grenzen der Durchführungsrechtssetzung im Unionsrecht. Neuerungen nach Lissabon? in: Europäische Zeitschrift für Wirtschaftsrecht 2012, S. 167–174 (zit.: *Bueren*, EuZW 2012, 167).

Bull, Peter: Anmerkung zu EuGH, Große Kammer, Urteil v. 03.10.2013 - C 583/11 P - Beschränkung der Einfuhr und des Inverkehrbringens von Robbenerzeugnissen bleibt wirksam in: Deutsches Verwaltungsblatt 2013, S. 98–101 (zit.: *Bull*, DVBl. 2010, 98).

Busse, Christian: Das Instrument des Greening im Rahmen der GAP-Reform 2014/2015 in: Deutsches Verwaltungsblatt 2015, S. 337–346 (zit.: *Busse*, DVBl. 2015, 337).

Calliess, Christian/ Ruffert, Matthias (Hrsg.): EUV/EGV - Kommentar. Das Verfassungsrecht der Europäischen Union mit Europäischer Grundrechtecharta 3. Auflage, 2007 (zit.: *Bearbeiter*, in: Calliess/Ruffert, 3. Auflage, EUV bzw. EGV, Art. Rn.).

–: EUV/AEUV - Kommentar. Das Verfassungsrecht der Europäischen Union mit Europäischer Grundrechtecharta 4. Auflage, 2011 (zit.: *Bearbeiter*, in: Calliess/Ruffert, 4. Auflage, EUV bzw. AEUV, Art. Rn.).

Classen, Claus Dieter: Demokratische Legitimation im offenen Rechtsstaat. Zur Beeinflussung des Demokratieprinzips durch Rechtsstaatlichkeit und internationale Offenheit 2009 (zit.: *Classen*, Demokratische Legitimation im offenen Rechtsstaat, S.).

–: Europäische Integration und demokratische Legitimation in: Archiv des öffentlichen Rechts 119/1994, S. 238–260 (zit.: *Classen*, AöR 119/1994, 238).

–: Die Europäisierung der Verwaltungsgerichtsbarkeit. Eine vergleichende Untersuchung zum deutschen, französischen und europäischen Verwaltungsprozeßrecht 1996 (zit.: *Classen*, Die Europäisierung der Verwaltungsgerichtsbarkeit, S.).

Classen, Kai-Dieter: Gute Verwaltung im Recht der Europäischen Union. eine Untersuchung zu Herkunft, Entstehung und Bedeutung des Art. 41 Abs. 1 und Abs. 2 der Europäischen Grundrechtecharta 2008 (zit.: *Classen*, Gute Verwaltung im Recht der Europäischen Union, S.).

Corbett, Richard: The European Parliament's role in closer EU integration 1998 (zit.: *Corbett*, The European Parliament's role in closer EU integration, S.).

Craig, Paul P.: Delegated Acts, Implementing Acts and the New Comitology Regulation in: European Law Review 5/2011, S. 671–687 (zit.: *Craig*, ELR 5/2011, 671).

–: EU Administrative Law, 2. Auflage, 2012 (zit.: *Craig*, EU Administrative Law, S.).

–: The Lisbon Treaty. law, politics, and treaty reform 2010 (zit.: *Craig*, The Lisbon Treaty, S.).

Cremer, Wolfgang: Der Rechtsschutz des Einzelnen gegen Sekundärrechtsakte der Union gem. Art. III-270 Abs. 4 Konventsentwurf des Vertrags über eine Verfassung für Europa in: Europäische Grundrechte Zeitschrift 2004, S. 577–583 (zit.: *Cremer*, EuGRZ 2004, 577).

–: Zum Rechtsschutz des Einzelnen gegen abgeleitetes Unionsrechts nach dem Vertrag von Lissabon in: Die öffentliche Verwaltung 2010, S. 58–65 (zit.: *Cremer*, DÖV 2010, 58).

Daiber, Birgit: EU-Durchführungsrechtsetzung nach Inkrafttreten der neuen Komitologie-Verordnung in: Europarecht 2012, S. 240–254 (zit.: *Daiber*, EuR 2012, 240).

Danwitz, Thomas v.: Europäisches Verwaltungsrecht in: Honsell, H./Lerche, P. (Hrsg.), Enzyklopädie der Rechts- und Staatswissenschaften, 2008 (zit.: *v. Danwitz*, Europäisches Verwaltungsrecht, S.).

–: Verwaltungsrechtliches System und Europäische Integration 1996 (zit.: *v. Danwitz*, Verwaltungsrechtliches System und Europäische Integration, S.).

Degenhart, Christoph: Staatsrecht I. Staatsorganistationsrecht 28. Auflage, 2012 (zit.: *Degenhart*, Staatsrecht I, § Rn.).

Demmke, Christoph/ Haibach, Georg: Die Rolle der Komitologieausschüsse bei der Durchführung des Gemeinschaftsrechts und in der Rechtsprechung des EuGH in: Die öffentliche Verwaltung 1997, S. 710–718 (zit.: *Demmke/Haibach*, DÖV 1997, 710).

Depenheuer, Otto: Setzt Demokratie Wohlstand voraus? in: Der Staat 33/1994, S. 329–350 (zit.: *Depenheuer*, Der Staat 33/1994, 329).

Detterbeck, Steffen: Allgemeines Verwaltungsrecht mit Verwaltungsprozessrecht 12. Auflage, 2014 (zit.: *Detterbeck*, Allgemeines Verwaltungsrecht, § Rn.).

Dörr, Oliver/ Lenz, Christofer: Europäischer Verwaltungsrechtsschutz 2006 (zit.: *Dörr/Lenz*, Europäischer Verwaltungsrechtsschutz, Rn.).

Dreier, Horst (Hrsg.): Grundgesetz-Kommentar. Band II 2. Auflage, 2006 (zit.: *Bearbeiter*, in: Dreier, GG-Kommentar, Art. Rn.).

–: Hierarchische Verwaltung. Genese, aktuelle Bedeutung und funktionelle Grenzen eines Bauprinzips der Exekutiven 1991 (zit.: *Dreier*, Hierarchische Verwaltung, S.).

Edenharter, Andrea: Die Komitologie nach dem Vertrag von Lissabon: Verschiebung der Einflussmöglichkeiten zugunsten der EU-Kommission in: Die Öffentliche Verwaltung 2011, S. 645–650 (zit.: *Edenharter*, DÖV 2011, 645).

Erichsen, Hans-Uwe/ Ehlers, Dirk (Hrsg.): Allgemeines Verwaltungsrecht 14. Auflage, 2010 (zit.: *Bearbeiter*, in: Erichsen/Ehlers, Allgemeines Verwaltungsrecht, § Rn.).

Everling, Ulrich: Lissabon-Vertrag regelt Dauerstreit über die Nichtigkeitsklage Privater in: Europäische Zeitschrift für Wirtschaftsrecht 2010, S. 572–576 (zit.: *Everling*, EuZW 2010, 572).

–: Rechtsschutz in der Europäischen Union nach dem Vertrag von Lissabon in: Europarecht 2009, S. 71–86 (zit.: *Everling*, EuR 2009, 71).

Fabricius, Constantin: Abgeleitete Rechtsetzung nach dem Vertrag von Lissabon–. Überlegungen zu Delegierten Rechtsakten und Durchführungsrechtsakten in: Zeitschrift für Europäische Studien 2011, S. 567–605 (zit.: *Fabricius*, ZEuS 4/2011, 567).

Fehling, Michael/ Kastner, Berthold/ Störmer, Rainer (Hrsg.): Verwaltungsrecht. Handkommentar 3. Auflage, 2013 (zit.: *Schwarz*, in: Fehling/Kastner/Störmer, Verwaltungsrecht, § Rn.).

Fisahn, Andreas/ Viotto, Regina: Anforderungen an eine demokratische Union in: Zeitschrift für Rechtspolitik 2007, S. 198–201 (zit.: *Fisahn/Viotto*, ZRP 2007, 198).

Fischer, Klemens H.: Der Vertrag von Lissabon. Text und Kommentar zum Europäischen Reformvertrag 2. Auflage, 2010 (zit.: *Fischer*, Der Vertrag von Lissabon, S. Komm.).

Forsthoff, Ernst: Lehrbuch des Verwaltungsrechts. Allgemeiner Teil 10. Auflage, 1973 (zit.: *Forsthoff*, Lehrbuch des Verwaltungsrechts, S.).

Frenz, Walter: Europarecht 2011 (zit.: *Frenz*, Europarecht, S. Rn.).

–: Grundrechtlicher Vertrauensschutz – nicht nur ein allgemeiner Rechtsgrundsatz in: Europarecht 2008, S. 468–489 (zit.: *Frenz*, EuR 2008, 468).

–: Mitteilungen, Bekanntmachungen und Leitlinien nach dem Vertrag von Lissabon in: Wettbewerb in Recht und Praxis 2010, S. 224–232 (zit.: *Frenz*, WRP 2010, 224).

Frenz, Walter/ Ehlenz, Christian: Rechtsangleichung über Art. 114 AEUV und Grenzen gem. Art. 5 EUV nach Lissabon in: Europäische Zeitschrift für Wirtschaftsrecht 2011, S. 623–626 (zit.: *Frenz/Ehlenz*, EuZW 2011, 623).

Frowein, J.A.: Die Verfassung der Europäischen Union aus der Sicht der Mitgliedstaaten in: Europarecht 1995, S. 315–333 (zit.: *Frowein*, EuR 1995, 315).

Fuhrmann, Maria Monica: Neues zum Komitologieverfahren in: Die Öffentliche Verwaltung 2007, S. 464–469 (zit.: *Fuhrmann*, DÖV 2007, 464).

Gärditz, Klaus Ferdinand: Die Verwaltungsdimension des Lissabon-Vertrags in: Die öffentliche Verwaltung 2010, S. 453–465 (zit.: *Gärditz*, DÖV 2010, 453).

Geiger/Khan/Kotzur (Hrsg.): EUV, AEUV – Kommentar. Vertrag über die Europäische Union und Vertrag über die Arbeitsweise der Europäischen Union 5. Auflage, 2010 (zit.: *Bearbeiter*, in: Geiger/Khan/Kotzur, EUV bzw. AEUV, Art. Rn.).

Glaser, Andreas: Die Entwicklung des Europäischen Verwaltungsrechts aus der Perspektive der Handlungsformlehre 2013 (zit.: *Glaser*, Die Entwicklung des Europäischen Verwaltungsrechts aus der Perspektive der Handlungsformlehre, S.).

Grabitz, Eberhard/ Hilf, Meinhard/ Nettesheim, Martin: Das Recht der Europäischen Union. Kommentar, Loseblattsammlung Band II, Stand: September 2014 (zit.: *Bearbeiter*, in: Grabitz/Hilf/Nettesheim, EUV bzw. AEUV, Art. Rn.).

–: Das Recht der Europäischen Union. Kommentar, Loseblattsammlung Band III, Stand: September 2014 (zit.: *Bearbeiter*, in: Grabitz/Hilf/Nettesheim, EUV bzw. AEUV, Art. Rn.).

Graevenitz, Albrecht v.: Mitteilungen, Leitlinien, Stellungnahmen – Soft Law der EU mit Lenkungswirkung in: Europäische Zeitschrift für Wirtschaftsrecht 2013, S. 169–174 (zit.: *v. Graevenitz*, EuZW 2013, 169).

Groeben, Hans v.d./ Schwarze, Jürgen (Hrsg.): Vertrag über die Europäische Union und Vertrag zur Gründung der Europäischen Gemeinschaft. Kommentar, Band 4, 6. Auflage, 2004 (zit.: *Bearbeiter*, in: v.d. Groeben/Schwarze, EUV bzw. EGV, Art. Rn.).

Groß, Thomas: Exekutive Vollzugsprogrammierung durch tertiäres Gemeinschaftsrecht? in: Die öffentliche Verwaltung 2004, S. 20–26 (zit.: *Groß*, DÖV 2004, 20).

Grunauer, Alexander: Demokratie und Legitimation – die Achillesferse der EU; Eine Studie zum Europäischen Parlament 2002 (zit.: *Grunauer*, Demokratie und Legitimation, S.).

Grzeszick, Bernd: Das Grundrecht auf eine gute Verwaltung - Strukturen und Perspektiven des Charta Grundrechts auf eine gute Verwaltung in: Europarecht 2006, S. 161–181 (zit.: *Grzeszick*, EuR 2006, 161).

Guckelberger, Anette/ Geber, Frederic: Allgemeines Europäisches Verwaltungsverfahrensrecht vor seiner unionsrechtlichen Kodifizierung? 2013 (zit.: *Guckelberger/Geber*, Allgemeines Europäisches Verwaltungsverfahrensrecht vor seiner unionsrechtlichen Kodifizierung?, S.).

Guckelberger, Annette: Gibt es bald ein unionsrechtliches Verwaltungsverfahrensgesetz? in: Neue Zeitschrift für Verwaltungsrecht 2013, S. 601–607 (zit.: *Guckelberger*, NVwZ 2013, 601).

Gundel, Jörg: Bindung des Gemeinschaftsgesetzgebers an das im Vertrag vorgesehene System für die Delegation von Rechtsetzungsbefugnissen in: Juristische Arbeitsblätter 2008, S. 910–912 (zit.: *Gundel*, JA 2008, 910).

Gusy, Christoph: Gesetzesvorbehalte im Grundgesetz in: Juristische Arbeitsblätter 2002, S. 610–616 (zit.: *Gusy*, JA 2002, 610).

Haibach, Georg: Komitologie nach Amsterdam – Die Übertragung von Rechtsetzungsbefugnissen im Rechtsvergleich in: Verwaltungsarchiv 90/1999, S. 98–111 (zit.: *Haibach*, VerwArch 90/1999, 98).

Hallstein, Walter: Der unvollendete Bundesstaat. Europäische Erfahrungen und Erkenntnisse 1969 (zit.: *Hallstein*, Der unvollendete Bundesstaat, S.).

Haratsch, Andreas: Effektiver Rechtsschutz auf der Grundlage ungeschriebener Kompetenzen der Europäischen Union. –Der Europäische Gerichtshof auf dem Weg zu einer allgemeinen Leistungsklage– in: Müller-Graff, Peter-Christian/Schmahl, Stefanie/Skouris, Vassilios (Hrsg.), Europäisches Recht zwischen Bewährung und Wandel, 2011 (zit.: *Haratsch*, Effektiver Rechtsschutz auf der Grundlage ungeschriebener Kompetenzen der Europäischen Union, S.).

Hardacre, Alan/ Kaeding, Michael: Delegierte Rechtsakte und Durchführungsrechtsakte. Die neue Komitologie. European Institut of Public Administration-Leitfaden, 2011 (zit.: *Hardacre/Kaeding*, EIPA-Leitfaden 2011, S.).

Härtel, Ines: Handbuch Europäische Rechtsetzung 2006 (zit.: *Härtel*, Europäische Rechtsetzung, § Rn.).

Haselmann, Cosima: Delegation und Durchführung gemäß Art. 290 und 291 AEUV 2012 (zit.: *Haselmann*, Delegation und Durchführung, S.).

Heitsch,Christian: Die Transparenz der Entscheidungsprozesse als Element demokratischer Legitimation der Europäischen Union in: Europarecht 2001, S. 809–825 (zit.: *Heitsch*, EuR 2001, 809).

Herdegen, Matthias: Europarecht. 15. Auflage, 2013 (zit.: *Herdegen*, Europarecht, § Rn.).

Hobe, Stephan: Europarecht. 8. Auflage, 2014 (zit.: *Hobe*, Europarecht, § Rn.).

Hoffmann-Riem, Wolfgang/Schmidt-Aßmann, Eberhard/Voßkuhle, Andreas: Grundlagen des Verwaltungsrechts. Methoden, Maßstäbe, Aufgaben, Organisation Band I, 2. Auflage, 2012 (zit.: *Bearbeiter*, in: Hoffmann-Riem/Schmidt-Aßmann/Voßkuhle, Grundlagen des Verwaltungsrechts, Band I, § Rn.).

Hofmann, Herwig C.H.: A Critical Analysis of the new Typology of Acts in the Draft Treaty Establishing a Constitution for Europe, European Integration online Papers, E-Journal abrufbar unter: http://eiop.or.at/eiop/texte/2003-009a.htm (zit.: *Hofmann*, EIoP 9/2003, S.).

–: Legislation, Delegation and Implementation under the Treaty of Lisbon: Typology Meets Reality in: European Law Journal 15/2009, S. 482–505 (zit.: Hofmann, ELJ 15/2009, 482)

Hofmann, Herwig C.H./ Rowe, Gerard C./ Türk, Alexander H.: Administrative Law and Policy of the European Union 2011 (zit.: *Hofmann/Rowe/Türk*, Administrative Law and Policy of the European Union, S.).

Hofmann, Herwig C.H./ Töller, Annette E.: Zur Reform der Komitologie. Regeln und Grundsätze für die Verwaltungskooperation im Ausschusssystem der Europäischen Gemeinschaft in: Staatswissenschaften 1998, S. 209–239 (zit.: *Hofmann/Töller*, StWiss 1998, 209).

Hofmann, Klaus/ Naumann, Kolja (Hrsg.): Europäische Demokratie in guter Verfassung? 2010 (zit.: *Bearbeiter*, in: Hofmann/Naumann, Europäische Demokratie in guter Verfassung?, S.).

Huber, Peter M.: Das institutionelle Gleichgewicht zwischen Rat und Europäischen Parlament in der künftigen Verfassung für Europa in: Europarecht 2003, S. 574–599 (zit.: *Huber*, EuR 2003, 574).

–: Recht der europäischen Integration 3. Auflage, 2012 (zit.: *Huber*, Recht der europäischen Integration, § Rn.).

Hummer, Waldemar/ Obwexer, Walter: Der Vertrag von Lissabon 2009 (zit.: *Hummer/Obwexer*, Vertrag von Lissabon, S.).

Hurrelmann, Achim: Demokratie in der Europäischen Union: Bestandsaufnahme in: Aus Politik und Zeitgeschichte, B 32/2008, S. 3–9 (zit.: *Hurrelmann*, APuZ B 32/2008, 3).

Ipsen, Hans-Peter: Europäisches Gemeinschaftsrecht 1972 (zit.: *Ipsen*, Europäisches Gemeinschaftsrecht, S.).

Ipsen, Jörn: Allgemeines Verwaltungsrecht, 8. Auflage, 2012 (zit.: *Ipsen*, Allgemeines Verwaltungsrecht, § Rn.).

Isensee, Josef/ Kirchhof, Paul (Hrsg.): Handbuch des Staatsrechts II. Verfassungsstaat, 3. Auflage, 2004 (zit.: *Bearbeiter*, in: Isensee/ Kirchhof, HSTR II, § Rn.).

–: Handbuch des Staatsrechts III. Demokratie – Bundesorgane, 3. Auflage, 2005 (zit.: *Bearbeiter*, in: Isensee/Kirchhof, HSTR III, § Rn.).

Jachmann, Monika/ Drüen, Klaus-Dieter: Allgemeines Verwaltungsrecht, 3. Auflage, 2010 (zit.: Jachmann/Drüen, Allgemeines Verwaltungsrecht, S. Rn.).

Joerges, Christian/ Falke, Josef: Das Ausschusswesen der Europäischen Union. Praxis der Risikoregulierung im Binnenmarkt und ihre rechtliche Verfassung in: Joerges, Christian (Hrsg.), Schriftenreihe des Zentrums für Europäische Rechtspolitik, Band 34, 2000 (zit.: *Joerges/Falke*, Das Ausschusswesen der EU, S.).

Kadelbach, Stefan (Hrsg.): Europäische Integration und parlamentarische Demokratie 2009 (zit.: *Bearbeiter*, in: Kadelbach, Europäische Integration und parlamentarische Demokratie, S.).

Karpen, Ulrich: Bedingungen der Effizienz des Rechtsstaates in: Juristische Arbeitsblätter 1992, S. 70–76 (zit.: *Karpen*, JA 1992, 70).

Kischel, Uwe: Die Kontrolle der Verhältnismäßigkeit durch den Europäischen Gerichtshof in: Europarecht 2000, S. 380–402 (zit.: *Kischel*, EuR 2000, 380).

Klösters, Anton: Kompetenzen der EG-Kommission im innerstaatlichen Vollzug von Gemeinschaftsrecht 1994 (zit.: *Klösters*, Kompetenzen der EG-Kommission im innerstaatlichen Vollzug von Gemeinschaftsrecht, S.).

Kluth, Winfried: Die demokratische Legitimation der Europäischen Union. Eine Analyse der These vom Demokratiedefizit der Europäischen Union aus gemeineuropäischer Verfassungsperspektive 1995 (zit.: *Kluth*, Die demokratische Legitimation der Europäischen Union, S.).

Kment, Martin: Das Eigenverwaltungsrecht der Europäischen Union in: Juristische Schulung 2011, S. 211–215 (zit.: *Kment*, JuS 2011, 211).

Knauf, Matthias: Europäisches Soft Law als Gegenstand der Vorabentscheidungsverfahrens in: Europarecht 2011, S. 735–745 (zit.: *Knauf*, EuR 2011, 735).

Kohler-Koch, Beate: Regieren in der Europäischen Union. Auf der Suche nach demokratischer Legitimität in: Aus Politik und Zeitgeschichte B 6/2000, S. 36–40 (zit.: *Kohler-Koch*, APuZ B 6/2000, 36).

Kokott, Juliane/ Dervisopoulos, Ioanna/ Henze, Thomas: Aktuelle Fragen des effektiven Rechtsschutzes durch die Gemeinschaftsgerichte in: Europäische

Grundrechte Zeitschrift 2008, S. 10–15 (zit.: *Kokott/Dervisopoulos/Henze*, EuGRZ 2008, 10).

Komorowski, Alexis v.: Demokratieprinzip und Europäische Union. Staatsverfassungsrechtliche Anforderungen an die demokratische Legitimation der EG-Normsetzung 2010 (zit.: *Komorowski*, Demokratieprinzip und Europäische Union, S.).

Kotzur, Markus: Neuerungen auf dem Gebiet des Rechtsschutzes durch den Vertrag von Lissabon in: Beiheft 1, Europarecht 2012, S. 7–22 (zit.: *Kotzur*, Beiheft 1, EuR 2012, 7).

Kröll, Thomas: Artikel 290 und 291 AEUV – Neue vertragliche Grundlagen der Rechtsetzung durch die Europäische Kommission in: Debus, Alfred/ Kruse, Franziska/ Peters, Alexander/ Schröder, Hanna/ Seifert, Olivia/ Sicko, Corinna (Hrsg.), Verwaltungsrechtsraum Europa, 51. Assistententagung Öffentliches Recht, 2011 (zit.: *Kröll*, Art. 290 und 291 AEUV, S.).

Krönke, Christoph: Die Verfahrensautonomie der Mitgliedstaaten der Europäischen Union 2013 (zit.: *Krönke*, Die Verfahrensautonomie der Mitgliedstaaten der Europäischen Union, S.).

Lamprecht, Rolf: Untertan in Europa – Über Mangel an Demokratie und Transparenz in: Neue Juristische Wochenschrift 1997, S. 505–506 (zit.: *Lamprecht*, NJW 1997, 505).

Leisner, Walter: Effizienz als Rechtsprinzip 1971 (zit.: *Leisner*, Effizienz als Rechtsprinzip, S.).

Lenaerts, Koen/ Verhoeven, Amayllis: Towards a legal Framework for executive Rule- Making in the EU? The Contribution of the new Comitology Decision in: Common Market Law Review 2000, S. 645–686 (zit.: *Lenaerts/Verhoeven*, CMLR 2000, 645).

Lenz, Carl O./ Borchardt, Klaus-Dieter (Hrsg.): EU-Verträge – Kommentar nach dem Vertrag von Lissabon, 6. Auflage, 2013 (zit.: *Bearbeiter*, in: Lenz/ Borchardt, EUV bzw. AEUV, Art. Rn.).

Martínez Soria, José: Die Kodizes für gute Verwaltungspraxis. ein Beitrag zur Kodifikation des Verwaltungsverfahrensrechts der EG in: Europarecht 2001, S. 682–705 (zit.: *Martínez Soria*, EuR 2001, 682).

Maurer, Andreas/ Wessels, Wolfgang: Das Europäische Parlament nach Amsterdam und Nizza. Akteur, Arena oder Alibi? 2003 (zit.: *Maurer/Wessels*, Das EP nach Amsterdam und Nizza, S.).

Maurer, Hartmut: Allgemeines Verwaltungsrecht, 18. Auflage, 2011 (zit.: *Maurer*, Allgemeines Verwaltungsrecht, § Rn.).

Mehde, Veith: Rechtsetzung der europäischen und nationalen Verwaltungen in: Veröffentlichungen der Vereinigung der deutschen Staatsrechtslehrer 71/2012, S. 418–455 (zit.: *Mehde*, VVDStRL 71/2012, 418).

Mensching, Christian: Der neue Komitologie-Beschluss des Rates in: Europäische Zeitschrift für Wirtschaftsrecht 2000, S. 268–274 (zit.: *Mensching*, EuZW 2000, 268).

Mir Puigpelat, Oriol: Die Kodifikation des Verwaltungsverfahrensrechts im Europäischen Verwaltungsverbund in: Schneider, Jens-Peter (Hrsg.), Die Verwaltung 2009, Beiheft 8, Strukturen des europäischen Verwaltungsverbundes (zit.: *Mir Puigpelat*, Die Kodifikation des Verwaltungsverfahrensrechts im Europäischen Verwaltungsverbund, S.).

Möllers, Christoph: Die drei Gewalten. Legitimation der Gewaltengliederung in Verfassungsstaat, Europäischer Integration und Internationalisierung 2008 (zit.: *Möllers*, Die drei Gewalten, S.).

–: Durchführung des Gemeinschaftsrechts. Vertragliche Dogmatik und theoretische Implikationen in: Europarecht 2002, S. 483–616 (zit.: *Möllers*, EuR 2002, 483).

–: Gewaltengliederung 2005 (zit.: *Möllers*, Gewaltengliederung, S.).

Möllers, Christoph/ Achenbach, Jelena v.: Die Mitwirkung des Europäischen Parlaments an der abgeleiteten Rechtsetzung der Europäischen Kommission nach dem Lissabonner Vertrag in: Europarecht 2011, S. 39–60 (zit.: *Möllers/v. Achenbach,* EuR 2011, 39).

Möstl, Markus: Rechtsetzung der europäischen und nationalen Verwaltungen in: Deutsches Verwaltungsblatt 2011, S. 1076–1084 (zit.: *Möstl*, DVBl. 2011, 1076).

Müller-Graff, P.-C./ Scheuing, Dieter H. (Hrgs.): Gemeinschaftsgerichtbarkeit und Rechtsstaatlichkeit. Beiheft 3, Europarecht 2008 (zit.: *Bearbeiter*, in: Müller-Graff/Scheuing, Gemeinschaftsgerichtbarkeit und Rechtsstaatlichkeit, S.).

Munding, Christoph-David: Das Grundrecht auf effektiven Rechtsschutz im Rechtssystem der Europäischen Union 2010 (zit.: *Munding*, Das Grundrecht auf effektiven Rechtsschutz im Rechtssystem der Europäischen Union, S.).

Nehl, Hans Peter: Europäisches Verwaltungsverfahren und Gemeinschaftsverfassung. eine Studie gemeinschaftsrechtlicher Verfahrensgrundsätze unter besonderer Berücksichtigung „mehrstufiger" Verwaltungsverfahren 2002 (zit.: *Nehl*, Europäisches Verwaltungsverfahren und Gemeinschaftsverfassung, S.).

Ohler, Christoph: Zur Abgrenzung der Gesetzgebungsbefugnisse von Rat und Parlament gegenüber den Durchführungsbefugnissen der Kommission in: Juristenzeitung 2006, S. 358–362 (zit.: *Ohler*, JZ 2006, 358).

Oppermann, Thomas: Die Europäische Union von Lissabon in: Deutsches Verwaltungsblatt 2008, S. 473–536 (zit.: *Oppermann*, DVBl. 2008, 473).

Oppermann, Thomas/ Classen, Claus Dieter/ Nettesheim, Martin: Europarecht. Ein Studienbuch, 5. Auflage, 2011 (zit.: *Oppermann/Classen/Nettesheim*, Europarecht, § Rn.).

Ortlepp, Beate Christina: Das Vertragsverletzungsverfahren als Instrument zur Sicherung der Legalität im europäischen Gemeinschaftsrecht 1987 (zit.: *Ortlepp*, Das Vertragsverletzungsverfahren, S.).

Ossenbühl, Fritz: Verwaltungsverfahren zwischen Verwaltungseffizienz und Rechtsschutzauftrag in: Neue Zeitschrift für Verwaltungsrecht 1982, S. 465–472 (zit.: *Ossenbühl*, NVwZ 1982, 465).

Pache, Eckhard: Die Kontrolldichte in der Rechtsprechung des Gerichtshofs der Europäischen Gemeinschaften in: Deutsches Verwaltungsblatt 1998, S. 380–387 (zit.: *Pache*, DVBl. 1998, 380).

Pache, Eckhard/ Rösch, Franziska: Der Vertrag von Lissabon in: Neue Zeitschrift für Verwaltungsrecht 2008, S. 473–480 (zit.: *Pache/Rösch*, NVwZ 2008, 473).

Paefgen, Thomas: Gerichtliche Kontrolle administrativer Prognoseentscheidungen in: Bayrische Verwaltungsblätter 1986, S. 513–522 (zit.: *Paefgen*, BayVBl. 1986, 513).

–: Gerichtliche Kontrolle administrativer Prognoseentscheidungen (Fortsetzung und Schluß von BayVBl. 1986, 513 ff.).

–: in: Bayrische Verwaltungsblätter 1986, S. 551–556 (zit.: *Paefgen*, BayVBl. 1986, 551).

Pechstein, Matthias: EU-Prozessrecht, 4. Auflage, 2011 (zit.: *Pechstein*, EU-Prozessrecht, S. Rn.).

Petersen, Frank/ Heß, Karoline: Das Komitologieverfahren im Gemeinschaftsrecht – Funktion und Grenzen am Beispiel der Novellierung der EG-Abfallrahmenrichtlinie in: Zeitschrift für Umweltrecht 2007, S. 567–574 (zit.: *Petersen/Heß*, ZUR 2007, 567).

Petzold, Arno: Immer noch: Vertrauensschutz vs. Rechtsdurchsetzung –Anmerkung zur Entscheidung des EuGH in der Rechtssache Scott und Kimberley Clark in: Europarecht 2011, S. 437–447 (zit.: *Petzold*, EuR 2011, 437).

Pfeffer, Kristin: Das Recht auf eine gute Verwaltung. Art. II-101 der Grundrechte des Vertrages über eine Verfassung für Europa 2006 (zit.: *Pfeffer*, Das Recht auf eine gute Verwaltung, S.).

Recknagel, Henning: Gesetzgeberisches Ermessen. Eine Untersuchung zur Stellung des Bundesgesetzgebers 1975 (zit.: *Recknagel*, Gesetzgeberisches Ermessen, S.).

Rengeling, Hans-Werner/ Middeke, Andreas/ Gellermann, Martin (Hrsg.): Handbuch des Rechtsschutzes in der Europäischen Union, 3. Auflage, 2013 (zit.:

Bearbeiter, in: Rengeling/Middeke/Gellermann, Handbuch des Rechtsschutzes in der EU, § Rn.).

Ress, Georg: Die europäische Grundrechtskonzeption. Brauchen wir eine verbindliche Europäische Grundrechtecharta? in: Herzog, Roman/Hobe, Stephan (Hrsg.), Die Europäische Union auf dem Weg zum verfassten Staatenverbund: Perspektiven der europäischen Verfassungsordnung, 2004 (zit.: *Ress*, Die europäische Grundrechtskonzeption, S.).

Rieckhoff, Henning: Der Vorbehalt des Gesetzes im Europarecht 2007 (zit.: *Rieckhoff*, Der Vorbehalt des Gesetzes im Europarecht, S.).

Riedel, Daniel: Die Durchführungsrechtsetzung nach Art. 211, 4. Sp. EG. –zwei Arten tertiärer Kommissionsakte und ihre dogmatischen Fragestellungen in: Europarecht 2006, S. 512–543 (zit.: *Riedel*, EuR 2006, 512).

Rumler-Korinek, Elisabeth: Kann die Europäische Union demokratisch ausgestaltet werden? –Eine Analyse und Bewertung aktueller Beiträge zur „europäischen Demokratiedebatte"– in: Europarecht 2003, S. 327–342 (zit.: *Rumler-Korinek*, EuR 2003, 327).

Rupp, Hans-Heinrich: Ermessensspielraum und Rechtsstaatlichkeit in: Neue Juristische Wochenschrift 1969, S. 1273–1278 (zit.: *Rupp*, NJW 1969, 1273).

Scharf, Daniel: Das Komitologieverfahren nach dem Vertrag von Lissabon. Neuerungen und Auswirkungen auf die gemeinsame Handelspolitik in: Beiträge zum Transnationalen Wirtschaftsrecht 2010, S. 5–40 (zit.: *Scharf*, BzTWR 2010, 5).

Scheel, Benedikt: Die Neuregelung der Komitologie und das europäische Demokratiedefizit in: Zeitschrift für Europarechtliche Studien 9/2006, S. 521–554 (zit.: *Scheel*, ZEuS 9/2006, 521).

Schmidt-Aßmann, Eberhard: Das allgemeine Verwaltungsrecht als Ordnungsidee. Grundlagen und Aufgaben der verwaltungsrechtlichen Systembildung 2. Auflage, 2006 (zit.: *Schmidt-Aßmann*, Das allgemeine Verwaltungsrecht als Ordnungsidee, S.).

Schmidt-Aßmann, Eberhard/ Schöndorf-Haubold, Bettina (Hrsg.): Der Europäische Verwaltungsverbund. Formen und Verfahren der Verwaltungszusammenarbeit in der EU 2005 (zit.: *Bearbeiter*, in: Schmidt-Aßmann/Schöndorf-Haubold, Der Europäische Verwaltungsverbund, S.).

Schmidt-Jortzig, Edzard: Effektiver Rechtsschutz als Kernstück des Rechtsstaatsprinzips nach dem Grundgesetzt in: Neue Juristische Wochenschrift 1994, S. 2569–2573 (zit.: *Schmidt-Jortzig*, NJW 1994, 2569).

Schmolke, Klaus Ulrich: Die Einbeziehung des Komitologieverfahrens in den Lamfalussy-Prozess. –Zur Forderung des Europäischen Parlaments nach mehr Entscheidungsteilhabe in: Europarecht 2006, S. 432–448 (zit.: *Schmolke*, EuR 2006, 432).

Scholler, Heinrich (Hrsg.): Die Sicherung des Rechtsstaatsgebotes im modernen europäischen Rechts - anhand von europäischen Garantien im Recht der Europäischen Union sowie in Russland und Deutschland 2011 (zit.: *Bearbeiter*, in: Scholler, Die Sicherung des Rechtsstaatsgebotes, S.).

Schreven, Hans: Prognoseentscheidungen der Exekutiven 1977 (zit.: *Schreven*, Prognoseentscheidungen der Exekutiven, S.).

Schröder, Meinhard: Neuerungen im Rechtsschutz der Europäischen Union durch den Vertrag von Lissabon in: Die Öffentliche Verwaltung 2009, S. 61–66 (zit.: *Schröder*, DÖV 2009, 61).

–: Rechtsschutz zwischen europäischer und nationaler Gerichtsbarkeit in: Agrar- und Umweltrecht 2008, S. 261–265 (zit.: *Schröder*, AUR 2008, 261).

Schroeder, Werner: Nationale Maßnahmen zur Durchführung von EG-Recht und das Gebot der einheitlichen Wirkung Existiert ein Prinzip der „nationalen Verfahrensautonomie"? in: Archiv des öffentlichen Rechts 129/2004, S. 3–38 (zit.: *Schroeder*, AöR 129/2004, 3).

Schütze, Robert: From Rome to Lisbon: „Executive Federalism" in the (new) European Union in: Common Market Law Review 2010, S. 1385–1427. (zit.: *Schütze*, CMLR 2010, 1385).

Schwartmann, Rolf (Hrsg.): Textbuch Deutsches Recht. Der Vertrag von Lissabon EU-Vertrag, Vertrag über die Arbeitsweise der EU 4. Auflage, 2011 (zit.: *Schwartmann*, Textbuch Deutsches Recht, Der Vertrag von Lissabon, Art.).

Schwarze, Jürgen: Die Neuerungen auf dem Gebiet des Europäischen Verwaltungsrechts durch den Vertrag von Lissabon in: Appel, Ivo/Hermes, Georg/Schönberger, Christoph (Hrsg.), Festschrift für Rainer Wahl zum 70. Geburtstag 2011 (zit.: *Schwarze*, Die Neuerungen auf dem Gebiet des Europäischen Verwaltungsrechts durch den Vertrag von Lissabon, S.).

–: EU-Kommentar, 2. Auflage, 2009 (zit.: *Bearbeiter*, in: Schwarze, 2. Auflage, EUV bzw. EGV, Art. Rn.).

–: EU-Kommentar, 3. Auflage, 2012 (zit.: *Bearbeiter*, in: Schwarze, 3. Auflage, EUV bzw. AEUV, Art. Rn.).

–: Europäisches Verwaltungsrecht. Entstehung und Entwicklung im Rahmen der Europäischen Gemeinschaft 2. Auflage, 2005 (zit.: *Schwarze*, Europäisches Verwaltungsrecht, S.).

–: Soft Law im Recht der Europäischen Union in: Europarecht 2011, S. 3–19 (zit.: *Schwarze*, EuR 2011, 3).

Seetzen, Uwe: Der Prognosespielraum des Gesetzgebers in: Neue Juristische Wochenschrift 1975, S. 429–434 (zit.: *Seetzen*, NJW 1975, 429).

Siegel, Thorsten: Das Gleichgewicht der Gewalten in der Bundesrepublik Deutschland und in der Europäischen Gemeinschaft in: Die Öffentliche Verwaltung 2010, S. 1–11 (zit.: *Siegel*, DÖV 2010, 1).

Steiger, Heinhard: Mehr Demokratie in der EU – aber wie? in: Zeitschrift für Rechtspolitik 2012, S. 13–16 (zit.: *Steiger*, ZRP 2012, 13).

Stelkens, Ulrich: Art. 291, das Unionsverwaltungsrecht und die Verwaltungsautonomie der Mitgliedstaaten. –zugleich zur Abgrenzung der Anwendungsbereiche von Art. 290 und Art. 291 AEUV– in: Europarecht 2012, S. 511–546 (zit.: *Stelkens*, EuR 2012, 511).

Stelkens, Ulrich/ Mehde, Veith: Rechtsetzung der europäischen und nationalen Verwaltungen in: Veröffentlichungen der Vereinigung der Deutschen Staatsrechtslehrer 71/2012, S. 369–417 (zit.: *Stelkens/Mehde*, VVDStRL 71/2012, 369).

Stern, Klaus: as Staatsrecht der Bundesrepublik Deutschland Band I. Grundbegriffe und Grundlagen des Staatsrechts, Strukturprinzipien der Verfassung 2. Auflage, 1984 (zit.: *Stern*, Staatsrecht I, § S.).

Streinz, Rudolf: Europarecht, 9. Auflage, 2012 (zit.: *Streinz,* Europarecht, Rn.).

–: EUV/AEUV-Kommentar Vertrag über die Europäische Union und Vertrag über die Arbeitsweise der Europäischen Union 2. Auflage, 2012 (zit.: *Bearbeiter*, in: Streinz, EUV bzw. AEUV, Art. Rn.).

Streinz, Rudolf/ Ohler, Christoph/ Herrmann, Christoph: Der Vertrag von Lissabon zur Reform der EU Einführung mit Synopse, 3. Auflage, 2010 (zit.: *Streinz/Ohler/Herrmann*, Vertrag von Lissabon, S.).

Sydow, Gernot: Europäische exekutive Rechtsetzung zwischen Kommission, Komitologieausschüssen, Parlament und Rat in: Juristen Zeitung 2012, S. 157–165 (zit.: *Sydow*, JZ 2012, 157).

Terhechte, Jörg Philipp: Verwaltungsrecht der Europäischen Union 2011 (zit.: *Bearbeiter*, in: Terhechte, Verwaltungsrecht der Europäischen Union, § Rn.).

Töller, Annette Elisabeth: Komitologie. Theoretische Bedeutung und praktische Funktionsweise von Durchführungsausschüssen der EU am Beispiel der Umweltpolitik 2002 (zit.: *Töller*, Komitologie, S.).

Triantafyllou, Dimitris: Vom Vertrags- zum Gesetzesvorbehalt. Beitrag zum positiven Rechtmäßigkeitsprinzip in der EG 1996 (zit.: *Triantafyllou*, Vom Vertrags- zum Gesetzesvorbehalt, S.).

Trstenjak, Verica/ Beysen, Erwin: Das Prinzip der Verhältnismäßigkeit in der Unionsrechtsordnung in: Europarecht 2012, S. 265–285 (zit.: *Trstenjak/Beysen*, EuR 2012, 265).

Trute, Hans-Heinrich/ Gross, Thomas/ Röhl, Hans Christian/ Möllers, Christoph (Hrsg.): Allgemeines Verwaltungsrecht – zur Tragfähigkeit eines Konzepts

2008 (zit.: *Bearbeiter*, in: Trute/Gross u.a., Allgemeines Verwaltungsrecht – zur Tragfähigkeit eines Konzepts, S.).

Vedder, Christoph/ Heintschel von Heinegg, Wolff (Hrsg.): Europäischer Verfassungsvertrag. Handkommentar 2007 (zit.: *Bearbeiter*, in: Vedder/Heintschel v. Heinegg, Art. Rn.).

Voßkuhle, Andreas: Das Kompensationsprinzip. Grundlagen einer prospektiven Ausgleichsordnung für die Folgen privater Freiheitsbetätigung – zur Flexibilisierung des Verwaltungsrechts am Beispiel des Umwelt- und Planungsrechts 1999 (zit.: *Voßkuhle*, Das Kompensationsprinzip, S.).

Wallerath, Maximilian: Allgemeines Verwaltungsrecht, 6. Auflage, 2009 (zit.: *Wallerath*, Allgemeines Verwaltungsrecht, § Rn.).

Weber, Albrecht: Vom Verfassungsvertrag zum Vertrag von Lissabon in: Europäische Zeitschrift für Wirtschaftsrecht 2008, S. 7–14 (zit.: *Weber*, EuZW 2008, 7).

Weiß, Norman: Historische Entwicklung von Rechtsschutz gegen die öffentliche Gewalt in Deutschland und der Union in: ders. (Hrsg.), Historische Entwicklung von Rechtsschutz gegen die öffentliche Gewalt in Deutschland und der Union 2011 (zit.: *Weiß*, Historische Entwicklung von Rechtsschutz gegen die öffentliche Gewalt in Deutschland und der Union, S.).

Weiß, Wolfgang: Der Europäische Verwaltungsverbund. Grundfragen, Kennzeichen, Herausforderungen 2010 (zit.: *Weiß*, Der Europäische Verwaltungsverbund, S.).

Weiß, Wolfgang: Das Leitlinien(un)wesen der Kommission verletzt den Vertrag von Lissabon in: Europäisches Wirtschafts- und Steuerrecht 2010, S. 257–261 (zit.: *Weiß*, EWS 2010, 257).

Wessels, Wolfgang: Das politische System der Europäischen Union 2008 (zit.: *Wessels*, Das politische System der EU, S.).

Winter, Gerd: Kompetenzverteilung und Legitimation in der Europäischen Mehrebenenverwaltung in: Europarecht 2005, S. 255–276 (zit.: *Winter*, EuR 2005, 255).

Wolff, Hans J./ Bachof, Otto/ Stober, Rolf/ Kluth, Winfried: Verwaltungsrecht I, 12. Auflage, 2007 (zit.: *Wolff/Bachof u. a.*, Verwaltungsrecht I, § Rn.).

Wolfram, Dieter: „UNDERGROUND LAW" Abgeleitete Rechtsetzung durch Komitologieverfahren in der EU: Bedeutung, Stand und Aussichten nach dem Vertrag von Lissabon. CEP Studie, 2009 Abrufbar unter: http://www.cep.eu/analysen-zur-eu-politik/institutionelles-recht/komitologie-stand-und-aussichten/ (zuletzt abgerufen am: 15.05.2014). (zit.: *Wolfram*, CEP, S.).

Kölner Schriften zu Recht und Staat

Herausgegeben von
Hartmut Schiedermair und Bernhard Kempen

Band 1 Bernhard Kempen: Die deutsch-polnische Grenze nach der Friedensregelung des Zwei-plus-Vier-Vertrages. 1997.

Band 2 Hans-Georg Maaßen: Die Rechtsstellung des Asylbewerbers im Völkerrecht. Überlegungen zu den völkerrechtlichen Rahmenbedingungen einer europäischen Asylrechtsharmonisierung. 1997.

Band 3 Udo Fink: Kollektive Friedenssicherung. Kapitel VII UN-Charta in der Praxis des Sicherheitsrats der Vereinten Nationen. 1999.

Band 4 Stephan Grigolli: Sprachliche Minderheiten in Italien, insbesondere Südtirol, und in Europa. Der Gebrauch der Sprache vor Behörden und Gerichten und die Vergabe öffentlicher Stellen. 1997.

Band 5 Uta Stoy-Schnell: Das Bundesverfassungsgericht und die Corte costituzionale. Ein Vergleich der Verfassungsgerichtsbarkeiten in Deutschland und Italien. 1998.

Band 6 Christian Hillgruber: Die Aufnahme neuer Staaten in die Völkerrechtsgemeinschaft. Das völkerrechtliche Institut der Anerkennung von Neustaaten in der Praxis des 19. und 20. Jahrhunderts. 1998.

Band 7 Jochen Seitz: Planungshoheit und Grundeigentum. Die verfassungsrechtlichen Schranken der städtebaulichen Entwicklungsmaßnahmen. 1999.

Band 8 Jochen Herbst: Rechtskontrolle des UN-Sicherheitsrates. 1999.

Band 9 Kristin Möller: Die Beschaffung naturschutzrechtlicher Ausgleichsflächen im Baurecht. 1999.

Band 10 Klaus Löffelbein: Genehmigungsfreies Bauen und Nachbarrechtsschutz. Die baurechtlichen Anzeige- und Freistellungsverfahren der Länder aus nachbarlicher Sicht. 2000.

Band 11 Patrick Mittmann: Die Rechtsfortbildung durch den Gerichtshof der Europäischen Gemeinschaften und die Rechtsstellung der Mitgliedstaaten der Europäischen Union. 2000.

Band 12 Martin R. Albus: Zur Notwendigkeit eines Internationalen Umweltgerichtshofs. Zugleich eine Analyse der Staatenpraxis zum Internationalen Umwelthaftungsrecht und der Rechtsschutzmöglichkeiten bei grenzüberschreitenden Umweltbeeinträchtigungen. 2000.

Band 13 Irene Baur: Die Haftung der Europäischen Zentralbank. 2001.

Band 14 Tobias R. Ehlen: Zentralisierungsmöglichkeiten der deutschen Börsenaufsicht. 2003.

Band 15 Ulrich Steiner: Wertsicherungsklauseln. Zur Europarechtskonformität des neuen § 2 PaPkG. 2003.

Band 16 Stephanie Vogel: Der Prüfungsumfang des Bundesverfassungsgerichts bei Verfassungsbeschwerden am Beispiel der Kunstfreiheitsrechtsprechung. 2004.

Band 17 Thomas Schmidt: Deutsche Hochschulräte. Begriff, Darstellung und rechtliche Analyse. 2004.

Band 18 Kirsten Schmalenbach: Die Haftung Internationaler Organisationen im Rahmen von Militäreinsätzen und Territorialverwaltungen. 2004.

Band 19 Gunter Warg: Von Verteidigung zu kollektiver Sicherheit. Der Nato-Vertrag *auf Rädern.* 2004.

Band 20 Bernhard Kempen / Yvonne Dorf: Bodenreform 1945–1949. Eine verfassungsrechtliche Neubewertung. 2004.

Band 21 Jeanette Nolte: Die völkerrechtliche Vertragspraxis der EG und die Haftung der Mitgliedstaaten am Beispiel der Fischereipolitik. 2004.

Band 22 Rüdiger Schmid-Kühnhöfer: Die Staatlichkeit von Beihilfen. Mittel- und Transferzurechnung nach Art. 87 Abs. 1 EG-Vertrag. 2004.

Band 23 Florian Schöler: Die Reform des Europäischen Kartellverfahrensrechts durch die Verordnung (EG) Nr. 1/2003. 2004.

Band 24 Christina Maria Pelzer: Die Kompetenzen der EG im Bereich Forschung. Eine Analyse ihrer Reichweite und Grenzen vor dem Hintergrund des Art. 5 Abs. 3 GG. Dargestellt am Beispiel der Gentechnologie. 2004.

Band 25 Nikolaus Vieten: Die verfassungsrechtliche Zulässigkeit der Wiedereinführung einer Vermögensteuer. Zugleich eine Untersuchung des Halbteilungsbeschlusses des Bundesverfassungsgerichts. 2005.

Band 26 Bernhard Kempen (Hrsg.): Die rechtsstaatliche Bewältigung der demokratischen Bodenreform. 2005.

Band 27 Erik Hansalek: Die parlamentarische Kontrolle der Bundesregierung im Bereich der Nachrichtendienste. 2006.

Band 28 Thomas Günther: Zur Zulässigkeit der Errichtung privater Volksschulen als Bekenntnisschulen religiös-ethnischer Minderheiten nach Art. 7 Abs. 5 GG. Am Beispiel einer islamischen Grundschule. 2006.

Band 29 Christian Hoppe: Staatshaftung und Rechtsschutz bei Verletzung grundfreiheitlicher Schutzpflichten. 2006.

Band 30 Julia Schäfer: Die Entscheidung des ECOFIN-Rats über das Vorliegen eines übermäßigen Defizits. Eine Entscheidung zwischen Politik und Recht. 2007.

Band 31 Erika Elisabeth Orth: Ein Grundrecht auf Umweltschutz in Europa? Eine rechtsdogmatische Einordnung des Art. 37 GRC. 2007.

Band 32 Cécile Günther: Die Auslegung des Rechts auf Bildung in der europäischen Grundrechtsordnung. Eine Analyse von Schutzbereich und Reichweite – dargestellt am Beispiel des Art. 14 EU-GRCh (Art. II-74 EuVerf). 2007.

Band 33 Muna A. Yousif: Die extraterritoriale Geltung der Grundrechte bei der Ausübung deutscher Staatsgewalt im Ausland. 2007.

Band 34 Stefanie von Hoff: Die Rolle des US-Supreme Court im Prozess der Verfassungsänderung in den Vereinigten Staaten von Amerika. 2008.

Band 35 Alexander Metz: Das Recht Prominenter am eigenen Bild in Kollision mit Drittinteressen. Insbesondere vor dem Hintergrund des Falles Caroline von Hannover. 2008.

Band 36 Susanne Dyrchs: Das hybride Khmer Rouge-Tribunal. Entstehung, Entwicklung und rechtliche Grundlagen. 2008.

Band 37 Heiko F. Schmitz-Elvenich: Targeted Killing. Die völkerrechtliche Zulässigkeit der gezielten Tötung von Terroristen im Ausland. 2008.

Band 38 Stefania Slavu: Die Osterweiterung der Europäischen Union. Eine Analyse des EU-Beitritts Rumäniens. 2008.

Band 39 Thomas Krings: Der Grundrechtsberechtigte des Grundrechts aus Art. 13 GG. 2009.

Band 40 Zan He: The ICJ´s Practice on Provisional Measures. 2010.

Band 41 Anna Köhler: Private Sicherheits- und Militärunternehmen im bewaffneten Konflikt. Eine völkerrechtliche Bewertung. 2010.

Band 42 Jens Beynio: Die völkerrechtliche Zulässigkeit der Aufrüstung mit Kernwaffen. 2010.

Band 43 Johannes Maria Baumann: Die Rechtsprechung des EuGH zum Vorrang von Gemeinschaftsrecht vor mitgliedstaatlichen Verwaltungsakten und Gerichtsurteilen. 2010.

Band 44 Susanne Koch: Die grenzüberschreitende Wirkung von nationalen Genehmigungen für umweltbeeinträchtigende industrielle Anlagen. 2010.

Band 45 Sebastian Gerlach: Innere Konfliktregelungsmechanismen der Afrikanischen Union vor dem Hintergrund der entsprechenden Bestimmungen der Europäischen Union. 2010.

Band 46 Anne Rausch: *Responsibility to Protect*. Eine juristische Betrachtung. 2011.

Band 47 Bernhard Kempen / Kolja Naumann: Demokratie und Religion. Tagungsband zum Kolloquium der Wissenschaftlichen Arbeitsgruppe für weltkirchliche Aufgaben der Deutschen Bischofskonferenz und der Demokratie Stiftung an der Universität zu Köln am 23.11.2009 in Köln. 2011.

Band 48 Clemens David Comans: Ein „modernes" europäisches Datenschutzrecht. Bestandsaufnahme und Analyse praktischer Probleme des europäischen Datenschutzes unter besonderer Berücksichtigung der Richtlinie zur Vorratsdatenspeicherung. 2012.

Band 49 Christian Peter Kokew: Der Auslandsschutz deutscher Staatsangehöriger bei Entführungen. 2012.

Band 50 Julia Pullen: Die Immunität von Staatsunternehmen im zivilrechtlichen Erkenntnis- und Vollstreckungsverfahren. 2012.

Band 51 Leonard Koops: Seeräubereibekämpfung durch die Bundeswehr im Einklang mit dem Grundgesetz. Verfassungsrechtliche Anforderungen an einen Einsatz der Streitkräfte zur Bekämpfung der Seepiraterie außerhalb deutscher Seegebiete. 2013.

Band 52 Gesine Anna Eva Krohne: Die Ausbürgerung illoyaler Staatsangehöriger. Geltendes Verfassungsrecht, internationaler Rechtsvergleich und rechtspolitische Reformperspektiven. 2013.

Band 53 Vincent Brenner: Der privatrechtsgestaltende Verwaltungsakt im Regulierungsrecht. Zu den Möglichkeiten und Grenzen der Privatrechtsgestaltung mittels Verwaltungsakt am Beispiel des Eisenbahn- und Telekommunikationszugangsrechts. 2014.

Band 54 Elisabeth Rossa: Kinderrechte. Das Übereinkommen über die Rechte des Kindes im internationalen und nationalen Kontext. 2014.

Band 55 Lukas Preußler: *Question prioritaire de constitutionnalité*. Perspektiven konkreter Normenkontrolle in Frankreich. 2015.

Band 56 Anna Lageder: Die Bindungswirkung von Urteilen im Vertragsverletzungsverfahren. Das Beispiel der vergaberechtlichen Praxis in Deutschland, Österreich und Italien. 2015.

Band 57 Anna Eschbach: Delegierte Rechtsakte und Durchführungsrechtsakte im Europarecht. Eine Untersuchung anhand des Demokratie- und Rechtstaatsprinzips unter besonderer Berücksichtigung des Urteils zur Rs. C-427/12 des Europäischen Gerichtshofs. 2015.

www.ingramcontent.com/pod-product-compliance
Ingram Content Group UK Ltd.
Pitfield, Milton Keynes, MK11 3LW, UK
UKHW041825290926
8980IPUK00002B/64

9 783631 666715